"十二五"职业教育国家规划教材
经全国职业教育教材审定委员会审定

普通高等教育"十一五"国家级规划教材

现代商品学

(第3版)

主　编◎袁长明
副主编◎刘　扬　刘　萌
　　　　麻景奎　王万晖

XIANDAI SHANGPINXUE

北京师范大学出版集团
BEIJING NORMAL UNIVERSITY PUBLISHING GROUP
北京师范大学出版社

图书在版编目(CIP)数据

现代商品学/袁长明主编. —3版. —北京：北京师范大学出版社，2020.9(2023.8重印)
("十二五"职业教育国家规划教材)
ISBN 978-7-303-24366-2

Ⅰ.①现… Ⅱ.①袁… Ⅲ.①商品学—高等职业教育—教材 Ⅳ.①F76

中国版本图书馆CIP数据核字(2018)第284630号

图书意见反馈：gaozhifk@bnupg.com 010-58805079
营销中心电话：010-58802755 58800035

出版发行：北京师范大学出版社 www.bnupg.com
北京市西城区新街口外大街12-3号
邮政编码：100088
印　　刷：北京天泽润科贸有限公司
经　　销：全国新华书店
开　　本：787 mm×1092 mm 1/16
印　　张：23.5
字　　数：515千字
版　　次：2020年9月第3版
印　　次：2023年8月第11次印刷
定　　价：58.00元

策划编辑：包　彤　姚贵平　　责任编辑：包　彤
美术编辑：陈　涛　焦　丽　　装帧设计：陈　涛　焦　丽
责任校对：陈　民　　　　　　责任印制：马　洁　赵　龙

内容提要

本书共十四章，包括绪论、商品质量与质量管理、商品标准、商品分类、商品检验、商品包装、商品储运与养护、食品商品、日用工业品商品、纺织品商品、家用电器商品、医药商品、危险化学品，以及商品、资源和环境等。

本书突出产教融合，强调知识传授与技能提升并重，反映国内外最新研究成果，内容充实、新颖，既可作为高等院校财经商贸类专业，特别是市场营销、物流管理、国际商务、电子商务、报关与国际货运、商品学等专业的教材，也可作为商检、海关、质检、工商、商业、外贸、物流、电子商务等部门或企业的管理人员学习或培训用书。

前言(第3版)

《现代商品学》(第1版)先后被评为“十一五”普通高等教育国家级规划教材、国家级精品教材,《现代商品学》(第2版)被评为“十二五”职业教育国家规划教材。多年来,该教材被广泛应用于高等院校财经商贸类专业的教学和相关企事业单位经济管理人员的学习参考,受到读者广泛好评和肯定。为适应经济全球化发展的形势,满足我国高等教育发展及高职院校教育教学的需要,根据教育部《高等职业学校专业教学标准》要求和教育部职业教育与成人教育司《关于组织开展“十三五”职业教育国家规划教材建设工作的通知》精神,本着与时俱进、精益求精的原则,我们对教材进行了修订。新修订的第3版重点突出了如下特色。

1. 教材的政治性

参加教材修订的人员,都经过其所在单位党组织审批许可,政治素质高、专业素养好、业务能力强,从而保证了教材的政治方向和政治思想的正确。

2. 教材的创新性

一是坚持产教融合、校企“双元”开发教材新模式。教材修订人员由高等院校经验丰富的教师和行业企业专家、工匠组成,他们将企业发展的新理念、新工艺、新技术、新规范、新经验融入教材,紧跟产业发展趋势和满足行业人才需求,反映典型岗位(群)的职业能力要求,实现了课堂教学内容与企业岗位需求的无缝对接,体现了教材编写的就业导向性。

二是坚持职教特色,突出以质量为先。该教材坚持知识传授与技术技能培养并重的原则,注重强化学生职业素养和专业技术积累,将专业精神、职业精神和工匠精神融入教材,适应专业建设和教学模式方法改革创新的要求,保证了教材质量。

三是教材前沿性强。在教材修订过程中,删除了陈旧过时的内容,重新构建了知识体系,吸收了大量国内外商品学研究领域最新发展成果,引入了大量新案例、新政策、新制度、新标准、新职业、新岗位等内容,配套了新的数字教学资源,内容充实、新颖,具有鲜明的时代特征和较强的先进性。

四是教材形式活泼。该教材图文并茂,生动活泼,集启发性和趣味性于一体。比如,教材中设置了学习目标、知识点学习、典型案例、综合能力训练、实践训练、数字教学资源等多种学习形式,有利于引导学生养成良好的思考和学习习惯,提高其分析问题和解决问题的能力。

本教材由袁长明、刘扬、刘萌和来自行业企业的麻景奎、王万晖共同修订,最后由袁长明负责总纂和定稿。

在此次修订过程中参阅了大量的文献,得到了北京师范大学出版社和相关行业企业的大力支持及帮助,也得了相关高校的领导、专家和老师的大力支持与帮助,在此一并表示衷心感谢!

受编者水平所限,书中存在缺点和错误在所难免,敬请各位专家和广大读者赐教匡正。

编　者

2019年8月

目 录

第一章 绪 论

第二章 商品质量与质量管理

第三章　商品标准

第四章　商品分类

第五章 商品检验

第六章 商品包装

第七章 商品储运与养护

第八章 食品商品

第九章 日用工业品商品

第十章 纺织品商品

第十一章 家用电器商品

第十二章 医药商品

第十三章 危险化学品

第十四章 商品、资源和环境

第一章
绪 论

学习目标

1. 了解商品学的发展状况和学科体系；
2. 掌握商品及商品学的概念和特征；
3. 掌握商品学的基本内容和任务。

现代商品学是联系生产技术与商业经济的桥梁，也是联结商品生产和商品销售的纽带，正确理解商品学的概念、内容、任务和发展概况，对学好商品学具有重要意义。

第一节 商品及商品学的概念和特性

一、商品的概念和属性

（一）商品的概念

1. 商品的含义

商品是专门用来交换的劳动产品。商品具有价值和使用价值二重性。商品的价值属于政治经济学的研究范畴，商品的使用价值是商品学的研究对象。

商品的含义有狭义与广义之分。狭义的商品即传统的商品，是指通过市场交换，能够满足人们某种社会消费需要的物质形态的劳动产品，是有形商品。目前，世界各国的商品学仍以这类硬商品为主要研究内容。

广义的商品是指通过市场交换，能够满足人们某种社会消费需要的所有形态(知识、劳务、资金、物质等)的劳动产品。随着现代社会的高度商品化和技术创新的加速，商品的发展呈现出知识化、软件化、服务化等趋势和特点。商品已不能满足“需求”与“经济”相结合的形式，开始向“技术”与“文化”相结合的方向发展。这些都拓展了商品学研究内容的深度和广度，特别是推动了对软商品开发、市场及消费运作的研究。

2. 现代商品的整体构成

商品作为人类有目的的劳动产品，是人和社会需要的物化体现，包括实物、知识、服务、利益等。现代商品的整体概念或构成主要包含商品体、有形附加物和无形附加物三个层次的内容。

(1)商品体。商品体是人们通过有目的的、有效的劳动投入(如市场调查、规划设计、加工生产等)创造出来的产物。它是通过其功能来满足使用者需求的。不同的使用目的或用途要求商品具有不同的功能，而功能又是商品体在不同条件下所表现出来的某些自然属性和社会属性的总和。商品体能够具备哪些性质或功能，是由商品体的成分组成(原料或零部件的成分及含量等)和形态结构(原料或零部件的组织结构、成品形态、规格、内部连接与配合、色彩装饰的组合和其他结构特征)以及它们所反映的社会内涵所决定的。其中，商品体的成分组成又决定了商品体可能形成的形态结构。

因此，商品体是由多种不同层次要素构成的有机整体，是商品使用价值形成的客观物质基础。

(2)有形附加物。商品的有形附加物包括商品名称、商品包装及其装潢与标志、商标及注册标记、专利标记、质量和安全及卫生标志、环境(绿色或生态)标志、商品使用说明标签或标志、检验合格证、使用说明书、维修卡(保修单)、购货发票等。它们主要是为了满足商品流通(运输、装卸、储存、销售等)需要、消费(使用)需要以及环境保护和可持续发展需要所附加的。其中，包装、商标等本身也是一种商品，它们既有使用价值也有价值。商标还会随着商品生产经营企业的技术进步和经营管理水平的提高而增加新的价值。

(3)无形附加物。商品的无形附加物是指人们购买有形商品时所获得的各种服务和附加利益。例如，提供信贷、送货上门与免费安装调试服务、售后保证与维修服务、退换退赔服务承诺、一定时期内的优惠折扣、附加财产保险等。善于开发和利用合法的商品无形附加物，不仅有利于更好地满足消费者的综合需求，为他们提供更多的实际利益，而且有利于商品生产经营企业在与同类企业激烈的市场竞争中立于不败之地。商品种类见图1-1。

- 商品种类
  - 物质形态
    - 生产资料
      - 工业生产资料
      - 农业生产资料
    - 生活资料
      - 食品
      - 纺织品
      - 日用工业品
      - 家用电器
  - 其他形态
    - 劳动形态
    - 资本形态
    - 知识形态
      - 科学技术
      - 文化艺术
      - 信息商品

图1-1 商品种类

(二)商品的属性

商品的属性是多方面的，可概括划分为自然属性和社会属性。

1. 商品的自然属性

商品的自然属性包括商品的成分、结构、形态，以及化学性质、物理性质(力学、电学、热学、光学、声学等)、生物性质、生态学性质等。

2. 商品的社会属性

商品的社会属性包括商品的经济属性、文化属性(民族、宗教、审美、道德等)、政治属性和其他社会属性。

正是由于商品是不同属性的组合，才使商品能够满足人们不同的消费需求。一般来说，在形成商品的使用价值或有用性时，起直接和主导作用的是商品的自然属性，它是商品社会属性存在的前提和基础。

二、商品学的概念、学科性质及学科体系

(一)商品学的概念

商品学是一门研究商品使用价值及其变化规律的应用学科，即商品学研究的对象是商品的使用价值。

商品的使用价值是商品在一定条件下满足社会需求的自然属性和社会属性的综合，是由商品的自然有用性和社会适用性综合构成的。商品的自然有用性即商品使用价值的自然属性。它包括商品的成分、结构、物化性质、生物学性质、使用特点等。这是商品的基本的、物理的、实质的效用，它构成了商品的物质基础，能满足人们直接的物质需求。自然有用性是商品体基本的、实质的构成因素。某商品之所以能区别于另一种商品，是因为其自然有用性与另一种商品不同。因此，研究商品的使用价值，首先就要研究与商品自然有用性相关的基础理论与技术问题。社会适用性，即商品在一定条件下适应社会需要的属性，包括商品的时代性、民族性、地域性、流行性、经济性等。这是商品所附带的心理的、功能的效用，是商品使用价值实现的条件，能满足人们精神和情感的需求。

因此，商品学对商品使用价值的研究更强调使用价值的实现。

(二)商品学的学科性质

从商品学研究的对象和内容看，商品学与许多学科的理论知识有着密切的联系，这一点也决定了商品学这门学科所涉及的理论知识具有广泛性。

研究商品的成分、结构和性质，要以分析化学、物理学、植物学和微生物学等学科的基础理论和基本知识，以及研究这些学科的基本方法为基础。

研究商品质量评定，对其依据的研究离不开各种商品的质量特征，这就需要计量学、标准化等学科的理论知识。

对评定方法的研究，离不开物理学、分析化学和微生物学等学科基础理论知识。研究影响商品质量的因素，涉及的学科领域更加广泛。

从工业商品的生产影响因素看，商品学离不开原材料学、生产工艺学等学科的理论知识。

从农业品商品的生产影响因素看，商品学需要植物栽培学、动物饲养学等学科的理论知识。

研究商品包装，除研究商品成分、结构和性质外，还要研究商品包装材料的性质、包装容器的结构和特点以及包装的一些防护措施。这些需要物理学、化学和材料科学的理论知识。

研究商品质量的保养与维护，既要研究在外界因素影响下商品质量变化的形式及其规律，又要研究商品成分结构的变化等内在因素，还要研究影响质量变化的各种外界因素，

这同样需要物理学、化学、气象学、微生物学、昆虫学等学科的理论知识。

研究商品分类、商品品种类别及其构成以及品种发展规律，需要分类学、统计学等学科的理论知识。

研究商品名称、型号和系列，对其进行科学规范，需要标准化、数学等学科的理论知识。

此外，在研究商品质量和品种的过程中，还需要市场学、物流学、经济学、管理学、广告学、心理学、美学和地理学等有关学科的理论知识。

综上所述，研究商品的使用价值不仅需要自然科学理论知识，也需要社会科学理论知识。因此，商品学既是一门边缘学科，又是一门综合性较强的应用技术学科。

(三)商品学的学科体系

目前，商品学的学科体系分为概论和分论两大部分，又称基础商品学和专业商品学。

1. 商品学概论

商品学概论也称商品学导论，是商品学的宏观研究内容，也是学科的主体和基础。其内容为共性的、规律性的基础理论和基本知识，是研究各种不同类别的商品所必须具备的基础知识和基本理论。其主要内容包括：商品学研究的对象、内容和任务；商品质量和质量管理；商品分类；商品特性；商品的实用艺术美；商品标准；商品检验；商品包装；商品储运；商品养护；商品经营；商品信息；商品消费和使用等。

2. 商品学分论

商品学分论是商品学微观研究的内容，主要是研究各类具体商品所具有的纵向特殊性问题。一般可按照行业分为食品商品学、纺织品商品学、日用工业品商品学、家用电器商品学、化工产品商品学、粮食商品学、石油商品学等。它要求深入研究本行业各类商品的自然属性、原材料，以及影响商品质量的主要生产工艺、质量要求、质量鉴别、包装、保管和使用等专业内容。

第二节　商品学的研究内容、任务与方法

一、商品学的研究内容

商品学的研究对象给商品学的发展指明了方向，同时也决定了商品学研究的内容。商品学研究的基本内容包括以下几项，见图1-2。

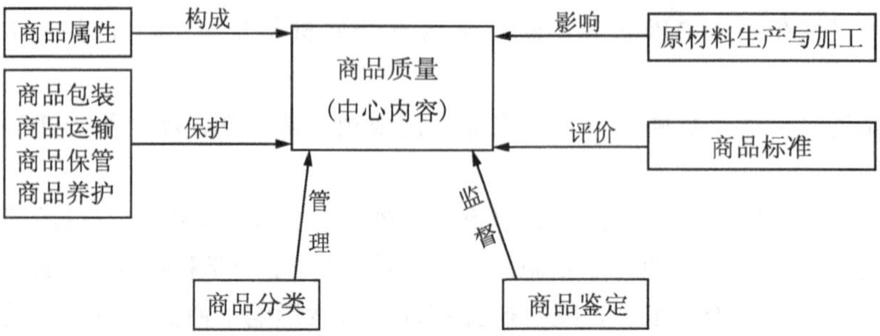

图1-2　商品学研究的基本内容

第一，研究商品的自然属性，包括商品的成分、结构、形态、物理性质、化学性质、机械性质、生物学性质等。

第二，研究原材料、生产工艺对商品质量的影响，着重研究以商品固有属性为基础，利用工艺方法所形成的商品质量以及在各工艺环节中对商品质量产生影响的因素。

第三，研究商品在流通和使用过程中质量的变化及其影响因素。

第四，研究在流通领域对商品质量的评价、管理和保护方法。即通过研究商品分类与编码、商品质量与品种、商品标准及法规、商品质量认证与管理、商品包装与装潢、商品运输与养护、商品资源与环境等来达到此目的。

第五，从社会和经济的角度来研究商品使用价值的实现，如研究商品与人、商品与时代、商品与环境等诸多方面的问题。

第六，研究大类商品知识，如日用百货、针纺织品、服装、家用电器、电子商品、食品等商品知识。

二、商品学的研究任务

(一)阐述商品的有用性和适用性

商品的有用性和适用性是构成商品使用价值的基本条件，离开了对商品有用性和适用性的研究，商品的使用价值就无从谈起。只有对商品有用性和适用性进行全面的阐述，才能发现和明确商品的用途及合理利用的方法。

(二)管理商品质量

商品质量是企业的生命，又与消费者的切身利益紧密相关。通过对商品成分、结构和性质进行分析，探讨与研究商品质量特性和检验商品质量的方法及方法的选择，可以更好地为制定、修订商品质量标准和商品检验标准提供依据，从而为评价商品质量奠定良好的基础。

(三)分析商品的质量变化规律

商品质量虽然是在生产过程中形成的，但也处于动态变化中。由于商品在流通领域中的运转和停留必然要受到各种外界因素的影响，从而发生不同的质量变化。

商品学不仅要研究商品质量变化的类型及其表征，更重要的是要分析质量变化的原因，并从中找到改善商品质量劣变的有效方法。通过对商品进行包装、储存和运输，从而使商品质量得到保护，减少或避免商品变质带来的损失。

(四)研究商品的科学系统分类

商品经营管理的目的不同，商品的分类体系也不同。通过对商品分类原则和商品分类方法的研究，提出明确的分类目的，选择适当的分类标志，才能进行科学、系统的商品分类。

(五)指导商品使用价值的形成

通过对商品各种属性的研究，不仅可以促进对商品个体使用价值内容的把握，也可促进对商品群体使用价值构成的了解，从而为企业提供有效的商品需求信息，提出对商品的质量要求和品种要求，保证市场上的商品适销对路。

(六)促进商品使用价值的实现

商品经营管理者学习研究商品学，不仅可掌握商品的有关理论知识，经营管理好各种商品，实现商品使用价值的交换，还可以通过大力普及商品知识使消费者认识和了解商品，学会科学地选购和使用商品，掌握正确的消费方法和方式，促进商品使用价值的最终实现。

三、商品学的研究方法

(一)科学实验法

科学实验法是在实验室内运用一定的测试仪器和设备，对商品的成分、构造、性能等进行理化分析、鉴定的研究方法。此方法具有良好的控制和观察条件，所得出的结论正确可靠，是分析商品成分、鉴定商品质量、研究新产品的常见方法。这种方法需要一定的物质技术设备，投资较大。

(二)现场实验法

现场实验法是通过一些商品专家或有代表性的消费者群体，凭人体感官直觉，对商品质量作出评价的研究方法。这种方法的正确程度受参加实验者的技术水平和人为因素的影响，但简便易行。许多商品的质量评比，一些新产品的试穿、试戴、试用都采用这种方法。

(三)技术指标法

技术指标法是一种在科学实验的基础上，对一系列同类商品，根据国内或国际生产力发展水平，确定质量技术指标，供生产者和消费者共同鉴定商品质量的方法。这种方法有利于促进商品质量的提高，但确定各类商品的质量指标是一项复杂而巨大的工程。

(四)社会调查法

商品的使用价值是一种社会性的使用价值，全面考察商品的使用价值需要进行各种社会调查，特别是在商品不断升级换代、新产品层出不穷的现代社会，社会调查显得更加实际和重要，具有双向沟通的重要作用。社会调查法主要有现场调查法、调查表法、直接面谈法和定点统计法等。

(五)对比分析法

对比分析法是收集不同时期、不同地区、不同国家的商品资料，并对其加以分析比较，从而找出提高商品质量、增加花色品种、拓展商品功能的新途径。流通部门可以利用联系面广、信息来源多的职能特点，运用对比分析法正确识别商品，促进生产部门改进产品质量，实现商品的升级换代，更好地满足广大消费者的需要。

(六)系统分析比较法

商品的研究还须考虑商品与环境、商品与人、商品与国民经济的关系，是一项复杂的、系统的工程。单从一个方面或几个方面来研究，有时难免有偏差。只有把商品作为一个小系统，放在社会这个大系统中加以分析、研究和考察，才能得出一个全面、公正的结论。

第三节 商品学的发展

一、我国商品学的发展简况

在我国，商品学是一门既古老又年轻的学科，人们将其作为一门独立学科进行研究，迄今只有100多年的历史。

据记载，我国较早的商品知识书籍是春秋时期师旷所著的《禽经》和晋朝戴凯之所著的《竹谱》。780年，唐人陆羽写出《茶经》一书，论述了茶叶经营、生产加工、性能、评审、饮用、保管等方面的知识。《茶经》是世界上最早的商品学专著。1578年，李时珍完成了《本草纲目》一书的编写工作，1590年出版了《本草纲目》五册共五十二卷，系统地总结了药物学方面的知识。因此，《本草纲目》也是我国历史上较早的一部药物商品学专著。宋代蔡襄著的《荔枝谱》、清代王秉之著的《万宝全书》等，这些学科商品学从内容上看趋近于商品学体系，但未系统化、理论化，只处在商品学的萌芽阶段。

19世纪初，商品学由德国传入我国。1902年，我国商业教育中开始把商品学作为一门必修课。1917年方嘉东编著的《商品研究通论》、1925年戳在珣编著的《商品学》、1932年刘冠英编著的《现代商品学》、1934年潘吟阁编著的《分类商品学》和王博仁编著的《商品学》等都是我国近代商品学研究中的早期著作。在此期间，北平大学、中国大学、津法大学、沪江大学、暨南大学等高等院校先后开设了商品学课程。

中华人民共和国成立后，商品学学科得到了蓬勃发展。1951年，中国人民大学由苏联专家执教，培养了一批商品学的师资骨干队伍。1958年之后，国内许多高等商业、财经院校创办了商品学系商品学专业，开设了商品学课程，编写了许多商品学教材，如中国人民大学出版的《商品学总论》及其分论共计五册，黑龙江商学院出版了《日用工业品商品学》《食品商品学》《五金商品学》等多种专业商品学。1963年9月，在哈尔滨召开了我国首届商品学学术研讨会，进一步推动了我国商品学的研究和发展。但在当时，我国商品学的研究范畴仅限于商品质量的自然属性研究，其所体现的还不是全面的商品质量观。

改革开放以来，国内商品学界广泛开展了商品学的学术讨论和交流活动，1983年以后，相继成立了多个地方商品学会。1995年10月，中国商品学会在北京成立，同年加入国际商品学会，总部设在中国人民大学。从此，商品学的教学、科研工作出现了百花齐放的繁荣景象，商品学进入了全面质量观阶段并不断深化完善。

二、国外商品学的发展简况

据记载，在9—10世纪，阿拉伯人阿里·阿德·迪米斯基著有《商业之美》一书。该书副标题是“关于优质商品和劣质商品的鉴别方法及对商品骗子伪货的识别指南”，这是世界上最早的商业著作。之后，在意大利的各城市中经商的人也著述了大量内容相近的著作。16世纪中叶，意大利的普那斐特著有《生药学》，日本的直濑道三著有《宜禁本草》，法国沙瓦利著有《完美商人》；俄国也出现了首批商品学书籍。这些书中的论述趋近于商品学体系，但未系统化、理论化。

在国际上，首次开设商品学课程是在18世纪，德国的约翰·贝克曼教授于1780年在哥丁堡大学首先开设了工艺学和商品学课程，1793—1800年他出版了《商品学导论》一书。该书主要讲述了商品生产技术，商品分类，商品的性能、用途、产地、包装等知识，建立了古典商品学的基本体系，因而他被誉为“商品学的创始人”。他所建立的商品学的学科体系被称为“贝克曼商品学”。

1831年，俄国在莫斯科商学院开设了商品学课程。1906年，俄国的尼基琴斯基著有《商品学基础教程》，他被誉为“俄国商品学的奠基人”。俄国商品学体系属于技术派，曾对中华人民共和国成立后的商品学研究产生过巨大影响。

英国于1910—1930年出版了70余种商品知识书籍，近年来也出版了不少商品知识书籍。1884年，日本东京商学院开设商品学课程。1892年，日本首次出版由日本人户田翠香编著的《日本商品学》。美国于1936年设立了商品研究机构，同年戈林出版了《购物试验指导》一书。1946年，《消费品的标准与标志》一书出版，近年来美国出版了《纺织工艺学概论》《现代纺织学》等书籍。

1976年国际商品学会在奥地利成立，以德文编写的“IGWT”为会徽标志，总部设在奥地利的维也纳经济大学，会刊为《商品论坛——科学与实践》。

三、商品学学派与发展特点

(一)商品学学派

由于世界各国的政治制度和经济体制不同，商品学教育和研究的目的及内容也有明显差别。在商品学的发展过程中，各国商品学学者对商品学学科的性质及研究的对象、任务、内容等问题的认识，始终存在着不同的观点，学科发展的方向也有所不同。因而，也就形成了不同的学科体系。

国际上商品学主要分为技术派、经济派和综合派三个学派。

1. 技术派

技术派以独联体、东欧各国为代表，认为商品学是研究物质本身的自然属性，以自然科学和技术科学的观点来研究商品的使用价值、质量及其变化规律。这一体系的商品学被称为自然科学与技术派商品学，也称第一商品学。

2. 经济派

经济派以日本、西欧各国为代表，认为应以销售经济、消费经济、市场经济、企业经济等经济科学的观点进行商品学的教学和研究。也就是从社会科学和经济科学的观点出发，来研究商品的使用价值，归属于经济科学的范畴。商品学没有形成单独的商品学教程，而是分别包括在有关经济科学之中，成为其重要内容。这一体系的商品学被称为社会科学与经济派商品学，也称第二商品学。

1804年，德国尼恩贝格大学劳克斯教授首次提出了经济商品学大纲和体系的设想。1947年，德国的珀施尔教授创立了目的论商品学。1958年，奥地利维也纳经济大学格伦斯洗特尔创立了商品经济学。1961年，德国科隆经济大学库兹尼格教授创立了经济商品学。

3. 综合派

综合派以日本商品学学者水野良象教授所提出的观点为代表，认为商品学是一门边缘科学，既研究商品的自然属性，又研究商品的社会属性，是两者融合起来的综合性应用科学。另外，还把商品学分论研究与商品学概论的综合研究作为一个统一理论问题加以解决。因此，商品学的研究方法与其他相关科学有着密切的联系。综合派体系的商品学也称第三商品学。

随着国际与国内学术交流的加深，技术派、经济派已有相互渗透、相互融合的发展趋势。

(二)当代商品学的发展特点

当代商品学的发展特点是普遍化、多样化和融合化。

1. 普遍化

目前世界上已有多个国家开展商品学的科研和教学工作。有些国家，如日本有多所大学开设了商品学专业或商品学课程，还有不少中专性质的商业学校开设商品学课程。

2. 多样化

世界各国开设的商品学课程是多种多样的，内容丰富多彩。比如，有普通商品学、专业商品学、商品科学、商品经济学、销售商品学、消费商品学、技术学与商品经济学等。

3. 融合化

社会科学与自然科学互相渗透、文理合一，是当代科学发展的一个重要方向，并受到越来越多的商品学工作者的重视。研究商品学不能离开经济因素与社会因素。理论与实践证明，研究商品质量必须从提高经济效益出发，而要获得经济效益，就必须研究商品的质量，并使两者有机融合起来。

需要特别指出的是对商品文化的研究问题。我国学者胡平认为，商品是载体，文化附加其上，商品因文化而升值，文化因商品流通而得到更为广泛的传播。目前达成的共识是：商品文化是一种特殊的商品，商品文化是商品与文化内在的、有机的结合，作为一种特殊的人文价值，它与商品的物质性内涵共同构成商品的整体。广义的商品文化是指人类在商品设计、生产、经营、销售和消费的实践活动中，创造出商品物质内涵的人文特色文化和精神文化的总和。狭义的商品文化则是指商品在整个运行过程中所涉及的文化现象。商品客体除具有物质的属性外，还具有文化的属性，这种文化属性附加于商品客体之上。商品文化表现为一种审美观念、情感哲学、道德精神，继而物化或人格化于商品和劳务之中，并随着商品的交换而转化给消费者。

典型案例

商品属性与经济行为

人们交易商品所看重的往往不是重量、大小等这些基本属性，而是每种商品各自不同的独特属性，如食品的味道和营养、衣服的保暖和舒适、房子的价格和质量等。这些独特的属性构成了交易的基础，而对这类属性组合的度量和测定，是达成交易的重要环节。遗憾的是，许多属性的度量都是复杂和困难的，卖家要努力地显示他所出售商品的属性及证明其属性品质的优良，而买家则会不断地权衡和考量所需商品的属性及好坏，双方努力的程度不同会造成不同的交易安排和交易价格。一般来说，如果卖家更内行或更努力地证明了其出售的商品品质好，他就能索要更高的价格；相反，如果买家更内行或更努力地测度了商品的品质坏，他就能以更低的价格取得商品。

来看具体的商品。我们发现，最终的消费品，如各类食品、服装及各种装饰品，由于其属性更多地涉及人们的主观感受，对这类商品的属性测度标准的差异很大，故个性化、小批量的生产更有利于满足消费者的需求。同时，利用广告等大众媒介影响人们的偏好，也是有利可图的。耐用消费品，如家电、汽车和住房，由于其商品构成的复杂性及具有大量的专业知识，使得买方进行属性和品质的甄别几乎不可能，于是品牌、企业形象和商誉、售后服务等一系列属性显示和品质保证的行为可以方便交易的完成。

另外，我们发现，由于卖家长年地贩卖一种或少数几种商品，他们对这些商品属性的知识要远远多于买家，在很多时候，买家很难对卖家的商品进行直接地甄别，于是卖家提供的显示属性的信息和销售努力就更为重要，而卖家之间的有效竞争是保证卖家向买家提供充分有效的商品信息的重要机制。此外，随着商品种类和数量的不断增长，买家要对商品进行直接甄别的成本会增长较快，于是买家将更多地利用品牌、商标、企业信誉等信息来进行间接甄别，以降低交易成本，从而促进企业更注重品牌的维护和企业形象的树立。

案例分析： 通过此案例，试分析企业应如何树立自身形象。

>>> 综合能力训练

一、选择题

1. 商品的使用价值就是商品的(　　)。

A. 功能　　B. 有用性　　C. 价值性

2. 商品使用价值的大小是用(　　)来衡量的。

A. 消费者需求　　B. 商品属性　　C. 商品质量

3. 商品学研究的具体内容是(　　)。

A. 商品使用价值　　B. 商品质量　　C. 与商品质量密切相关的问题

二、判断题

1. 消费者购买商品，在本质上是购买一种需要。　(　　)
2. 商品学是研究商品使用价值及其变化规律的科学。　(　　)
3. 商品学的研究任务是指导商品使用价值的形成、评价、维护和实现。　(　　)

三、填空题

1. 商品的构成包括商品体、有形附加物和________。
2. 商品质量是商品学研究的________。
3. 社会调查法主要有现场调查法、直接面谈法、定点统计法和________等。
4. 商品学产生的前提是________、________。
5. 商品学的创始人是________。
6. 目前，世界上有代表性的商品学派有________、________、________三个学派。

四、简答题

1. 怎样理解商品的使用价值？
2. 商品学研究的整体内容有哪些？
3. 商品学的研究任务是什么？

4. 简述构成现代商品的要素。
5. 你对商品学的研究对象是如何理解的?
6. 如何才能学好商品学?

>>> 实践训练

深入企业进行调查，收集因消费对象不同而对商品使用价值的要求不同的实例。

第二章

商品质量与质量管理

学习目标

1. 掌握商品质量的基本要求和影响商品质量的主要因素；
2. 理解商品质量的概念、商品质量管理的概念及基本方法；
3. 理解商品质量监督的概念、形式和法律依据；
4. 认识保证和提高商品质量的意义，了解现代企业的质量观念。

在商品生产和商品交换社会化、国际化的大潮中，商品质量扮演了非常重要的角色，它是商品使用价值的综合体现，也是商品进入国际市场的通行证。随着消费者质量意识的逐步增强和市场竞争的逐步升级，商品质量成为商品学研究的核心问题，也是工商企业和消费者关注的焦点。

第一节　商品质量概述

一、商品质量的概念

（一）质量的概念

质量是商品学研究的中心问题，也是各国专家学者、企业和消费者共同关注的焦点。质量的概念在社会的不断发展中得到逐渐深化。国际标准化组织(ISO)于1991年制定了ISO/DIS 8402—1991质量术语标准，该标准将质量定义为“反映实体满足规定和潜在需要能力的特性的总和”。这个概念包含以下三项具体内容。

第一，实体是指可以单独描述和研究的事物，包括某项活动或过程，以及活动或过程中相互关联的资源。比如，人、组织、设备等，还包括产品和服务。

第二，质量以满足需要为最终目的。从需要的形式来看，它可分为规定需要和潜在需要两种类型。狭义的质量是指满足规定需要，广义的质量既要满足规定需要，还要满足潜在需要。规定需要或称明确需要，是指有关法律法规、技术质量标准、买卖双方合同或其他文件形式对质量提出的某些具体规定。潜在需要或称隐含需要，是指人们和社会对质量的各种期望，是公认的、不必明确的要求。

第三，质量是特性的总和。特性是指一种实体与其他实体相区别的性质性能，分为有形的特性和无形的特性两种类型。有形的特性包括颜色、强度等，无形的特性包括安全性、舒适性等。

（二）商品质量的概念

商品质量是指商品满足规定和潜在需要能力的特性的总和，分为自然质量和社会质量两个组成部分。

1. 商品的自然质量

商品的自然质量又称实用质量、技术质量等，是由商品的自然属性决定的，是指商品在一定条件下，满足一定要求的各种自然属性的总和。商品的自然质量是消费者使用价值的来源，是衡量商品实用性和技术性的标准。各种国家标准、行业标准、地方标准、企业标准或买卖双方合同中的有关规定是评价商品自然质量的最低技术标准。

商品的自然质量按照其自然属性的差别，可以分为内在质量和外观质量。内在质量是指商品在生产过程中形成的本身固有的特征，如商品的成分、结构、强度、弹性、耐腐蚀性等；外观质量是指商品的外观特征，如商品的色彩、形态、气味、滋味、手感、音质等。

2. 商品的社会质量

商品的社会质量又称市场质量，是指在一定条件下，满足消费者需求的各种自然、经济、社会属性的总和。这些属性包括商品的品牌性、服务性、价格性，消费者的心理状态性、消费需求差异性等。

商品的社会质量相对于自然质量而言，具有发展性、相对性和主观性。首先，商品的社会质量是随着经济的发展、消费观念的提升和社会消费习惯的转变而不断变化和发展的；其次，消费者对商品质量的评价受时间、地点、用途及其他市场因素的影响，是相比较而言的，具有相对性；最后，不同地域、民族、职业、文化程度、心理素质的消费者对商品质量作出各自不同的评价，具有主观性。

掌握商品的自然质量和社会质量对现代质量观念的树立具有重要的意义。商品质量随着社会生产和经济发展而变化，商品的自然质量和社会质量也随之占据不同的地位。在卖方市场阶段，生产力和科学技术比较落后，物质产品短缺，商品供不应求，企业只要增加产量就可获得巨额利润。商品质量观念主要强调增加产品功能和延长产品使用期限，即商品的自然质量。随着科技的进步、科学管理与大规模生产的推广，商品产量迅速增加，供大于求，卖方市场开始向买方市场过渡。商品的质量观念不再只注重商品的自然质量，而转向更高的层次，如商品的包装、品牌、服务等，即商品的社会质量。

二、现代商品理念

（一）质量第一

“质量第一”的指导思想已成为世界各国的共识。任何商品都必须达到一定的技术质量标准以及顾客和社会所需要的质量水平，没有或未完全实现其使用价值，就会给消费者、给社会带来损失，故质量必须是摆在第一位的。要贯彻“质量第一”的理念：首先，要求企业全体员工，特别是管理阶层要有强烈的质量意识，向质量要效益，是企业获得最佳利润的有效途径之一。当质量与数量、社会效益与企业效益、长远利益与眼前利益发生矛盾时，应把质量、社会利益和长远利益放在首位。其次，要求企业在确定经营目标时，应根据用户或市场的需求科学地确定质量目标，并安排人力、物力、财力予以保证。最后，要利用现代科学技术，如计算机技术、网络技术等不断革新企业的质量策划、管理、控制的方法。

(二)顾客至上

随着市场竞争激烈化程度的逐步加强，“以顾客为中心，为顾客服务”的全新质量理念已成为企业生产经营的指导思想。“顾客至上”“顾客永远是对的”“顾客才是企业的真正主人”等类似的口号已成为很多企业的座右铭。“为顾客服务”就是要使产品或服务尽量满足顾客的需求，产品质量的好坏，最终应以顾客的满意程度为唯一标准。没有顾客的满意，企业的产品就没有生命力，企业也就无法生存。因此，企业要不断研究顾客心理及需求趋势，开发新产品，使顾客满意。

(三)数据化管理

数据是客观事物的定量反映，现代质量理念强调数据化管理。数据化管理就是要求在质量管理工作中有科学的作风，深入实际，掌握客观、准确的情况，对问题进行定量分析，掌握质量的变化规律，以便采取真正有效的措施解决质量问题。全面质量管理广泛地采用各种统计方法和工具，以客观的数据为基础来进行产品设计、分析事故原因、控制工艺过程和检验产品质量，以实现对产品质量的控制。例如，某种压力传感器要求在测量水温时标准误差为$\pm 2.0\%$，超过此标准即为不合格产品。数据化管理强调的是质量管理的客观性、科学性和严格性。

(四)技术创新

现代质量理念认为技术创新是商品质量的基础。随着社会的发展，人们对产品质量的要求在不断提高，要满足顾客的这种需求，企业就要不断提高技术水平，改进产品质量。一方面，要求企业领导和职工具有高度的质量意识，善于发现产品、服务、活动和总体目标上存在的问题，并对其进行不断的改进和提高。另一方面，企业要投入资金用于新技术、新产品的研发和全新质量管理方法的引进。

三、保证和提高商品质量的意义

商品质量是商品进入国际市场的通行证。保证和提高商品质量，不但可以促进企业技术改革和提高质量管理水平，还对我国经济的顺利发展和人民生活水平的改善具有重要意义。

(一)提高企业的效益和市场竞争力

保证和提高商品质量是提高企业效益的重要渠道之一。因为顾客购买的不是商品本身，而是商品所带来的利益，是商品的使用价值及其具体表现，即商品质量。商品质量好，表明商品性能好，使用效率高，商品使用期限长，消费者可以从中获得更多的利益，其需求会得到充分的满足，从而增加产品的购买量，使商品市场扩大。反之，质量低劣的商品，如不合格产品或低等产品，使消费者从中获得的利益少，就会使企业逐渐失去顾客和市场，造成商品积压，给企业带来极大的损失。此外，商品质量好，表明废品少。在投入相同的情况下，质量越好，产出越多，从而可以降低成本，增加赢利。这些都可以为企业带来可观的经济效益。

保证和提高商品质量有利于提高企业的市场竞争力。现阶段市场的竞争，首先是质量的竞争。企业能否在竞争中生存、发展，关键要看其生产的商品能否满足消费者的利益，而商品质量直接决定了消费者的利益能否得到满足。因此，提高商品质量，有利于提高企业的知名度和美誉度，有利于提高商品的市场占有率和市场竞争力。

(二)加速技术进步和管理创新

商品质量的提升有赖于先进的技术和科学合理的管理方法。因此，为了保证和提高商品质量，少投入、多产出，获得更多的经济效益，企业需要不断引进和开发新的技术以及管理方法。一方面，企业必须经常开展技术创新，进行技术改革，改进商品质量，不断应用和推广新技术、新工艺、新设备和新材料。另一方面，企业必须不断完善质量管理制度，建立有权威、有效能、整体协调能力强的生产、销售指挥系统，以及科学的质量保证体系和质量控制体系；以人为本，运用现代化管理手段，提高全体员工的素质，强化质量意识。通过生产技术和管理水平的改进，商品质量才可以得到有效的保证和提高。

(三)满足消费者的需求，改善人们的生活

质量是商品具有使用价值的保证。质量优良，物美价廉，可靠耐用，代表商品具有的使用价值高，能带给顾客更多的实际利益，真正符合顾客的需求。随着生产技术的发展，人们生活水平的不断提高，消费者和用户对商品在性能、外观、包装、服务等方面提出了更高的要求。商品质量特别是其社会质量的提高，有助于满足顾客日益增长的需求，不仅能使人们的物质生活条件得到改善，也会极大地丰富人们的精神生活，使人们的生活水平得到根本性的改善。

(四)促进商品流通及保障商品的有效供给

商品质量好，能够满足消费者的需求，消费者就会愿意购买此种商品，其销售量会增加，生产企业投入的资金就会得到快速回收，进而用于新产品的研发，生产出质量优良的新产品。这样，就形成了一个良性循环。反之，商品质量差，不能满足消费者的需求，消费者不愿意购买，商品长期积压，造成商品流通不畅。因此，提高商品质量，加快销售速度，有助于促进商品的流通。

商品流通速度快，消费者购买量大，要求企业必须提供有效的供给，而保证和提高商品的质量，有助于企业保障商品的有效供给。从质量和数量的关系来看，质量优良的商品一个可以顶多个使用，实际上等于增加了商品的数量；反之，质量低劣的商品多个不能顶一个使用，极大地降低了商品数量的有效性。因此，质量是数量有效性的前提，提高商品质量是保障商品长期有效供给的关键。

(五)促进国民经济的发展

企业生产和销售质量优良的商品，市场竞争能力加强，就能创造良好的效益，繁荣商品市场。金融市场的股票、债券发行等均与企业利润有关，因此，企业获利能力增强，资金周转速度加快，可以增强自身的融资能力，促进金融市场的发展。商品质量的提高需要大量具有专业素质的工作人员，这又从一定程度上促进了教育和劳务市场的发展。此外，质量优良可以促使商品出口的数量和品种大幅度增加，既可以使出口国获得更多的外汇收入，又可以赢得企业和国家的信誉。因此，保证和提高商品质量，有助于完善市场体系，促进国民经济的发展。

第二节 商品质量的要求

一、商品质量的基本要求

(一)适用性

适用性是指商品为满足一定的用途所必须具备的各种性能。它是构成商品使用价值的基本条件。例如，冰箱的制冷保温性能、钟表的准确计时性能、服装的遮体保暖功能、食品的营养功能等。对于原料性商品或半成品商品，适用性还意味着易加工性能。

适用性除了商品用途所要求的基本性能以外，还包括商品在该用途方面应尽量符合人体工程学原理，满足使用方便等要求。例如，商品的结构要与人体尺码、形状及各个部位相适应；商品要与人的视觉和听觉能力、触觉能力、味觉和嗅觉能力、速度能力、知觉能力以及信息再处理能力相适应；复杂商品的使用操作要符合简单、易掌握、不易出错等要求。

商品的多功能化扩大了商品的适用范围，使用起来更加方便，比单一功能的商品更受欢迎，已成为现代商品的发展趋势。

(二)安全卫生性

安全卫生性是指商品在流通和使用过程中保证人身安全和健康不受伤害的能力。例如，家用电器必须有良好的绝缘性和防护装置，以免触电造成电击事故；食品必须符合卫生要求，其成分中对人体健康有害的物质以及致病性微生物含量不得超过规定标准；化妆品中铅、砷、汞、有害微生物的含量应在规定标准以下。

(三)寿命

商品的寿命是指商品的耐用程度。例如，纺织品要求的耐用性，主要是指在穿用和洗涤过程中抗击外界各种破坏因素作用的能力，包括断裂强度、断裂伸长率、撕裂强度、耐磨性等。

(四)可信性

可信性主要包括可靠性、耐用性和维修保障性三个方面。可靠性是评价机电类商品质量的重要指标之一，通常包括耐用性和设计可靠性，有时维修性也包括在内。耐用性是指商品能在规定的使用期限内保证规定功能而不出故障或寿命较长的质量特性，是评价高档耐用商品的一个重要质量特性。为了避免商品的使用者由于操作过失或在规定的环境条件以外错误地使用商品而导致商品出故障的可能性，一方面要求提高商品的易操作度，使人为过失的可能性尽量减少；另一方面即使人为过失或环境改变引起了故障，也要把可能遭受的损害控制在最低限度内。设计上这两方面的要求就是设计可靠性。

对于结构复杂的商品，易于维修性非常重要。设计中应尽量采用组合式或组件式的商品结构，所用零部件要标准化、通用化、系列化，以便于拆卸更换。此外，还应该容易通过仪表或专用检具迅速诊断出故障部位。

维修保障性要求商品的供方建立和遵循协商一致的要求，向商品的需方提供商品维修保障的程序，并备有必要的商品硬件(如零配件)和软件(良好的维修力量、条件和服务)等。

(五)经济性

经济性反映了商品合理的寿命周期费用及商品质量的最佳水平。它包括两方面的内容：一是在物美价廉基础上的最适质量；二是商品价格与使用费用的最佳匹配。最适质量是指商品的质量性能与获得该性能所需要费用的统一，即优质与低成本的统一。因此，既要从消费者的需求立场出发，反对粗制滥造、使消费者利益受损害的不足质量行为，又要维护企业的经济利益，反对不考虑经济得失的过剩质量行为。

(六)审美性

审美性是指商品能够满足人们审美需要的属性，如商品的形态、色泽、质地、结构、气味、味道等。现代社会人们对商品质量的追求已转向物质方面的使用价值与精神方面的审美价值的高度统一。商品的审美性已成为提高商品市场竞争能力的重要手段之一。

商品的审美性可分为：外观表面及装饰的美观性，如光泽、质感、色彩和谐与流行、整体美等；形态的表现力，如形态的创造性、风格的独特性与新颖性、与流行样式的相符性等；结构组成的紧凑性，如结构组成的和谐性、完整性和科学性等；与人的生理和心理的适应性，如满足人们的味觉、嗅觉、听觉等感官嗜好的程度等。

(七)信息性和可追溯性

信息性是指消费者和用户能够获得有关商品的相关信息，主要包括商品的名称、用途、规格、型号、重量、容量、尺寸、原材料和成分、生产厂名、厂址、生产日期、保质期或有效期、商标、质量检验标志、生产许可证、卫生许可证，以及运输、储存、安装、使用、维护的方法和注意事项、安全警告、附件情况、售后服务内容、生产经营者的承诺等。

可追溯性是指根据记载的标识，追踪商品的原材料和零部件以及商品实体、商品的加工历史、商品的应用情况、商品出厂后的分布和位置等的能力。目前，条形码标志技术为实现自动化追踪提供了有效手段。

(八)环境友好性

环境友好性是指商品在生产、流通、消费、废弃整个生命周期中对环境的污染或对生态的破坏应尽可能的少。例如，减少生产、流通中的“三废”，降低消费过程中对消费者健康和环境的危害，废弃商品可循环使用、可拆卸、可降解等。随着世界环境问题的日益恶化，商品的环境友好性被提到了一个更高的高度。

二、主要大类商品质量的基本要求

(一)食品商品质量的基本要求

"民以食为天"，食品在消费者的日常生活中占有非常重要的地位。食品是维持生命力、促进人体发育和保证健康所不可缺少的生活资料。食品商品包括可直接食用的蔬菜、果品、水产品、肉禽蛋等食用加工产品，饼干、果仁等休闲食品，乳制品、饮料和烟、酒、茶等。中国法律对食品安全卫生质量基本要求的规定为：食品应当无毒、无害，符合应当有的营养要求，具有相应的色、香、味等感官性状。

1. 食品的安全卫生性

食品的安全卫生性是食品的最基本的要求。食品的安全性以食品卫生为基础，包括卫生的基本含义，即"食品应当无毒、无害"，是正常人在正常食用情况下摄入可食状态下的食品，不会对人体造成危害。《食品工业基本术语》中将食品卫生(食品安全)定义为："为防止食品在生产、收获、加工、运输、储藏、销售等各个环节被有害物质(包括物理、化学、微生物等方面)污染，使食品有益于人体健康、质地良好所采取的各项措施。"强调保证食品卫生的首要问题，是解决"吃得干净与不干净、有害与无害、有毒与无毒"的问题，也就是食品安全与卫生的问题。

影响食品商品卫生安全的因素主要有以下几个。

一是动植物食品自身中的毒素，如鲤鱼、草鱼等淡水鱼类体内的鱼胆毒素，土豆发芽后产生的龙葵素等。这些毒素对人体的消化系统、神经系统、血液循环系统等都会产生严重的危害。

二是生物对食品的污染，如细菌、细菌毒素、霉菌、霉菌毒素等微生物对食品的污染，旋毛虫、蛔虫、绦虫等寄生虫及虫卵对食品的污染，甲虫、蛾类、螨类等昆虫及鼠类对粮食食品所造成的污染。

三是食品加工及储藏过程中产生的毒素，如方便面、罐头、休闲食品、饮料，因配料不当或超范围使用防腐剂、色素、香精，时间长了引起铅、锌中毒；油炸、烧烤食品时生成甘油醛对人身造成危害；花生、玉米等在储藏过程中受毒霉菌污染产生黄曲霉毒素，使人体致癌。

四是环境、化学品造成的污染，主要包括工业"三废"以及化肥和农药对食品的污染。

2. 食品的营养价值

食品是人体获得热量和营养素的基本来源，是满足人类营养需要的物质基础，起着为人体维持生命活动提供能源、保证健康、调节代谢及延续生命的作用。食品的营养价值通常是指食品所含营养素和热量满足人体需要的程度，包括营养素种类齐全、数量及其相互比例适宜，且易被人体消化吸收及利用。一种食品营养价值的高低主要取决于营养成分、可消化率和发热量三个因素。

(1)营养成分。营养成分又称营养素，是指食品中所含的蛋白质、脂肪、碳水化合物、维生素、矿物质和水等。不同的食物含有不同的营养成分，提供不同的营养功能。例如，鱼、蛋、豆制品、肉类、禽类等是蛋白质的主要来源，起到维持神经系统正常功能和身体正常新陈代谢的作用；各种植物油、肉类、坚果等是脂肪的重要来源，主要供给维持生命所必需的热量；蔗糖、谷物、水果、蔬菜等是碳水化合物的主要来源，主要起到维持大脑能源和调节脂肪代谢的功能。

(2)可消化率。可消化率是指人体对食品内的营养成分消化和吸收的程度，用百分比来表示。可消化率高，即营养成分在体内的消化和吸收程度高，表明食品营养成分发挥的作用大，营养价值高。只有当营养素被人体吸收时，才能发挥其作用。可消化率的高低除了与人体自身条件有关外，还与食品的特性有关。食品原材料、加工方式等不同，可消化率也会不同。

(3)发热量。发热量是指食品中的营养成分被人体消化吸收后所产生的热量，是评价食品营养价值的最基本的指标。人体对食品的需要量通常是用能产生热量的蛋白质、脂肪和碳水化合物的发热值来计算的。三种营养成分单位重量所产生的热量不同，其中脂肪最多，每克脂肪的热量为9.3千卡。

3. 食品的色、香、味、形

食品的色、香、味、形是指食品的色泽、香气、味道和外观形状，主要通过感官进行鉴别，是评价食品质量的重要指标之一。食品良好的色泽和外观、诱人的香气和味道可以刺激人们的食欲，提高食品的消化吸收程度。同时，食品的色、香、味、形可用于鉴别食品的新鲜程度、成熟程度、加工精度、品种风味及变质状况。

此外，中国食品以其博大精深的文化内涵著称，饮食文化正日益被人们重视。随着经济的发展和社会的进步，人们会加强对精神层面的追求，食品的文化内涵也可能会成为评价食品质量的附加要求。

(二)纺织品商品质量的基本要求

纺织品是人们生活所必需的商品，不同时代赋予其不同的质量要求。纺织品最初的功能是遮体御寒，随着社会的发展，人们对纺织品的要求提升到舒适耐用、美观大方等。而现今社会，科学技术日新月异，功能性、安全卫生性、环保性等已成为纺织品全新的质量要求。纺织品的质量要求主要包括以下几个方面。

1. 良好的服用性

服用性是指纺织品商品在穿着过程中舒适、美观的性能。良好的服用性包括尺寸稳定性、刚挺度、悬垂性、染色牢度等指标符合规定标准，以及具备良好的保暖性、吸湿性、透气性，不起毛球等。

良好的服用性是纺织品商品具有使用价值的最基本的标准。各项服用性能指标的欠缺直接影响纺织品的舒适度及美观度。例如，纺织品缩水率较大，水洗后尺寸产生变化导致服装变形，不仅影响外观，还会影响穿着甚至丧失使用价值。

2. 组织结构的合理性

纺织品的组织结构主要是指织物组织、单位面积的重量和厚度、紧度和密度、歪斜度、幅宽和匹长等。纺织品组织结构的合理性直接影响到纺织品的外观、加工及机械性能。例如，纺织品的重量影响其悬垂性，厚度影响其保暖性等。

3. 良好的机械性

机械性反映纺织品耐用程度，主要包括断裂强度、断裂伸长度、撕裂强度、抗皱强度和抗磨强度等。纺织品在使用过程中会受到各种外界因素的影响，如拉伸、摩擦等，如果纺织品不具备良好的机械性，不能抵抗外界因素的破坏，就会影响其使用寿命。

4. 外观的艺术性

艺术性是指纺织品所呈现的外观风格、色泽、花纹、图案等。随着人们生活水平的提高，人们对纺织品的外观艺术性越来越重视。人们对于外观艺术性的判定是有差异的，它一方面受社会发展总趋势、总潮流的影响，另一方面又受个人文化素质、个性爱好等因素的影响。因此，企业应该生产多品种、多花色的纺织品，以满足不同顾客的需求。

5. 卫生性、安全性

国际社会对纺织品的质量要求由传统的实用性、美观性、耐用性趋向为重视安全性、卫生性。近年来，世界各国尤其是欧美等发达国家陆续出台了相关的环保法规和纺织品环保标准，对进口纺织品实施安全、卫生检测；美国、欧盟还相继提出了对非环保染料的限制，对纺织品中偶氮染料、甲醛、五氯苯酚、杀虫剂、氧化有机物、pH等的含量实施严格限制，含量超过规定的纺织品，将被禁止进口。可以预计，环保纺织品将主宰未来的纺织品市场。中国加入WTO后，中国市场与世界市场接轨，纺织品的安全性、卫生性、环保性已成为其重要的质量要求。

6. 功能性、工艺性

由于科学技术的进步，人们对纺织品功能的要求日益增多，除了遮体御寒及美化的功能外，还渴望得到更多的功能，如防水、防污、隔热等。功能性是现代社会对纺织品的质量要求之一。

工艺性是指纺织品采用各种加工工艺的可能性。良好的工艺性要求纺织品在加工过程中易于裁剪、缝制、熨烫和染色，以及在加工后易于洗涤和保养等。

(三)日用工业品商品质量的基本要求

日用工业品是满足人们日常生活所需的工业产品。它覆盖的范围很广，从材料上来分，包括塑料制品、玻璃制品、陶瓷制品、金属制品、皮革制品等；从用途上来分，包括家用电器、数码产品、文化用品、洗涤用品、化妆品、鞋帽、家具、玩具等。日用工业品是生活中必不可少的生活资料，对它们质量的基本要求有以下几个方面。

1. 良好的适用性

适用性是对日用工业品质量的基本要求。不同的日用工业品有不同的适用性要求。比如，保温杯必须能满足保温要求，洗衣粉必须能满足去污要求，雨衣必须能满足防水要求等。而同一类产品，由于品种、用途各不相同，其适应性要求也有所不同。比如，鞋类商品中，运动鞋要求透气性、防震性，皮鞋要求美观性、舒适性，棉鞋要求保暖性。

现代商品都向着多功能方向发展，如沙发可做折叠床使用。对于多功能商品的每一项性能都要求具备良好的工作状态。因此，适用性作为日用工业品商品的质量要求就更加重要。

2. 良好的耐用性

耐用性是指日用工业品商品抵抗各种外界因素对其破坏的能力，用以反映日用工业品的使用期限和次数。例如，灯泡发光的小时数，汽车行驶的公里数等。提高日用工业品商品的耐用性，就等于延长了商品的使用寿命，从而提高了商品的质量。

随着生活节奏的加快，许多一次性日用工业品产生，如一次性纸杯、一次性桌布等。对此类商品的耐用性要求应有所变化，能够满足消费者一次性使用即可，不然就会造成原材料和劳动力的浪费。

3. 卫生安全性

卫生安全性是指日用工业品商品在使用过程中保障人身健康和安全的性能。例如，饮食器皿、牙膏等应无毒无害，化妆品、洗涤用品等对人体皮肤无刺激性，家具、装修用品的有毒物质含量在规定标准之内，儿童玩具除不含有害物质外还应符合机械性能标准并注明适用年龄。

如今，人们的环保意识不断增强，为了保护地球环境，要求日用工业品商品应尽量不污染环境。例如，为了避免白色污染，应将塑料袋制成可降解型；洗衣粉中添加磷助剂会污染水环境，因此，提倡企业生产无磷洗衣粉。

4. 结构合理性

日用工业品商品的结构是指其形状、大小和部件的装配。若结构不合理，将会影响商品的外表美观以及商品使用的适用性和耐用性。例如，汽车零部件的搭配与组合不合理，会影响其行驶和安全；鞋跟的形状及其在鞋底上的位置不合适，不但会影响其舒适性，还可能对消费者造成伤害。

随着生活条件的改善，人们对健康的追求日益强烈。因此，日用工业品商品的结构设计应符合人体工程学原理，强调“以人为本”。日用工业品本身是被人使用的，故其结构设计中的尺寸、造型、色彩及其布置方式都必须符合人体生理、心理尺度及人体各部分的活动规律，以便达到健康、适用、方便、舒适、美观的目的。

5. 外形美观性

外形美观性是指日用工业品商品的表面特征能够符合人们审美情趣的性能要求。现代社会对日用工业品要求不仅有使用价值，还要有欣赏价值。具体表现为：一方面，商品外观无疵点，即没有影响商品外观质量的缺陷；另一方面，商品的造型、色彩、图案、装饰等美观、大方，具有艺术感。由于不同的顾客对日用工业品的外观有不同的偏好，企业应不断推陈出新、丰富品种及花色，以满足不同顾客的需求。

此外，日用工业品的外形设计还应与其功能相匹配，如流线型外观的汽车，不但美观，还可起到提高车速的作用。

(四)电子商品质量的基本要求

电子商品包括家用电器、现代办公用品、数码产品等，其最大的特点是需要在电能的作用下才能发挥效用。电子商品往往可以使用几年、十几年甚至几十年，属于耐用消费品，因此，质量管理部门和消费者都对电子商品的质量要求较高。对于电子商品质量的基本要求主要包括以下几个方面。

1. 适用性

电子商品的适用性是指实现电子商品用途必须具备相应的主要性能，如电视机必须要有清晰的图像和伴音；数码相机必须具备拍摄照片的功能。至于人们不同档次的使用要求，可以由不同的品种和规格来满足，如电视机的荧光屏尺寸和数码相机的像素。电子商品的使用适宜性除了包括基本功能外，还要求具备多功能性。多功能性是现代电子商品的一个明显标志，也是未来电子商品的发展趋势。

电子商品的适用性还包括针对不同的需求设计不同用途的商品，以满足消费者的差异化需求。比如，海尔洗衣机针对江南地区梅雨较多的现象，推出具备烘干功能的洗衣机；针对北方水质较硬的情况推出具有软化作用的洗衣机；针对四川农村市场，推出可以洗红薯的洗衣机等。

2. 可信性

电子商品的可信性主要包括可靠性、耐用性和维修保障性三个方面。电子商品的可靠性与产品设计、元器件质量、制造工艺、质量管理、生产技术管理、使用条件和环境都有密切关系。电子商品的耐用性是指电子商品的平均使用期限应达到相应水平。电子商品的结构比较复杂，往往由若干个部件组合装配而成，有的电子商品的元器件多达几百个，甚至上千个。因此，电子商品的使用寿命直接取决于每一组成部分的元器件质量和装配的工艺水平。如果维修保障性好，相当于延长了商品的寿命，某些电子商品不但可以通过维修继续使用，还可以进行改造和升级，增强商品的功能，提高商品的适用性。

3. 美观性

电子商品的美观性从两个方面得到体现。一方面，商品外观应该完好，无划痕、压痕、污渍等有损形象的缺陷出现。另一方面，电子商品的外观质量要符合一般美学标准，要通过造型、色泽起到装饰环境和美化生活的作用。美观性要求主要通过形体结构、比例、色彩、质地、装饰件的配合等表现出来，比例对称、色彩协调的外观可以给人审美上的享受。同时，一定的外观美也反映了商品的时代特征和内在的科学技术水平，而且体现出商品在节能、环保等方面的创新技术。

4. 安全性

电子商品的安全性是衡量其质量的重要指标。电子商品要求在使用过程中不得产生有害于人身健康、生命财产安全的伤害事故，必须有良好的绝缘性能和防护设施，以保证安全使用。这不仅要求在正常使用条件下，而且要求在错误操作和有故障条件下也必须确保安全。因此，某些电子商品会安装防止错误的保险按键，提高商品的安全性。家用电器必须有良好的绝缘性能，并要有一定的安全系数，以承受各种恶劣使用环境和意外因素造成的过压、过流。新式家用电器采用双重绝缘结构使产品安全性提高，绝缘材料还要有足够的耐热性，以防止其在运行中起火燃烧。

此外，电子商品的安全性也要求其不存在产生污染环境的危险，电视机荧光屏的X射线、微波炉的微波辐射、电器的噪声都必须控制在安全限度之内。

5. 经济性

电子商品的经济性要求“物美价廉”，即性价比高，商品的功能与价格达到最佳匹配。同等价格的商品中，多功能、适用性强的商品更加符合消费者的需求；使用过程中是否省电也是衡量电子商品经济性的重要因素。电子商品企业还应严格执行“三包”(包修、包换、包退)制度，实现商品使用价值最大化。同时，生产产品的过程也要具备经济性，企业应加强管理，提高技术水平，实现“零缺陷”生产，减少原材料资源浪费，简约工艺流程，降低质量成本。

第三节 影响商品质量的因素

一、生产过程中影响商品质量的因素

(一)市场调研

信息是企业所需的重要资源，有效信息的获得是企业成功的重要因素，因此，在企业设计、生产产品前要做好市场调研工作。通过市场调研所获得的信息主要包括三个方面：①顾客的需求。现代企业是以顾客为中心的，满足顾客的需求是企业的出发点。②市场信息。了解市场供求状况，预测市场发展趋势等。③同行业内其他生产者的信息。在学习竞争者的成功经验的基础上挖掘自身的潜在优势。企业通过对以上信息的调查研究，确定生产适当品种、规格、质量等级的商品以满足市场需求。

(二)设计开发

设计开发是形成商品质量的前提，是影响商品质量的一个重要的因素。在充分的市场调研的基础上设计出合适的原材料配方、商品的结构和样式等，才能为良好的商品质量奠定基础。反之，如果设计出现漏洞，就会使商品先天不足，商品质量不能得到保证。因此，在商品生产之前，一定要做好商品的设计开发工作。

(三)原材料

原材料是形成商品的物质基础，原材料成分、结构、性质的不同决定着商品质量的不同。原材料的质量对商品最终能否满足顾客需求具有重要的影响，对于某些商品，原材料的质量水平直接决定了商品的质量等级。例如，以新鲜嫩叶制成的绿茶和红茶，营养成分含量高，色、香、味、形俱佳，而以老叶制成的茶则质量差；用棉短绒等植物纤维为原材料制成的化学纤维吸湿性好，而用石油等有机矿物质为原材料制成的化学纤维吸湿性差。

原材料的成分、结构、性质又受到产地自然条件及原材料开发方法等因素的影响。例如，在种植过程中，使用塑料地膜技术的水果或粮食产量高、籽粒饱满、质量好，而不使用塑料地膜技术的，在产量和质量上都有明显差距；咖啡在世界许多国家和地区均有种植，而由于咖啡的栽培受阳光、雨量、气温、土壤等因素的影响，因此，牙买加的蓝山咖啡品质最佳，为咖啡中的极品。

对商品原材料的研究分析，有助于预测商品的性能特点和质量水平，有助于合理地使用原材料，也有助于循环利用有限资源及开发利用新材料。

(四)生产工艺

生产工艺是指产品在加工制造过程中的配方、操作规程、设备条件以及技术水平等。由于商品的性能、结构和外形都是在生产工艺过程中固定下来的，因此生产工艺对商品质量起着关键性的作用。在原材料相同的情况下，不同的生产工艺可以造就不同的产品质量和产品数量。所以，企业要不断优化生产工艺过程，以提高商品质量。

(五)质量检验与人的素质

企业质量管理水平和质量控制能力是商品质量水平的决定因素之一。有效的质量管理

要求企业的所有员工运用先进的科技手段对产品从生产领域到流通领域和消费领域的整个过程进行全面的管理，以最经济和最优异的方式满足顾客需求。

在质量管理与控制活动中，人起到了最积极和主动的作用，丰富的专业知识是掌握先进技术、操作先进设备、保证产品质量的基础，人的道德观念对商品质量的保证也起到重要的作用。有些企业人员在金钱面前不能把握原则，为了一己之私，投机取巧，降低商品质量，甚至制造假冒伪劣商品，极大地破坏了社会经济秩序，损害了消费者的权益。因此，只有加强质量管理和控制，商品质量才能够得到有效的保证。

(六)质量检验与包装

质量检验是保证商品质量的重要手段。在生产过程中对原材料、半成品的事前检验可以及时发现和改正问题，把损失程度降到最小；对生产出的成品按照国家、地方及行业相关标准和其他技术文件进行的事后检验可以保证产品的最终质量水平。对于检验中不符合质量标准的商品应分别选择返修或废弃，对于返修后的商品要重新进行质量检验。

包装可以起到保护商品的作用，也是影响商品质量的重要因素。良好的包装不但便于流通和销售，还可以为商品增值，提高竞争力。因此，包装被称作“活广告”。

(七)信息

计算机和通信技术的迅速发展使得信息收集、储存、检索和处理的规模与速度得到飞速的扩展和提高，它为商品质量管理提供了有效的手段。最前沿、最准确的市场需求信息和竞争者商品质量状况的信息是企业制定质量目标和质量发展规划的重要依据，而现代信息技术和信息处理方法可为企业及时、有效地提供这些信息，使企业开发和生产出适合市场需求的商品，还可在生产过程中及时调整质量方向，以应对竞争。

二、流通过程中影响商品质量的因素

(一)商品的运输与装卸

在商品流通过程中，商品的运输与装卸都是影响商品质量的重要因素，商品运输、装卸的方式和方法直接关系到商品是否能完好地转移到顾客手中。在运输环节上，应先考虑交通工具。交通工具的选择应考虑运输距离、路线、所需的时间等，还应符合商品性质的要求。还要考虑运输所选择的气候、路况等。外在运输条件会直接影响商品质量。例如，一辆载有玻璃器皿的运输车从北方开往南方，其包装箱内的填充物为干草，由于南方气候潮湿，干草受潮后体积缩小，于是箱内空隙变大，导致玻璃器皿互相碰撞，全部破碎。这就是没有考虑运输过程中的气候而造成的。

在装卸环节上，应做到轻拿轻放，不要随意抛扔，不得倒置、挤压、剧烈震动等。只有选择合适的运输和装卸方法才能将商品安全地送到目的地。

(二)商品的储存与保养

在储存这个环节上，商品储存的场所和位置、储存的设施及设备、储存的时间和数量，以及商品储存技术运用的合理性都会对商品质量的变化产生影响。例如，把葡萄酒横放在有控温、控湿的设备中，甚至保存于酒窖内，会保证或提高葡萄酒的质量及价值，而把葡萄酒暴露在强光或阳光下，并采用直立方式放置，会导致其未开封就已经变质。

在储存过程中，储存环境对商品质量变化有重要影响。因此，企业需要通过一系列科

学化的保养和维护，有效地控制外界环境因素，减少环境对商品质量的不良影响。在某些情况下，合理的保养还可以改善商品的质量。比如，将面膜放在冰箱里存放一段时间再拿出来使用会达到更好的效果。

(三)销售服务

服务质量是商品质量的延伸部分，服务质量水平的高低直接影响商品使用价值的顺利实现和商品最终质量的保证。销售服务包括售前、售中、售后服务。售前服务包括入库储存、商品陈列等；售中服务包括提货搬运、运输装卸等；售后服务包括安装调试、维修保养、人员培训、技术咨询、零配件供应，以及“三包”服务等。低水平的服务质量可能会导致消费者使用不当，从而损害商品，降低其使用价值。例如，某些服装不能机洗，如果销售人员没有对顾客特别提醒而导致顾客用洗衣机洗涤该服装，这会使服装变形、变色等，甚至丧失其使用价值。因此，销售服务是影响商品质量的重要因素。此外，企业可以通过有特色的服务提高商品的附加价值和商品质量，更好地满足消费者的质量需求。

三、使用过程中影响商品质量的因素

(一)使用范围和条件

商品的最终质量只有在使用过程中才能得以体现，在不同的使用范围和使用条件下，商品会体现出不同的质量水平。例如，某些木制商品在夏季或空气湿度较大的地区极易受潮，产生霉点，既影响美观又会缩短商品的寿命。因此，应在室内通风干燥的地方使用此类商品。这就要求企业一方面能够设计开发差异化的商品以适应不同的使用范围和条件，另一方面要提供尽可能多的售后服务，使商品在各种使用范围和条件下都能保证质量。

(二)使用方法和维护保养

商品的使用方法直接影响商品质量，正确的维护和保养方法可以延长商品的寿命，更好地实现其使用价值；反之，如果方法不当，保管不善，养护不及时，违反了规定、要求等，不但会降低使用价值、损坏商品，还可能会造成人身伤亡事故。例如，燃气热水器若使用不当，会造成煤气中毒，危及生命。因此，对有些商品应认真编制使用和养护说明书，采用多种形式向消费者进行宣传介绍，设立必要的咨询中心向消费者传授商品使用和养护知识，设立足够的维修中心及时向消费者提供维护和保养服务。

第四节　商品质量的管理和监督

一、商品质量管理

(一)商品质量管理的概念

商品质量管理是全部管理职能的一个方面，指的是为了实现质量目标所进行的所有管理职能的活动。该定义可以从以下两个方面理解。

一方面，商品质量管理是围绕商品和商品流通的质量管理，它通常包括制订质量方针、目标和计划，质量组织、协调和控制，质量保证和质量改进等工作。

另一方面，商品质量管理是由组织的最高管理者领导推动，由各级管理者负责，组织

全体人员参与并承担义务的活动。同时，在开展这些活动时还应考虑经济因素，充分利用人力、物力资源，最大限度地满足顾客的需求。

(二)全面质量管理

全面质量管理(Total Quality Management，TQM)是指企业全体职工及有关部门同心协力，综合运用管理技术、专业技术和科学方法，指导和控制组织各方面的相互协调的活动。其目的是通过对商品质量全过程和全范围的管理达到或超越顾客对商品质量的要求，从而提高企业的经济效益。

二、商品质量管理的基本方法

商品质量管理的整个过程，就是质量计划的制订和组织实施的过程，而这个过程是按照PDCA循环周而复始地运转的。PDCA循环是由美国质量管理专家戴明博士首先提出的，因此又被称为“戴明环”，它是全面质量管理所应遵循的科学程序，在质量管理活动中被广泛应用。

(一)PDCA循环的应用

1. PDCA循环的阶段

PDCA循环将管理过程分为四个阶段，见图2-1，即计划(Plan)、执行(Do)、检查(Check)、处理(Action)。

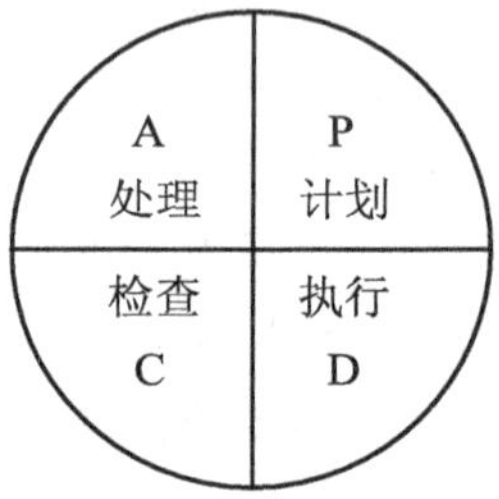

图2-1 循环阶段

(1)计划阶段。其任务是制订计划和拟定措施，首先找出所存在的问题，分析并找出问题产生的原因和影响问题的主要因素，针对主要因素拟定相应的对策措施，提出具体的方针和目标，制订工作计划和管理项目。

(2)执行阶段。其任务是执行计划，按照预定计划、目标、措施及分工具体实施，努力实现计划中的内容。

(3)检查阶段。其任务是检查计划的实施情况，把实施的结果和计划的要求进行对比，检查实施的结果是否达到预期的目标和效果。通过检查明确效果，找出问题，分析原因，总结经验。

(4)处理阶段。其任务是对实施结果进行处理、总结。对于成功的经验加以肯定，并予以标准化或制定作业指导书，以便于以后在工作中遵循；对于失败的教训要加以总结，并引起重视；对于没有解决的问题，引入下一个PDCA循环中进行解决。

2. PDCA循环的步骤

PDCA循环将管理过程分为八个步骤，见图2-2。

图2-2 循环步骤

(1)分析现状，发现问题。

(2)分析质量问题中的各种影响因素。

(3)分析影响质量问题的主要原因。

(4)针对主要原因，采取解决措施。

(5)执行，按计划的措施要求去做。

(6)检查，把执行结果与要求达到的目标进行对比。

(7)标准化，把成功的经验总结出来，制定相应的标准。

(8)把没有解决或新出现的问题转入下一个 PDCA 循环中去解决。

(二)PDCA 循环的特点

1. 循环前进，阶梯上升

PDCA 循环的四个阶段不是通过一次运行就完结，而是像车轮一样向前滚进，周而复始，不断循环。一个循环结束了，解决了一部分问题，可能还有遗留问题或出现新的问题，把它们放入下一个 PDCA 循环进行解决，依此类推。每通过一次 PDCA 循环，都要进行总结，提出新目标，再进行第二次 PDCA 循环，使质量管理的车轮滚滚向前。这种循环不是原地打转，停留在一个水平上，而是螺旋式上升，每循环一次，转动一圈，就前进一步，上升到一个新的高度，如同爬楼梯一样步步上升，见图 2-3。PDCA 每循环一次，质量水平和管理水平均提高一步。

2. 大环套小环，互相促进

PDCA 循环作为一种科学的质量管理方法，可用于各个环节、各个方面的质量管理工作。整个企业是一个大的 PDCA 循环，每个部门、科室，直至个人的工作均有一个 PDCA 循环，从而形成一个综合管理体系，见图 2-4。体系内部从上到下一层一层地解决问题，而且大环套小环，一环扣一环；小环保大环，推动大循环。通过大小 PDCA 循环的不停转动，就把企业各个环节、各项工作有机地组织成一个质量保证体系，实现质量目标。

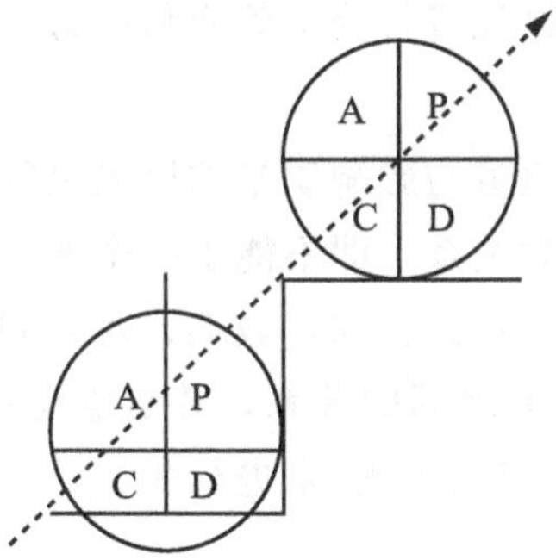

图 2-3 循环阶梯上升

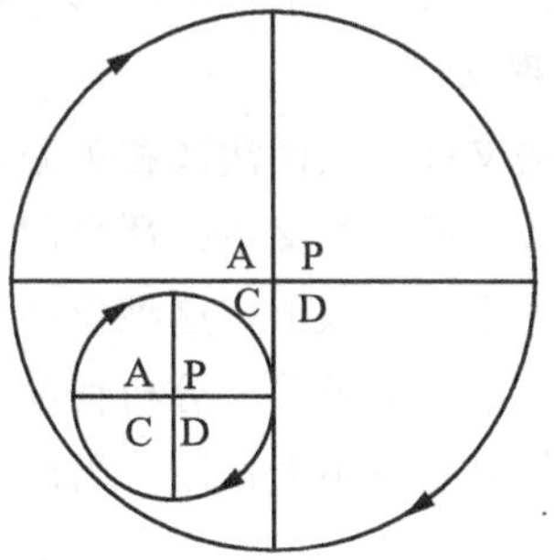

图 2-4 循环互相促进

3. 综合性循环，关键在“处理”

PDCA 循环的四个阶段不是相互分开的，而是紧密联系在一起的，甚至有时是交叉进行(边计划边执行或边执行边检查)的。在四个阶段之中，最重要的在“处理”阶段，在此阶段应及时总结经验，纠正错误，以便于下一个 PDCA 循环能够有效进行。

(三)商品全面质量管理的工具和技术

在运用 PDCA 循环实施全面质量管理时，可借助以下几种工具和技术进行数据分析，找出质量问题及其影响因素，进行有效的质量控制。

1. 排列图法

排列图法又称巴雷特图法，是找出影响产品质量问题的一种有效图表工具。它由一个横坐标、两个纵坐标、几个按高低顺序排列的矩形和一条累计百分比折线组成。排列图有两个作用：一是按重要顺序显示出每个质量改进项目对整个质量问题的作用，二是识别进行质量改进的机会。

2. 因果分析图法

因果分析图法也称特性因素图法，主要用于分析各种质量问题产生的原因。在生产和流通、经营过程中，影响商品质量的因素很多，如人、机器、设计、工艺、原材料及经营环境等。通过因果分析图，可以集思广益，寻找和分析造成质量事故的主要原因。因果分析图以粗线条箭头表示质量问题，图上呈现各种原因的分支线条，犹如树枝或鱼刺，故又称树枝图或鱼刺图。

3. 直方图法

直方图法又称质量分布图法或频数分布图法，是用一系列宽度相等、高度不等的长方形表示数值的图。长方形的宽度表示数据范围的间隔，长方形的高度表示在给定间隔内的数据。直方图的作用：①显示质量波动状况。②较直观地传递有关过程质量状况的信息。③当人们研究了直方图中所示的商品质量数据波动状况之后，就能掌握过程的状况，从而确定在什么地方进行质量改进。

4. 控制图法

控制图法又称管理图法，是画有控制(管理)界限的一种图表。用这种图表来区分质量波动究竟是由偶然原因引起的还是由系统原因引起的，分析和判断工序是否处于稳定状态，从而判断商品质量是否处于控制(管理)状态，预报影响质量的异常原因。它利用图表形式来反映生产过程中的运动状况，并据此对生产过程进行分析监督和控制。

5. 散布图法

散布图法又称分散图法或相关分析法。商品的质量与影响质量的因素之间，常常有一定的依存关系，但它们又不是严格的一一对应的函数关系，即不能由一个变量的数值精确地求出另一个变量的数值，这种依存关系称为相关关系。例如，玻璃、陶瓷制品的破损率与运输距离之间的关系等。分析商品质量与影响因素之间的关系，并自觉运用这种关系，对提高商品的质量有很大作用。画出散布图(分散图或相关图)是进行相关分析的比较简单的方法。

6. 调查表法

调查表又称检查表、核对表、统计分析表，是进行数据整理和粗略分析事故原因的常用工具。其格式多种多样，一般因调查目的不同，可以设计出不同的表格。在质量管理中，最常用的有调查缺陷位置的统计调查分析表、工序内质量特性分布统计调查表及不合格项分类的统计调查表等。它们是日常工作中班组、柜组管理的有效方法。

除上述六种质量管理的工具和技术外，还有对策表、系统图、水平对比、流程图和亲和图等。

三、商品质量监督

(一)商品质量监督的概念

商品质量监督是指根据国家法律和行政法规的规定，采取抽查、专项检查和巡查等形式对商品、服务质量进行监督检查的活动。国际标准化组织对商品质量监督的定义：“为确保满足规定的要求，对实体的状况进行连续的监视和验证并对记录进行分析。”

商品质量监督的性质是各级工商行政管理部门履行职责、执行公务，即对生产者和销售者的商品质量实施监督的一种主动的行政行为，是一项强制的行政措施，生产者和销售者有义务接受检查。其法律依据是国家现行有效的法律、法规及规章，以及有关部门、地方颁布的管理本行业、本地区的质量监督的规定，相关人员应当遵循法的效力等级原则。

(二)商品质量监督的形式

1. 商品质量监督抽查

监督抽查是商品质量监督的主要形式，包括国家监督抽查和地方监督抽查。国家监督抽查是指国务院商品质量监督部门统一组织和管理，按季度对全国商品质量进行的监督抽查。县级以上地方商品质量监督部门在本地区内也可进行监督抽查，但要防止重复抽查。

2. 商品质量专项检查

专项检查是指商品质量监督部门集中对某一类或几类商品进行全面、重点的质量监督检查的活动，通常用于特定时期或针对某类质量问题较突出的商品，如中秋节前夕的月饼质量专项检查等。专项检查有较强的针对性，便于找问题、查原因、进行市场专门整顿，对提高商品质量有较大作用。

3. 商品质量日常监督巡查

日常监督巡查是执法人员在日常监督中对商品质量进行的检查活动，更多的是对商品特征，即商品外在质量状况的检查，对内在质量的检查则采取涉嫌送检的办法。

(三)商品质量的有关法规

市场经济也是法制经济，企业的各种生产、经营活动均离不开法律的规范，受到法律的约束。目前，我国有关商品质量的法律主要有以下几个。

1. 产品质量法

1993 年 2 月 22 日第七届全国人民代表大会常务委员会第三十次会议通过，根据 2000 年 7 月 8 日第九届全国人民代表大会常务委员会第十六次会议《关于修改〈中华人民共和国产品质量法〉的决定》第一次修正，根据 2009 年 8 月 27 日第十一届全国人民代表大会常务委员会第十次会议《关于修改部分法律的决定》第二次修正，根据 2018 年 12 月 29 日第十三届全国人民代表大会常务委员会第七次会议《关于修改〈中华人民共和国产品质量法〉等五部法律的决定》第三次修正。产品质量法是为了加强对产品质量的监督管理，提高产品质量水平，明确产品质量责任，保护消费者的合法权益，维护社会经济秩序而制定的。在中华人民共和国境内从事产品生产、销售活动，必须遵守该法。

资源内容	学习笔记
《中华人民共和国产品质量法》 扫描二维码，阅读全文 （资料来源：中国人大网，2019-01-07）	

2. 消费者权益保护法

1993 年 10 月 31 日第八届全国人民代表大会常务委员会第四次会议通过，根据 2009

年8月27日第十一届全国人民代表大会常务委员会第十次会议《关于修改部分法律的决定》第一次修正，根据2013年10月25日第十二届全国人民代表大会常务委员会第五次会议《关于修改〈中华人民共和国消费者权益保护法〉的决定》第二次修正。消费者权益保护法是为了保护消费者的合法权益，维护社会经济秩序，促进社会主义市场经济健康发展而制定的法律。消费者为生活消费需要购买、使用商品或者接受服务，其权益受到该法保护。

3. 价格法

1997年12月29日中华人民共和国第八届全国人民代表大会常务委员会第二十九次会议通过，自1998年5月1日起施行。价格法是为规范价格行为，发挥价格合理配置资源的作用，稳定市场价格总水平，保护消费者和经营者的合法权益，促进社会主义市场经济健康发展而制定的。

4. 商标法

1982年8月23日第五届全国人民代表大会常务委员会第二十四次会议通过，根据1993年2月22日第七届全国人民代表大会常务委员会第三十次会议《关于修改〈中华人民共和国商标法〉的决定》第一次修正，根据2001年10月27日第九届全国人民代表大会常务委员会第二十四次会议《关于修改〈中华人民共和国商标法〉的决定》第二次修正，根据2013年8月30日第十二届全国人民代表大会常务委员会第四次会议《关于修改〈中华人民共和国商标法〉的决定》第三次修正，根据2019年4月23日第十三届全国人民代表大会常务委员会第十次会议《关于修改〈中华人民共和国建筑法〉等八部法律的决定》第四次修正。商标法是为了加强商标管理，保护商标专用权，促使生产、经营者保证商品质量和服务质量，维护商标信誉，以保障消费者和生产、经营者的利益，促进社会主义市场经济的发展而制定的。

资源内容	学习笔记
《中华人民共和国商标法》 扫描二维码，阅读全文 （资料来源：中国人大网，2019-05-07）	

5. 广告法

1994年10月27日第八届全国人民代表大会常务委员会第十次会议通过，根据2015年4月24日第十二届全国人民代表大会常务委员会第十四次会议修订，根据2018年10月26日第十三届全国人民代表大会常务委员会第六次会议《关于修改〈中华人民共和国野生动物保护法〉等十五部法律的决定》修正。广告法是为规范广告活动，保护消费者的合法权益，促进广告业的健康发展，维护社会经济秩序而制定的。

6. 反不正当竞争法

1993年9月2日第八届全国人民代表大会常务委员会第三次会议通过，根据2017年11月4日第十二届全国人民代表大会常务委员会第三十次会议修订，根据2019年4月23日第十三届全国人民代表大会常务委员会第十次会议《关于修改〈中华人民共和国建筑法〉等八部法律的决定》修正。反不正当竞争法是为促进社会主义市场经济健康发展，鼓励和保护公平竞争，制止不正当竞争行为，保护经营者和消费者的合法权益而制定的。

资源内容	学习笔记
《中华人民共和国反不正当竞争法》 扫描二维码，阅读全文 （资料来源：中国人大网，2019-05-07）	

7. 药品管理法

1984 年 9 月 20 日第六届全国人民代表大会常务委员会第七次会议通过，2001 年 2 月 28 日第九届全国人民代表大会常务委员会第二十次会议修订，根据 2013 年 12 月 28 日第十二届全国人民代表大会常务委员会第六次会议《关于修改〈中华人民共和国海洋环境保护法〉等七部法律的决定》修正，根据 2015 年 4 月 24 日第十二届全国人民代表大会常务委员会第十四次会议《关于修改〈中华人民共和国药品管理法〉的决定》第二次修正，根据 2019 年 8 月 26 日第十三届全国人民代表大会常务委员会第十二次会议第二次修订。药品管理法是为加强药品监督管理，保证药品质量，保障人体用药安全，维护人民身体健康，以及用药的合法权益而制定的。

随着我国法律体系的逐渐完善，更多与商品质量有关的法律会相继出台。商品质量将会得到更有力的保证，消费者的合法权益将会得到更有效的维护。

资源内容	学习笔记
《中华人民共和国药品管理法》 扫描二维码，阅读全文 （资料来源：中国人大网，2019-08-26）	

典型案例

某祛斑化妆品公司在国内许多电视媒体上发布广告，宣称其祛斑化妆品是由美国“诺贝尔”奖获得者发明研制的产品，祛斑效果明显，国内外多位演艺界人士使用过此产品，并取得良好的效果。广告一经播出，在消费者中引起强烈反响，许多消费者购买了此种化妆品。经过一段时间的使用，消费者发现使用此种化妆品不但没有祛斑，反而使斑点增多。后经有关部门调查，该种化妆品并非由“诺贝尔”奖获得者研制，也并无祛斑效果。消费者使用该化妆品会使面部受到严重伤害并且很难治愈。此化妆品不符合商品质量要求，严重侵害了消费者的利益。

案例分析：试从对日用工业品的质量要求角度出发来分析此案例。

>>> 综合能力训练

一、名词解释

商品质量　　商品质量管理　　全面质量管理

二、选择题

1. 以下不属于食品营养价值指标的是(　　)。

A. 营养成分　　B. 卫生安全　　C. 可消化率　　D. 发热量

2. 日用工业品商品使用价值的基本条件是(　　)。

A. 适用性　　B. 耐用性　　C. 卫生安全性　　D. 美观性

3. 皮革服装制品在穿用时被锐利之物划破或重度摩擦，这是(　　)因素对商品质量的影响。

A. 商品储存　　B. 适用范围和条件

C. 销售服务　　D. 使用方法和养护

三、判断题

1. 质量以满足需要为最终目的。(　　)
2. 设计开发是形成商品质量的前提和基础。(　　)
3. 排列图法主要用于分析各种商品质量问题产生的原因。(　　)
4. 商品质量日常巡查是商品质量监督的主要形式。(　　)

四、填空题

1. 商品的自然质量分为________和________。
2. 电子商品质量的基本要求是可信性、美观性________、________、________。
3. PDCA 循环的四个阶段分别是计划、________、检查、________，而其中的关键阶段是________。

五、简答题

1. 简述商品质量的基本要求。
2. 举例说明食品商品质量的基本要求。
3. 简述影响商品质量的主要因素。
4. PDCA 循环的特点有哪些？

>>> 实践训练

1. 以某种具体商品为例，通过市场调查，分析此种商品质量的基本要求。
2. 去某种商品生产厂家参观或上网查找，了解此种商品的生产过程及影响其质量的因素。

第三章
商品标准

学习目标

1. 了解商品标准、商品质量认证的作用和意义；
2. 理解商品标准的分级及商品标准化的形式；
3. 掌握商品标准、标准化及商品质量认证的概念；
4. 掌握商品标准和商品质量认证的种类、内容、程序及认证标志。

评定和监督商品质量，需要一个对其进行制约和衡量的客观标准。本章着重介绍商品标准、标准化及商品质量认证。

第一节 商品标准和商品标准化

一、商品标准的概念、分类和作用

(一)商品标准的概念

1. 标准

标准是对重复性事物和概念所作的统一的规定。它以科学、技术和实践经验的综合成果为基础，经有关方面协商一致，由主管机构批准，以特定形式发布，作为共同遵守的准则和依据。

理解“标准”的概念，应把握以下几个要点。

(1)标准的对象是需要协调统一的重复性事物和概念。重复性是指事物的反复性特征，只有当它们反复出现和应用时，才有对该事物制定标准的必要。

(2)制定标准的依据是科学技术和实践经验的综合成果。一方面，标准是新技术、新工艺、新材料等科学技术进步创新的结果；另一方面，标准又是人们在实践中不断总结和吸取带普遍性和规律性经验的成果。

(3)标准制定的程序要经有关方面充分协商。

(4)标准文件有自己的一套格式和制定发布程序，具有一定的严肃性和法规性。

(5)标准的本质特征是统一。

(6)制定标准的出发点是建立最佳秩序和取得最佳效益。

2. 商品标准

商品标准是整个标准体系中的一部分。商品标准是对商品质量以及与质量有关的各个方面，如品种、规格、用途、试验方法、检验规则、包装、标志、运输和储存等，所作的统一技术规定，是评定、监督和维护商品质量的准则和依据。

(二)商品标准的分类

商品标准的种类很多，常见的有以下几种。

1. 按表达形式分类

(1)文件标准。它是特定格式的文件，是以文字、表格、图样等形式，对商品的质量、规格、检验等有关技术方面内容的统一规定。绝大多数商品标准为文件标准。

(2)实物标准。它是由标准化机构或指定部门用实物制成的与文件标准规定的质量要求相同的标准样，是对某些难以用文字准确表达的质量要求所作的统一规定，是常用文件标准的补充。这是一种经过权威机构确认可以作为标准的制品，如棉花、茶叶实物标准。实物标准又分为全国基本标准和地方仿制标准。标准样要每年更新。

2. 按对象特征分类

(1)技术标准。技术标准是对标准领域中需要协调统一的技术事项所制定的标准。它是从事生产、建设工作以及商品流通的一种共同技术依据。凡正式生产的工业产品(主要的农产品)，各类工程建设、环境保护、安全和卫生条件，以及其他应当统一的技术要求，都必须制定技术标准。这类技术标准主要包括基础标准、质量标准、方法标准、安全卫生标准等。基础标准是指最基本的、具有广泛指导意义的标准，如商品名词术语、符号等标准，该标准应用最广泛。质量标准是指对具体商品的性能、规格、可靠性和外观等方面规定的准则，如铅笔标准、酱油质量标准。方法标准是指方法、程序、规程性质的标准，如合成洗衣粉实验方法标准、酱油质量检验方法标准。安全卫生标准是指一切有关人身安全和卫生方面的专门标准，如儿童玩具安全标准、食品卫生标准等。

(2)管理标准。管理标准是指对标准化领域中需要协调统一的管理事项所制定的标准，一般包括技术管理标准、生产管理标准、经济管理标准、行政管理与业务管理标准等。

(3)工作标准。工作标准是指对标准化领域中需要协调统一的工作事项所制定的标准，通常包括基础工作、工作质量、工作程序和工作方法等方面的标准。

在这三类标准中，数量最多的是技术标准。

3. 按约束力分类

(1)强制性标准(法规性标准)。强制性标准是指保障人体健康，人身、财产安全的标准和法律、行政法规规定必须强制执行的标准。也就是说，强制性标准所规定的内容必须执行，不允许以任何理由或方式违反、变更，对违反强制性标准的行为，国家将依法追究当事人的法律责任。强制性标准包括强制性的国家标准、行业标准和地方标准。

(2)推荐性标准(自愿性标准)。推荐性标准是指国家鼓励自愿采用的，具有指导作用而又不宜强制执行的标准，即标准所规定的技术内容和要求具有普遍的指导作用，允许使用单位结合自己的实际情况灵活选用。推荐性标准的实施以自愿采用为原则，不要求强制执行。但是在下列几种情况下，推荐性标准必须严格执行：①一项推荐性标准一旦纳入国家法律、法规或指令性文件，在一定范围内该项标准便具有强制推行的性质；②一项推荐性标准被企业作为认证所采用的标准时，经过按此标准认证的产品，必须严格执行该项标准；③企业向公众明示其产品符合某项推荐性标准时，应当严格执行其所明示的推荐性标准；④某项推荐性标准被购销双方引用为交货依据时，双方应当严格执行该项标准。

对于以上情况所采用的推荐性标准，标准化行政部门对贯彻执行该项标准的情况有权实施监督检查。

4. 按熟练程度分类

(1)正式标准。绝大多数商品的标准为正式标准。

(2)试行标准。与正式标准具有同等法律效力，一般试行两三年后进行修订，待成熟时转为正式标准。

此外，按商品标准的适用范围，可将其分为出口商品标准和内销商品标准；按保密程度，可将其分为公开标准和内部标准；按使用要求，可将其分为生产型标准和贸易型标准等。

(三)商品标准的作用

1. 商品标准可保证和提高商品质量

商品标准的统一表达了生产者和消费者对商品质量及其相关方面的要求，是产销或购销双方对商品质量发生争议时执行仲裁的依据。

此外，在制定和修订商品标准的过程中，将科研新成果、技术进步新成就及实践中的先进经验，经过分析、比较和选择，然后加以综合，纳入标准。这样，可使商品质量不断得到提高。

2. 商品标准可更好地满足消费需求

通过制定和贯彻商品标准，可简化多余或低功能的商品品种。标准的系列化形式能以最佳品种构成满足广泛的消费需求。

3. 商品标准有利于贸易的顺利进行

国内工商、农商和商商之间进行商品贸易时，采用标准中规定的有关条款，会使买卖双方有统一的尺度可遵循，可保证公平交易，形成正当的竞争。

在国际贸易中，通过商品标准的协调，可在世界范围内防止或消除贸易上的技术壁垒。

4. 商品标准有助于拉开商品差价

商品标准中的质量要求，反映了商品使用价值的高低。商品标准中质量指标所规定的质量水平，具体划分了该种商品使用价值的高低程度，从而为划分商品品级提供了依据。

5. 商品标准有利于资源利用和环境保护

商品标准的制定和贯彻，有利于合理利用和节约国家资源。

此外，商品标准的制定和贯彻，在组织专业化生产、合理开发商品新品种、节约能源和保证安全等方面也具有重要作用。

二、商品标准化

(一)商品标准化的概念

商品标准化是指在商品生产和流通的各个环节中制定、发布以及实施商品标准的活动。推行商品标准化的最终目的是使商品标准达到统一，从而获得最佳市场秩序和社会效益。

商品标准化包括：名词术语统一化，商品检验与评价方法标准化，商品分类编码标准化，商品包装、储运、养护标准化等。

中国的标准化工作实行统一管理与分工负责相结合的管理体制。按照国务院授权，在国家市场监督管理总局的领导下，国家标准化管理委员会统一管理全国标准化工作。国务院有关行政主管部门和国务院授权的有关行业协会分工管理本部门、本行业的标准化工作。省、自治区、直辖市标准化行政主管部门统一管理本行政区域的标准化工作；省、自治区、直辖市政府有关行政主管部门分工管理本行政区域内本部门、本行业的标准化工作。市、县标准化行政主管部门和有关行政主管部门，按省、自治区、直辖市政府规定的各自的职责，管理本行政区域内的标准化工作。

(二)商品标准化的形式

商品标准化的形式是标准化内容的存在方式，即标准化过程的表现形态。标准化有多种形式，每种形式都体现不同的标准化内容，针对不同的标准化任务，达到不同的目的。商品标准化的形式主要有简化、统一化、系列化、通用化、组合化等。

1. 简化

简化是当商品多样化已发展到一定规模后，在一定范围内缩减商品的类型数目，在既定时间内满足一定需要的商品标准化形式。

通过合理的简化，消除不必要的商品类型以及同类商品中多余的、重复的、低功能的商品品种，从而为新的、更有必要的商品类型、品种、规格的出现扫除障碍，为商品多样化的健康发展和满足社会多样化的需要创造条件。因此，简化是对商品类型、品种进行有意识控制的一种有效形式。

2. 统一化

统一化是把同类商品两种以上的表现形态归并为一种或限定范围内的商品标准化形式。统一化的实质是商品的形式、功能(效用)或其他技术特征具有一致性，并把这种一致性通过标准化以定量化的形式确定下来。

在商品标准化活动过程中需要统一的对象很多，有名称、概念、代号、编号、符号、术语、质量指标、检验方法、操作规程、包装和储运条件、质量管理等。

统一化的目的在于消除由于不必要的多样化而造成的混乱，为人类的正常活动建立共同遵循的秩序。例如，统一商品名称可以避免出现商品“一物多名”或“一名多物”的混乱现象。

3. 系列化

系列化是对同一类商品中的一组商品同时进行标准化的一种形式。它是标准化的高级形式。

系列化是对商品的主要参数(如家电的额定功率、电压等)、形式、尺寸(如鞋、自行车的结构尺寸)、基本结构等作出合理的安排与规划，以协调同类商品和配套商品之间的关系。因此，系列化也是使某一类商品实现系统的结构优化、功效最佳的标准化形式。

4. 通用化

通用化是指在互相独立的系统中，选择和确定具有功能互换性或尺寸互换性的子系统或功能单元的标准化形式。

通用化要以互换性为前提。互换性指的是在不同时间、不同地点制造出来的商品或零件，在装配、维修时不必经过修正就能任意替换使用的性质。

通用化的程度越高，生产的机动性越大，对市场的适应性也越强，商品的销路就越广，有利于提高商品的竞争能力和企业的经济效益。

5. 组合化

组合化是按照标准化的原则，设计并制造出一系列通用性较强的单元(标准单元)，根据需要将其组合成不同用途的商品的一种标准化形式。组合化已广泛应用于家电、仪器仪表、机械类商品的设计和制造，取得了明显的效益。

(三)商品标准化的作用

1. 组织现代化商品生产和发展专业化协作生产的前提条件

现代化商品生产以先进的科学技术和生产的高度社会化为特征。专业化把社会生产分解为各个独立的生产部门，而协作又把这些部门连接成有机的整体，专业化协作是社会生产组织的先进形式之一。随着社会化大生产的连续性和节奏性日益增强，专业化协作的深度和广度日益提高，要求社会各部门和企业内部各工序间的分工越细，协作的联系就越紧密，要求更多地采用专业化、高效率的技术装备，在技术上的统一和协调就越广泛。标准化是实现这些联系、统一和协调的有效手段。

2. 实现现代化科学管理和全面质量管理的基础

商品标准化是企业管理目标在质量方面的具体化和定量化，商品标准可以为企业编制计划、商品设计和制造、商品检验以及商品质量的管理、监督和仲裁等提供科学依据。因此，要实行科学管理和全面质量管理，就必须制定标准，推行标准化。

3. 提高商品质量和合理发展商品品种的技术保证

根据商品标准，可以评价商品质量，简化多余或低功能的商品品种，通过系列化形成最佳的品种构成，通过组合化组合出较多的新品种。

4. 合理利用国家资源，保护环境和提高社会经济效益的有效手段

合理利用国家资源(如节约原材料和充分利用废旧物资)、保护环境和资源是制定商品标准的重要原则。因此，商品标准化的任何一种形式，都会产生增产节约的效果，从而获得社会效益和经济效益。

5. 推广应用新技术，促进技术进步的桥梁

一项科研成果(如新工艺、新材料、新技术、新产品的研制成功)一旦通过技术鉴定，就会被纳入相应的标准，从而得到迅速的推广和使用，促进科技进步，收到显著的经济效益。

6. 国际经济、技术交流的纽带和国际贸易的调节工具

在国际贸易中积极采用国际标准，可以消除国际贸易技术壁垒，提高商品在国际市场上的竞争能力，促进对外经济技术合作和对外贸易。在国际贸易中，商品标准是进行仲裁的依据，利用标准化可以保护本国的利益。

三、商品标准的分级

(一)我国标准的级别

根据《标准化法》，我国的标准划分为国家标准、行业标准、地方标准和团体标准、企业标准。国家标准分为强制性标准和推荐性标准，行业标准、地方标准是推荐性标准。强制性国家标准必须执行，国家鼓励采用推荐性标准。

1. 国家标准(最高一级标准)

国家标准简称国标，是指对全国经济技术发展有重大意义，必须在全国范围内统一的标准。我国国家标准主要包括：重要的工农业产品(商品)标准；基本原料、材料、燃料标准；通用的零件、部件、元件、器件、构件、配件和工具、量具标准；通用的试验和检验方法标准；商品质量分等标准；广泛适用的基础标准；有关安全、卫生、健康和环境保护标准；有关互换、配合通用技术术语标准等。国家标准的年限一般为5年，过了年限后，就要修订或重新制定。

国家标准由国务院标准化行政主管部门(国家质检总局)编制计划、组织草拟并统一审批、编号和发布。

国家标准的编号，由国家标准代号、国家标准顺序号和国家标准发布年号构成。国家标准代号由大写汉语拼音构成，强制性国家标准代号为“GB”，推荐性国家标准代号为“GB/T”。国家标准顺序号是发布国家标准的顺序排号。国家标准发布年号为发布该国家标准年份的四位数字。国家标准顺序和年号之间加中横线分开。

$$\underset{\text{国家标准代号}}{\underline{\text{GB 或 GB/T}}}\qquad\underset{\text{标准顺序号}}{\underline{\times\times\times\times\times}}-\underset{\text{发布年号}}{\underline{\times\times\times\times}}$$

比如，GB 50011—2010《建筑抗震设计规范》和GB/T 8572—2010《复混肥料中总氮量的测定蒸馏后滴定法》。

国家实物标准的代号为“GSB”，顺序号是由《标准文献分类法》规定的一级类目、二级类目和二级类目范围的顺序号组成。比如，GBS 08—2982—2013《日用陶瓷用硅酸锆A8标准样品》。

强制性国家标准范围严格限定为保障人身健康和生命财产安全、国家安全、生态环境安全以及满足社会经济管理基本需要的技术要求。

下列国家标准属于强制性国家标准：①药品国家标准、食品卫生国家标准、兽药国家标准、农药国家标准；②产品及产品生产、储运和使用中的安全、卫生国家标准，劳动安全、卫生国家标准，运输安全国家标准；③工程建设的质量、安全、卫生国家标准及国家需要控制的其他工程建设国家标准；④环境保护的污染排放国家标准和环境质量国家标准；⑤重要的涉及技术衔接的通用技术术语、符号、代号(含代码)、文件格式和制图方法国家标准；⑥国家需要控制的通用的试验、检验方法国家标准；⑦国家需要控制的其他重要产品国家标准。上述范围除外的其他国家标准是推荐性国家标准。我国每年都不断增加和拓宽国家标准。

2. 行业标准

行业标准是指没有国家标准而又需要在全国某个行业范围内统一的标准，主要包括：工农业产品标准；技术术语、符号、代号等通用技术语言标准；通用零部件和互换性要求标准等。行业标准是推荐性标准，行业标准的技术要求不能低于强制性国家标准和相关技术要求。

行业标准由国务院有关行政主管部门编制计划、组织草拟并统一审批、编号和发布，报国务院标准化主管部门备案。行业标准不能与有关的国家标准相抵触，已有国家标准的不再制定行业标准。已有行业标准的，在发布实施相应的国家标准后，该标准即行废止。

行业标准的编号由行业标准代号、标准顺序号和年号组成。

$$\underbrace{--/\mathrm{T}}_{\text{行业标准代号}}\quad\underbrace{\times\times\times\times\times}_{\text{标准顺序号}}-\underbrace{\times\times\times\times}_{\text{发布年号}}$$

例如，FZ/T 44004—2018《丝绸床上用品》。

行业标准代号由国务院标准化行政主管部门规定，见表 3-1。

表 3-1 部分行业标准代号

序号	标准类别	标准代号	主管部门	序号	标准类别	标准代号	主管部门
1	农业	NY	农业农村部	16	建材	JC	工业和信息化部
2	水产	SC	农业农村部	17	建筑工业	JG	住房和城乡建设部
3	水利	SL	水利部	18	金融	JR	中国人民银行
4	医药	YY	国家药品监督管理局	19	交通	JT	交通运输部
5	民政	MZ	民政部	20	体育	TY	国家体育总局
6	教育	JY	教育部	21	卫生	WS	国家卫生健康委员会
7	烟草	YC	国家烟草专卖局	22	汽车	QC	工业和信息化部
8	包装	BB	工业和信息化部	23	气象	QX	中国气象局
9	区域建设	CJ	住房和城乡建设部	24	石油化工	SH	国家能源局
10	地质矿产	DZ	自然资源部	25	邮政	YZ	国家邮政局
11	电力	DL	国家能源局	26	新闻出版	CY	国家新闻出版署
12	纺织	FZ	工业和信息化部	27	商业	SB	商务部
13	环境保护	HJ	生态环境部	28	民用航空	MH	中国民用航空局
14	土地管理	TD	自然资源部	29	旅游	LB	文化和旅游部
15	海关	HS	海关总署	30	商检	SN	国家市场监督管理总局

注：行业标准分为强制性标准和推荐性标准。表中给出的是强制性行业标准代号，推荐性行业标准代号是在强制性行业标准代号后面加“/T”，如农业行业的推荐性行业标准代号是 NY/T。

3. 地方标准

地方标准是指没有国家标准和行业标准且又需要在省(自治区、直辖市)范围内统一的标准，主要包括：工业产品的安全、卫生标准；农业产品及其生产管理技术标准；药品、食品卫生标准等。

地方标准由省(自治区、直辖市)标准化行政主管部门编制计划、组织草拟并统一审批、编号和发布，报国务院标准化行政主管部门和国务院有关行政主管部门备案。

地方标准的编号是“DB”加上省(自治区、直辖市)行政区划代码的前两位数加斜线，斜线后再加“T”。

$$\underset{\text{地方标准代号}}{\underline{\text{DB}\times\times/\text{T}}}\quad\underset{\text{标准顺序号}}{\underline{\times\times\times\times\times}}\text{—}\underset{\text{发布年号}}{\underline{\times\times\times\times}}$$

比如，“DB32/T”为江苏省地方标准，DB37/T3441—2018为山东省水稻全程机械化生产技术规程。地方标准的顺序号和年号与国家标准、行业标准相同。省(自治区、直辖市)代码，见表3-2。

表3-2　省(自治区、直辖市)代码

名　称	代　码	名　称	代　码
北京市	110000	辽宁省	210000
天津市	120000	吉林省	220000
河北省	130000	黑龙江省	230000
山西省	140000	上海市	310000
内蒙古自治区	150000	江苏省	320000
浙江省	330000	重庆市	500000
安徽省	340000	四川省	510000
福建省	350000	贵州省	520000
江西省	360000	云南省	530000
山东省	370000	西藏自治区	540000
河南省	410000	陕西省	610000
湖北省	420000	甘肃省	620000
湖南省	430000	青海省	630000
广东省	440000	宁夏回族自治区	640000
广西壮族自治区	450000	新疆维吾尔自治区	650000
海南省	460000	中国台湾	710000
中国香港	810000	中国澳门	820000

4. 团体标准

团体标准是指由团体根据市场需求和创新需要，协调相关市场主体共同制定的标准，是国家标准、行业标准、地方标准的有效补充，由本团体成员约定采用或者按照本团体的规定供社会自愿采用。

团体是指具有法人资格，且具备相应专业技术能力、标准化工作能力和组织管理能力的学会、协会、商会、联合会和产业技术联盟等社会团体。团体标准属于市场标准，由市场自主制定。

国务院标准化行政主管部门会同国务院有关行政主管部门对团体标准的制定进行规范、引导和监督。团体标准的技术要求不得低于强制性国家标准的相关技术要求。国家鼓励社会团体制定高于推荐性标准相关要求的团体标准。

团体标准编号由“T/团体标准代号＋标准顺序号＋发布年号”组成。比如，T/CBJ 7101—2018《无水乙醇》为中国酒业协会团体标准。

5. 企业标准

企业标准是指限于企业使用的标准。对于没有国家标准、行业标准和地方标准的，企业可以制定标准。对于已有国家标准、行业标准或地方标准的，国家鼓励企业制定严于国家标准、行业标准或地方标准要求的企业标准。

企业标准由企业根据需要自行组织制定，或与其他企业联合制定，并报省(自治区、直辖市)人民政府标准化行政主管部门和有关行政主管部门备案。

企业标准代号是以“企”字汉语拼音的第一个字母“Q”为分子，分母按中央直属企业和地方企业分别由国务院各有关行政主管部门和地方主管部门规定确定。其顺序号和年号也与国家标准相同。

Q/——	××××—	××××
企业标准代号	标准顺序号	发布年号

例如，Q/0900 FJY 07—2019《膏状沐浴盐》，其中“FJY”代表肥城精制盐厂；Q/SMK01—2019《水稻返青柯杈肥》，其中“SMK”代表新乡市施美克肥业有限公司。

(二)国际商品标准分级

1. 国际标准

国际标准是指由国际上权威的标准化组织制定，并为国际所承认和通用的标准。国际标准通常是指国际标准化组织(ISO)、国际电工委员会(IEC)和国际电信联盟(ITU)所制定的标准，以及国际标准化组织公布的其他国际组织所制定的标准。

国际标准化组织成立于1947年，主要任务是制定国际标准，协调世界范围内的标准化工作，与其他国际性组织合作研究有关标准化问题。国际标准化组织制定的国际标准，其编号由标准代号ISO和顺序号以及年份组成。

ISO	×××××：	××××	××××
标准代号	标准顺序号	发布年号	标准名称

比如，ISO 9001：2015《质量管理体系认证》。

国际电工委员会正式成立于1906年，是负责电气和电子领域的标准化组织，其宗旨是促进电气化、电子工程领域中标准化及有关方面的国际合作。国际电工委员会制定的国际标准，编号由标准代号IEC以及顺序号和年份组成。

国际标准化组织公布的其他国际组织，主要包括国际计量局(BIPM)、国际人造纤维标准化局(BISFA)、食品法典委员会(CAC)、时空系统咨询委员会(CCSDS)、国际建筑研究实验与文献委员会(CIB)、国际照明委员会(CIB)、国际内燃机会议(CIMAC)、国际牙科联盟会(FID)、国际信息与文献联合会(FID)、国际原子能机构(IAEA)、国际航空运输协会(IATA)、国际民航组织(ICAO)、国际谷类加工食品科学技术协会(ICC)、国际排灌研究委员会(ICID)、国际辐射防护委员会(ICRP)、国际辐射单位和测试委员会(ICRU)、国际制酪业联合会(IDF)、万维网工程特别工作组(IETF)、国际图书馆协会与学会联合会(IFTA)、国际有机农业运动联合会(IFOAM)、国际煤气工业联合会(IGU)、国际制冷学会(IIR)、国际劳工组织(ILO)、国际海底组织(IMO)、国际种子检验协会(ISTA)、国际电信联盟(ITU)、国际理论与应用化学联合会(IUPAC)、国际毛纺组织(IWTO)、国际动物流行病学局(OIE)、国际法制计量组织(OIML)、国际葡萄与葡萄酒局(OIV)、国际材料与结构研究实验联合会(RILEM)、国际铁路联盟(UIC)、经营交易和运输程序和实施促进中心(UN/CEFAC1)、联合国教科文组织(UNESCO)、国际海关组织(WCO)、国际卫生组织(WHO)、世界知识产权组织(WIPO)、世界气象组织(WMO)等。

国际标准对于国际间的贸易和科技交流、国际范围的专业化协作、合理利用资源和保护生态平衡等都具有十分重要的意义。积极采用国际标准和国外先进标准早已成为我国重要的技术经济政策。

2. 区域标准

区域标准是指由世界区域性集团的标准化组织制定和发布的标准。这种区域性集团，有的是由于地理原因，有的则是由于政治经济原因而形成。例如，欧洲标准化委员会(CEN)、非洲地区标准化组织(ARSO)、亚洲标准咨询委员会(ASAC)以及阿拉伯标准化与计量组织(ASMO)等机构所颁布的标准都是区域标准。

制定区域标准的主要目的在于促进区域性集团成员国之间的贸易发展，便于该地区的技术交流与合作，协调该地区与国际标准化组织的关系。但是，这类标准也有弊端，如不完善则容易造成贸易障碍。

3. 发达国家的国家标准

这类标准是指世界主要经济发达国家所制定的国家标准。比如，美国国家标准(ANSI)、英国国家标准(BS)、日本工业标准(JIS)、法国国家标准(NF)等。

此外，还有其他国家的某些世界先进标准，如瑞士的手表材料国家标准、瑞典的轴承钢国家标准、比利时的钻石标准等。

4. 国际上公认的团体标准

该类标准是指某些国家的标准化团体所制定的有一定影响的标准。例如，美国材料与试验协会标准(ASTM)、美国石油学会标准(API)、美国电子工业协会标准(EIA)、美国军用标准(MIL)、英国劳氏船级社《船舶入级规范和条例》(LR)等。

5. 国际公认的先进企业标准

国际公认的先进企业标准有美国的IBM公司、美国HP公司、瑞士钟表公司等企业标准。

上述有权威的区域性标准、世界主要经济发达国家的国家标准、国际上公认的团体标准和国际公认的先进企业标准，都属于国际先进标准。

四、商品标准的内容

商品标准是一种法规性的文件，为便于使用和管理，国内外对其封面格式、内容编排以及符号等都有统一规定。商品标准包含的内容很多，一般是由概述、正文和补充三个部分组成。

(一)概述部分

商品标准的概述部分，概括地说明了标准的对象、技术特征和适用范围。其主要内容包括封面与首页、目次、标准名称和引言。

1. 封面与首页

封面列有标准名称、编号、分类号、批准发布单位、发布和实施日期等。合订本内的标准只有首页，首页上的内容与封面相近。

2. 目次

当商品标准的内容较长、结构复杂、条文较多时，一般应编写目次。

3. 标准名称

标准名称一般是由标准化对象的名称和标准所规定的技术特征两部分组成。可用商品名称作为标准名称，也可用商品名称加“技术条件”或“规范”作为标准名称。

4. 引言

引言主要阐述制定标准的必要性和主要依据，历次复审、修订的日期，修订的主要内容，废除和被代替的标准以及采用国际标准的程度。一般不写标题，也不编号。

(二)正文部分

商品标准的正文部分是商品标准的实质性内容，包括主体内容、适用范围、引用标准、术语、符号、代号、商品分类、技术要求、试验方法、检验规则、标志、包装、运输和储存等方面。

1. 主体内容与适用范围

该部分简要说明标准的主要内容及其适用范围。在必要时，有的商品标准还明确指出该标准不适用的范围。

2. 引用标准

引用标准主要说明标准中直接引用的标准和本标准必须配套使用的标准，并列出标准的编号和名称。

3. 术语、符号和代号

标准中采用的术语、符号和代号，在现行国家标准、行业标准中尚无规定的，一般在标准中给出定义或说明。其定义或说明集中写在标准技术内容部分的前面或分别写在有关章、条的前面。

4. 商品分类

商品分类是在商品标准中规定商品种类和型号，确定商品的基本参数和尺寸，作为合理发展商品品种、规格以及用户选用的依据。

商品分类的内容包括商品的种类、结构形式与尺寸、基本参数、工艺特征、型号与标记、商品命名和型号编制方法等。

在商品分类中，为协调同类商品和配套商品之间的关系，常按一定数值规律排列成科学的系列标准化形式。

5. 技术要求

技术要求是商品标准的中心内容，包括物理性能、化学性能、感官性能、稳定性、可靠性、耗能指标、材料要求、工艺要求、环境条件、有关质量保证、卫生安全和环境保护方面的要求及质量等级等。它是指导商品生产、流通、使用消费，以及进行质量检验和评价的主要依据。列入商品标准的技术要求应当是决定商品质量并可以评价的主要指标，通过这些指标能够全面而准确地判定商品的质量等级。

6. 试验方法

试验方法是评定商品质量的具体做法，是对商品质量是否符合标准而进行检测的方法、程序和手段所作的统一规定。试验方法一般包括试验原理、试样的采集或制备、所用试剂或标样、试验用仪器和设备、试验条件、试验步骤、试验结果的计算与分析评定、试验的记录和试验报告等内容。

7. 检验规则

检验规则是对商品如何进行验收而作的具体规定。它是商品制造厂将商品提交质量检验部门进行检验的规定，也是商品收购部门检查商品质量的依据，其目的是保证商品质量合乎标准要求。检验规则一般包括检验的类别和项目、抽样或取样方法、检验方法、检验结果的评定和复检规则等。

8. 标志、包装、运输和储存

标志、包装、运输和储存是为使商品从出厂到交付使用的过程中不受损失所作的规定。

(1)标志。商品标准一般都有对商品标志的规定，特别是对消费品和涉及卫生、安全与环境保护的商品要求更加严格。标志一般包括标志在商品及其包装上的位置、制作标志的方法、标志的内容和质量要求等内容。

(2)包装。一切需要包装的商品，在商品标准中都规定包装的要求。包装要求一般包括包装材料，包装技术与方法，每件包装中商品的数量、质量或体积，以及包装试验方法等内容。

(3)运输。在运输中有特殊要求的商品，常规定有运输要求。其内容主要包括运输方式、运输条件和运输中的注意事项等。

(4)储存。根据商品的特点，规定商品的储存场所、储存条件、储存要求，以及储存期限等。

(三)补充部分

补充部分是对标准条文所作的必要补充说明和提供使用参考的资料。它包括附录和附加说明两项内容。

1. 附录

根据实际需要，一个标准可以有若干个附录，按其性质分为补充件和参考件两种。

(1)补充件。补充件是标准条文的补充，是标准技术内容的组成部分，与标准条文具有同等效力。

(2)参考件。参考件用来帮助使用者理解标准的内容。比如，某些条文的参考资料或推荐性方法，以及标准中重要规定的依据等。参考件不是标准条文的组成部分，仅供参考。

2. 附加说明

附加说明是指制定和修订标准中的一些说明事项，分段写在标准终结符号下，其内容主要有：标准提出单位、归口单位；负责起草单位和标准主要起草人；标准首次发布、历次修改和重新确认的年月；负责标准解释单位，以及其他附加说明等。

第二节　商品质量认证

一、商品质量认证的概念和作用

（一）商品质量认证的概念

国际标准化组织给现代商品质量认证所下的定义：由可以充分信任的第三方证实某一经鉴定的产品或服务符合特定标准或其他技术规范的活动。《中华人民共和国认证认可条例》(2016年)规定，认证是指由认证机构证明产品、服务、管理体系符合相关技术规范、相关技术规范的强制性要求或者相关标准的合格评定活动。

理解商品质量认证的概念，应把握如下几点：①商品质量认证的对象是产品(商品)或服务，这里的产品是指各种有形产品，是目前世界各国实行质量认证的主要对象；②商品质量认证的基础是标准和技术规范，商品质量认证的依据是国家正式发布的标准和技术规范；③商品质量认证的证明方式是合格证书(认证证书)或合格标志(认证标志)；④商品质量认证的认证机构是可以充分信任的第三方；⑤商品质量认证的内容可以分为质量认证、安全认证和综合认证。

（二）商品质量认证的作用

商品质量认证的作用主要包括：第一，提高供方的质量信誉，以及商品在国内外市场上的竞争能力；第二，减少社会检验和评定的重复劳动，以及检验评价的费用；第三，有利于保护消费者和用户的利益，指导消费者选购自己满意的商品；第四，有利于提高商品的质量水平，推动市场经济的发展。

二、商品质量认证的类型和程序

（一）商品质量认证的类型

1. 按认证性质分类

(1)自我认证。自我认证是采用自我声明方式证明产品(商品)能够持续符合强制性产品认证要求，并完成产品(商品)信息报送。

(2)第三方认证。第三方认证是指由处于买卖利益之外的第三方(如专职监督检验机构)以公正、权威的非当事人身份，根据法律、标准或合同所进行的商品(产品)质量认证。

2. 按法规性质分类

(1)强制性认证。对有关人身安全、健康、检疫、环保、劳保等产品，依据法律规定必须实施强制性认证。该类产品若未获得认证，不得销售，否则依法惩处。

(2)自愿性认证。对一般产品均实行自愿性认证，没有经过认证的产品，也可以在市场上销售。

3. 按认证内容分类

(1)质量认证。质量认证也称合格认证，是用合格证书或合格标志证明某一商品(产品)或服务符合其质量标准要求的认证。合格认证属于自愿性认证。

(2)安全认证。安全认证是以安全标准或商品标准中的安全要求为依据，对商品或只对商品有关安全的项目所进行的认证。世界各国的安全认证通常都属于强制性认证。获得安全标志的商品，只能证明该商品符合其安全标准或标准中的安全指标，而无法说明该商品质量的优劣。

(3)综合认证。某些有安全要求的商品(如电工商品)常常既需要安全认证，又需要合格认证。同时获得两种认证标志的认证被称为综合认证。例如，我国方圆标志认证委员会(CQM)的方圆标志就包括合格认证标志、安全认证标志及管理体系认证标志。

4. 按认证的类型与方式分类

(1)型式试验。按规定的试验方法对产品的样品进行试验，以证明样品符合标准或技术规范的要求。

(2)型式试验加认证后监督——市场抽样检验。这是一种带有监督措施的型式试验。它是从市场购买样品或从批发商、零售商的仓库中随机抽样进行检验，以证明认证商品的质量持续符合标准或技术规范的要求。

(3)型式试验加认证后监督——供方抽样检验。这种类型与第二种相类似，但它不是从市场上抽样，而是从供方发货前的产品中随机抽样进行检验。

(4)型式试验加认证后监督——市场抽样和供方抽样检验。这是第二、第三两种认证类型的综合，监督检验所用的样品来自市场抽样和供方随机抽样。

(5)型式试验加供方质量体系认证再加认证后监督——质量体系复查加供方和市场抽样检验。这种认证类型是在批准认证的资格条件中增加了对产品供方质量体系的检查和评定，在批准认证后的监督措施中也增加了对供方质量体系的复查。

(6)供方质量体系的评定和认可。这种认证类型是对供方按既定标准或技术规范要求提供产品的质量保证能力进行评定和认可，而不对最终产品进行认证，故又称质量保证能力认证。

(7)批量检验。这种认证类型是根据规定的方案，对一批商品进行抽样检验，并据此作出该批商品是否符合标准或技术规范的判断。

(8)百分之百检验。这种认证是对每一件产品在出厂前都要依据标准由认可的独立检验机构进行检验。

5. 按认证范围分类

(1)国际认证。由政府或非政府国际团体进行组织和管理的认证，其成员资格向世界上所有国家开放。目前，国际认证主要指ISO和IEC等国际组织采用的质量认证。

(2)地区认证。比如，欧盟地区认证体系。

(3)强制认证。比如，我国的3C认证体系。

(4)实验室认证。实验室是指检验和校准工作的机构，认证(测试、检验)是指对给定产品、材料、设备、生物体、物理现象、工艺过程或服务，按照一定的程序确定其一种或多种特性、性能的技术操作。

(二)商品质量认证的程序

上述第四种分类中以(5)“型式试验加供方质量体系认证再加认证后监督——质量体系复查加供方和市场抽样检验”最为完善，它是国际标准化组织向各国推荐的一种典型的第三方商品认证制度，其实施程序包括以下几个步骤。

1. 制定供认证用标准

这是开展认证的前提和依据。通常是制定采用国际标准的国家标准。

2. 申请

企业按认证机构的规定填写申请书和申请表。

3. 检查评价质量体系

按照有关标准检查和评价生产企业的质量体系，以鉴定企业是否具有持续生产符合标准产品的质量保证能力。

4. 产品测试

依据所规定标准的全部要求，对样品进行型式试验，确定产品的质量状况，依据试验结果作出最终评定。

5. 审查评议

认证机构对上述工作结果进行审查和评议。如果认证合格，由认证机构颁发认证证书，允许使用质量认证标志。

6. 监督检查

颁发合格证书后，认证机构继续对制造厂的质量保证体系进行监督检查。

7. 监督检验

在质量认证标志使用有效期内，认证机构可随时在工厂、市场或用户单位抽取样品进行监督检验。

8. 监督处理

经质量体系监督复查和样品监督检查，如发现不符合规定要求的情况，认证机构可根据具体情况，作出停止使用质量认证标志、撤销认证的处理决定，以维护认证机构的信誉。

三、管理体系认证

(一)质量体系认证(见图 3-1)

质量体系认证是指由第三方公证机构依据质量体系标准，对供方的质量体系实施评定，合格者由公证机构颁发质量体系认证证书，并给予注册公布，证明供方在特定的产品范围内具有必要质量保证能力的活动。

目前，世界各国大多按照 ISO 9000 质量管理和质量保证系列标准开展认证，并且形成了世界通行的质量体系认证制度。质量体系认证的主要依据是 ISO 9001、ISO 9002、ISO 9003 三种质量保证模式标准。

质量体系认证的特点：质量体系认证的对象是质量体系；质量体系认证的依据是质量体系标准；质量体系认证的目的是证明供方的质量体系有能力确保其产品符合规定的要求；质量体系认证的认证方式是对质量体系审核而不对产品实物实施检验；质量体系认证的证明方式是颁发证书、注册公布，供方可使用注册标志做宣传，但不得直接用于产品或以其他方式误导他人认为该产品已经认证合格；质量体系认证后定期监督供方质量体系，但不对产品实物实施监督检验。

（a）中国质量管理体系认证

（b）国际质量管理体系ISO 9000认证

图 3-1　质量体系认证

(二)环境管理体系认证(见图 3-2)

环境管理体系认证是指由第三方公证机构依据环境管理体系标准，对供方的环境管理体系实施评定，合格者由第三方机构颁发环境管理体系认证证书，并给予注册公布，证明供方具有按既定环境保护标准和法规要求提供产品的环境保护能力。

ISO 14000 环境管理认证被称作国际市场认可的“绿色护照”。通过认证，无疑就意味着获得了国际“通行证”。其中，最重要的是 ISO 14001《环境管理体系规范及使用指南》。环境管理系列标准的实施，可以规范企业和社会团体等所有组织的环境行为，减少人类各项活动所造成的环境污染，保持环境与经济发展相协调，促进经济的持续发展。环境管理体系认证，可以证实生产厂使用的原材料、生产工艺、加工方法，以及产品的使用和用后处理是否符合环境标准和法规要求。

为促进企业建立环境管理体系，ISO 14000 系列标准实施环境标志制度。通过环境标志对企业的环境行为加以确认，以标志图形、说明标签等形式向市场展示标志产品及非标志产品环境行为的差别，形成强大的市场压力，达到改善组织环境行为的目的。

（a）中国环境管理体系认证

（b）ISO 14001体系标志

图 3-2　环境管理体系认证标志

资源内容	学习笔记
中国质量管理体系认证标志 扫描二维码，认识标志	

(三)安全体系认证

安全体系认证是指由第三方公证机构依据安全体系标准，对供方的安全保证体系实施评定，证明供方具有按规定安全标准要求提供产品的安全保证能力的活动。

商品的安全性非常重要，世界各国都把安全标准作为强制性标准予以执行，并开展强制性认证，为国际标准化组织着手制定安全体系标准和实施安全认证奠定了基础。

(四)职业健康安全体系 OHSAS 18000

OHSAS 18000 是供国家及组织采用的职业安全卫生管理体系系列标准，旨在使一个组织能够控制职业健康安全风险并改进其绩效，以减少工伤事故和职业病，解决国际公平竞争，以及人权平等问题。1999 年，英国标准协会(BSI)、挪威船级社(DNV)等 13 个组织提出了 OHSAS 标准，即OHSAS 18001《职业安全卫生管理体系——规范》和 OHSAS 18002《职业安全卫生管理体系——OHSAS 18001 实施指南》。

(五)食品卫生安全体系认证 ISO 2200 与 HACCP

ISO 2200 食品安全管理体系标准旨在保证整个食品链不存在薄弱环节，从而确保食品供应的安全，这个标准可以弥补 ISO 9001 在食品制作方面管理的不足，并可以与之同时使用。该标准采用了 HACCP 原理，提出了危害识别、评价和选择控制措施的方法，为企业预防、降低和消除危害提供了科学方法。该标准同时提出食品安全危害需要通过参与食品链上的所有组织共同控制。ISO 2200 认证适用于整个食品供应链中的所有组织，包括饲料加工、初级产品加工、食品制造、运输和储存，以及零售商和饮食业。另外，与食品生产紧密关联的其他组织也可以采用该标准，如食品设备的生产、食品包装材料的生产、食品清洁剂的生产、食品添加剂的生产和其他食品配料的生产等。

HACCP 是一种适用于食品行业的认证，是在食品生产过程中通过对关键控制点进行有效的预防措施和监控手段，使危害因素降到最低限度，被国际权威机构评价为控制由食品引起疾病的最经济、最有效的方法。HACCP 不是一个独立存在的体系，它必须建立在食品安全项目的基础上才能使它运行，如良好操作规范(GMP)、标准的操作规范(SOP)，以及卫生标准操作规范(SSOP)。

此外，尚有如下体系认证：TS 16949 汽车业质量体系；ISO 13485 医疗器械管理体系；TL 9000 通信行业管理体系；SA 8000 社会责任国际标准；AS 9000 航空基础质量体系；ISO 17799/BS 7799 信息安全管理体系；ISO 27001/BS 7799 信息安全管理体系；ISO 2000 信息技术服务管理体系；GJB 9001 国际军标认证；TPM 全面生产维护认证；QHSE 石油管理体系整合认证；IRIS 国际铁路工业标准认证。

四、商品质量认证标志

(一)国内常见的商品质量认证标志

1. 中国强制性认证标志

中国强制性认证标志(China Compulsory Certification，CCC)，又称 3C 认证[见图 3-3(a)和图 3-3(b)]，于 2002 年 5 月 1 日诞生，是我国政府为保护消费者人身安全和动植物生命安全，保护环境，保护国家安全，依法实行的产品合格评定制度。如果产品被列入国家质量监督检验检疫总局和国家认证认可监督管理委员会发布的《第一批实施强制性产品认证的产品目录》，就要对该产品实施强制性的检测和审核。如果列入目录里的产品没有获得指定机构认证，没按规定进行标贴认证，就不可以进口、出厂和销售。目录产品包括家用电器、汽车、安全玻璃、医疗器械、电线电缆和玩具等。截至2018年，中国质量管理体系(CQC)被指定承担目录范围内22大类的158种产品的3C认证工作，中国方圆标志认证委员会(CQM)也承担认证工作。这个标志实施后，逐渐取代原本的电工产品“长城”标志和进口商检“CCIB”标志，做到对国内产品和进口产品的强制认证统一。

(a) 3C通用标志　　(b) 3C安全认证标志

图3-3　CCC强制认证标志

中国强制性产品认证标志细分有CCCs、$CCC_{S\&E}$、CCC_{EMC}、CCC_{F}几种标志。

(1)CCCs。中国强制产品安全认证标志，英文缩写为CCCs，其中s代表安全认证，CNCA 2001年第1号。

(2)$CCC_{S\&E}$。中国强制产品安全与电磁兼容认证标志，英文缩写为$CCC_{S\&E}$，其中S&E代表安全与电磁兼容认证。

(3)CCC_{EMC}。中国强制产品电磁兼容认证标志，英文缩写为CCC_{EMC}，其中EMC代表电磁兼容认证。

(4)CCC_{F}。中国强制产品消防认证标志，英文缩写为CCC_{F}，其中F代表消防认证。

2. CQC认证标志

CQC认证标志是由中国质量认证中心(China Quality Certification，CQC)开展的自愿性产品认证业务之一，认证类型涉及产品安全、产品性能、环保和有机产品等，认证范围包括机械设备、电力设备、电器、电子产品、纺织品和建材等500多种产品。获得CQC认证标志的产品，就是被国家级认证机构认证为安全的、符合国家规定质量标准的产品。CQC认证标志主要有CQC通用标志、CQC安全认证标志、CQC电磁兼容(EMC)认证标志、CQC安全和电磁兼容认证标志、CQC性能认证标志、CQC节能认证标志、CQC生态纺织品安全认证标志、CQC农食产品认证标志、CQC质量环保产品认证标志等，见图3-4。

3. 中国方圆认证标志

中国方圆标志认证(China Quality Mark Certification)是中国方圆标志认证委员会(CQM)的产品认证标志，分合格认证标志(Q)、安全认证标志(S)和防爆电气产品认证标志(Ex)三种，见图3-5(a)、图3-5(b)和图3-5(c)。该委员会成立于1991年9月，是原国家技术监督局根据《中华人民共和国产品质量认证管理条例》设立的第三方国家认证机构，对自愿申请方圆标志认证的产品(包括有形产品和无形产品)实施产品质量认证。

（a）CQC通用标志　（b）CQC安全认证标志　（c）CQC电磁兼容(EMC)认证标志

（d）CQC安全和电磁兼容认证标志　（e）CQC性能认证标志　（f）CQC节能认证标志

（g）CQC生态纺织品安全认证标志　（h）CQC农食产品认证标志　（i）CQC质量环保产品认证标志

图 3-4　CQC 认证标志

（a）方圆合格认证标志　（b）方圆安全认证标志　（c）防爆电气产品认证标志

图 3-5　中国方圆认证标志

产品合格认证是指认证机构依据相关产品标准或技术规范对产品进行检验，得出产品性能是否符合有关产品标准或技术规范要求的结果，加上必要的工厂检查，符合认证条件后，由认证机构颁发认证证书并准许产品上使用合格认证标志。产品安全认证是指认证机构进行的只涉及产品安全性能部分的认证，认证内容包括对产品安全性能的试验，再加上必要的工厂检查，符合安全认证条件后，颁发认证证书并准许产品上使用安全认证标志。

4. 有机产品认证标志

有机产品认证标志是由有资质的有机产品认证机构[如 CQC、CQM、辽宁方园有机食品认证有限公司(FOFCC)等]，按照有机产品国家标准和《有机产品认证管理办法》的规定，对有机产品生产和加工过程进行评价，从而获得使用的认证标志。有机产品认证标志分为中国有机产品认证标志和中国有机转换产品认证标志两种，见图 3-6。

（a）中国有机产品认证标志　（b）中国有机转换产品认证标志

图 3-6　中国有机产品认证标志

有机产品是指遵照有机产品标准生产、加工、销售的供人类消费或动物食用的产品，通常包括有机食品(如粮食、蔬菜、水果、奶制品、禽畜产品、蜂蜜和蜂产品、水产品、调料等)、有机化妆品、纺织品、林产品、生物农药、有机肥料等。有机产品是所有产品中，特别是食品中级别要求最高的。在有机产品转换期内生产的产品，或者以转换期内生产的产品为原料的加工产品，应当使用中国有机转换产品认证标志。根据中国国情，中国有机产品标准建立在各国有机产品标准和国际有机运动联盟(IFOAM)基本标准的基础上，2012年出版新版《有机产品》国家标准GB/T 19630—2011。

有机产品将自然、环保、共生、协调发展运用于生产中，希望在满足人对优质食品需求的同时，保护土壤和提高其肥力，并尽可能地降低环境污染和不可再生资源的消耗，主要涉及以下三个方面：第一，有机产品的基础农业生产禁止或限制使用化学合成物质；禁止使用转基因、胚胎移植和辐射技术；强调生产操作对生态环境无不良影响。第二，有机产品加工过程的原料必须来自有机农业生产体系，或采用有机方式采集的野生天然产品，在整个生产过程中严格遵循有机产品的加工、包装、储藏和运输标准。第三，在有机产品的整个生产、加工、流通过程中，要有完善的质量控制和跟踪审查体系，有完整的生产和销售记录。

当然，有机食品不是绝对无污染的食品。由于有机食品的生产过程不使用化学合成物质，因此，有机食品中污染物质的含量一般要比普通食品低，但是过分强调其无污染的特性，会导致人们只重视对终端产品污染状况的分析与检测，而忽视有机食品生产全过程质量控制的宗旨。

5. 绿色食品认证标志

绿色食品在生产、加工过程中必须满足以下条件和要求。

(1)产品或产品原料的生产地必须符合绿色食品的生态环境标准。例如，大气质量达到国家一级标准，水质达到国家二级标准，土壤达到国家卫生标准。

(2)农作物种植、畜禽饲养、水产养殖及食品加工必须符合绿色食品的生产操作规程。例如，农药和化肥的使用量必须限制在不对环境和农产品质量产生不良后果的范围以内，不使农副产品农药残留进入人体；食品加工过程防止二次污染，不得使用添加剂、化学色素等。

(3)产品必须符合绿色食品质量标准和国家卫生标准。

(4)产品外包装必须符合国家食品标签通用标准，符合绿色食品特定的包装、装潢和标签规定。

绿色食品认证标志是由绿色食品发展中心在国家工商行政管理总局商标局正式注册的质量证明标志。绿色食品标志作为一种产品质量证明商标，见图3-7(a)，其商标专用权受《中华人民共和国商标法》保护。食品通过专门机构认证后，才能被评为企业依法使用的绿色食品标志。其注册以食品为主，并扩展到肥料等绿色食品相关产品上。绿色食品AA级的生产标准基本上等同于有机农业标准。绿色食品是普通耕作方式生产的农产品向有机食品过渡的一种食品形式，而有机食品是食品行业的最高标准。

中国绿色食品发展中心对许可使用绿色食品标志的产品进行统一编号，并颁发绿色食品标志使用证书。编号形式为：LB—××—××××××××××。其中，“LB”是绿色食品标志代码，中间的两位数代表产品分类，最后十位数字含义如下：第一位、第二位是

（a）绿色食品标志　　（b）无公害农产品标志

图 3-7　绿色食品标志和无公害农产品认证标志

批准年度，第三位、第四位是批准月份，第五位、第六位是省区，第七位、第八位、第九位是产品序号，最后一位是产品级别(A 级为 1，AA 级为 2)。从序号中能够辨别出此产品的相关信息，同时鉴别出“绿标”是否已过使用期。

6. 无公害农产品认证标志

无公害产品是指产地环境、生产过程和产品质量符合国家有关标准和规范的要求，经认证合格获得认证证书并允许使用无公害农产品标志的优质农产品及其加工制品。在无公害食品生产过程中允许限量、限品种、限时间地使用人工合成的、安全的化学农药、兽药、渔药、肥料，以及饲料添加剂等。无公害产品符合国家食品卫生标准，但比绿色食品、有机食品标准要宽。无公害农产品的定位是保障基本安全、满足大众消费，在生产农产品时，保护良好生态环境，用清洁无污染的安全技术生产农产品，保障大众食用农产品后的身体健康。无公害农产品是保证人们对食品质量安全最基本的需要，是最基本的市场准入条件，普通食品都应达到这一要求。该认证是政府行为，认证不收费。

无公害农产品标志(Pollution-free Agricultural Products)由农业农村部和国家认监委联合制定并发布，是加施于获得全国统一无公害农产品认证的产品或产品包装上的证明性标志，见图 3-7(b)。该标志的使用既是政府对无公害农产品质量的保证和对生产者、经营者及消费者合法权益的维护，又是国家有关部门对无公害农产品进行有效监督和管理的重要手段，因此，要求所有获证产品以“无公害农产品”称谓进入市场流通，均须在产品或产品包装上加贴标志。从事无公害农产品认证工作的唯一机构是农业农村部农产品质量安全中心。

无公害农产品认证分为产地认定和产品认证，产地认定由省级农业农村行政主管部门组织实施；产品认证由农业农村部农产品质量安全中心组织实施，获得无公害农产品产地认定证书的产品才可申请产品认证。产品认证符合无公害农产品的安全要求，是强制性认证。

资源内容	学习笔记
《中华人民共和国农产品质量安全法》 扫描二维码，阅读全文 （资料来源：中国人大网，2018-11-05）	

7. QS 认证标志

QS 质量安全标志(Quality Safety，QS)最早是食品质量安全的市场准入标志，自 2001 年起，率先在米、面、油、酱油和醋五类食品中推行；2003 年，扩大到肉制品、乳制品、饮料、调味品(糖、味精)、方便面、饼干、罐头、冷冻饮品、速冻类面食品，以及膨化食品10类食品；2008年起，所有食品(28大类)必须加贴QS标志。

QS标志是实行食品市场准入制度的一个方面，它代表三个内容：第一，企业声明。该企业获得食品生产许可证，该产品经过国家核定，有市场准入资格。第二，企业证明。这个产品是经过检验合格的产品。第三，企业承诺。该产品出现质量问题，企业应承担法律责任。消费者购买的产品只要贴有QS标志，就是获得国家认定的放心食品。

QS标志不仅用在食品上，与食品相关的产品也逐步列入QS范围。例如，食品的塑料包装和容器、纸包装和容器、化妆品、食用酒精等。QS标志也用在其他工业品上，如电动自行车、眼镜、化妆品、肥料、电线电缆系统及安全的工业产品，也必须贴QS标志。

2010年6月起，企业使用新的食品生产许可证标志——QS加“生产许可”字样(见图3-8)，不再是QS加“质量安全”字样。QS标志可根据企业需要按式样比例放大或者缩小，但不得变形、变色。

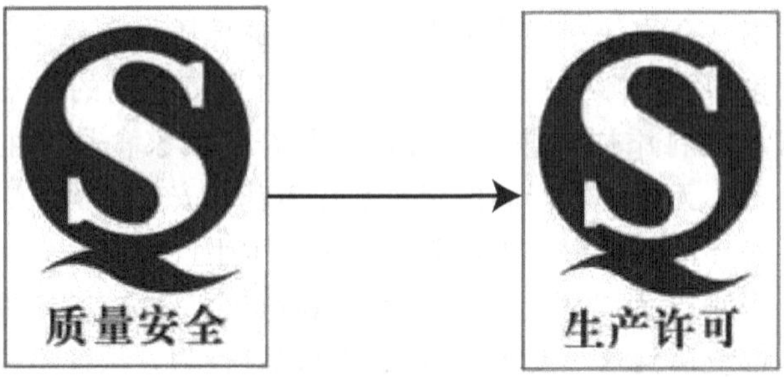

图3-8　QS标志的变化

8. 环保、节能、节水认证标志

(1)中国环境保护认证标志，见图3-9。

(a) 中国Ⅰ型环境标志　(b) 中国Ⅱ型环境标志　(c) 中国Ⅲ型环境标志

图3-9　中国环境保护认证标志

①中国Ⅰ型环境标志(十环标志)。中国Ⅰ型环境标志简称十环标志，如图3-9(a)所示。中国Ⅰ型环境标志由五部分构成，图形中心由太阳、山脉、水面三部分构成了一幅美丽和谐的大自然景象；第四部分由十个环环相扣的圆圈构成，表示自然界生物链的相互制约、相互依存的关系，暗示着环境保护的重要性，这个环境系统若有一环打开，链锁都将遭到破坏；第五部分是外面的文字——中国环境标志。

中国环境标志产品主要分为四类：一是保护臭氧层，替代ODS物质类，包括家用制冷器具、无氟工商用制冷设备等产品；二是有助于解决区域环境问题类，包括无铅汽油、无汞电池、无磷洗涤剂和低排放燃油汽车等产品；三是有利于改善居室环境和保护人体健康类，包括水性涂料、生态纺织品、低铅陶瓷、无石棉建筑制品、低辐射彩电和人造木质板等产品；四是节能和资源再生利用类，包括节能荧光灯、节能空调、节能电脑和磷石膏建材等产品。

②中国Ⅱ型环境标志。中国Ⅱ型环境标志又称环境自我声明标志，如图 3-9(b)所示。ISO 14021 标准规定了产品原料和生产过程控制及废弃物处置利用的 12 条自我环境声明，成为Ⅱ型环境标志的依据。企业可以从国际标准限定的“可堆肥、可降解、可拆解设计、延长寿命产品、使用回收能量、可再循环、再循环含量、节能、节约资源、节水、可重复使用和充装、减少废物量”12 个方面中，选择一项或几项作出自我环境声明，并经过第三方验证。该环境标志主要针对资源的有效利用，目前我国有数十家认证机构可授予该标志证书。

③中国Ⅲ型环境标志。中国Ⅲ型环境标志又称环境信息公告标志，如图 3-9(c)所示。ISO 14025 标准规定了量化环境信息的公告要求，企业可根据公众最感兴趣的内容，公布产品的一项或多项环境信息，并须经过第三方验证。比如，有的企业称自己产品的甲醛含量低，它必须公布甲醇含量的具体数据，经认证机构验证后，获权使用该标志。该环境标志比Ⅱ型环境标志应用更广，不只局限于资源利用的 12 条声明，我国数十家认证机构均可授予该标志证书。

(2)环保产品认证标志。中国环保产品认证标志(见图 3-10)由地球、飞鸟及植物叶子进行有机组合而成，生动地阐述了生命对地球和环境的依赖关系，强化了人们的环保意识。图案隐含着字母 E。三个有序排列的鸟(叶子)寓意再生与重复利用。同时还有三个“√”，体现了认证的功能，象征认证机构的权威性。

图 3-10　环保产品认证标志

中国环保产品认证首批公示了 63 项认证产品名录，包括与人们生活息息相关的环保产品及综合利用类产品，如板材、涂料、家具、包装用薄膜、一次性餐饮具等，以及除尘器、消音器、焚烧炉、净水器等污染防治产品。中国环保产品认证与强制性 CCC 认证接轨，采用国际上通行的“工厂条件检查＋产品检验＋认证监督检查和检验”的认证模式。从 10 项强制性标准开始，把保障室内空气质量的居室建材产品作为中国环保产品认证接轨 3C 的合点。

(3)节能、节水认证标志。中国节能、节水产品认证标志(见图 3-11)，由“Energy”的第一个字母 e 构成一个圆形图案，中间包含了一个变形的汉字“节”，寓意为节能；缺口的外圆又构成“CHINA”的第一字母 C；“节”的上半部简化成一段古长城的形状，与下半部构成一个烽火台的图案一起，象征着中国；“节”的下半部又是“能”的汉语拼音第一个字母 n。整个图案中包含了中英文，以利于与国际接轨。整体图案为蓝色，象征着人类通过节能活动给天空和海洋以蓝色。

①节能认证标志。节能认证标志如图 3-11(a)所示。节能产品是指该种产品符合有关的质量、安全等方面的节能标准要求。在使用中与同类产品或安全相同功能的产品相比，

它的效率或能耗指标相当于国际先进水平或接近国际先进水平。节能产品认证又有别于一般的产品认证，其特点之一是高端认证，认证对象是有限的，不是市场上的绝大部分产品。按照国际惯例，一般以市场上20%左右的产品能够达到的能效指标作为节能评价值。

②节水认证标志。节水认证标志如图3-11(b)所示。节水产品认证是为了加强节水工作，加大《节水型生活用水器具》(CJ 164—2002)标准的实施力度，规范和整顿节水产品市场秩序。我国的节水产品认证工作于2002年10月22日正式启动。节水认证产品有水嘴、坐便器、便器冲洗阀、淋浴器等产品。经过认证的节水产品更有优势进入国际市场。

(a) 节能认证标志　　(b) 节水认证标志

图 3-11　节能、节水产品认证标志

(4)能效标识认证标志。能源效率标识认证标志(见图3-12)简称能效标识，是国家强制企业执行的高能效产品标识。它是附在产品或产品最小包装物上的一种信息标签，用于表示用能产品的能源效率等级、能源消耗量等指标，为各级政府、企业和个人的购买决策提供必要信息，以引导和帮助消费者选择高能效的产品，倡导节能理念。

9. 国家免检产品认证标志

免检标志属于国家免检产品质量认证标志，如图3-13所示。获得免检证书的企业在免检有效期内，可以自愿将免检标志标示在获准免检的产品上，包括标示在产品的铭牌、包装物、使用说明书和质量合格证上。国家质量技术监督局统一规定的免检标志呈圆形，正中位置为“免”字汉语拼音声母“M”的正、倒连接图形，上实下虚，意指免检产品的外在及内在质量都符合有关质量法律法规的要求。在这一中心图案上方，有“国家免检产品”的字样，显示了国家免检的权威性。

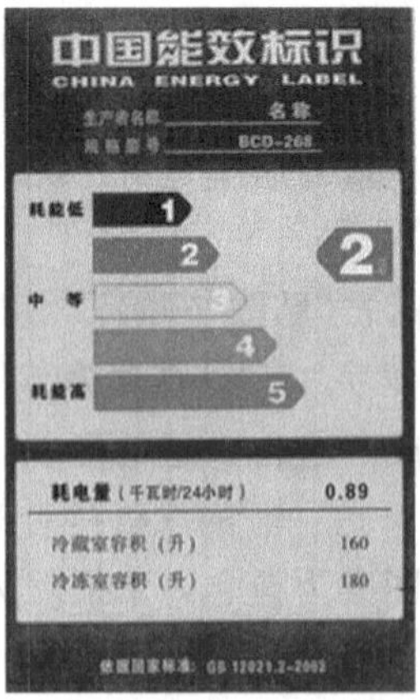

图 3-12　能效标识认证标志

图 3-13　国家免检产品质量认证标志

10. 电子信息产品污染控制标识认证标志

电子信息产品污染控制标识认证标志分为绿色 e 标志[见图 3-14(a)]和橙色警示标志[见图 3-14(b)]。

(a) 绿色e标志

(b) 橙色警示标志

图 3-14 电子信息产品污染控制标识认证标志

绿色 e 标志呈绿色，代表该电子产品是绿色的、环保的；绿色圆内是一个“e”，代表电子产品。橙色警示标志呈橙色，代表该电子产品含有毒、有害物质；橙色圆内的阿拉伯数字代表该产品的环保使用期限。

11. 中国名牌产品认证标志

中国名牌产品认证标志是产品的荣誉认证标志，见图 3-15。

图 3-15 中国名牌产品认证标志

在中国名牌产品认证标志中，用象征经济发展指标的四个箭头图案，形象、生动地象征着中国名牌评价的品质标准、评价指标、核心理念和“科学、公平、公开、公正”的四项评价原则；标志中的五颗五角星正好与“五星级”的概念相吻合，象征着新世纪的“中国名牌”脱颖而出，并带动着中国企业不断创新、争创名牌；四个箭头还是英文最好的(best)和商业(business)的英文首字母 B，直观地寓示着中国名牌的品格属性和商业特质；整体造型采用具有中国特色的图章样式，形象直观地表达了中国名牌认证的严肃性和权威性；色彩上采取红、蓝两色为主色。

中国名牌产品是由中国名牌战略推进委员会评选出来的，该称号的有效期为三年。凡荣获“中国名牌产品”称号的产品按国家有关部门的规定免于各地区、各部门、各种形式的质量监督检查，对符合出口免检条件的依法予以优先免检，并自动列入“打击假冒，保护名优”活动中重点保护名优产品的范围。

12. 中国采用国际标准标志

采标标志是国际通行做法。中国采用国际标准产品标志又称采标标志(见图 3-16)，是产品采用国际标准的一种专用说明标志，由国家质量技术监督局统一设计标志图样。外圈表示“中国制造”，用 CHINA 的第一个字母“C”表示，里面是地球和 ISO、IEC 图样，表示国际标准化组织和国际电工委员会制定的国际标准。“采用国际标准产品”表示使用采标标志的产品系采用国际标准或国外先进标准，质量达到国际先进水平或国标水平。

图 3-16 中国采标标志

资源内容 国内常见的商品认证标志 扫描二维码，认识标志	学习笔记

(二)国际常见的商品质量认证标志

1. CE认证标志

CE标志是欧洲共同市场安全标志(Conformite Europeenne)，是一种宣称产品符合安全、卫生、环保和消费者保护等欧盟相关要求的标志。使用CE标志是欧盟成员对销售产品的强制性要求。目前欧盟已颁布多类产品指令，如玩具、低压电器、医疗设备、电信终端(电话类)、自动衡器、电磁兼容和机械等。

2. CB认证标志

CB标志是国际电工委员会电工产品合格测试与认证组织“关于电工产品测试证书的相互认可体系”(IECEE-CB体系)的认证标志。CB体系适用于IECEE所采用的IEC标准范围内的电工产品，如电子电器产品的安全和性能测试、通信产品测试、电磁兼容性(EMC)测试等。该体系是以参加CB体系的各成员之间相互认可(双向接受)测试结果来获得国家认证或批准，从而达到促进国际贸易目的的体系。成员在共同的IEC标准下，各验证单位均相互承认彼此核发的CB证书及报告，可据此迅速地转换为他国证书。中国于1990年加入IECEE-CB体系，拥有17个CB试验室，能颁发12大类209个标准的CB测试证书。

3. UL认证标志

UL是美国保险商实验室(Underwriter Laboratories Inc.)的缩写，它是一个国际认可的安全检验及UL标志授权机构，对机电包括民用电器类产品颁发安全保证标志。它诞生于1894年，是一个独立的、非营利的、为公共安全做试验的专业机构，主要从事产品的安全认证和经营安全证明业务，其最终目的是确保市场得到具有相应安全水准的商品，为人身健康和财产安全保证作出贡献。部分UL安全标准被美国政府采纳为国家标准，产品要行销美国市场，UL认证标志是不可缺少的条件。

4. GS认证标志

德语中GS是“Geprufte Sicherheit”，即安全性已认证。GS标志是德国安全认证标志，可在世界各地进行产品销售的欧洲认证标志。GS认证是以德国产品安全法(SGS)为依据，按照欧盟统一标准(EN)或德国工业标准(DIN)进行检测的一种自愿性认证。产品获得GS标志，若发生故障而造成意外事故，制造商会受到德国(欧洲)产品安全法的严格约束。所以，GS标志是强有力的市场宣传工具，能增强顾客的购买信心及购买欲望。通常，GS认证产品销售单价较高，且较畅销。

5. CSA认证标志

CSA是加拿大最大的认证机构——加拿大标准协会(Canadian Standards Association)，该协会成立于1919年，对机械、建材、电器、计算机设备、办公设备、环保、医疗、防火安全、运动和娱乐等方面的所有类型产品提供安全认证。带有C-US或NRTL/C的CSA认证标志的产品可在北美市场销售，同时进入加拿大和美国两个市场。

6. PSE 认证标志

PSE 标志是日本电气电子产品的认证标志。2001 年 4 月 1 日起，电器装置和材料控制法(DENTORL)正式更名为电器和原料安全法(DENAN)。新法将产品分为两类：指定产品(Specified Products)和非指定产品(Non-specified Products)。所有指定类的产品必须经由日本经济产业省(METI)所授权的符合性评估机构(CAB)来进行产品及工厂测试设备的检验。指定类产品包括：A 类，即指定的电气设备和材料产品，应取得菱形的 PSE 标志；B 类，即其他的电气设备和材料产品，应取得圆形的 PSE 标志；C 类，即自愿认证产品，可取得 S 标志(产品安全标志)，S 标志以 IEC 标准为基础，其规范同样适用于 EMC 要求。

7. PCT 认证标志

PCT 认证标志是俄罗斯的国家标准认证(即俄罗斯 GOST 认证)标志，该标志对于俄罗斯制造商和出口到俄罗斯市场的出口商都非常重要。GOST 认证是一种强制性认证，自 1995 年开始实行。要进入俄联邦海关领土的产品都必须出具印有 PCT 标志的、俄罗斯国家标准计量委员会颁发的国家标准合格证书(GOST 证书)和卫生安全证书。只要产品获得了带有俄罗斯 PCT 标志的 GOST 证书，就相当于拿到了进入俄罗斯市场的通行证。

8. NF 认证标志

NF 标志是法国的产品认证标志，NF 是法国标准的代号，1938 年开始实行，其管理机构是法国标准化协会(AFNOR)。NF 标志主要适用于电子和电工商品、家具、建筑材料以及服务等。

常见的认证标志，见图 3-17。

(a) 中国强制认证　(b) 中国长城认证　(c) 中国免检产品标志　(d) 欧洲共同体CE认证

(e) 英国标准化协会BS标志　(f) 法国标准化协会NF标志　(g) 美国UL标志　(h) 国际羊毛局羊毛产品标志

(i) 德国标准化协会DIN标志　(j) 国际电工CB认证　(k) 德国安全认证标志　(l) 德国VDE安全产品标志

(m) 北美安全标志　(n) 加拿大标准协会标志　(o) 日本JIS标志　(p) 北欧四国安全认证标志

图 3-17　常见的认证标志

典型案例

北京某纺织集团有限责任公司自实施ISO 9000质量管理体系认证后，能够紧紧围绕质量管理体系与产品质量的控制要求开展工作，视质量为集团生存的根本。各级领导紧紧抓住质量源头，通过对影响质量的资源、过程等问题的严格管理，做到措施到位、责任到人，细化、强化工序质量管理，使成品、半成品质量切切实实稳步提高。

该公司通过贯彻实施ISO 9000标准，建立和健全了行之有效的质量体系，使质量管理更加制度化、规范化，促进了职工质量意识的增强和业务素质的提高，取得了良好的效果。

案例分析：试分析商品质量认证在企业发展中的作用。

>>> 综合能力训练

一、名词解释

标准　　商品标准　　商品标准化　　商品质量认证

二、单选题

1. 国际标准化组织的英文缩写是(　　)。

A. IEC　　B. IDT　　C. IBO　　D. ISO

2. 强制性国家标准的代号是(　　)。

A. “GB/T”　　B. “DB”　　C. “DB/T”　　D. “GB”

3. 目前，我国国家标准的主管部门是(　　)。

A. 国家市场监督管理总局

B. 工业和信息化部

C. 国家认证认可监督管理委员会

D. 各省(自治区、直辖市)人民政府行政主管部门

4. DB37/T 3446—2018是一个(　　)。

A. 国际标准　　B. 国家标准　　C. 行业标准　　D. 地方标准

5. 为避免出现商品“一物多名”或“一名多物”的混乱现象而出现的标准化形式是(　　)。

A. 统一化　　B. 系列化　　C. 简化　　D. 通用化

6. 不同厂家生产制造的同一号码的鞋大小是一样的，这是因为有了商品标准化的(　　)。

A. 统一化　　B. 系列化　　C. 通用化　　D. 组合化

7. 中国商品标准分级中，最高一级标准是(　　)。

A. 国际标准　　B. 国家标准　　C. 行业标准　　D. 企业标准

8. (　　)的目的是消除由于不必要的多样化而造成的混乱，为人类的正常活动建立共同遵循的秩序。

A. 统一化　　B. 系列化　　C. 通用化　　D. 组合化

9. “3C”认证属于(　　)。

A. 强制性认证　　B. 自愿性认证　　C. 合格认证　　D. 质量认证

三、多选题

1. 商品标准按照商品的性质可分为(　　)。

A. 强制性标准　B. 国内标准　C. 国际标准　D. 推荐性标准

2. 下列选项中，属于商品标准化形式的有(　　)。

A. 简化　B. 统一化　C. 互换性　D. 组合化

3. 绝大多数的商品标准是(　　)。

A. 正式标准　B. 实物标准　C. 文件标准　D. 试行标准

4. 实物标准分为(　　)。

A. 全国基本标准　B. 地方基本标准

C. 全国仿制标准　D. 地方仿制标准

5. 国家标准的代号是(　　)。

A. “GB/T”　B. “DB”　C. “DB/T”　D. “GB”

6. 为了引进国外先进技术和与国际技术标准接轨，中国已经不同程度地采纳了国际标准和国外先进标准。按采纳程度不同，可分为(　　)。

A. 等同采用　B. 等效采用　C. 非等同采用　D. 非等效采用

7. 商品质量认证的机构包括(　　)。

A. 国家标准化机构　B. 具有独立地位的检验机构

C. 认证机构　D. 商品检验机构

8. 商品质量认证的基础是国家正式发布的(　　)。

A. 商品标准　B. 技术规范　C. 法律、法规　D. 合格证书

四、简答题

1. 什么是标准？它有哪些种类？
2. 什么是标准化？它包括哪些主要形式？
3. 我国商品标准如何分级？各级的使用范围有何不同？
4. 什么是商品质量认证？我国权威认证标志有哪些？
5. 商品质量认证有哪些种类？
6. 商品标准主要包括哪些内容？

>>> 实践训练

1. 通过调查，了解当地标准化主要部门，弄清企业标准的制定程序。

2. 企事业单位获得 ISO 9001 质量体系认证或产品“3C”认证有哪些途径？需要做哪些工作？

第四章

商品分类

学习目标

1. 了解商品分类的概念和原则；
2. 熟悉商品目录、商品编号和商品分类体系；
3. 掌握商品分类的标志、方法和主要商品条形码的结构。

在市场上流通的商品种类繁多，只有对商品进行科学、系统的分类，才能满足商品生产和流通的需求，方便消费者识别、选购和使用商品。

第一节 商品分类概述

一、商品分类的概念

根据一定的目的，选择适当的标志，将任何一个商品集合总体进行合理划分的过程，即商品分类。分类具有普遍性，是人类认识事物、区分事物的重要方法。分类的结果，使日常事务大大简化，提高了效率。对商品进行科学系统的分类，编制出各种简便实用的商品目录，满足各方面需要，是商品经营管理的重要工作内容之一。

商品分类的层次有两种。

一种是将商品集合总体划分为门类、大类、中类、小类、品类、品种和细目七个层次(见表4-1)：①商品门类是按国民经济行业共性对商品进行的总的分类，如消费品门类；②商品大类一般根据商品生产和流通中的行业来划分，如食品、纺织品、日用工业品、医药、机械产品和石油化工产品等；③商品中类是若干具有共同性质或特征的商品总称，各商品中类包括若干商品品种，如塑料制品、针棉织品等；④商品小类是根据商品的某些特点和性质进一步划分，如针棉织品又分为针织内衣类、针织外衣类等；⑤商品品类又称商品品目，是指具有若干共同性质或特征的商品种类的总称，如绿茶包括烘青绿茶、炒青绿茶、晒青绿茶，工业制品包括玻璃制品、铝制品、塑料制品等；⑥商品品种或种类是指商品的具体名称，是按商品的性质、成分等方面的特征来划分，如洗发水可分为去头屑洗发水、维生素洗发水、润亮洗发水等，糖果分为硬糖、夹心糖果、奶糖、凝胶糖、巧克力糖等；⑦商品的细目是对商品品种的详细区分，是商品分类的最小单元，包括商品的花色、规格、质量等级(或品级)等，如550mL娃哈哈纯净水、12°长城牌白葡萄酒等。

表 4-1 商品分类应用实例

商品类目名称	应用实例	
商品门类	消 费 品	消 费 品
商品大类	食品	日用工业品
商品中类	乳制品	洗化用品
商品小类	乳粉	化妆品
商品品类	牛乳粉	护肤品
商品品种	全脂奶粉	乳液
商品细目	400g 完达山全脂奶粉	欧莱雅保湿乳液 150mL

另一种是将商品集合分为大类、中类、小类、单品或细目四个层次。

大类是粗线条分类，体现商品生产和流通领域的行业分工，主要依据生产来源或方式、处理保存方式等商品特征来划分。比如，五金类、化工类、食品类，食品超市的大类有水产、畜产、果蔬、日配加工食品和一般食品等。

中类(商品品类)体现具有若干共同性质或特征的商品的总称，着重以功能、用途、制造方式方法、产地等特征来划分。例如，日配加工食品大类包含牛奶、豆制品、冰品和冷冻食品等中类。

小类(商品品种)是对商品中类的进一步划分，体现具体的商品名称，是单品管理之前的最小单位及最细分类。例如，酒类商品分为白酒、啤酒、葡萄酒、果酒等小类；中类牛奶中包含鲜乳、调味乳、发酵乳等小类。

单品(商品细目)是对商品品种的详细区分，包括商品的规格、花色、等级等，是商品分类中不能进一步细分的、完整的、独立的商品品项。比如，60°高杯牌五粮液，355mL听装可口可乐，1.25L瓶装百事可乐等。

总之，商品分类并无统一固定的标准。目前，我国通常使用大类、中类、小类、品种四个层次进行商品分类。

二、商品分类的作用

商品的品种繁多，其性能、用途不同，只有对商品进行科学合理的分类，才能实现国民经济管理的现代化。随着科学技术的进步和商品经济的不断发展，商品的品种日趋增多，商品分类的作用日益重要，主要体现在以下几个方面。

第一，商品分类为国民经济各部门和各企业实施各项管理活动奠定了科学基础。现实中的商品种类繁多、特征多样、用途各异，只有统一分类后，商品生产、采购、运输、储存、养护、销售各环节中的计划、统计、物价、会计等工作才能正常进行，各类指标、数据和商品信息才具有可比性和实际意义，从而为国民经济各部门和各企业实施各项管理活动创造条件。

第二，商品分类是实现经济管理现代化的前提和必备手段。商品分类有利于建立统一的经济信息自动化系统，有利于商品编码和存储商品信息，提供信息交流的共同语言，将电子计算机技术广泛应用到商品管理中，实现商品购、销、调、存、结算的无纸化，以及商品信息流和物流管理的现代化。

第三，商品分类有助于深入研究商品使用价值，评价商品质量。只有对商品进行科学分类，将研究对象从个别商品特征归集、综合为某类商品的类别特征，才能深入分析和了解商品的性质和使用价值，进而掌握各种商品的本质属性和特征，准确地认识、评价商品质量，有利于商品检验、包装、运输、保管和科学养护，加强流通领域的商品质量管理，防止商品损失。

第四，商品分类是编制商品目录的科学基础。只有将商品进行科学分类，才能使编制的商品目录条理清楚、层次分明，从而保证商品目录的科学性。

第五，商品分类便于消费者和用户选购商品。清晰明了的商品分类，有助于购买者更好、更快地选购其想要的商品。例如，超级市场一般将化妆品按其功能用途划分为洁肤与护肤类、美容类、护发与美发类、特殊用途类等，并分类陈列，使顾客一目了然，选购更加方便。

三、商品分类的原则

(一)科学性原则

一方面，作为商品分类对象的商品名称要做到统一、科学、准确，真正反映其有别于其他商品的本质属性，还要防止一词多义或一种商品有多种名称的现象。例如，“的确良”的名称就反映不出“涤棉混纺布”的本质；将“马达”与“电动机”同时混用，则易造成分类混乱。另一方面，所选择的分类标志要能反映商品的本质特征，并具有明显的区别功能和稳定性。分类层次的划分要客观、合理。

(二)系统性原则

在分类过程中，应将待分类对象按照选择的分类标志进行分类，形成一个由若干子系统组成的逐级展开的大系统，各子系统之间相互联系、相互制约。例如，将商品总体分成若干门类，门类分为若干大类，大类分为若干中类，中类分为若干小类等。

(三)稳定性原则

商品分类既要考虑现实状况，也应符合商品发展的客观规律，当分类目录发生变更时，也不会破坏整个分类结构，有不断补充新产品的余地，同时，容量增加时也不必改变整个系统。

(四)协调性原则

商品分类体系应具有适应性、协调性，力求使分类结构合理。例如，国内分类编码既要参考国际分类编码体系，也要参考各行各业已经形成的编码分类状况，把工业、仓储、运输、内贸、外贸等各行业编码和分类情况协调起来，达到沟通信息方便、快捷的目的。

(五)唯一性原则

商品分类体系中的每一个分类层次只能对应一个分类标志。商品分类后，一种商品只能出现在一个类别里，不允许同时出现在两个或两个以上的类别中。

四、商品分类的基本方法

商品分类通常采用线分类法和面分类法两种方法。在建立商品分类体系或编制商品分类目录时，这两种方法常常结合起来使用。

(一)线分类法

线分类法又称层级分类法或垂直分类法，是将拟分类的商品集合总体，按照一定的分类标志，逐项地分成若干个层级，并排列成一个有层次的、逐级展开的分类体系，一般表现为大类、中类、小类、品类等。在每个分类体系里每个层级只能选择一个分类标志，各层级的分类标志可以不同，同一层级各类目之间构成并列关系，彼此称为同位类，上下层级之间构成隶属关系，相对互为上、下位类。

线分类法信息容量大，层次清楚，能较好地反映类目之间的逻辑关系，既适合手工处理又便于计算机处理，是商品分类中经常使用的方法，见表 4-2。但线分类法分类结构弹性差，目录形成后，没有更多的后备位置可供新的分类集合插入。

表 4-2　线分类法实例

大　类	中　类	小　类
家具	木制家具	床、椅、桌、沙发、箱、橱柜
	金属家具	
	竹制家具	
	藤制家具	

(二)面分类法

面分类法又称平行分类法，是将待分类的商品集合总体，按不同的分类标志划分成相互之间没有隶属关系的类目，每一组类目构成一个“面”。再按一定顺序将各个“面”平行排列，使用时根据需要把几个“面”中的相应类目组合在一起，就形成一个复合类目。

例如，服装的分类就是按照面分类法组配的。把服装的面料、样式、款式三个属性特征作为三个互相之间没有隶属关系的“面”，每个“面”又分成若干个独立的类目。使用时，将有关类目组配起来，便成为一个复合类目，如全棉男式衬衫、丝绸女式连衣裙、全棉女式套装等。

面分类法灵活方便、结构弹性好，适用于计算机处理，但组配结构复杂而不利于手工处理，也不能充分利用其信息容量。一般把面分类法作为线分类法的补充，见表 4-3。

表 4-3　面分类法实例

服装面料	样　式	款　式
全毛 全棉 丝绸 化纤 裘革	男式 女式	西装 中山装 衬衫 连衣裙 夹克衫 套装

第二节 商品分类标志

一、选择商品分类标志的原则

商品分类标志是编制商品分类体系和商品目录的重要依据。分类标志的选择应遵循以下同几个基本原则。

(一)目的性

分类标志的选择必须确保分类体系适宜于分类的目的，并能满足分类的需求，否则没有使用价值。

(二)明确性

分类标志本身含义要明确，要能从本质上反映每类商品的属性特征。

(三)区分性

同一层级范围内只能采用一种分类标志，不能同时采用几种分类标志。要确保每个商品只能出现在一个类别里，不能在分类中重复出现。

(四)逻辑性

分类标志的选择必须使商品分类体系中的下一层级分类标志成为上一层级分类标志的合乎逻辑的继续和具体的自然延伸。例如，汽油的分类，从“汽油”到“车用汽油”“航空汽油”这一层级，选用的分类标志是商品的“用途”；再从“车用汽油”到“××号汽油”这一层级，选用的分类标志是商品的“规格”，其实质是商品(汽油)的具体使用性能，显然它是“用途”的合乎逻辑的继续和自然延伸。

(五)包容性

分类标志的选择必须保证在此基础上建立的分类体系能够包容拟分类的全部商品，并为不断纳入新商品留有余地。

(六)简便性

保证建立起的分类体系在实际运用中便于操作、易于使用，有利于采用数字编码和运用计算机进行处理。

二、商品分类标志

(一)以商品的用途作为分类标志

商品的用途是体现商品使用价值的重要依据，与消费者需求密切相关。以商品用途作为分类标志，不仅适用于商品大类的划分，也适用于对商品种类、品种等的进一步分类。例如，根据用途的不同，商品可分为生产资料和生活资料两大类；生活资料商品又可按用途不同，划分为食品、衣着用品、日用工业品、日用杂品等；日用工业品按用途，可分为器皿类、洗涤用品类、化妆品类、家用电器类、文化用品类等。

以商品用途作为分类标志，便于对同一用途商品的质量和性能进行比较和分析，有利于消费者根据用途选购商品，有利于生产企业提高商品质量、开发新品种。但对多用途的商品不宜采用此种分类标志。

(二)以商品的原材料作为分类标志

商品的原材料是决定商品质量、性能的重要因素，原材料不同的商品其化学成分以及在加工、包装、储运、使用等方面的要求也不同。例如，商品按其原材料来源，可分为植物性商品、动物性商品和矿物性商品；呢绒按其原材料，可分为全毛呢绒、混纺呢绒、交织呢绒和纯化纤呢绒；绒线(毛线)按其原材料，可分纯毛绒线、混纺绒线和纯化纤绒线三类。

此种分类标志从本质上反映出每类商品的性能、特征、保管、包装、使用要求，适用于原材料性商品和原材料对成品质量影响较大的商品，而对那些成品质量与原材料关系不大或由多种原材料制成的商品(如摄像机、汽车、洗衣机等)则不宜采用该种分类标志。

(三)以商品的生产加工方法作为分类标志

即使用同一种原材料制成的商品，由于商品的生产加工方法不同，商品的性能和特征也有很多差异，并由此形成不同的商品种类。例如，茶叶按制作方法不同，分为全发酵茶(红茶)、半发酵茶(乌龙茶)、不发酵茶(绿茶)和后发酵茶(黑茶)；罐头按加工方法不同，可分为清蒸类罐头、调料类罐头、油浸类罐头、糖水类罐头、糖浆类罐头、果汁类罐头和果酱类罐头；纺织品按生产工艺不同，分为机织品、针织品和无纺布。

以生产加工方法作为分类标志，有利于明确不同类别的商品的质量特性和成因，适用于那些生产加工方法与成品质量特性有本质联系的商品。

(四)以商品的主要成分或特殊成分作为分类标志

商品的化学成分是形成商品质量和性能、影响商品质量变化的最基本因素。在大多数情况下，商品的主要化学成分可以决定其性能、用途、质量和储运条件，因此，此类商品可用主要化学成分作为分类标志。例如，化肥按主要化学成分不同，分为氮肥、磷肥、钾肥；塑料制品按其主要成分合成树脂不同，分为聚乙烯塑料制品、聚氯乙烯塑料制品、聚苯乙烯塑料制品等。有些商品虽然主要化学成分相同，但由于含有的特殊成分不同，其质量、性能、用途等具有明显的不同，对这类商品可选取其特殊成分作为分类标志进行分类。例如，玻璃按特殊成分不同，可分为钾玻璃、钠玻璃、铅玻璃、硼硅玻璃等。但对化学成分复杂的商品或化学成分对商品性能影响不大的商品，则不适宜采用此种分类标志。

(五)以商品的生产加工过程和环境质量作为分类标志

现在，人们越来越意识到健康、环保的重要性，其关注点已从商品本身延伸到商品的生产过程和生产环境。因此，纺织品被分为生态纺织品和非生态纺织品；食品被区分为无公害食品、绿色食品和有机食品；茶叶等内质受地域性条件影响很明显的名特产品可分为一般产品和地理标志产品等。

(六)以商业经营习惯作为分类标志

这是商品零售企业为方便经营、方便消费者辨认和选购而常用的分类方法。此分类方法往往与以商品的用途作为分类标志的分类方法结合使用。在目前的零售经营中，商品分类无统一固定标准，各超市、公司一般根据市场和自身实际情况对商品进行分类，将经营商品分为大类、中类、小类、单品四个层次，以方便顾客购物、方便商品组合并体现企业特点。

(七)以其他特征为分类标志

除了以上分类标志外，商品的形状、结构、尺寸、颜色、重量、产地、收获季节、功率等也可作为商品分类标志。例如，钢材根据其形状，可分成为型钢、板钢、管钢等；型钢按其形状，又分为圆钢、方钢、扁钢、工字钢、槽钢、角钢、三角钢、半圆钢、六角钢等。

第三节　商品目录和商品编码

一、商品目录

(一)商品目录的概念

商品目录又称商品分类目录，是以特定方式系统地记载相关商品集合总体类目品种等方面信息的文件资料。从内容结构说，商品目录是商品名称、商品代码、商品分类体系等方面信息的有机结合；从表现形式上说，商品目录是在商品分类和编码的基础上，用表格、文字、符号等全面记录和反映相关商品集合综合信息的文件。

商品目录是商品分类的体现，商品分类是编制商品目录的前提。没有商品分类，商品目录便无法编制。只有根据商品的科学分类方法编制商品目录，才能使商品目录层次分明、条理清楚。科学、系统、实用的商品目录是实现商品管理现代化、科学化的前提，有助于商品的生产、经营和管理活动。

(二)商品目录的种类

按商品目录的使用范围，可分为国际商品目录、国家商品目录、部门商品目录和企业商品目录四种。

1. 国际商品目录

国际商品目录是由国际上权威机构编制的商品目录。海关合作理事会于1983年6月通过了《商品名称及编码协调制度的国际公约》(简称《协调制度》)，并于1988年1月1日生效。《协调制度》是关于国际贸易商品分类的标准目录，用以统一各国海关对商品的分类的界定标准，被称为“国际贸易语言”。《协调制度》一般每4～6年全面修订一次，目前使用的是2017年版《协调制度》。我国于1992年正式加入《协调制度》，并根据2017年版《协调制度》制定了《中华人民共和国进出口税则》，已于2017年1月1日发布实施。

《协调制度》将国际贸易涉及的各种商品按照生产类别、自然属性和不同功能用途分为21类97章，每章由若干品目构成，品目下又细分为若干一级子目和二级子目。为避免各品目和子目所列商品发生交叉归类，在类、章下加有类注、章注和子目注释。

为了统计的需要，我国在《协调制度》21类的基础上增加了一类，即第22类“特殊交易品及未分类商品”，见表 4-4。

表 4-4　协调制度商品分类目录

门　类	名　目	大　类
第 1 类	活动物、动物产品	01～05
第 2 类	植物产品	06～14
第 3 类	动、植物油脂及其分解产品；精致的食用油脂；动、植物蜡	15
第 4 类	食品；饮料、酒及醋；烟草及烟草代用品的制品	16～24
第 5 类	矿产品、矿区	25～27
第 6 类	化学工业及相关工业的产品	28～38
第 7 类	塑料及其制品、橡胶及其制品	39～40
第 8 类	生皮、皮革、毛皮及其制品；鞍具及挽具；旅行用品、手提包及类品；动物肠线(蚕胶丝除外)制品	41～43
第 9 类	木及木制品；木炭；软木及软木制品；稻草、秸秆、针茅或其他编结材料制品；篮筐及柳条编制品	44～46
第 10 类	木浆及其他纤维状纤维素浆；纸及纸板的废碎品；纸、纸板及其制品	47～49
第 11 类	纺织原料及纺织制品	50～63
第 12 类	鞋、帽、伞、杖、鞭及其零件；已加工的羽毛及其制品；人造棉花；人造制品	64～67
第 13 类	石料、石膏、水泥、石棉、云母及类似材料的制品；陶瓷产品；玻璃及其制品	68～70
第 14 类	天然或养殖珍珠、宝石或半宝石、贵金属、包贵金属及其制品；仿首饰；硬币	71
第 15 类	贱金属及其制品	72～83
第 16 类	机器、机械器具、电气设备及其零件；录音机及放声机、电视图像、声音的录制和重放设备及其零件、附件	84～85
第 17 类	车辆、航空、船舶及有关运输设备	86～89
第 18 类	光学、照相、电影、计量、检验、医疗或外科用仪器及设备、精密仪器及设备；钟表；乐器；上述物品的零件、附件	90～92
第 19 类	武器、弹药及其零件、附件	93
第 20 类	杂项制品	94
第 21 类	艺术品、收藏品及古物	97
第 22 类	特殊交易品及未分类商品	98

2. 国家商品目录

国家商品目录是由国家指定专门机构编制，由国民经济各部门在进行统计、计划、税收等工作时必须共同遵守的准则。我国于 2017 年 10 月 1 日实施新版国民经济行业分类与代码(GB/T 4754—2017)，共有 20 个门类，97 个大类，473 个中类，1380 个小类。为便于检索，该分类体系在大类前设置了以英文字母表示顺序的“门类”，见表 4-5。

表 4-5 我国国民经济行业分类

门类	大类	类别名称	说 明
A		农、林、牧、渔业	包括 01～05 大类
	01	农业	指对各种农作物的种植
	02	林业	
	03	畜牧业	指为获得多种畜产品而从事的动物饲养、捕捉活动
	04	渔业	
	05	农、林、牧、渔专业及辅助性活动	
B		采矿业	包括 06～12 大类
	06	煤炭开采和洗选业	
	07	石油和天然气开采业	
	08	黑色金属矿采选业	
	09	有色金属矿采选业	
	10	非金属矿采选业	
	11	开采专业及辅助性活动	
	12	其他采矿业	
C		制造业	包括 13～43 大类
	13	农副食品加工业	
	14	食品制造业	
	15	酒、饮料和精制茶制造业	
	16	烟草制品业	
	17	纺织业	
	18	纺织服装、服饰业	
	19	皮革、毛皮、羽毛及其制品和制鞋业	
	20	材料加工和木、竹、藤、棕、草制品业	
	21	家具制造业	
	22	造纸和纸制品业	
	23	印刷和记录媒介复制业	
	24	文教、工美、体育和娱乐用品制造业	
	25	石油、煤炭及其他燃料加工业	
	26	化学原料和化学制品制造业	
	27	医药制造业	
	28	化学纤维制造业	

续表

门类	大类	类别名称	说　明
	29	橡胶和塑料制造业	
	30	非金属矿物制品业	
	31	黑色金属冶炼和压延加工业	
	32	有色金属冶炼和压延加工业	
	33	金属制品业	
	34	通用设备制造业	
	35	专用设备制造业	
	36	汽车制造业	
	37	铁路、船舶、航空航天和其他运输设备制造业	
	38	电气机械和器材制造业	
	39	计算机、通信和其他电子设备制造业	
	40	仪器仪表制造业	
	41	其他制造业	
	42	废弃资源综合利用业	
	43	金属制品、机械和设备修理业	
D		电力、热力、燃气及水生产和供应业	包括 44～46 大类
	44	电力、热力生产和供应业	
	45	燃气生产和供应业	
	46	水的生产和供应业	
E		建筑业	包括 47～50 大类
	47	房屋建筑业	
	48	土木工程建设业	
	49	建筑安装业	
	50	建筑装饰、装修和其他建筑业	
F		批发和零售业	包括 51～52 大类
	51	批发业	
	52	零售业	
G		交通运输、仓储和邮政业	包括 53～60 大类
	53	铁路运输业	
	54	道路运输业	
	55	水上运输业	
	56	航空运输业	
	57	管道运输业	

续表

门类	大类	类别名称	说　明
	58	多式联运和运输代理业	
	59	装卸搬运和仓储业	
	60	邮政业	
H		住宿和餐饮业	包括 61～62 大类
	61	住宿业	
	62	餐饮业	
I		信息传输、软件和信息技术服务业	包括 63～65 大类
	63	电信、广播电视和卫星传输服务	
	64	互联网和相关服务	
	65	软件和信息技术服务业	
J		金融业	包括 66～69 大类
	66	货币金融服务	
	67	资本市场服务	
	68	保险业	
	69	其他金融业	
K		房地产业	包括 70 大类
	70	房地产业	
L		租赁和商务服务业	包括 71～72 大类
	71	租赁业	
	72	商务服务业	
M		科学研究和技术服务业	包括 73～75 大类
	73	研究和试验发展	
	74	专业技术服务业	
	75	科学推广和应用服务业	
N		水利、环境和公共设施管理业	包括 76～79 大类
	76	水利管理业	
	77	生态保护和环境治理业	
	78	公共设施管理业	
	79	土地管理业	
O		居民服务、修理和其他服务业	包括 80～82 大类
	80	居民服务业	
	81	机动车、电子产品和日用产品修理业	
	82	其他服务业	

续表

门类	大类	类别名称	说　明
P		教育	包括 83 大类
	83	教育	
Q		卫生和社会工作	包括 84～85 大类
	84	卫生	
	85	社会工作	
R		文化、体育和娱乐业	包括 86～90 大类
	86	新闻和出版业	
	87	广播、电视、电影和录音制造业	
	88	文化艺术业	
	89	体育	
	90	娱乐业	
S		公共管理、社会保障和社会工作	包括 91～96 大类
	91	中国共产党机关	
	92	国家机构	
	93	人民政协、民主党派	
	94	社会保障	
	95	群众团体、社会团体和其他成员组织	
	96	基层群众自治组织和其他组织	
T		国际组织	包括 97 大类
	97	国际组织	

3. 部门商品目录

部门商品目录是指由国务院直属的各部委、局、专业总公司，根据本部门业务需要所编制并颁布的，仅在本部门、本行业统一使用的商品目录。例如，商务部、纺织工业总会、轻工总会等所编制的各种商品目录。

4. 企业商品目录

企业商品目录是由企业自己编制的商品目录，一般只在本企业使用。企业商品目录既要符合国家和部门商品分类目录提出的分类原则，又要适应本企业的实际需要。因此，企业商品目录一般比国家编制的商品目录所包括的类别少，但品种的划分更详细。

按业务性质，商品目录又可分为外贸商品目录、海关统计商品目录、内贸商品目录和企业商品目录。

二、商品编码

(一)商品编码的概念和作用

商品编码是指用一组有序的代表符号来标识分类体系中不同类目商品的工作过程，即赋予某种商品以某种代表符号或代码的过程。编码中使用的标识性代表符号即商品代码。因此，商品编码即商品代码，一般由字母、数字或特殊标记组成。

商品编码是在商品分类与编制商品目录的基础上进行的。因此，商品编码与商品分类、商品目录是密切相关的。商品编码可使繁多的商品便于记忆，简化手续，提高工作效率和可靠性，有利于计划、统计和管理。商品编码可使商品分类体系更加通用化、标准化，为建立统一的商品产、供、销和储运信息系统，以及运用计算机对商品进行科学管理提供了条件，有利于企业经济效益的提高。

(二)商品编码的种类和方法

商品编码按其所用符号类型的不同，可分为数字型编码、字母型编码、数字和字母混合型编码三种。目前使用最普遍的是数字型编码。

1. *数字型编码*

数字型编码是用一个或若干个阿拉伯数字表示分类对象(商品)的代码。其特点是结构简单，使用方便，便于计算机处理。数字型编码的方法有以下几种。

(1)顺序编码法。顺序编码法是按商品类目在商品分类目录中的先后顺序，依次给予数字的顺序代码。

(2)层次编码法。层次编码法是按商品类目在分类体系中的层级顺序，依次给予对应的代码。例如，《全国工农产品(商品、物资)分类与代码》就是采用层次编码法，整个编码由8位数组成，分四个层次，每个层次由2位数组成，第1位与第2位、第3位与第4位、第5位与第6位、第7位与第8位数字分别为第一个、第二个、第三个、第四个层级，分别代表大类、中类、小类和品种，见图4-1。

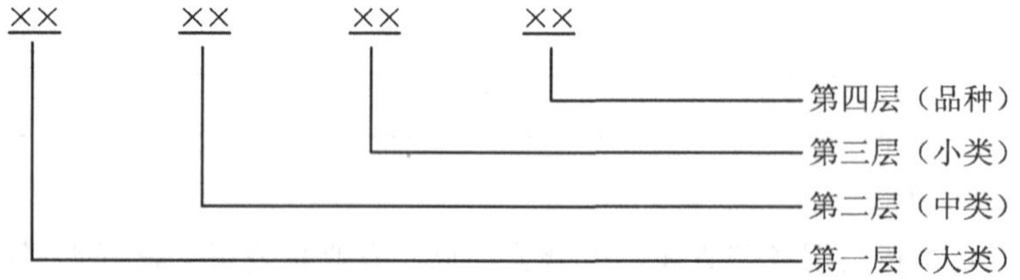

图4-1　层次编码法结构

层次编码法层次分明、逻辑性强，能明确反映分类编码对象的属性、特征及相互关系。但是层次编码法弹性较差，经常需要预留相当数量的备用码，从而出现代码的冗余。因此，该编码方法最适用于编码对象变化不大的情况。

(3)平行编码法。平行编码法是对每一个分类面确定一定数量的码位，代码标志各组数列之间是并列平行关系，多用于面分类体系。平行编码法的编码结构有较好的弹性，可以比较简单地增加分类面的数目，必要时还可更换个别类目。其缺点是代码过长，不便于计算机管理。

(4)混合编码法。混合编码法是层次编码法和平行编码法的结合，即把分类对象的各种属性和特征分列出来后，对其中一些属性或特征用层次编码法表示，其余的属性或特征则用平行编码法表示，这样可以取长补短。

2. 字母型编码

字母型编码是用一个或若干个字母表示商品代码的编码方法。一般用大写字母表示商品大类，小写字母表示其他类目，按字母顺序进行编制。例如，A、B、C……表示大类，a、b、c……表示中类，α、β、γ……表示小类等。字母型代码便于人们识别、记忆，但不便于计算机处理，故使用率较低，只有在分类对象较少的情况下才使用。

3. 数字、字母混合型编码

数字、字母混合型编码是采用数字和字母混合编排的商品编码方法。它兼有数字型和字母型编码的优点，结构严谨，具有良好的直观性，符合人们的使用习惯。但由于代码组成形式复杂，不便于计算机输入。因此，此编码方法很少使用。

第四节 商品条形码

一、商品条形码概述

(一)商品条形码的概念

商品条形码简称条形码或条码，是商品的一种代表符号。以此而论，它应属于商品编码之列，但不能将其简单地归类于上节所讲的商品编码。因为，它不能以上述普通编码方法获得，其所蕴含商品信息也与上述普通编码大相径庭。

确切地说，商品条形码是一种利用光电扫描设备阅读并实现数据输入计算机的特殊代号，是由一组粗细不同、黑色(彩色)相间的“条”“空”符号及对应字符按一定的规则排列组合而成的商品标志。

(二)商品条形码的作用

商品条形码技术具有其他自动识别技术无法比拟的优点，故在世界范围内得到迅速推广和应用。在我国推广条形码具有以下几个方面的作用。

1. 促进商品出口

在国外，商品条形码技术已得到广泛应用。我国生产的商品即使质量再好，如果没有条形码标志，也无法进入国外配有条形码自动扫描系统的市场。因此，商品上印有条形码，就等于获得进入国外超级市场的入场券，有利于促进商品的出口。

2. 实现自动售货

由于商品条形码包含生产厂商以及商品名称、价格、产地等信息，当顾客在超级市场购买商品时，收款员只需将商品一一通过扫描阅读器阅读，计算机就会自动阅读识别，并很快将一张购物清单打印出来，这就提高了售货效率，实现自动售货，并减少了因计算、商品混淆和人工键盘输入所导致的一些差错。

3. 促进管理现代化

条形码技术的应用还能实现计算机对商品销售信息的分类汇总、更新库存等，对经营情况和营业人员工作质量进行及时分析，还可使经营管理人员据此及时掌握市场动态和产品销售信息，及时调整产品结构，合理确定库存，加快商品与资金周转速度，促进管理的现代化，提高企业的经济效益。目前，条形码技术不仅应用于商品流通领域，还广泛应用于生产自动化管理、图书管理、交通运输、邮政业务等，已成为现代化管理不可缺少的信息技术手段。

(三)商品条形码的发展概况

1949年，条形码产生于美国，最初是将条形码用于铁路运输中车辆的标志，后来又在食品零售业中推行。1973年，美国统一代码委员会(UCC)从若干条形码方案中选定了IBM公司提出的条形码系统，并将它作为北美地区的通用产品代码(简称UPC条形码)，用于超市中绝大多数商品标志代码。

在美国代码委员会的影响下，1974年，欧洲12国的制造商和销售商代表决定成立欧洲条形码系统筹备委员会，在UPC条形码的基础上，开发了与UPC条形码兼容的欧洲物品编码系统(European Article Numbering System，简称EAN码)，并于1977年2月正式成立了欧洲物品编码委员会(简称EAN)，1981年，改名为国际物品编码委员会(简称EAN)。2005年，EAN更名为GS1(全球统一标识系统)。现在，在全球内得到广泛应用的GS1系统是商品的全球统一标识系统。

我国于1988年12月成立中国物品编码中心，1991年4月加入国际物品编码协会。1991年5月，我国颁布了推荐性国家标准《通用商品条码》，2000年进行了修订并发布GB/T 12905—2000《条码术语》，2003年又发布GB 12904—2003《商品条形码》。2005年6月，中国物品编码中心发布了《ANCC全国统一标识系统用户手册》(简称ANCC系统)。该系统是中国编码中心根据GS1的通用技术规范编制的，可以帮助企业提高在全球贸易与供应链管理中的效率和透明度，降低企业运作成本。2008年2月，我国实施GB/T 21049—2007《汉信码》国家标准，推行二维条形码。截至2016年5月，全国共设有47个分支机构，有工作人员3000余人，其中20个分支机构下设400余个地市代办点，有工作人员700余名。我国物品编码工作经历了四个发展阶段：一是1988年至1995年，解决产品出口急需问题，促进我国外贸出口阶段；二是1996年至2002年，变革商品流通模式，提高零售结算信息水平，促进国内商品流通阶段；三是2003年至2008年，解决各行业和领域的应用问题阶段；四是2009年至今，全面服务于网络经济和政府监管、服务产品诚信体系建设、食品安全追溯和产品质量监管阶段。

我国商品条形码的重点应用领域有两个：一是GS1标准服务于消费者，重点应用领域有零售、制造、物流，广泛应用于产品质量追溯、物联网、移动商务、电子商务、化工建材、医疗保健、图书音像、服装等行业。二是GS1载体运用于各种应用环境，RFID(射频识别)用于医疗器械标识，可读写数据；RFID用于高档白酒防伪；RFID技术用于物流管理；条码技术用于物流管理。我国物品编码工作的发展方向是打造最全、最准、最新的产品质量信用信息平台，全面实现全球化、市场化、网络化和数字化，提供标准服务和解决方案，提供标识标准，确保供应链可视化，面向多行业多领域，形成相互依存的国际联盟组织。

二、商品条形码的种类与结构

(一)商品条形码的种类

商品条形码分为一维条形码、二维条形码和特殊条形码三类。

1. 一维条形码

一维条形码是指在一维方向上表示信息的条形码符号。或者说只是在一个方向上表达信息(一般是横向表达信息，而在纵向上则不表达任何信息)的条形码，其一定的高度通常是为了便于阅读器的对准。一维条形码可以提高信息录入的速度，减少差错率，但存在容量较小(30个字符左右)、只能包含字母和数字、空间利用率较低及条形码遭到损坏后便不能阅读等缺陷。一维条形码包括环境条形码、UPC 条形码、EAN 条形码、二五条形码、交叉二五条形码、矩阵二五条形码、三九条形码、九三条形码、库德巴条形码、128 条形码、11 条形码等。商品流通领域主要使用 EAN、UPC、交叉二五、128 条形码等。

2. 二维条形码

二维条形码是指在二维方向上表达信息的条码符号。或者说，是在横向和纵向二维空间存储信息的方形结构条形码。二维条形码不单由横向和纵向的条形码组成，而且码区还会有多边形的图案。二维码的纹理也是黑白相间、粗细不同。二维条形码除了具有一维条形码的优点外，还有信息量大、可靠性高、保密、修正错误、防伪性强等优点。目前，二维条形码已应用在国防、公共安全、交通运输、医疗保健、工业、商业、金融、海关及政府管理等多个领域。特别是已广泛用于护照、身份证、行车证、军人证、健康证、保险卡等方面，我国香港特别行政区护照上已经采用二维条形码技术。

二维条形码分为层排式二维条形码、矩阵式二维条形码和特殊条形码三种类型。

(1)层排式二维条形码(堆叠式或堆积式或行排式二维条形码)。层排式二维条形码是由多个被截短了的一维条形码层排而成的，其中包括四个小类型，即四九条形码、16K 条形码、四一七条形码、CODABLOCKF 条形码。

(2)矩阵式二维条形码。矩阵式二维条形码是在一个矩形空间通过黑白像素在矩阵中的不同分布进行编码。其包括 CODE ONE 条形码、DATA MATRIX 条形码、MAXICODE 条形码、VERICODE 条形码、CP 条形码、田字码、ULTRACODE 条形码、QR 条形码、汉信码(我国拥有自主知识产权的一种二维条形码，具有汉字编码能力强、抗污损、抗畸变、信息容量大等特点，十分适合我国广泛应用)等。

(3)特殊条形码。比如，隐形条形码、金属条形码、激光条形码等。

(二)常用商品条形码的结构

1. EAN 条形码的结构

EAN 条形码是国际物品编码协会(GS1)推出的国际通用产品条形码，主要应用于超市和其他零售行业，既可用于零售商品，也可用于非零售商品。EAN 条形码有 EAN—13 条形码和 EAN—8 条形码两种版本。EAN—13 条形码载有 CTIN—13 代码(CTIN 为全球贸易项目代码，一个贸易项目是指一项产品或服务)。EAN—8 条形码载有 CTIN—8 代码，只用于零售贸易项目，一般用于体积较小的商品包装，见图 4-2。

(1) EAN—13条形码符号结构

(2) EAN—8条形码符号结构

图 4-2　EAN 条形码示意图

(1)EAN—13 条形码。由 13 位数字及与其对应的条形码符号组成，标准尺寸为 37.29mm×26.26mm，其中的 13 位数字由四部分构成，分别是前缀码、厂商代码、商品项目代码和校验码，其结构见图 4-3。

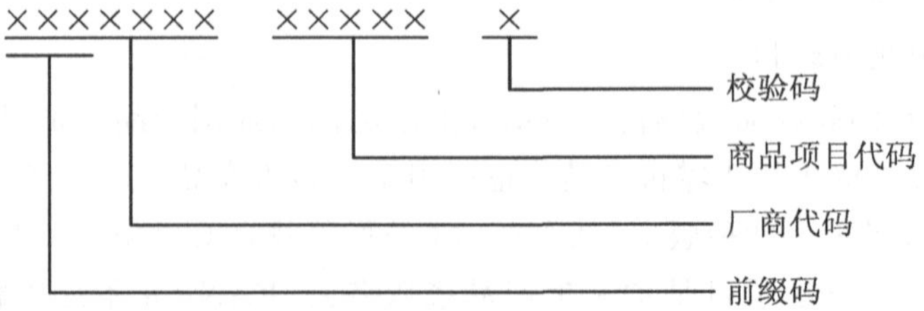

图 4-3　EAN—13 的条形码结构

①前缀码。根据GS1编码管理体系规定，前缀码由国际GS1分配。前缀码是厂商识别代码的一部分，由3位数字组成，由国际物品编码协会(GS1)分配给各国(地区)成员组织(在中国大陆是中国物品编码中心)或特定应用领域(如图书期刊、优惠券)的代码。目前，GS1分配给中国物品编码中心的前缀码是690～699，GS1分配给我国台湾、香港、澳门的前缀码分别是471、489、958。部分国家(地区/应用领域)条形码的前缀码，见表4-6。

表4-6　部分国家(地区/应用领域)条形码的前缀码

前缀码	国家(地区)/应用领域	前缀码	国家(地区)/应用领域
000～019 030～039 060～139	美国	627	科威特
300～379	法国	628	沙特阿拉伯
380	保加利亚	629	阿拉伯联合酋长国
383	斯洛文尼亚	640～649	芬兰
385	克罗地亚	690～699	中国
387	波黑	700～709	挪威
389	黑山共和国	729	以色列
400～440	瑞典		
450～459 490～499	日本	740	危地马拉
460～469	俄罗斯	741	萨尔瓦多
470	吉尔吉斯斯坦	742	洪都拉斯
471	中国台湾	743	尼加拉瓜
474	爱沙尼亚	744	哥斯达黎加
475	拉脱维亚	745	巴拿马
476	阿塞拜疆	746	多米尼加
477	立陶宛	750	墨西哥
478	乌兹别克斯坦	754～755	加拿大
479	斯里兰卡	759	委内瑞拉
480	菲律宾	760～769	瑞士
481	白俄罗斯	770～771	哥伦比亚
482	乌克兰	773	乌拉圭
484	摩尔多瓦	775	秘鲁
485	亚美尼亚	777	玻利维亚
486	格鲁吉亚	778～779	阿根廷
487	哈萨克斯坦	780	智利

续表

前缀码	国家(地区)/应用领域	前缀码	国家(地区)/应用领域
488	塔吉克斯坦	784	巴拉圭
489	中国香港特别行政区	786	厄瓜多尔
500～509	英国	789～790	巴西
520～521	希腊	800～839	意大利
528	黎巴嫩	840～849	西班牙
529	塞浦路斯	850	古巴
530	阿尔巴尼亚	858	斯洛伐克
531	马其顿	859	捷克
535	马耳他	860	南斯拉夫
539	爱尔兰	865	蒙古
540～549	比利时和卢森堡	867	朝鲜
560	葡萄牙	868～869	土耳其
569	冰岛	870～879	荷兰
570～579	丹麦	880	韩国
590	波兰	884	柬埔寨
594	罗马尼亚	885	泰国
599	匈牙利	888	新加坡
600～601	南非	890	印度
603	加纳	893	越南
604	塞内加尔	896	巴基斯坦
608	巴林	899	印度尼西亚
609	毛里求斯	900～919	奥地利
611	摩洛哥	930～939	澳大利亚
613	阿尔及利亚	940～949	新西兰
615	尼日利亚	950	GS1 总部
616	肯尼亚	951	GS1 总部(产品电子代码)
618	科特迪瓦	955	马来西亚
619	突尼斯	958	中国澳门特别行政区
621	叙利亚	960～969	GS1 总部(缩短码)
622	埃及	977	连续出版物
624	利比亚	978～979	图书
625	约旦	980	应收票据
626	伊朗	981～983	普通流通券
		990～999	优惠券

②厂商识别代码。厂商识别代码由国家分配。厂商识别代码(包括前缀码)由7～9位数字组成。在我国，由中国物品编码中心负责分配厂商识别代码。

③商品项目代码。由制造厂商(企业)自行分配。商品项目代码由1～6位数字组成，是无含义代码(注：GTIN—8商品项目代码由编码中心统一分配)。

④校验码。校验码为最后一位数字，用于计算机自动校验整个代码录入是否正确，其数值是按国际物品编码委员会规定的方法计算出来的。现以EAN—13条形码"6901234567892"为例，介绍如下：

EAN—13条形码各位为：6　9　0　1　2　3　4　5　6　7　8　9　2

从右向左，标上位序号：13　12　11　10　9　8　7　6　5　4　3　2　1

第一步，从第二位开始，将所有偶序位的数值相加：9+7+5+3+1+9=34。

第二步，将第一步得到的结果乘3：34×3=102。

第三步，从第三位开始，将各个奇序位的数值相加：8+6+4+2+0+6=26。

第四步，将第二步、第三步得到的结果相加：102+26=128。

第五步，选一个大于第四步的结果且为10的最小整数倍的数，减去第四步的结果，其差值即为校验码的数值：130－128=2。

(2)EAN—8条形码。由8位数字及与其对应的条形码符号组成。与EAN—13条形码相比，EAN—8无厂商识别代码，其中的商品项目代码由4位数字组成，为确保代码的唯一性，统一由国际物品编码委员会在各国(地区)的分支机构分配和管理，见图4-4。根据我国物品编码委员会的规定，只有当EAN—13条形码印刷面积超过商品包装表面积的25%时，才允许使用。

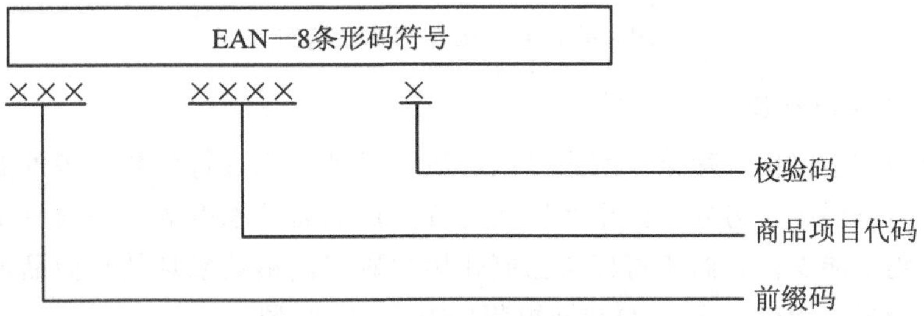

图4-4　EAN—8的条形码结构

2. UPC条形码的结构

UPC条形码即通用产品条形码，广泛应用于美国和加拿大商品流通领域。出口到美国、加拿大的各国商品，其包装上必须印有UPC条形码。UPC条形码是EAN条形码的特殊形式，两者相互兼容。UPC条形码有标准版(UPC—A)和缩短版(UPC—E)两种形式。

(1)UPC—A条形码。由表示12位数字的条形码符号组成，其结构见图4-5。前缀码的数字不同，表示的含义也不同。"0"标志规则数量包装的商品，"2"标志不规则重量的商品，"3"标志医药卫生商品，"4"为零售商专用，"5"标志用信用卡销售的商品，"7"为中国申报的UCC会员用码，1、6、8、9为备用码。厂商代码用于标志商品生产厂家，由UCC分配给每个会员。商品标志代码用于标志商品的特征或属性，由厂商自行编制和管理。校验码按照一定规则计算确定。

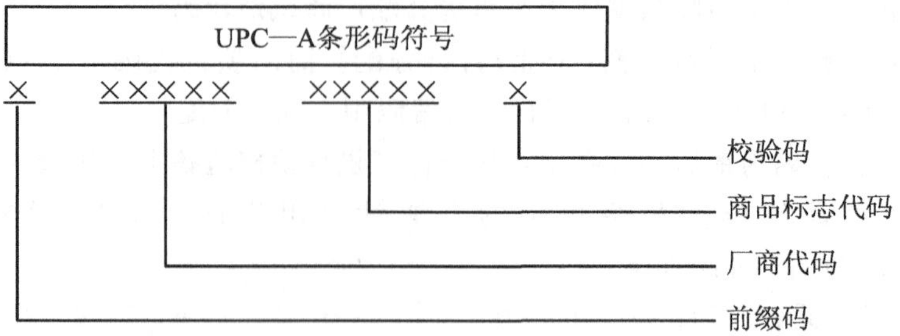

图 4-5　UPC—A 条形码结构图

(2)UPC—E 条形码。缩短版的 UPC 条形码，由 8 位数字构成，其前缀码只能取“0”。也就是说，只有当 UCC 给企业分配的前缀码是“0”时，才能使用 UPC—E 条形码，其结构见图 4-6。UPC—E 条形码用于商品销售包装，只有当商品体积很小，很难印刷 UPC—A 条形码时才允许使用。

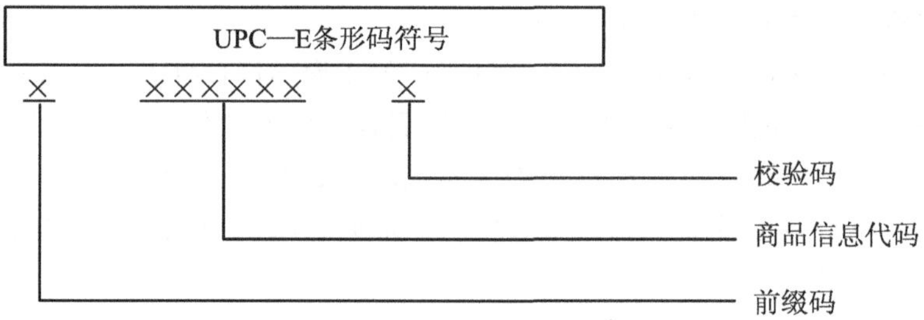

图 4-6　UPC—E 条形码结构图

3. 商店条形码的结构

对于商店内一些鲜肉、蔬菜、水果等以随机重量销售或自行分装出售的商品，商店可以自行编制店内条形码；另外，因生产厂家对其生产的商品未申请使用商品条形码或其印刷的商品条形码不能识读，商店可以自己制作店内码将其粘贴或悬挂在商品外包装上。店内条形码也分为标准版(EAN—13)和缩短版(EAN—8)两种。

(1)标准版店内码。它与前述 EAN—13 条形码不同，由三部分组成，见表 4-7。前缀码只有 1 位，即专供零售商编码使用的“2”；商品项目代码共 11 位数字，用以标志商品信息，可表示商品类型、净重、计算出的价格等；校验码的计算与前述 EAN—13 条形码相同。

表 4-7　标准版店内码结构

前缀码	商品项目代码	校验码
2	$I_1 I_2 I_3 I_4 I_5 I_6 I_7 I_8 I_9 I_{10} I_{11}$	C

(2)缩短版店内码。缩短版店内码的前缀码可以是“2”，也可以是“0”。商品项目代码由 6 位数字构成，由零售商与设备供应商协议，自行分配给商品。通常将数值最低的 6 位信息码分配给最畅销的商品项目。最后一位数字是校验码。其结构见表 4-8。

表 4-8　缩短版店内码结构

前缀码	商品项目代码	校验码
2	$I_1 I_2 I_3 I_4 I_5 I_6$	C
0	$I_1 I_2 I_3 I_4 I_5 I_6$	C

4. 储运包装商品条形码

(1)储运包装商品的概念。储运包装商品是指由一个或若干个零售商品组成的用于订货、批发、配运及仓储等活动的各种包装的商品。通常，零售商品可分为定量零售商品和变量零售商品。定量零售商品是指按相同规格(类型、大小、重量、容量等)生产和销售的零售商品；变量零售商品是指在销售过程中，无法预测销售单元，按基本计量单位计价销售的零售商品。据此，储运包装商品也可相应分为定量储运包装商品和变量储运包装商品。前者是指由定量零售商品组成的稳定的储运包装商品，后者是指由变量零售商品组成的储运包装商品。

(2)储运包装商品的编码。

①代码结构。储运包装商品的编码采用 13 位或 14 位代码结构。

A. 13 位代码结构。13 位储运包装商品的代码结构与 13 位零售商品的代码结构相同。

B. 14 位代码结构。储运包装商品的 14 位代码结构，见表 4-9。

表 4-9　储运包装商品的 14 位代码结构

储运包装商品的指示符	内部所含零售商品代码前 12 位	校验码
V	$X_{12} X_{11} X_{10} X_9 X_8 X_7 X_6 X_5 X_4 X_3 X_2 X_1$	C

储运包装商品 14 位代码中的第一位数字为包装指示符，用于指示储运包装商品的不同包装级别，取值范围为 1，2，…，8，9。其中，1～8 级用于定量储运包装商品，9 级用于变量储运包装商品。

储运包装商品 14 位代码中从第二位到第十三位数字为内部所含零售商品代码前十二位，是指包含在储运包装商品内的零售商品代码去掉校验码后的 12 位数字。储运包装商品 14 位代码中的最后一位为校验码，计算方法同 EAN—13。

②代码编制。不同的包装组合可以采用不同的编码方式。

A. 标准组合式储运包装商品。标准组合式储运包装商品是由多个相同零售商品组成的标准的组合包装商品。标准组合式储运包装商品的编码可以采用与其所含零售商品的代码不同的 13 位代码，也可以采用 14 位的代码(包装指示符为 1～8)。

B. 混合组合式储运包装商品。混合组合式储运包装商品是由多个不同零售商品组成的标准的组合包装商品。这些不同的零售商品的代码各不相同。混合组合式储运包装商品可采用与其所含各零售商品的代码均不相同的 13 位代码。

C. 变量储运包装商品。采用 14 位代码(包装指示符为 9)。

D. 同时又是零售商品的储运包装商品。按 13 位的零售商品代码进行编码。

③条形码表示。

A. 13 位代码的条形码表示。采用 EAN/UPC、ITF—4 或 UCC/EAN—128 条形码表示。

当储运商品不是零售商品时，应在13位代码前补“0”使之变成14位代码，采用ITF—14或UCC—128条形码表示，如图4-7所示。

6 901234 000030
表示13位数字代码的EAN—13条形码示例

06901234000043
表示13位数字代码的ITF—14条形码示例

(01) 0 6901234 50003 5
表示13位数字代码的UCC/EAN—128条形码示例

图4-7　13位代码的条形码表示

当储运包装商品是零售商品时，应采用EAN/UPC条形码表示。

B. 14位代码的条形码表示。采用ITF—14条形码或UCC/EAN—128条形码表示，如图4-8所示。

26901234000043
包装指示符为“2”的ITF—14条形码示例

(01) 1 6901234 60004 6
包装指示符为“1”的UCC/EAN—128条形码示例

图4-8　14位代码的条形码表示

C. 属性信息的条形码表示。如需标识储运包装商品的属性信息(如所含零售商品的数量、质量、长度等)，可在13或14位代码的基础上增加属性信息(应用标识符)。属性信息用UCC/EAN—128条形码表示。

5. **二维条形码结构示例**

在目前几十种二维条形码中，常用的码制有PDF417、DATA、MATRIX、MAXI CODE、QRCODE、CODE49、CODE16k、CODE ONE、汉信码等。这里仅简要介绍PDF417二维条形码和QRCODE二维条形码。

(1)PDF417二维条形码的结构(见图4-9)。PDF417是一种堆叠式二维条形码，目前应用最为广泛。PDF417条形码是由美国SYMBOL公司发明的，PDF(Portable Data File)意为“便携数据文件”。组成条形码的每个条码字符由4个条和4个空，共17个模块构成，故称为PDF417条形码。

图4-9　PDF417二维条形码

PDF417条形码可表示数字、字母或二进制数据，也可表示汉字。一个PDF417条码最多可容纳1850个字符或1108个字节的二进制数据。如果只表示数字，则可容纳2710个数字。PDF417的纠错能力分为9级，级别越高，纠正能力越强。由于具有这种纠错功能，使得污损的417条形码也可以正确读出。我国目前已制定了PDF417码的国家标准。PDF417条形码需要有417解码功能的条形码阅读器才能识别。

PDF417条形码最大的优势在于其庞大的数据容量和极强的纠错能力，当PDF417条形码用于防伪时，并不是PDF417条形码不能被复制，而是由于使用PDF417条形码可以将大量的数据快速读入计算机，使得大规模的防伪检验成为可能。

(2)QR CODE二维条形码的结构(见图4-10)。QR CODE码是由日本Denso公司于1994年9月研制成功的一种矩阵二维码符号，它除具有一维条形码及其他二维条形码所具有的信息容量大、可靠性高、可表示汉字及图像多种文字信息、保密防伪性强等优点外，还具有在小空间内打印、有效表现各种字母、对变脏和破损的适应能力强、可以从任何方向读取、支持数据合并功能等特点。

图4-10 QR CODE二维条形码

第五节 商品归类

一、商品归类的概念

商品归类是指根据事先确定的商品类集方法和归类原则，把某一具体商品按照其特征和性质归入相应的商品类别中去的活动。

商品分类的实际应用包括商品的类集和归类两项内容。商品类集是指把大量的商品区分成不同的组合，并给各种不同的商品类别冠以具有明显特征的名称，以便与其他商品类别区分开来。商品归类是商品类集的逆运用，以类集的方法为基本前提，在不同的类集划分形势下，同一种商品可能归入不同的分类位置。因此，只有熟练掌握商品的类集方法和特点，才能提高商品归类的效率并保证其准确无误。

商品归类的作用主要体现在三个方面：首先，商品归类有利于统计工作的开展。通过商品归类，可以将购进、销售、运输和储存等各种不同的商品归于不同的商品类别，得到国民经济、行业和部门等各个层次的客观统计数据。其次，商品归类有利于信息交流。商品归类必须有规范的商品类集方法和事先确定的归类原则，这种统一为信息共享奠定了基础，便于信息的广泛交流。最后，商品归类有利于国际贸易的开展。商品归类为国际间贸易谈判、海关征税和商品校验等带来了极大的便利。

二、商品归类的前提

商品归类的准确度涉及统计数据、交流信息的可靠性，也是使贸易谈判顺利进行、解决贸易争端的关键。为确保商品归类的准确性，商品归类人员必须具备以下素质。

(一)具有理化和生物基本知识

在商品分类时，分类标志的选择和类集的确定直接与商品的物理性质、化学性质和生物性质有关，有些分类标志就是商品的某种性质。因此，只有商品归类人员具备了物理学、化学和生物学的基本知识，才能准确理解商品分类的不同层次及各自覆盖的商品范围，进而准确地进行商品分类。

(二)具有丰富的商品理论知识

商品归类人员不仅应熟悉商品名称，还要了解生产商品所用原料、组成及其含量，商品的宏观、微观和内部结构，商品的品种和规格，商品的物理、化学、机械和生物学性能，商品的制造或生产原理，商品的加工方式、过程和程度等状况，以及商品的功能和用途等商品理论知识。同时，还应该了解该商品和相关商品的区别与联系。

(三)明确商品分类原则和类集排列

商品归类人员必须熟悉划分商品门类、大类、中类和小类所采用的分类标志和类集的排列。对于进出口商品归类，必须熟悉商品名称及编码协调制度、海关进出口税则和海关统计目录所划分的类、章、目和子目所采用的分类标志和类集的排列。一般来说，类的划分基本上以商品所属的生产行业为依据；章的划分基本上以自然属性(原材料性商品)或所具有的功能和用途(制成品)为依据；类次及同类内章次的排列，依照动物商品、植物商品和矿物商品的先后顺序；同章内商品编码号列基本上依照商品加工程度由低向高递增。依此原则，同章内原材料商品在前、半成品居中、制成品居后。此外，对同类商品按具体列名、一般列名和未列名的顺序排列。对同一商品按整机在前、零件或配料在后的顺序排列。

(四)掌握商品分类体系的内在联系和结构

对于进出口商品归类来说，商品归类人员必须掌握类、章、目、子目多层次的隶属关系及各自覆盖的商品范围；类次、章次及同级税目、同级子目等同层次商品品类的范围、区别及联系；子目有所延伸时，应明确细化的目的，以便于准确理解增设子目条文的含义。

(五)掌握归类总规则和所有注释

进出口商品归类，商品归类人员必须在全面理解归类总规则和所有注释的基础上，按照法定归类程序和归类依据进行归类，才能保证准确无误。

三、商品归类的依据

商品归类的依据是商品分类体系。商品归类不同，依据的商品分类体系也不同。当前，进出口商品归类显得格外重要。我国的进出口商品归类主要是海关进出口税则归类和海关进出口统计归类，这两种归类的依据是海关进出口税则和海关进出口统计商品目录。

海关进出口税则结构和海关进出口统计商品目录结构与《商品名称及编码协调制度》分类体系的结构基本相同。商品名称及编码协调制度由归类总规则、注释和商品编码表三部分组成。

商品编码表由商品编码和项目条文组成。商品编码栏居左，项目条文栏居右，依次构成一横行；项目条文主要采用商品的名称、规格、成分、外观形态、加工程度或方式、功能及用途等限定商品对象。

注释分为三种：第一种是位于类标题下的注释，简称类注；第二种是位于章标题下的注释，简称章注；第三种是位于类注、章注或章标题下的子目注释。注释是为限定各类、章、项目和子目所属商品的准确范围，简化项目条文文字，保证商品归类正确而设立的。

归类总规则位于卷首，是指导整个商品归类的总原则。归类总原则适用于项目条文和注释无法解决商品归类的场合。

海关进出口税则结构与协调制度商品分类体系结构的不同在于，前者在商品编码表中增设了税率栏，并将商品编码改称为税则号列。税则号列增设了第七位、第八位数码，分别代表第三级、第四级子目。一级、二级、三级、四级子目又可简称为一杠、二杠、三杠和四杠子目。

海关进出口统计商品目录结构与协调制度商品分类体系的不同在于，前者增加了计量单位，用四位数级编码的品目和八位数级编码的商品编号取代了商品编码。为简化归类还增设了第 22 类第 98 章。新增类标题、章标题均为特殊交易品及未分类商品，该类、章只限单项记录商品。

在进出口商品归类中，项目条文、注释和归类总规则都是具有法律效力的具体归类依据。在归类过程中，居于最优先使用地位的是项目条文，即项目条文可解决的商品归类问题不能使用其他归类原则。

在归类过程中，处于第二位使用地位的是注释。在运用注释解决商品归类问题时，子目注释处于最优先的地位，其次是章注，最后才是类注。当三者发生矛盾时，服从于子目注释，类注和章注发生矛盾时服从于章注释。注释的使用范围，除另有说明外，一般只限于解决在相应的类、章、项目及子目中的问题。

在归类过程中，处于最后使用地位的是归类总规则，共有 6 条。

规则一说明类、章和分章的标题，对商品归类不具有法律效力。具有法律效力的是税目条文、章注和类注。使用时应按照税目条文在先、然后是章注、最后是类注的顺序。

规则二说明扩大税目的范围，含扩大整体的范围，有条件的将不完整品、未制成品和坯件包括在税目所列货品之内，仅适用于 7～21 类；扩大包含一种材料或物质的税目范围，有条件的将单一材料或物质构成货品的范围扩大到添加辅助材料的混合或组合材料制品。前者的条件是不完整品、未制成品必须具有整机特性，拆散件必须是为了便于包装、装卸或运输。拆散件是仅经简单加工便可装配起来的物品，后者的条件是加进去的东西或组合起来的东西，以不失原来商品的特性为限。

规则三说明当货品按规则二(二)或由于其他原因看起来可归入两个或两个以上税目时的归类办法。列名比较具体的税目，优先于列名一般的税目；混合物、不同材料的组合物品、不同部件的组合货品，以及零售的配套货品，在归类时应按构成货品基本特征的材料或部件归类；当货品不能按照规则三(一)及(二)归类时，采用从后归类原则，即应归入其可归入的税目中的最末一个税号。这里所指货品的基本特征是个较复杂的问题，一般要从货品的结构、功能、使用的最终目的、商业习惯、价格比例、社会习惯等多方面去考虑与分析来确定。

规则四是说明根据上述规则无法归类的商品，应归入与其相类似的货品的税目。一般来说，这条规则不常使用。必须使用时，归类程序应是先详细列出与待归类商品最相类似的商品编码；然后从中选出一个最适合的编码，按从后原则选择最末位的商品编码。

规则五说明了仅适用于同时符合 5 条规定的包装容器。当包装材料或包装容器不符合规则五(一)的情况时，如果通常是用来包装这类货品的，应与所装货品一同归类。上述 5 条对包装容器的规定是指：制成特定形状或形式，专门盛装某一物品或某套物品的；适合长期使用的，当物品不使用时，这些容器还起保护物品的作用；与所装物品同时进出口，为运输方便可与所盛物品分别包装；通常与所装物品一同出售；包装物本身不构成整个物品的基本特征。

规则六是为了解决某一项目下各级子目的法定归类而设的，说明下位数级子目的货品范围不得超出上位数级子目或所属税目的范围；类注或章注与子目条文或子目注释不一致时，应采用子目注释或子目条文。

四、商品归类的操作程序

以税则归类为例，一般分为两步操作：第一步将商品归入四位数级税则号列，第二步将已归入四位数级税则号列的商品归入该税目的八位数级子目。

第一步：首先，对待归类商品查阅类、章标题；其次，列出可能归入的章标题；再次，阅读章项目条文，见该商品则可归类，若未见该商品，查阅相应类、章注，见该商品则可归类；最后，若都未见该商品，查阅归类总规则，进行归类。比如，皮革滑冰靴归入四位数级的“6403”税则号列。

第二步：将已归入四位数级税则号列的商品依次进行五位、六位、七位、八位数级税则归类。其归类的具体程序同第一步，即先阅读项目条文，再阅读相应的子目注释，最后阅读归类总规则。如上述皮革滑冰靴归入五位数级“1”子目，六位数级“9”子目，其税则号列为“64031900”。

典型案例

某百货商店四楼有三个柜组，分别是文教用品柜组、现代办公用品柜组、小家电柜组。各柜组经营商品见表4-10。

表4-10 各柜组经营商品情况

柜组名称	经营商品品种
文教用品	学生用品、计算器、掌上电脑、保险柜、文件夹
现代办公用品	乐器、电话、手机、健身器材、打印机、扫描仪
小家电	收音机、照相机、复读机、助听器、电池、智能语音盒、智能插座

案例分析：从表4-10中可以看出，该商店三个柜组各自经营的商品都有与柜组名称不符的地方，这会给店内管理和顾客选购商品带来不便，请进行具体分析并调整不符的商品。

>>> 综合能力训练

一、选择题

1. 茶叶分为全发酵茶、半发酵茶、不发酵茶和后发酵茶。该分类采用的商品分类标志是(　　)。

A. 商品用途　　B. 商品原材料　　C. 生产加工方法　　D. 主要成分

2. 商品分类和商品编码的关系是(　　)。

A. 编码在前　　B. 分类在前　　C. 同时进行　　D. 不分先后

二、判断题

1. 在任何一个商品分类体系中，只能采用一个商品分类标志。　(　　)

2. 在EAN条形码中，厂商识别代码由企业自行分配。　(　　)

3. 灵活方便、结构弹性好是线分类法的优点。（　　）

4. 商品条形码是商品目录的重要组成部分。（　　）

三、填空题

1. 我国商品共分为________个门类。

2. 商品编码按其所用符号类型的不同，可分为________编码、________编码、________编码三种。

3. EAN—13 条形码由前缀码、________、________、________四个部分组成。

四、简答题

1. 线分类法和面分类法有何不同？它们各有何优缺点？

2. 商品条形码有哪些作用？

3. 试述商品条形码 6901294179165 的结构。

4. 简述商品归类的前提。

5. 简述条形码的种类。

>>> 实践训练

1. 学生食堂就餐秩序历来受到学校的关注和重视，食堂饭菜出售窗口是依据什么而设置的？

2. 对某一类商品进行分类并编制商品目录和代码。

第五章

商品检验

学习目标

1. 了解商品检验的概念与依据；
2. 掌握商品检验的内容与方法，以及商品抽样的要求和方法；
3. 掌握假冒伪劣商品的识别方法。

商品检验是研究和评价商品质量的重要手段。通过对同类商品质量进行比较鉴定，可以找到改进和提高商品质量的途径和方法，使相关企业进一步改进商品包装、运输和储存条件，对发展生产有重要的促进作用。在流通环节中，通过商品检验，可以防止假冒伪劣商品流入市场。

第一节 商品检验概述

一、商品检验的概念与依据

(一)商品检验的概念

商品检验是指商品的供货方(产方)、购货方(买方)或者第三方在一定条件下，借助某种手段和方法，按照合同、标准或国际、国家有关法律、法规、惯例，对商品的质量、规格、重量、数量以及包装等方面进行检查，并作出合格与否、通过与否的判定，或为维护买卖双方合法权益，避免或解决各种风险损失和责任划分的争议，便于商品交接结算而出具有关证书的业务活动。商品的质量检验是商品检验的核心内容，狭义的商品检验即商品的质量检验。

在早期的质量管理中，商品的质量检验发挥了“把关”的作用，在全面质量管理不断发展完善的今天，由于预防、控制并非总是有效的，商品检验仍然是商品质量保证工作的一项重要内容。

商品检验对生产企业、流通企业、质量监督部门以及消费者，都是一项重要的工作。生产企业通过对原材料、半成品及成品进行质量检验来保证产品质量，促进产品质量不断提高；商品流通部门在流通各环节进行商品检验，可防止假冒伪劣商品进入流通领域，维护企业的信誉，保障消费者的权益；质量监督部门通过商品检验，实施商品质量监督，向社会传递准确的商品质量信息，促进我国市场经济的健康发展。因此，商品检验是保证商品质量、完善商品质量管理及提高商业经营管理水平的一项重要内容。

(二)商品检验的依据

商品检验是一项科学性、技术性、规范性较强的复杂工作，为使检验结果更具有公正性和权威性，必须根据具有法律效力的质量法规、标准及合同等开展商品检验工作。

1. 商品质量法规

国家有关商品质量的法律、法令、条例、规定、制度等规定了国家对商品质量的要求，体现了人民的意志，保障了国家和人民的合法权益，具有足够的权威性、法制性和科学性。商品质量法规是国家组织、管理、监督和指导商品生产与商品流通，调整经济关系的准绳，是各部门共同行动的准则，也是商品检验活动的重要依据。质量法规包括商品检验管理法规、产品质量责任制法规、计量管理法规、生产许可证及产品质量认证管理法规等。

2. 技术标准

技术标准是指规定和衡量标准化对象的技术特征的标准，对产品的结构、规格、质量要求、实验检验方法、验收规则、计算方法等均作了统一规定。它是生产、检验、验收、使用、洽谈贸易的技术规范，也是商品检验的主要依据，对保证检验结果的科学性和准确性具有重要意义。

3. 购销合同

供需双方约定的质量要求，必须共同遵守。一旦发生质量纠纷，购销合同的质量要求即为仲裁、检验的法律依据。但是，购销合同必须符合《经济合同法》的要求。

二、商品检验的内容与形式

(一)商品检验的内容

1. 包装检验

包装检验是根据贸易合同、标准和其他有关规定，对商品的内外包装、包装衬垫、包装材料、包装标志及包装方法等进行检验。

包装检验先查看商品外包装是否完好、牢固，然后检查包装材料、包装方式、衬垫物及包装标志(标记、号码等)是否符合有关标准的规定或贸易合同。对进口商品主要检验外包装是否完好无损，包装材料、包装方式和衬垫物等是否符合合同规定要求，对外包装破损的商品，要另外进行验残，查明货损责任方以及货损程度，对发生残损的商品要检查其是否是由于包装不良所引起；对出口商品的包装检验，除包装材料和包装方法必须符合外贸合同、相关标准规定外，还应检验商品内外包装是否牢固、完整、干燥、清洁，是否适于长途运输以及是否满足保护商品质量、数量的要求。

2. 品质检验

品质检验亦称质量检验，是根据有关商品标准、法规或贸易合同的规定，运用各种检验手段，包括感官检验、理化检验、仪器分析和生物学检验等手段，对商品的品质、规格、等级等进行检验，以便确定其是否符合贸易合同、相关标准等规定。

品质检验的范围很广，一般分为外观检验与内质检验两个方面：外观检验主要是对商品的外观形态、结构、嫩度、匀度、净度、色泽、气味、触感、表面缺陷等的检验；内质检验一般是指对主要成分的种类、含量、有害物质的限量、商品的化学成分、物理机械性能、工艺质量、使用效果等的检验。

3. 数量和重量检验

商品的数量和重量是贸易双方成交商品的基本计量和计价单位，直接关系到成交双方的经济利益，也是贸易中最敏感且容易引起争议的重要因素之一。商品的数量和重量检验包括个数检验、件数检验、长度测量、面积测量、重量测量、容积测量和体积测量等。

4. 安全性能检验

安全性能检验是根据国家标准、法规和合同的规定，对商品有关安全性能方面的项目进行检验，如电子电器类商品的漏电检验、绝缘性能检验和X射线辐射检验，烟花爆竹的易燃、易爆检验等，以确保生产的顺利进行，消费者的正常使用，以及人民生命与财产的安全。

5. 卫生检验

卫生检验是指对商品中的有毒有害物质及微生物等的检验，如食品中的食品容器、包装材料、农药残留、熏蒸剂、添加剂(铅、砷、镉)等的检验。《中华人民共和国食品安全法》《化妆品卫生监督条例》《中华人民共和国药品管理法》等规定，食品、化妆品、药品和玩具等，必须符合国家卫生标准和卫生管理办法的规定，以保障人民健康和维护国家信誉。

(二)商品检验的形式

1. 按检验方所处的位置和地位分类

(1)第一方检验。第一方检验又称生产检验、卖方检验，是商品生产者为了维护企业信誉、保证商品质量，在企业内部自行设立检验机构，对生产各环节进行检验的活动。生产检验的目的是及时发现不合格产品，避免不合格品流入下道工序，确保出厂产品质量达到质量标准及相关技术法规要求，生产检验合格的商品往往用“检验合格证”加以标志。

(2)第二方检验。第二方检验又称验收检验、买方检验，是指商品的买方为了维护自身及顾客的利益，保证所购商品的质量满足合同的规定或标准的要求所进行的检验活动。第二方检验便于商业部门及时发现、处理商品的质量问题，避免不合格商品进入消费领域，以保证消费者的利益和维护企业的信誉。在实际生活中，流通企业还常常派出“驻厂员”，监控商品生产全过程，及时发现问题并要求厂方解决。

(3)第三方检验。第三方检验又称法定检验、公正检验，是指处于买卖利益之外的第三方，以公正、权威的非当事人身份，根据法律、法规、合同或标准所进行的商品检验。其目的在于维护各方面的合法权益和国家利益，协调矛盾，使商品的交易活动能够顺利而有序地进行。第三方检验由于具有公正性、权威性，其检验结果被国内外认可，因而具有法律效力。

2. 按检验的目的分类

(1)监督性检验。监督性检验是根据政府法令或规定，由政府技术监督部门代表国家实施产品质量管理职能，对产品(商品)质量进行的检验。其目的是检查商品是否符合有关规定，以保证正常的经济秩序。其中，强制性的监督检验最具有公正性、科学性和权威性。

(2)公正性检验。公正性检验是由检验机构进行的，这些机构是经政府有关部门认可，具有符合规定的检验设备、技术条件和技术人员，为别人进行第三方检验，具有公正性、权威性，其检验结果具有法律性，公正性检验的特征是对商品提供科学的质量信息，出具检验结果，供他人使用。

(3)仲裁性检验。仲裁性检验是对有质量争议的商品进行的检验，以分清质量责任，作出公正、科学的仲裁结论。

(4)评价性检验。评价性检验即由质量监督管理部门对企业的产品或市场上的商品进行检查或验证，作出质量综合评价，以证书、标志和发布信息的方式向社会提供质量评价信息。

(5)委托性检验。委托性检验即供方或购货方委托国家法定的质量检验机构所进行的验收性检验。

3. 按检验对象的流向分类

(1)内销商品检验。内销商品检验是指国内的商品经营企业、用户、内贸部门及其下属部门的质量管理机构与监督检验机构，或国家质量技术监督局及其所属的商品质量监督管理机构及其认可的商品质量检验机构，对国内营销的商品依据有关的标准和法规所进行的检验活动。

内销商品检验主要有法定检验、企业自检和用户检验三种。法定检验是指各级质量技术监督部门依据有关的标准和法规，对全国各种商品质量所进行的检验监督活动，如日常监督抽查、委托性检验、全国统检等；企业自检是生产企业和商业企业依据技术标准进行的自我检验；用户检验是消费者对所购商品进行的检验。

(2)进出口商品检验。进出口商品检验是指由各级商检机构按照相关技术标准、法律、法规、合同规定及国际贸易惯例等，对进出口商品品质所进行的检验活动。进出口商品包括法定检验、鉴定检验(即公正鉴定)和监督管理检验三种。

①法定检验。法定检验是指出入境检验机构依照国家法律、行政法规的规定，对指定的进出口商品实施的强制性检验。法定检验的目的是保证我国出口商品的质量、安全、卫生等符合法律、法规、标准等规定，符合贸易契约的规定以及国际市场要求，提高经济效益，维护我国商品在国际上的信誉，提升我国商品的国际竞争力，扩大出口；监督管理进口商品的质量符合我国的法律、法规的规定和贸易契约的质量标准，防止低劣商品及有害的商品进入我国。法定检验的范围包括商检机构实施检验的进出口商品种类表内的进出口商品(种类表商品)及其他法律、行政法规规定的需要经商检机构检验的进出口商品和属于国际性的强制性检验的商品，如实施卫生检验的食品、危险品的包装等。未经检验或非经检验合格的出口商品不准出口，进口商品不准销售，以维护国家的信誉和利益。

②鉴定检验。鉴定检验是指凭对外贸易关系人(进口商、出口商、承运人、仓储部门、

保险公司等)的申请，对与对外贸易业务有关的商品质量进行检验、鉴定并提供有关数据，进而判断其是否符合标准、合同和国际条约的规定及国际惯例的要求，并签发检验鉴定证书或其他有关证明。商品鉴定检验以自愿采用为原则，不要求强制执行。

③监督管理检验。监督管理检验是指出入境检验检疫机构或国家出入境检验检疫局及其分支机构指定或认可的检验机构，对生产企业申请使用认证标志或申请获得必要的进口安全质量许可、出口质量许可或卫生注册登记的进出口商品(或食品)所实施的检验。只有检验合格，才能获准使用认证标志或者取得进口、销售、使用、出口资格。

资源内容	学习笔记
《中华人民共和国进出口商品检验法》 扫描二维码，阅读全文 (资料来源：中国人大网，2019-01-09)	

4. 按检验有无破坏性分类

(1)破坏性检验。破坏性检验是指为了取得必要的质量信息，需将样品解剖、破坏来进行测定或试验的检验。例如，纺织品的耐磨强度和抗拉强度实验、食品的微生物学检验和汽车的碰撞试验等。

(2)非破坏性检验。非破坏性检验也称无损检验，是指不会对商品造成破坏，测定或试验后的商品仍能够正常使用的检验。

5. 按检验的相对数量分类

(1)全数检验。全数检验也称为百分之百检验，是对被检批商品逐个(逐件)地进行检验。这种检验可以提供较多而准确的信息，但这种方法只适用于商品批量小、质量特征不稳定且检验是非破坏性的商品。在实际中，全数检验常用于贵重首饰、家用电器、高档家具及古玩等商品的质量检验。

(2)抽样检验。抽样检验应用范围非常广泛，是按事先已确定的抽样方案，从被检批商品中随机抽取少量样品，组成样本，再按照标准或合同技术要求对样品逐一测试，进而获得检验结果，最后由样本质量状况统计推断受检批商品整体质量是否合格的检验。其优点是检验的商品数量相对较少，节约费用，具有一定的科学性和准确性，缺点是提供的质量信息少。这种检验适用于批量大、价值低、质量特性多且质量较稳定、具有破坏性的商品的检验，如食品、饮料等。

(3)免于检验。免于检验是指对生产技术和检验条件较好，质量管理控制系统完善，成品质量长期稳定的生产企业的商品，在自检合格后，商业和外贸部门可以直接收货，免于检验。但对涉及安全、卫生及有特殊要求的商品不能申请免于检验。比如，对于法定检验的进出口商品，根据我国进出口商品免检办法(试行)中的规定，凡具备下列条件之一的，可申请免检：①在国际上获得质量奖的商品，获奖期限必须在三年以内；②有关国际组织实施的质量认证的商品，并经国家商检部门认可，经商检机构多次检验，质量长期稳定的商品；③连续三年出厂合格率及商检合格率为100%，在三年内没有发现质量异议的出口商品；④一定数量限额内的非贸易性的进出口商品，如无偿援助、国际合作、对外交流和对外承包工程所需要的物品；⑤进出口的展品、礼品和样品。

6. 按检验方法分类

按检验方法，可分为感官检验法、理化检验法、生物学检验法(详细内容见本章第二节所述)。

三、商品检验的程序

(一)商品检验的一般程序

商品质量的检验工作程序通常包括：定标—抽样—检验—比较—判定—处理。定标是检验前根据合同、标准的要求，确定检验手段和方法以及商品合格的判断原则，制订商品检验计划的工作；抽样是按上述计划，随机抽取样品以备检验的过程；检查是在规定的条件下，用规定的实验设备和检验方法检测样品的质量特性；比较是将检验的结果同要求进行比较，衡量其结果是否合乎质量要求；判定是指将检验的结果同要求相比较，依据比较的结果，对被检批商品质量作出合格与否的判定；处理是指对检验结果出具检验报告，反馈质量信息，对不合格商品作出处理。

(二)进出口商品检验的工作流程

我国进出口商品的检验由国家出入境检验检疫部门依法进行管理。进出口商品检验的工作流程大体可分为以下四个步骤：受理报验—抽样制样—检验鉴定—签证放行。商检机构受理报验时，报验者需填写“进(出)口检验申请书”，并提供进出口的有关单据，如外贸合同、信用证、厂检结果单正本、外国发票、运单、提单、检验记录、进口到货通知单等。

资源内容

《中华人民共和国国境卫生检疫法》

扫描二维码，阅读全文

(资料来源：中国人大网，2018-06-12)

学习笔记

第二节　商品检验的方法

商品检验的方法很多，根据所用的器具、原理和条件，主要分为感官检验法、理化检验法、生物学检验法。这些检验方法在实际工作中是按照商品的不同质量特性进行选择和相互配合使用的。

一、感官检验法

感官检验又称感官分析、感官检查或感官评价，是目前商品流通领域中应用较为广泛的一种检验方法。它是利用人的感觉器官的功能和实践经验来检测评价商品质量的一种方法。感官检验法是以人的感觉器官作为检验器具，即用人的眼、耳、口、鼻、手的感知，对商品的色、香、味、形、手感、声音、包装和装潢等的质量情况进行判定或评价的检验方法。

感官检验法的优点：适用范围广，简便易行，快速灵活；不需要专门的仪器设备或特定场所；不易损坏商品体；成本较低且适用范围广。感官检验法适用于目前还不能用仪器检验也不具备组织昂贵、复杂的仪器设备的企业、部门和消费者，在食品、化妆品、艺术品商品的检验中就显得特别重要。

感官检验法的缺点：不能检验商品的内在质量；检测的结果受检验人员的技术水平、工作经验及客观环境因素的影响而有一定的主观片面性，很难用准确的数字表达。但它仍具有不可代替性，如各种日用工业品的结构特征和外观缺陷，纺织品的外观疵点、起毛、起球、勾丝等，感官质量指标对评价这些商品质量意义重大。但是，随着现代感官检验技术和应用科学的发展，感官检验正在克服传统感官检验缺乏科学性、客观性和可比性的缺点，从经验上升为理论，具有了一套根据心理学原理设计并运用了统计学的方法分析和处理感官检验数据的基础方法，将不易确定的商品感官检验的指标客观化、定量化，大大提升了感官检验的科学性和客观性，从而使感官检验更合理、更可靠。

(一)按照人的感觉器官不同分类

1. 视觉检验

视觉检验是指用人的视觉器官(眼)来检查商品的外形、结构、光泽、新鲜度、整齐度、疵点和包装质量等。为了提高视觉检验的可靠性，检验必须在标准照明(非直射典型日光或标准人工光源)条件下和适宜的环境中进行，并且应对检验人员进行必要的挑选和专门培训。

2. 听觉检验

听觉检验是凭借人的听觉器官(耳)来检查商品的质量，要求在安静的环境中进行。例如，从敲击声中检查玻璃制品、金属制品、瓷器等是否存在裂纹和缺陷；评价以声音作为重要指标的乐器、音响的音质与音色以及机电商品的噪声；评定食品的成熟度、新鲜度、冷冻程度等。听觉检验至今尚无法用仪器测定来替代，其重要原因是人的耳朵灵敏度高且动作范围宽。

3. 味觉检验

味觉检验是用人的味觉器官(舌)来检查有一定滋味的商品(食品、药品等)的品质。人的基本味觉有酸、甜、苦、咸四种，其余都是混合的味觉。舌头对这四种味觉的感知位置是前甜后苦、酸咸两边。味觉与其他感觉，特别是与嗅觉、肤觉相联系，如“辣”就是热觉、痛觉和基本味觉的混合；视觉对味觉也有影响；味觉还受温度、时间、疾病等因素的影响。因此，味觉检验要求检验人员必须具有辨别基本味觉的能力；被检样品与对照样品所处的温度环境要一致，宜在饭前一小时或饭后两小时进行，且检验前后要用温水漱口。

4. 嗅觉检验

嗅觉检验是通过嗅觉器官(鼻)检查商品的气味，进而评价商品的质量。嗅觉对人类来说属于较退化的一种感觉技能。嗅觉与其他感觉，特别是味觉有联系。嗅觉检验目前广泛用于食品、药品、化妆品、日用化学制品等商品的质量检验，并且对于鉴别纺织纤维、塑料等燃烧后的气味差异也有重要意义。

5. 触觉检验

触觉检验是利用人的触觉感受器官(手)对于被检商品轻轻作用的反应，如通过触摸、按压或拉伸来评价商品的质量。触觉检验主要用于检查纸张、塑料、纺织品，以及食品的表面特征和强度、厚度、弹性、干湿度、紧密程度、软硬等质量特性。

(二)按照感官检验目的不同分类

1. 分析型感官检验

分析型感官检验又称Ⅰ型或A型感官检验(感官分析)，是以经过培训的评价员的感觉器官作为“仪器”，来测定商品的质量特性或鉴别商品之间的差异等。例如，质量检验、商品改进、商品评优等都属于此类型。这种检验(分析)要求评价员对商品作出客观评价，尽量避免人的主观意愿对评价结果的影响。为此，在进行试验时，必须保证以下三点：一是评价尺度和评价基准物应统一化、标准化；二是试验条件应规范化；三是评价员在经过适当的选择和训练后，应维持在一定的水平上。

2. 偏爱型感官检验

偏爱型感官检验又称Ⅱ型或B型感官检验(感官分析)，是以未经训练的消费者对商品的感觉判断来了解消费者对商品的偏爱程度，故是一种主观评价方法。例如，在新商品开发过程中对试制品的评价及在市场调查中使用的感官检查等，都属于此类型。这种检验(分析)不像分析型感官检验那样需要统一的评价标准和条件，全凭评价者的生理、心理的综合感觉而定，即其感觉程度和主观判断起着决定性作用，因而，评价结果往往因人、因时、因地而异，并且允许有相反判断。

二、理化检验法

理化检验是在一定的实验室环境条件下，利用各种仪器、器具和试剂，运用物理、化学的方法来测定商品质量的方法。在商品生产和流通中，理化检验法应用越来越广泛，它主要用于商品的成分、结构、物理性质、化学性质、安全性、卫生性，以及对环境的污染和破坏性等方面的检验。

与感官检验相比，理化检验既可对商品进行定性分析，又可进行定量分析，而且其结果比感官检验法更精确客观，可以用准确数据表示，能深入分析商品的内在质量。但是，理化检验法要求有一定的设备和检验条件，检验费用较高，检验时间较长，同时对检验人员的知识和操作技术也有一定的要求。

理化检验法可分为物理检验法、化学检验法、生物学检验法。

(一) 物理检验法

物理检验法是根据物理学原理，应用物理仪器测定商品物理性质的一种检验方法。因其检验商品的性质和要求不同、采用的仪器设备不同，可分为度量衡检验法、力学检验法、电学检验法、光学检验法、热学检验法等。

1. 度量衡检验法

度量衡检验法主要是通过各种量具、量仪、天平、秤或专业仪器来测定商品的长度、细度、面积、体积、厚度、质量(重量)、密度、容量、粒度、表面光洁度等。这些基本的物理量指标往往是商品贸易中的重要交易条件。

2. 力学检验法

力学检验法是通过各种力学仪器测定商品的力学(机械)性能的检验方法。这些性能主要包括商品的抗拉强度、抗压强度、耐磨强度、抗冲击强度、硬度、抗疲劳性能、抗弯曲性及弹性等。商品的机械性能与商品的耐用性能密切相关。

3. 电学检验法

电学检验法是利用电学仪器测定商品电学方面的质量特性的检验方法，如电容、电阻和导电率等。它是家用电器类商品安全性能(如漏电、耐压等)检验的重要手段。当然，通过有些电学性能的测定也可以判断商品的质量性能。

4. 光学检验法

光学检验法是利用光学仪器(如显微镜、旋光仪、折光仪等)检验商品光学性能方面的质量指标的方法。例如，用光学显微镜来观察商品的微观结构，以判定商品的种类和使用性能；用旋光仪测定商品的旋光度，以推断商品的含糖量；用折光仪测定植物油的新陈及掺假与否等。

5. 热学检验法

热学检验法是利用热学仪器测定商品的热学特性(包括凝固点、熔点、沸点、耐热性等)检验商品质量的方法。例如，玻璃制品的耐温急变性测定，陶瓷制品的耐热性测定等。商品的很多热学性质与商品的质量有很大的关系。

(二)化学检验法

化学检验法是用化学试剂和化学仪器对商品的化学成分及其含量进行测定，进而判定商品品质是否符合相应技术标准要求的方法。依据操作方法的不同，化学检验法可分为化学分析法和仪器分析法。

1. 化学分析法

化学分析法是根据一定的、已知的、能定量完成的化学反应，对商品的化学成分及其含量进行分析的方法。

2. 仪器分析法

仪器分析法是采用光、电等方面特殊或复杂的仪器，通过测量商品的物理性质、物理化学性质、光学性质及电化学性质来确定商品的待测成分的种类、含量和化学结构，以判断商品质量的检验方法。它包括光学分析法和电学分析法。由于此类方法要求有一定的设备和技术条件，在一般的商品贸易中并不经常运用，但在进出口商品的质量检验中，往往需要应用这些科学的方法，准确判断商品的质量。

三、生物学检验法

生物学检验法包括微生物学检验法和生理学检验法。

(一)微生物学检验法

微生物学检验法是采用显微镜观察法、培养法、分离法和形态观察法等微生物技术手段，检测商品中有害微生物的存在与否以及数量多少，并判断其是否超标的一种检验方法。微生物学检验法是判断商品卫生质量的重要手段，需要进行微生物检验的商品有食品及其包装物、化妆品、卫生用品等。

(二)生理学检验法

生理学检验法是以特定的动物或人群为受试对象，测定食品的消化率、发热量、营养成分对机体的作用、毒性等。常用鼠、兔等活体动物进行这种试验。只有经过无毒害性试验，视情况需要并经有关部门批准后，才能在人体上进行试验。

在实际生活中，影响商品质量变化的因素很多，商品质量的下降往往是许多因素综合作用的结果。无论是理化检验还是生物学检验都是在特定条件下进行的，检验只考虑了一个或几个因素。为了更好地模拟商品的实际情况，对商品进行试用，以综合评定商品在实际使用中的质量表现也是一种常见的质量评价方法。

第三节　商品抽样

一、抽样的概念与原则

(一)抽样的概念

抽样也称取样、采样、拣样，是根据合同和标准所确定的方案，从同批同类商品中，用科学的方法抽取具有代表性的一定数量的样品，作为评定该批商品质量依据的工作。商品批是具有相同的来源，在相同的条件下生产所得到相同规格的一群产品，通常以一个订货合同为一批，若同批质量差异较大或订货量很大或连续交货，也可分为若干批。批量大小应由商品特点和生产、流通条件决定。体积小、质量稳定的，批量可大一些；反之，批量可小一些。另外，不同原料、不同零件、不同机械、不同制造方法及不同时间制造的产品不能归在一起。

(二)抽样的原则

1. 代表性原则

它要求被抽取的样品应具有该批商品的共同特征且能代表整批商品的质量，以使鉴定结果能成为决定此批商品质量的主要依据。

2. 典型性原则

它是指被抽取的样品能反映整批商品的某些(个)方面的重要特征，能发现某种情况对商品质量造成的重大影响。例如，食品的变质、污染、掺杂，以及假冒劣质商品的鉴别。

3. 适时性原则

针对成分、含量、性能、质量等会随时间或容易随时间的推移而发生变化的商品，要求对这类商品批及时抽样，适时进行检验并鉴定。例如，新鲜果菜中各类维生素含量的鉴定，各类农副产品中农药或杀虫剂残留量的鉴定等。

二、抽样的要求与方法

(一)抽样的要求

第一，抽样应当依据抽样对象的形态、形状，合理选用抽样工具与样品容器。抽样工具与样品容器必须清洁，不含被鉴定成分，供微生物鉴定的样品应为无菌操作。

第二，外地调入的商品，抽样前应检查有关证件，如商标、运货单、质量鉴定证明等，然后检查外表，包括检查包装以及起运日期、整批数量、产地厂家等情况。

第三，按各类商品的抽样要求抽样，抽样部位应分布均匀，每个抽样部位的抽样数量(件)保持一致。

第四，抽样的同时应做好记录，内容包括抽样单位、地址、仓位、车间号、日期、样品名称、样品批号、样品数量、抽样者姓名等。

第五，抽取的样品应妥善保存，以保持样品原有的品质特点。抽样后应及时鉴定。

(二)抽样的方法

抽样的目的在于用尽量小的样本所反映的质量状况，来推断整批商品的质量。因此，抽样方法对准确判定整批商品的平均质量十分重要。目前普遍采用随机抽样的方式。随机抽样是抽样中不带任何主观偏见，完全用随机的方法抽出样品的方法。随机抽样的方法主要有简单随机抽样、分层随机抽样、等距(系统)随机抽样、阶段随机抽样法等形式。

1. 简单随机抽样法

简单随机抽样法又称单纯随机抽样法，是对整批同类商品不经过任何分组、划类、排序，直接从中按随机抽取原则抽取检验样品的方法。一般情况下，需将本批的商品个体逐个编号，然后利用抽签、随机数表或其他随机方法产生的随机数字确定抽取的样品。理论上，简单随机抽样法最符合随机的原则，不受检验人员主观因素的制约，是最基本的抽样方法。实际生活中，当商品批总体容量不大时，简单随机抽样确实是一种有效的抽样方法，但当批量较大时，则无法使用这种方法。

(1)抽签。将交验批量中各产品的号码，逐个写在签条或卡片上，投入箱(罐)中摇晃均匀，然后按抽签方法不加任何限制地在全部签条或卡片中随机抽取所需样品的号码。

(2)查随机数表。随机数表又称为乱数表，即把0～9随机排成一张表：

0347437846	3697568190	4967389592
5793217485	4579321478	5793214663
6921569324	5692147963	6953764880
……	……	……

采用查随机数表抽取样品，也是先将受验批中的产品逐一编号。其号码从1编起，多为两位数，也可为三位数或更多位数，编号的次序与方法不受任何限制。然后使用随机数表，从随机数表中任何一列的任何一行开始，依次选取与样品数相等的号码个数，然后按选取的号码对号抽取样品。

2. 分层随机抽样法

分层随机抽样法又称分组随机抽样法、分类随机抽样法，是将整批同类商品按主要标志分成若干个组，然后从每组中随机抽取若干样品，合在一起组成一个样本。这种方法尤其适用于批量较大且质量也可能波动较大，或来自不同生产线的商品。分层随机抽样必须满足：整批同类商品中的任一商品个体都必定属于且只属于某一层，每一层的个体数目是确定的，且在任何两层进行的抽样都是相互独立的。

这种方法适用于批量较大或质量波动也较大的商品检验，尤其适用于来自不同生产者、不同设备及不同时间的商品检验。分层随机抽样所抽取的样本有很好的代表性，是目前使用最为广泛的一种抽样方法。例如，现有一批待检零件10000个，是某厂甲、乙、丙三条生产线生产加工出来的产品，即甲生产线的产品5000个，乙生产线的产品3000个，丙生产线的产品2000个。现欲取500个样品进行试验，采用分层随机抽样方法如下：

从甲生产线抽取　　　　500×5000÷10000＝250(个)

从乙生产线抽取　　　　500×3000÷10000＝150(个)

从丙生产线抽取　　　　500×2000÷10000＝100(个)

3. 等距随机抽样法

等距随机抽样法又称系统随机抽样法、规律性随机抽样法，是按一定的规律从整批商品中抽出样品的方法。其具体做法：先对整批商品进行编号，然后任选一个数字作为抽样的基准号码，再按事先定好的规则推算出应抽取样品的编号，以确定并抽取出全部需要的样品。例如，选定6是基准号码，则逢6(即6，16，26，36，46，…)就将商品抽出作为试样。此法获得的样品在整批商品中分布比较均匀，具有较好的代表性。该方法适用于较小批量商品的抽样，但对于产品质量缺陷规律性出现的商品则不适宜。

4. 阶段随机抽样法

阶段随机抽样法又称多阶段随机抽样法、分段随机抽样法、多段随机抽样法，是先从整批同类商品中随机抽取若干个小部分，然后从每个小部分中进一步随机抽取若干个商品为样品，最后将各小部分的样品放在一起作为整批商品的检验样品的抽样方法。此法适用于一个大包装内有若干个独立小包装的商品(如牙膏、香皂、衬衫、听装或塑料袋装食品等)的抽样。

第四节　假冒伪劣商品的识别

一、假冒伪劣商品

(一)假冒伪劣商品的含义

根据国务院办公厅转发原国家技术监督局《关于严厉惩处经销伪劣商品责任者意见》的通知精神，伪劣商品是指生产、经销的商品违反国家有关法律、法规的规定，其质量、性能达不到强制性标准的要求，或冒用、伪造商标、优质产品标志、认证标志、生产许可证，或失去了使用价值的物品。也就是说，假冒伪劣商品的商品体和它的有形或无形附加物存在着与事实不符的情况。

假商品是指内质与名称不符，以假乱真的商品；冒牌商品是指假冒他人产品的产地、厂名或者代号的商品；劣质商品主要是指质量指标不符合标准，影响正常使用的商品；假冒商标是指在同一种或者类似的商品上，有意使用他人的与自己的注册商标相同或近似的商标；有意使用他人的认证标志，侵犯他人的注册商标专用权和知识产权；擅自制造或销售他人的注册商标。

(二)假冒伪劣商品的范围

假冒伪劣商品的范围包括：①商品失效和变质；②不安全和对人身健康有危害的商品；③商品所标明的指标与实际不符；④冒用优质、认证标志和伪造许可证标志的商品；⑤掺杂使假、以假充真或以旧充新的商品；⑥国家有关法律、法规明令禁止生产、销售的商品。

(三)视为经销伪劣商品的情形

经销下列商品，经指出不予改正的，即视为经销伪劣商品：①无检验合格证或无有关单位允许销售证明的商品；②不用中文标明商品名称、生产者和产地(重要工业品未标明厂址)的商品；③限时使用而未标明失效时间的商品；④实施生产(制造)许可证管理而未标明许可证编号和有效期的商品；⑤按有关规定应用中文标明规格、等级等主要技术指标或成分、含量而未标明的商品；⑥高档耐用消费品无中文使用说明的商品；⑦属处理品(含次品、等外品)而未在商品或包装的显著部位标明“处理品”字样的商品；⑧剧毒、易燃、易爆等危险品而未标明有关标识和使用说明的商品。其中，“所标明的指标与实际不符”具有广泛的含义，包括按规定应该标明的规格、等级、成分、含量及主要的技术指标等；“高档耐用消费品”是指使用时间较长、价格较贵的商品。

(四)相关法律和法规

我国关于禁止生产、经销假冒伪劣商品的法律和法规主要包括：①《工业产品质量责任条例》；②《标准化法》；③《计量法》；④《民法通则》；⑤《产品质量监督试行办法》；⑥《食品安全法》；⑦《药品管理法》；⑧《商标法》；⑨《产品质量法》；⑩《消费者权益保护法》；⑪《广告法》及《广告管理条例》；⑫《城乡个体工商户管理暂行条例》；⑬《锅炉压力容器安全监督暂行条例》；⑭《种子管理条例》；⑮《国务院关于化肥、农药、农膜实行专营的决定》；⑯《建筑工程质量监督条例》；⑰《工业产品生产许可证试行条例》。

(五)我国明令禁止生产和经销的商品

我国明令禁止生产和经销的商品包括：①机械电子工业部等单位公布的机械工业1～18批淘汰产品；②卫生部(82)卫药字第21号文件公布淘汰的127种药品；③明令禁止的商品。

(六)国务院规定废除和禁止使用的非法定计量单位的计量器具

国务院规定废除和禁止使用的非法定计量单位的计量器具有三类：第一类是度器(英制尺，公制、英制并刻尺，市制尺)，第二类是衡器(十六两秤、司马秤、管式弹簧秤、市制秤、拉带式架盘天平)；第三类是量器[波美表(比重计)、市制升]。

需要注意的是，“经销伪劣商品”与“视为经销伪劣商品”在性质上不同。“经销伪劣商品”其商品本身可以确认为伪或劣；“视为经销伪劣商品”其商品本身可能既不伪又不劣，只是不符合或违反经销环节的有关规定，并经指出后仍执意不改或顽固坚持，因而必须按经销伪劣商品追究法律责任，但在查处时，可根据其性质的不同和情节的轻重加以区别。

二、识别伪劣商品的一般方法

(一)看商品外包装的标志和标记

按国家规定，名优商品在外包装上分别标有：①商标标识。商品的商标均在国家工商行政管理部门登记注册。其商标标识和“注册商标”或“注册”字样印在商品的包装上，假冒劣质商品在外包装上多数没有商标标识、“注册商标”或“注册”字样，即使仿造，其图案与真品标识总有不同之处；②商品名称；③条形码；④认证标志，如国家强制性认证“CCC”标志、食品的“QS”标志等；⑤防伪标志；⑥荣获优质奖的商品有优质奖标记；⑦执行的技术标准、技术编号；⑧检验合格证标记；⑨厂名、厂址；⑩出厂日期、生产批号；⑪限时使用的商品，一般还注明有效期限；⑫规格、型号、成分、重量。

假冒劣质商品对上述应标明的标记残缺不齐或乱用标记，有的无厂名或用假厂名，有的厂名不用中文而用汉语拼音，故弄玄虚、制造假象。

(二)看装潢

多数名优商品图案装潢清晰、形象逼真、色彩调和、做工精细、包装用料质量好；假冒劣质商品多数图案装潢模糊、形象不真、色彩陈旧、包装用料质量差、做工粗糙。

(三)看特有标记

有些名优商品，除在商品包装的主要部位有商标标识外，还在商品的某些部位上有特有标记(记号)。

(四)看厂名

一些传统名优商品，以地名为商品名称的生产厂家很多，但正宗的传统名优商品只有一家，如正宗名优“孝感麻糖”的生产厂家是湖北省孝感麻糖厂，注册商标是孝感牌；正宗名优“镇江香醋”的生产厂家是江苏省镇江恒顺酱醋厂，注册商标是金山牌。凡商品相同而厂名不同或只一字之差，又无注册商标的，均为非正宗传统名优商品。

(五)看商品包装封口

大多数名优商品采用先进机械封口，封口处平整光洁、无褶皱或重封黏迹；假冒劣质商品不论是套购的商品包装还是仿造或回收旧包装，多数为手工操作，封口处不平整，有褶皱或有重封黏迹。

(六)注意售货企业的可信度

典型案例

央视曝光家乐福修改鲜肉产品包装日期

在郑州国贸360家乐福店，记者将其中的一盒鸡胗作了记号后放回生鲜冷柜。第二天早上刚开门，记者再次来到了生鲜冷柜前，冷柜一共摆了四盒鸡胗，记者把四盒鸡胗全部买回来，逐个打开包装，惊讶地发现之前做过记号的鸡胗分散在其中三盒里，这些鸡胗经过重新打散包装，包装日期变成了当日。除了鸡胗，其他的鲜肉是不是也存在更换包装、更换日期的现象呢？一些保质期较长的冷冻肉品，售货员每隔几天也要换包装，对于这种换包装行为，家乐福有明确的规定，食品安全检查要点第一条就赫然写着“禁止返包产品”。

案例分析： 家乐福为什么会出现修改冷鲜产品包装日期的现象？

>>> 综合能力训练

一、名词解释

商品检验　　感官检验法　　理化检验法　　抽样

二、选择题

1. 验收检验又称(　　)。

A. 第一方检验　B. 第二方检验　C. 第三方验证　D. 法定检验

2. 适用于较大批量，且目前使用最广、最多的随机抽样方法是(　　)。

A. 简单随机抽样法　B. 分组随机抽样法

C. 等距随机抽样法　D. 阶段随机抽样法

3. 下列属于对商品外观品质检验的是(　　)。

A. 生物学性质检验　B. 机械性检验

C. 成熟度检验　D. 物理性检验

4. 下列商品应进行全数检验的是(　　)。

A. 粮食　B. 珠宝、首饰　C. 高档化妆品　D. 名优特酒

5. 检验纺织面料常用(　　)。

A. 视觉检验法　B. 听觉检验法　C. 味觉检验法　D. 触觉检验法

6. 适用于批量较小且质量易出现规律性问题的抽样方法是(　　)。

A. 简单随机抽样法　B. 分层随机抽样法

C. 系统随机抽样法　D. 随机抽样法

7. 适用于批量较大且质量可能波动较大的抽样方法是(　　)。

A. 简单随机抽样法　B. 分层随机抽样法

C. 系统随机抽样法　D. 随机抽样法

三、判断题

1. 第二方验证具有公正性、权威性，其检验结果被国内外公认，具有法律效应。(　　)

2. 等距随机抽样法适用于较小批量商品的抽样。(　　)

3. 感官检验不允许使用简单的器具，如放大镜、尺子等进行辅助检验。(　　)

四、填空题

1. 商品检验的基本内容为________、________、________、________。

2. 商品检验的依据有________、________、________。

3. 常用的抽样方法有________、________、________、________。

五、简答题

1. 商品检验的形式有哪些?
2. 感官检验的方法有哪些?
3. 理化检验常用的方法有哪些?
4. 感官检验法与理化检验法各有什么优缺点?
5. 商品检验中常用的抽样方法有哪些?
6. 商品经营中常用的简便易行的检验方法有哪些?
7. 我国的内贸商品检验与进出口商品检验有何不同?
8. 如何识别假冒伪劣商品?

>>> 实践训练

1. 了解某商场进货过程中的质量检验工作。
2. 教师指定一些有代表性的商品，让学生了解企业对这些商品的索证要求。
3. 选取有代表性的食品，进行感官检验。
4. 观看商品理化检验的教学视频。

第六章

商品包装

学习目标

1. 理解商品包装的概念和意义，以及商标的概念；
2. 了解商品包装的常用材料和商标管理的有关规定；
3. 掌握主要的商品包装标志和包装技法；
4. 掌握商标的作用和分类。

在社会再生产过程中，包装位于生产过程的末尾和物流过程的开端，它既是生产的终点，又是物流的始点。绝大多数商品都是经过包装以后，才进入流通和消费领域。因此，了解和掌握商品包装的作用、材料、方法，以及包装标志具有重要意义。

第一节 商品包装的概念与作用

一、商品包装的概念

商品包装是指在商品流通过程中为保护商品、方便储运、促进销售，按一定技术方法而采用的容器、材料和辅助材料等的总称。商品包装也指为了达到上述目的而采用容器、材料和辅助材料的过程中，施加一定技术方法等的操作活动。因此，包装有两层含义：一是指盛装商品的容器及其他包装用品，即包装物，如箱、桶、袋等；二是指把产品盛装、包扎和装潢的操作过程，如装箱、灌瓶、装桶等。总之，包装是包装材料与包装技术的总称。

商品包装是社会生产的一种特殊商品，本身具有价值和使用价值。商品包装的价值包含在商品的价值中，在出售商品时会得到补偿或超额补偿，从而给企业带来较好的经济效益。商品包装的使用价值存在于整体商品之中，绝大多数商品只有经过包装，才算完成它的生产过程，才能进入流通和消费领域。

商品包装是依据商品的属性、数量、形态、储运条件和销售需要，采用特定包装材料和技术方法，按设计要求创造出来的造型和装饰相结合的实体，具有技术和艺术双重特性。包装材料、包装技法、包装结构造型和表面装潢构成了包装实体的四大因素，包装材料是包装的物质和技术基础，包装结构造型是包装材料和包装技术的具体形式，表面装潢是通过画面和文字美化宣传和介绍商品的主要手段；包装材料、技术、结构造型是通过画面和文字美化宣传和介绍商品的主要手段。

二、商品包装的作用

商品包装在商品从生产领域转入流通和消费领域的整个过程中起着很重要的作用，其主要功能包括：保护功能、便利功能、促销功能和容纳功能。

（一）保护功能

包装的保护功能是其最基本也是最重要的功能。商品在流通过程中，会受到各种外界因素的影响，可能发生物理、机械、化学、生理学等变化，造成商品损失、损耗。例如，在储存和流转过程中由于日光、空气中的氧气、温度、湿度、微生物、仓库害虫及有害气体等因素的作用，可能使商品老化、氧化、锈蚀、霉腐、酸败、分解、干裂、脱水、溶化、挥发、渗漏、虫蛀等；在商品运输和装卸过程中因颠簸、冲击、震动、碰撞或堆码过高而使商品破损、变形、损伤、散失等；微生物和虫鼠侵入会导致商品的霉变、变质、虫蛀等。因此，应根据商品的特性和储运、销售环境，选择适当的包装材料，设计合理的包装容器，对商品进行合理包装，防止商品破损变形、防止商品发生化学变化、防止有害生物对产品的影响、防止异物混入、污物污染，以及防止商品丢失、散失和盗失等。应充分发挥包装的保护功能，最大限度地减少商品损耗。

（二）便利功能

商品包装为商品在各个领域的使用提供了便利，其便利功能主要有方便流通功能和方便消费功能。这要求包装的大小、形态、包装材料、包装重量、包装标志等，可以方便运输、保管、验收、装卸等各项作业，可以便于消费者识别、开启和携带，方便使用和回收。科学合理的商品包装可以提高商品物流各环节的适应性，提高物流管理效率。

（三）促销功能

商品包装特别是销售包装，是无声的推销员。精美的包装能引起消费者的注意，唤起消费者的共鸣，激发消费者的购买欲望，促进商品的销售。包装的促销功能是由包装的传达信息功能、表现商品功能和美化商品功能引起的。传达信息功能主要是通过包装上的文字说明，向消费者介绍商品的名称、品牌、产地、成分、功用、使用方法、产品标准等信息，起到宣传商品、指导消费的作用。表现商品功能主要是通过包装上的图案、照片及开窗包装、透明包装所显露的商品实物，把商品的全貌展示出来，以给消费者良好的印象。包装的美化功能是通过整个包装的装潢设计、造型安排，突出商品的性能和品质，美化商品。随着市场经济的发展，包装的促销功能越来越被人们重视，得到了不断地开发和运用。

（四）容纳功能

容纳功能也是商品包装最基本的功能。许多商品本身没有一定的集合形态，无法运输和销售，如液体、气体和粉状商品，需要依靠包装的容纳功能而具有特定的商品形态。包装的容纳不仅能方便商品的流通和销售，还能提高商品的价值。例如，对于普通的商品，包装的容纳增加了商品的保护层，能更好地保护商品，防止商品质量的变化；对于食品、药品、化妆品、消毒品、卫生用品等商品，包装的容纳还能保证商品卫生。

集合化功能是容纳的延伸，是指包装能把许多个体或个别的包装物统一集合起来，化零为整，化分散为集中。这种集合的容纳不仅有利于商品运输，同时也可以减少流通费用。

第二节　商品包装的种类与材料

一、商品包装的种类

商品包装的种类繁多，不同部门和行业采用不同的分类方法。

(一)内销商品包装与出口商品包装

1. 内销商品包装

内销商品包装是指适合于国内中、短途运输，包装的大小、内装物数量要与国内消费习惯和消费水平相适应，在国内移动、周转和销售的包装。内销包装一般具有简单、经济、实用的特点。

2. 出口商品包装

出口商品包装是指适合于国际长途运输，一般以远洋航运、空运、火车和汽车集装箱运输为主，包装的大小、内装物数量、包装装潢、色彩、形式等要考虑商品销售所在国的风俗习惯、消费水平及消费特点，便于在国际移动、周转和销售的包装。

(二)运输包装和销售包装

在我国，应用最为普遍的是按包装在流通过程中的功能分类，分为运输包装和销售包装。

1. 运输包装

运输包装又称外包装或大包装，是指用于安全运输、方便装卸、方便储存、保护商品的较大单元的包装形式，如纸箱、桶、集合包装。运输包装一般体积较大，坚固耐用，同时要有明显的识别标志且外形尺寸标准化程度高。

常用的运输包装形式有以下几种。

(1)箱型包装。常用的箱型包装主要有纸箱和木箱两种。

(2)桶型包装。常用的桶型包装有金属桶、木桶、纸桶、塑料桶及纸板合成桶等。

(3)袋型包装。用作运输包装的袋型包装有麻袋、布袋、塑料袋、纸袋等。

(4)集合包装。为了适应运输、装卸工作现代化的要求，将一定数量的商品或包装件，装入具有一定规格、强度更大的包装容器内，形成一个更大的搬运单元，这种包装形式称为集合包装。集合包装的主要特点是集小为大，具有规模优势：一是可以实现运输装卸机械化、自动化，提高装卸效率，减少商品在储运中的损耗；二是可以促进包装标准化、合理化，降低单体包装的要求，降低运输费用；三是可以整体运输和保管，大大方便了运输及保管作业。

2. 销售包装

销售包装又称小包装、内包装，是指为了适应促进销售、方便消费和使用、直接保护商品的要求，与商品一起出售给消费者的包装形式。销售包装体积较小，对安全、卫生、开启便利、装潢美观等要求高，具有保护商品、宣传和美化商品、指导消费、方便使用等作用。同时，也有保护优秀名牌商品、以防假冒的功能。

销售包装常见的形式有：堆叠式包装、可挂式包装、展开式包装、透明式包装、惯用造型包装、便携式包装、易开式包装、喷雾式包装、缓冲包装、真空包装等。

二、商品包装的材料

(一)商品包装材料的概念

商品包装材料是用于制造包装容器，以及与包装运输、包装印刷、包装辅助材料有关材料的总称。商品包装材料一般分为主要包装材料和辅助包装材料，主要包装材料包括纸和纸板、塑料、玻璃、金属、陶瓷、纤维、缓冲材料和复合材料等；辅助包装材料包括油墨、涂料、黏合剂、捆扎材料、填充材料和衬垫材料等。

(二)商品包装材料的性能

保护商品，防止变质、损耗，保证质量的性能。影响包装材料保护性能的因素主要有：包装材料的机械性能、光学性能、耐温性能、防潮防水性、防腐蚀性、防紫外线穿透、透气性、耐油性、安全卫生性，以及无毒、无臭、无异味性等。

加工操作性能是指包装材料应具有一定的刚性、挺力、热合性和防静电性，有一定的光滑度，以及可塑性、可焊性、易开口性、易加工、易充填、易分合等，适合自动包装机械操作，生产效率高等。

外观装饰性能是指包装材料尤其是作为销售包装材料，要求透明度好，表面光泽度好，且造型和色彩美观，产生陈列效果，以便提高商品的价值和消费者的购买欲望。外观装饰性增加了商品的附加值，良好的包装使商品的价值及使用价值大大提高。

方便使用性能是指便于开启和提取内装物，便于再封闭，开启性能好，不易破裂和损坏的性能。方便使用性能主要取决于包装材料的启闭性能及包装容器的结构。

节省费用性能是指经济合理使用包装材料的方法，体现在提高包装效率，降低自身重量，节省包装材料费用、包装机械设备费用和劳务费用等方面。

易处理性能是指包装材料要有利于节省资源，有利于环境保护。易处理性能主要体现在可复用、可回收、可降解、可再生及易处理等方面。

(三)常见的商品包装材料

1. 纸和纸板

纸和纸板是支柱性的传统包装材料，耗量大，应用范围广。纸和纸板具有以下特点：资源广，重量轻，成本低；具有适宜的强度、耐冲击性和耐摩擦性；密封性好，具有优良成型性和折叠性，适于印刷；用后易于处理，可回收复用和再生。

纸和纸板也有一些致命的弱点，如难以封口、受潮后牢度下降以及气密性、防潮性、透明性差等，导致它们在包装应用上受到一定的限制。

纸和纸板是支柱性的包装材料，应用范围十分广泛。纸和纸板是按定量(单位面积的重量)或厚度来区分的。凡定量在250g/m²以下或厚度在0.1mm以下称为纸，在此以上的称为纸板。由于纸无法形成固定形状的容器，常用来制作裹包衬垫和口袋。纸板常用来制成各种包装容器。

包装纸主要有：纸袋纸、牛皮纸、中性包装纸、普通食品包装纸、鸡皮纸、半皮纸、半透明玻璃纸和玻璃纸、有光纸、防潮纸、防锈纸、铜版纸等。

包装纸板主要有：箱纸板、牛皮箱纸板、草纸板、单面白纸板、茶纸板、灰纸板、瓦楞纸板(见图6-1和图6-2)。

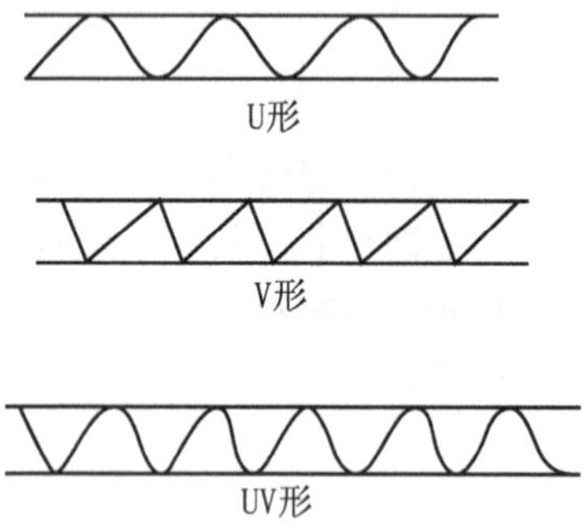

图6-1 瓦楞纸板楞形示意图

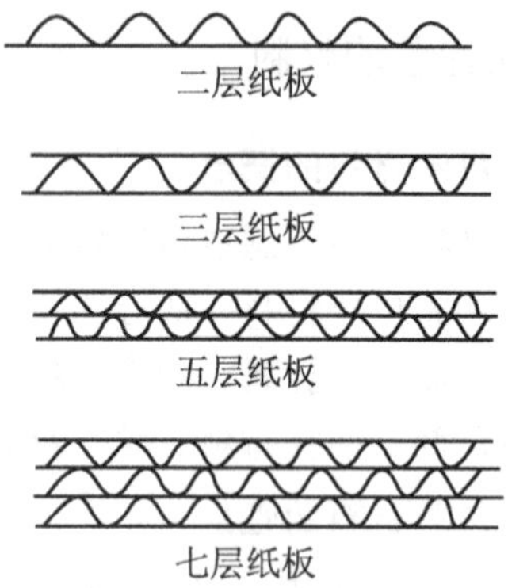

图6-2 瓦楞纸板的种类

2. 塑料

塑料是一类多性能、多品种的合成材料，具有物理性能优越、化学稳定性好、质轻、易加工成型等特点，同时具有良好的防水性、耐油性、透明性、耐寒性、耐药性、成本低和可着色，可塑造成多种形状进行包装印刷。但塑料作为包装材料，其强度不如钢铁，耐热性不如玻璃，易老化，易产生静电。常用包装塑料有聚乙烯、聚丙烯、聚氯乙烯、聚苯乙烯、聚酯、聚酰胺塑料等，可制成瓶、杯、盘、盒等容器。其中，聚苯乙烯还被大量地用来制造包装用泡沫缓冲材料。

3. 木质材料

木质材料是传统的运输包装的材料，具有特殊的耐压、耐冲击和耐气候的能力，并有良好的加工性能，既适合作为大型和重型商品的运输包装，也适用于包装那些批量小、体积小、重量大、强度要求高的商品。木质材料包括天然木材和人造板材，具有特殊的耐压、耐冲击性能，加工方便，是大型和重型商品运输包装的重要材料。

人造板材有胶合板和纤维板两种。胶合板是用原木旋切成薄木片，经干燥、涂胶后，按木材纹理纵横交错重叠，通过热压机加压而成。其层数均为奇数，有三夹板、五夹板、七夹板等。纤维板的原料有木质和非木质之分，前者是指木材加工后的下脚料与森林采伐剩余物，后者是指蔗渣、竹、芦苇等。这些原料经过制浆、成型、热压等工序制成的人造板即为纤维板，如木丝板、刨花板等。常用的木制包装容器有木箱(包括胶合板箱和纤维板箱)、木桶(包括木板桶、胶合板桶和纤维板桶)。

4. 金属材料

包装用金属材料主要是指钢板、铝材及其合金材料，其形式有薄板和金属箔，品种有薄钢板(黑铁皮)、镀锌薄钢板(白铁皮)、镀锡薄钢板(马口铁)、镀铬薄钢板、铝合金薄板、铝箔等。金属材料的优点有：牢固结实；密封性、阻隔性好；延展性强，易加工成型；金属表面有特殊的光泽，便于进行表面装潢。但金属材料成本高，生产能耗大，化学稳定性差，易锈蚀，故金属材料包装的应用也受到限制。

金属包装产品可细分为易拉罐(包括铝制二片、钢制二片、马口铁三片罐)、印铁制品(听、盒)、气雾罐(马口铁制成精美的药用罐、杀虫剂罐、化妆品罐等)、食品罐(罐头、液体或固体食品罐等)和各类瓶盖。

5. 玻璃

玻璃作为容器在公元前15、公元前16世纪的古埃及得到应用。玻璃是以硅酸盐为主要成分的无机性材料。其特点是高度透明、清洁卫生、外形美观、有良好的机械性能和化学稳定性，价格便宜，可多次周转使用，原料丰富，价格低廉，符合绿色包装材料的内涵。但玻璃耐冲击性低，自身重量大，运输成本高，限制了其在包装上的应用。常见的玻璃包装容器有瓶、罐、缸等，主要用于酒类、饮料、罐头食品、调味品、药品、化学试剂等商品的销售包装。此外，也可制造大型运输包装容器，存装强酸类产品。

6. 复合包装材料

复合包装材料是将两种或两种以上的材料紧密复合在一起而制成的包装材料，其性能基本上是各层基材性能的总和。主要有纸与塑料、纸与铝箔和塑料、塑料与铝箔、塑料与玻璃、纸与金属箔制成的复合材料。常见的复合包装材料见表6-1。复合材料兼有不同材料的优良性能，使包装材料具有更加良好的机械性能、气密性、防水、防油、耐热或耐寒性，是现代包装材料的一个发展方向，特别适用于休闲食品、复杂调味品、冷冻食品等食品商品的包装。

表6-1　复合包装材料的构成、特性和用途

名称(构成)	特　性	用　途
纸/PE	防潮、价廉	饮料、调味品、冰激凌
玻璃纸/PE	表面光泽好、无静电、阻气、可热合	糖果、粉状饮料
BOPP/PE	防潮、阻气、可热合	饼干、方便面、糖果、冷冻食品
PET/PE	强度高、透明、防潮、阻气	奶粉、化妆品
铝箔/PE	防潮、阻气、防异味透过	药品、巧克力
取向尼龙/PE	强度高、耐针刺性好、透明	含骨刺类冷冻食品
OPP/CPP	透明、可热合	糖果、糕点
LLDPE/LDPE	易封口、强度好	牛奶
PET/镀铬/PE	金属光泽、抗紫外线	化妆品、装饰品
PET/铝箔/CPP	易封口、耐蒸煮、阻气	蒸煮袋
PET/黏合层/PVDC/黏合层/PP	阻气、易封口、防潮、耐水	肉类食品、奶酪
LDPE/HDPE/EVA	易封口、刚性好	面包、食品
纸/PE/铝箔/PE	隔音、防潮、抗紫外线	茶叶、药品、奶粉
取向尼龙/PE/EVA	封口强度高、耐穿刺、阻气	炸土豆片、腌制品

7. 纤维织物

纤维织物可以制成布袋、麻袋、布包等，具有牢度适宜、轻巧，使用方便、易清洗、便于回收利用等特点，适用于盛装粮食及其制品、食盐、食糖、农副产品、化肥、化工原料和中药材。

8. 其他材料

毛竹、水竹等竹类材料可以编制各种竹制容器，如竹筐、竹箱、竹笼、竹篮、竹盒、竹瓶等包装容器；水草、蒲草、稻草等可编织席、包、草袋，是价格便宜、一次性使用的包装用材料；柳条、桑条、槐条及其他野生藤类，可用于编织各种筐、篓、箱、篮等；陶瓷可制成缸、坛、砂锅、罐、瓶等容器。另外，棕榈、贝壳、椰壳、麦秆等也可用于制作各种特殊形式的销售包装。

第三节 商品包装技法

商品包装技法是商品包装技术和包装方法的统称。按包装的主要功能，可以将包装技术分为运输包装技法和销售包装技法两种。

一、运输包装技法

(一)一般包装技法

1. 对内装物的合理放置、固定和加固

在对形状各异的产品进行包装时，要注意合理放置产品，巧妙固定和加固，达到缩小体积、节省材料、减少损失的目的。

2. 对松泡产品进行压缩包装

对于棉被、羽绒服、枕芯等松泡产品进行包装时，有效的方法是真空包装，可大大缩小松泡产品的体积，缩小率可达50%～85%。真空包装技法可有效压缩产品的体积，以减少运输和仓储费用。

3. 合理选择内外包装的形状、尺寸

内包装一般属于销售包装，其形状尺寸要与外包装形状、尺寸相匹配，内包装的底面尺寸必须与包装模数协调，而且高度也应与外包装高度配合好。在选择外包装形状尺寸时，要避免过大(难以出售、流通)、过高(难以堆垛)、过扁(标志难辨)、过重(易破损)等。

4. 包装物的捆扎

包装物的捆扎是将单个物件或数个物件捆紧，以便于运输、储存和装卸；捆扎还能起到压缩容积、加固容器的作用，从而减少仓储费、运费；另外，捆扎还能防止失窃。

(二)缓冲包装技法

为了防止产品遭受损坏，就要设法减小外力的影响。缓冲包装又称防震包装，主要是利用缓冲材料的缓冲作用，来减缓内装物在装卸搬运及运输过程中受到冲击和振动，保护其免受损坏而采取一定防护措施的包装。

1. 全面缓冲包装

全面缓冲包装方法是指产品或内包装的整个表面都用缓冲材料衬垫的包装方法，见图 6-3。

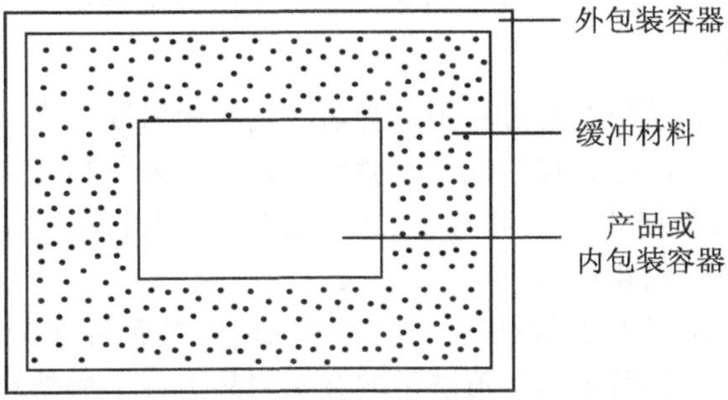

图 6-3　全面缓冲包装

2. 部分缓冲包装

部分缓冲包装方法仅在产品或内包装的拐角或局部地方使用缓冲材料衬垫。这样既能达到减震效果，又能降低包装成本。家电产品、仪器仪表等通常采用此类包装。部分缓冲有天地盖、左右套、四棱衬垫、八角衬垫、侧衬垫几种，角衬垫部分缓冲包装见图 6-4。

3. 悬浮式缓冲包装

悬浮式缓冲包装是指先将产品或内包装容器置于纸盒中，产品各面与纸盒间均用柔软的泡沫塑料衬垫妥当，盒外用帆布包封或装入胶合板箱，然后用绳索、弹簧等将产品或内包装容器悬吊在外包装箱内，通过弹簧、绳索的缓冲作用保护商品。这种方法适用于极易受损、价值较高的产品，如精密机电设备、仪器、仪表等。悬浮式缓冲包装见图 6-5。

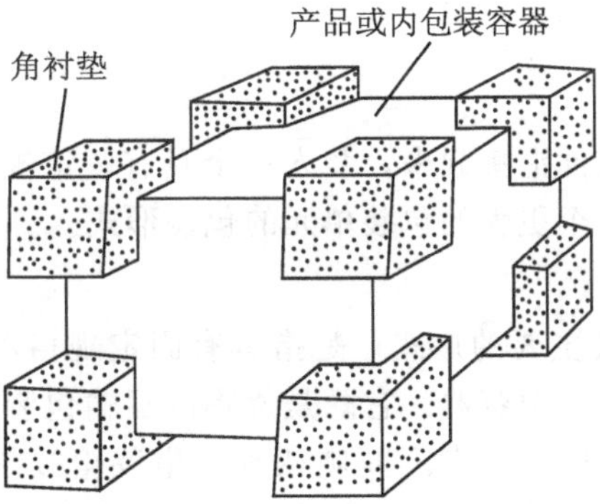

图 6-4　八角衬垫部分缓冲包装

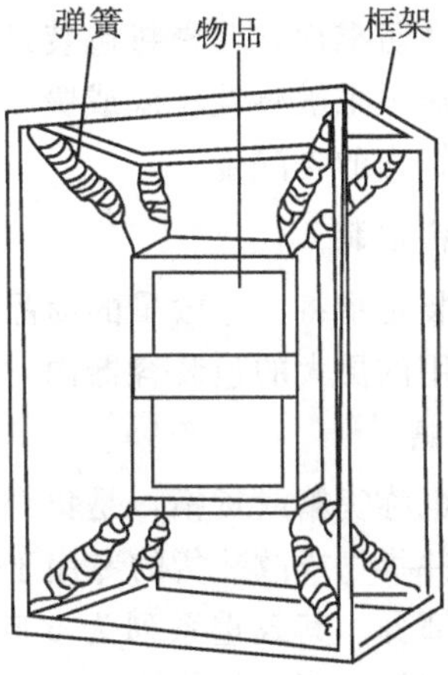

图 6-5　悬浮式缓冲包装

（三）防潮包装技法

防潮包装是采用防潮材料对商品进行包封，以防止空气中的潮气对内装商品产生影响，使包装内的相对湿度符合产品要求，抑制微生物的生长和繁殖，延长商品的储存期，从而保护商品质量。防潮包装适用于受潮湿影响易发生变质、潮湿、生锈、霉变的商品，如医药品、农药、食盐、果品、皮革、食糖、纤维制品、金属制品。包装材料一般采用透湿度低的耐油纸、铝箔纸、玻璃纸、塑料薄膜、玻璃或金属容器等。常用的包装容器有陶瓷容器、金属罐、玻璃瓶等。

防潮包装的基本方法主要有：在内装物外面包裹防潮纸、塑料薄膜等；在包装容器内壁加衬防潮纸、塑料薄膜等；采用密封包装容器，并预先排湿、抽成真空或放干燥剂。

(四)防锈包装技法

防锈包装是在金属制品的储运过程中，为防止生锈而采取一定防护措施的包装。其实质是劣化某一环境因素，以达到控制或杀灭微生物，防止内装物霉变、腐烂，保护物品质量的目的。金属制品极易受水分、氧气、二氧化碳、二氧化硫、盐分、尘埃的影响而生锈，因此，必须采用防锈包装技术。

采用防锈包装一般按以下步骤进行：先用清洗剂清洗消除金属制品表面的油迹、汗迹、灰尘、加工残渣等，然后迅速对清洗后的金属制品进行干燥处理，消除残留的水和溶剂。防锈包装最重要的工作是在清洗、干燥后选用适当的方法对金属制品进行防锈处理。

防锈处理通常采用以下三种方法：一是涂防锈油脂，使金属表面形成隔膜，以隔离外界种种介质的腐蚀；二是气相防锈，采用挥发性缓蚀剂，在密封包装条件下对金属表面进行防锈的技术；三是可剥离性塑料防锈，将加上腐蚀抑制剂的可塑性树脂涂在金属表面形成塑料薄膜，在薄膜的防潮性和薄膜中所含有的防锈剂的共同作用下，达到防锈效果。

防锈处理结束后，还须进行防锈包装，以防止局部冲击，造成防锈皮膜的损伤和防锈剂的流失。

(五)防霉包装技法

防霉包装是为了防止内装物长霉影响质量而采取一定防护措施的包装。防霉包装技术可分为两大类：一类为密封包装，另一类为非密封包装。采用密封包装进行包装时，或将密封容器内抽成真空，充入惰性气体，或放入硅胶、硅铝胶等干燥剂，也可放置适量的除氧剂或挥发性防霉剂。非密封包装是对易长霉的产品经有效防霉处理后，外包防霉纸，然后再包装。对长霉敏感性较低或吸水率低的产品，可在包装箱两端面的上部开设通风窗，以控制包装箱内的含湿量。

(六)集合包装

集合包装是指将一定数量的商品或包装件汇集起来，装入一个具有一定规格、强度和长期周转使用的更大的包装容器内，形成一个更大的包装单元的包装形式。

1. 集装箱

集装箱也称货箱或货柜，是集合包装最主要的形式，是指具有固定规格和足够强度，能装入若干件货物或散装货的专用于周转的大型容器。它既是货物的运输包装，又是交通工具的组成部分。其载重系列为5吨、10吨、20吨、30吨四种。集装箱按使用材料分，有铝合金集装箱、钢制集装箱、玻璃钢制集装箱三种；按使用目的分，有通用集装箱、保温式集装箱、通风式集装箱、罐头集装箱、冷藏式集装箱、牲畜集装箱、板式集装箱、散货集装箱、航空集装箱等。

2. 集装托盘

集装托盘包装是为了实现装卸和搬运作业的机械化，把若干件货物集中在一起，堆叠在运载托盘上，构成一件大型货物的包装形式。集装托盘包装既是包装方法，又是运输工具和包装容器。其特点是重量小、返空与装盘容易、装载量适宜。按使用材料分，托盘有木托盘和塑料托盘两种；按结构分，有箱式托盘、立柱式托盘、平板托盘和滑片托盘等。托盘包装常用的固定货物的方式是用打包带捆扎包裹，其承重为500～2000千克。

3. 集装袋

集装袋是一种用涂胶布、帆布、塑料编织袋做成的圆形大口袋。其四面有吊带，底部有活口，内衬一个较大的塑料薄膜袋。集装袋用于盛装粮食、化工原料等粉粒商品。

二、销售包装技法

（一）贴体包装技法

贴体包装是将产品放在能透气的、用纸板或塑料薄片(膜)制成的底板上，上面覆盖有加热软化的塑料薄片(膜)，通过底板抽成真空，使薄片(膜)紧贴商品，同时以热熔或胶黏的方式使薄片(膜)与纸板黏合的包装。

贴体包装技法广泛应用于商品销售包装，其特点主要有：通常形成透明包装；顾客可以观看商品体的全部，加上不同造型和印刷精美的衬底，大大增加了陈列效果；能牢固地固定商品，防止商品因受各种物理机械作用而损坏；具有防盗、防尘、防潮等保护作用。贴体包装广泛适用于外形多样、怕压易碎的商品，如日用器皿、灯具、文具、小五金、玩具等。

（二）泡罩包装技法

泡罩包装是将产品封合在用塑料薄片形成的泡罩与底板之间的一种包装方法，主要由两个构件组成：一是刚性或半刚性的塑料透明罩壳；二是用塑料、铝箔或纸板作为原料的底板。罩壳和底板之间可用粘接、热合、钉装等方式组合。这种技法广泛应用于药品、食品、玩具、文具、小五金、小商品等的销售包装。

泡罩包装按泡罩的不同，分为泡眼式、罩壳式和浅盘式三类。泡眼是一种尺寸很小的泡罩，如药片泡罩包装。罩壳是一种用于玩具、文具、小工具的泡罩，类似于贴体包装。浅盘是杯、盘、盒的统称，主要用于食品，如熟肉、果脯、蛋糕的包装。

泡罩包装有较好的阻气性、防潮性、防尘性，清洁卫生，取用方便。泡罩有一定的立体造型，具有良好的陈列效果和视觉效应，对于大批量的药品、食品、小件物品，易实现包装自动化流水作业。

（三）收缩包装技法

收缩包装是将经过预拉伸的塑料薄膜包裹在被包装商品的外表面，通过加热使薄膜收缩包紧产品的一种包装方法。它被广泛应用于销售包装上，是一种很有发展前途的包装技术。其特点包括：透明的收缩薄膜紧贴于商品之上，能充分显示商品的色泽、造型，用于包装蔬菜、玩具、工具、鱼、肉类等异形商品，大大增加了陈列效果。薄膜材料有一定的韧性，棱角处不易被撕裂，可将零散的多件商品方便地包装在一起；对一般商品具有防潮、防污染的作用，对食品能起一定的保鲜作用。

（四）真空包装技法

真空包装技法又称排气包装，是将产品装入气密性包装容器，抽去容器内的空气，使密封后的容器内达到预定真空度的一种包装方法，广泛应用于食品瓶罐等硬包装容器的包装中。真空包装技法能防止油脂氧化、维生素分解、色素变色和香味消失，能抑制霉菌的生长，提高高温杀菌效率；真空包装的商品冷冻后，其表面无霜，并可保持食品的本色，但也往往造成褶皱；真空包装技术应用于羽绒等松泡商品上，能使包装体积明显缩小，同时还能防止虫蛀、霉变。

(五)充气包装技法

充气包装技法也称气体置换包装，是采用二氧化碳或氮气等不活泼气体置换包装容器中的空气，从而使密封后容器内仅含少量氧气(1%～2%)的一种包装方法。充气包装技法大量使用在食品、药品、纺织品等包装上，也应用于日用工业品的防锈和防霉。用于食品包装时，能防止氧化，抑制微生物繁殖和害虫的发育。因此，采用充气包装的食品不用加热或冷冻，不用或少用化学防腐剂，便能有较长的保存期，且食品风味可以维持得较好。常用充气包装的食品有：豆制品、面包、茶叶、果仁、瓜子仁、花生仁、肉松；油炸土豆片、膨化食品、果蔬菜脆片；蛋糕、月饼；紫菜、火腿、烧鸡、奶粉；等等。

(六)吸氧剂包装技法

吸氧剂包装技法又称脱氧包装，是在密封的包装容器内，使用能与氧气起化学作用的吸氧剂，从而除去包装内的氧气，使内装物在无氧状态下保存。吸氧剂包装除氧效果好，能达到100%除氧，完全杜绝了氧气的影响，可以防止氧化、变色、生锈、发霉和虫蛀现象。吸氧剂包装技法主要用于保鲜食品、礼品、点心、蛋糕、茶叶等，也应用于毛皮、书画、古董、镜片、精密机械零件及电子器材等。

第四节　商品包装标志

一、运输包装标志

运输包装标志是用简单的文字或图形在运输包装外面印制的记号和说明，以便于商品的储存、运输、装卸。运输包装标志分为收发货标志、包装储运图示标志和危险货物包装标志三大类。

(一)运输包装收发货标志

收发货标志又称识别标志，是印在商品外包装上的商品分类图示标志及其他标志和文字说明的总称，是为了在物流过程中辨认货物而采用的。收发货标志的内容见表6-2。

表6-2　运输包装收发货标志内容

序号	项目			含义
	代号	中文	英文	
1	FL	商品分类图形标志	CLASSIFICATION MARKS	表明商品类别的特定符号
2	GH	供货号	CONTRACT NO	供应该批货物的供货清单号码(出口商品用合同号码)
3	HH	货号	ART NO	商品顺序编号，以便出入库、收发货登记和核定商品价格
4	PG	品名规格	SPECIFICATIONS	商品名称或代号，标明单一商品的规格、型号、尺寸、花色等

续表

序号	项目			含义
	代号	中文	英文	
5	SL	数量	QUANTITY	包装容器内含商品的数量
6	ZL	质量(毛重) (净重)	GBOSS WT NET WT	包装件的质量(kg)，包括毛重和净重
7	CQ	生产日期	DATE OF PRODUCTION	产品生产的年、月、日
8	CC	生产工厂	MANUFACTURER	生产该产品的工厂名称
9	TJ	体积	VOLUME	包装件的外径尺寸长(cm)×宽(cm)×高(cm)=体积(cm^3)
10	XQ	有效期限	TERM OF VALIDITY	商品有效期至××年××月
11	SH	收货地点和单位	PLACE OF DESTINATION AND CONSIGNEE	货物到达站、港和某单位(人)收(可贴签和涂写)
12	FH	发货单位	CONSIGNOR	发货单位(人)
13	YH	运输号码	SHIPPING NO	运输单号码
14	JS	发运件数	SHIPPING PIECES	发运的件数

收发货标志中，除分类标志为必有内容外，其他各项可自行选用。分类标志的图形、收发货标志的字体、颜色、标志方式、标志位置，在国家标准中均有具体规定。商品分类图形标志见图 6-6。

(a) 百货类标志
(白纸印红色)

(b) 文化用品类标志
(白纸印红色)

(c) 五金标志
(白纸印黑色)

(d) 交电类标志
(白纸印黑色)

(e) 化工类标志
(白纸印黑色)

(f) 针纺类标志
(白纸印绿色)

(g) 医药类标志
(白纸印红色)

(h) 食品类标志
(白纸印绿色)

(i) 农副产品类标志
(白纸印绿色)

(j) 农药类标志
(白纸印黑色)

(k) 化肥类标志
(白纸印黑色)

(l) 机械类标志
(白纸印黑色)

图 6-6 商品分类图形标志

(二)包装储运图示标志

包装储运图示标志又称指示标志，是根据不同商品对物流环境的适应能力，用醒目、简明的文字和图形标明在装卸、运输和储存过程中应注意的问题。包装储运图示标志见图 6-7。

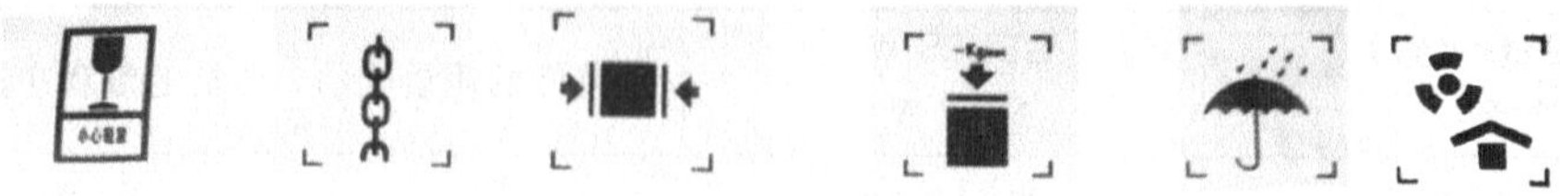

(a) 易碎品　(b) 由此吊起　(c) 由此夹起　(d) 堆码重量极限　(e) 怕雨　(f) 怕辐射

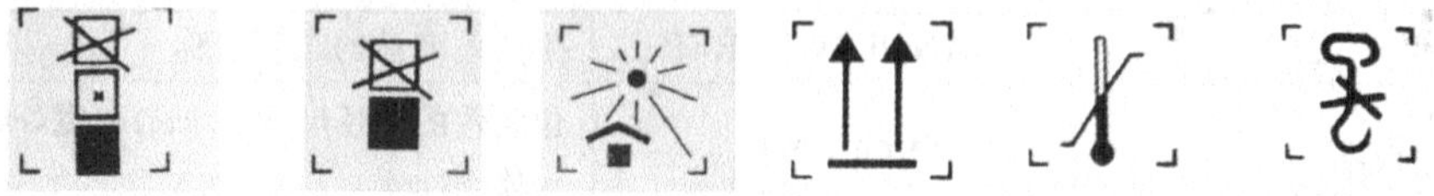

(g) 堆码层数极限　(h) 禁止堆码　(i) 怕晒　(j) 向上　(k) 温度极限　(l) 禁用手钩

(m) 重心点　(n) 禁止翻滚　(o) 此处不能卡夹　(p) 此面禁用手推车　(q) 禁用叉车

图 6-7　包装储运图示标志

(三)危险货物包装标志

危险货物包装标志又称危险品标志或标签，是用来标明危险品的专用标志。为了引起大众特别警惕，此类标志采用特殊的色彩或黑白菱形图示。我国国家标准 GB 30000—2013《化学品分类和标签规范》把我国危险品划分为 28 个部分(GB 30000.2—2013 到 GB 30000.29—2013)，这些危险货物的包装标志或标签见图 6-8。

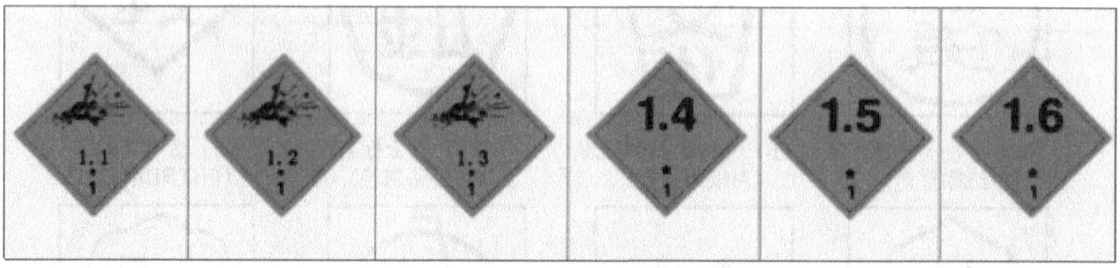

(1)爆炸物

(2)易燃气体

(3)气溶胶

(4)氧化性气体

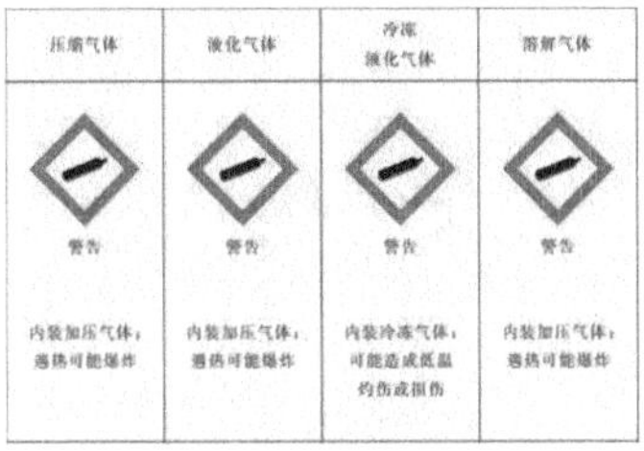

(5)加压气体

(6)易燃气体

(7)易燃固体

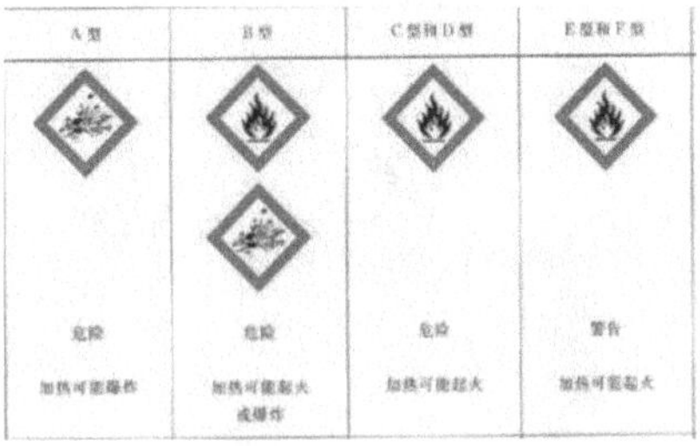

(8)自反应物质和混合物

(9)自然液体

(10)自然固体

(11)自热物质和混合物

(12)遇水放出易燃气体的物质和混合物

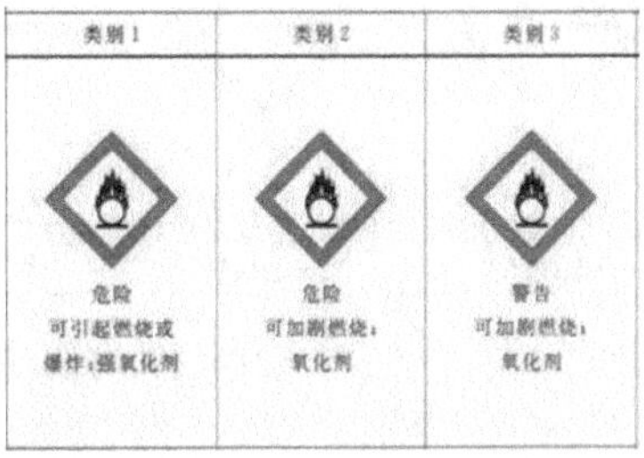

(13)氧化性液体

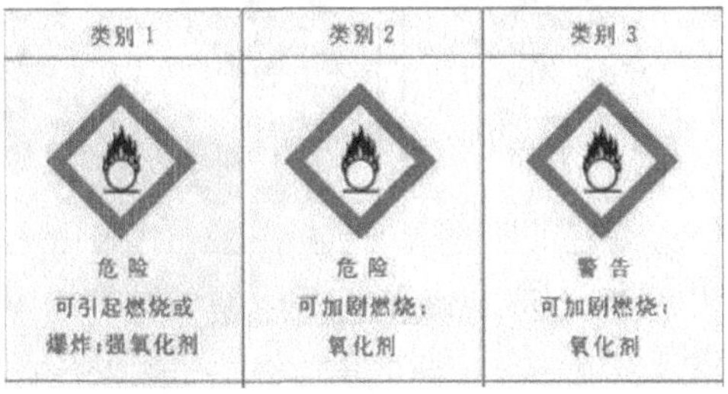

(14)氧化性固体

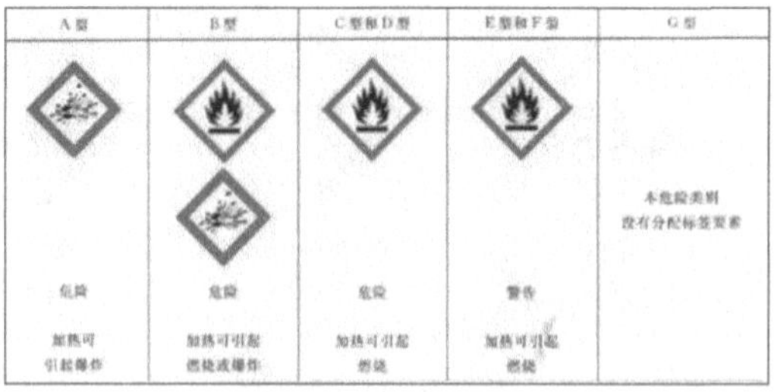

(15)有机过氧化物

(16)金属腐蚀物

(17)急性毒性

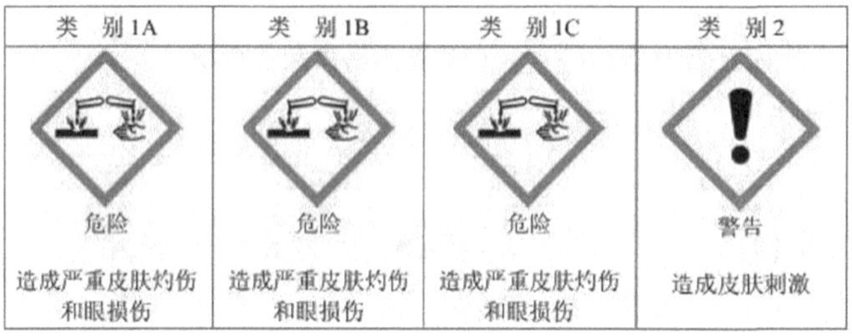

(18)皮肤腐蚀/刺激

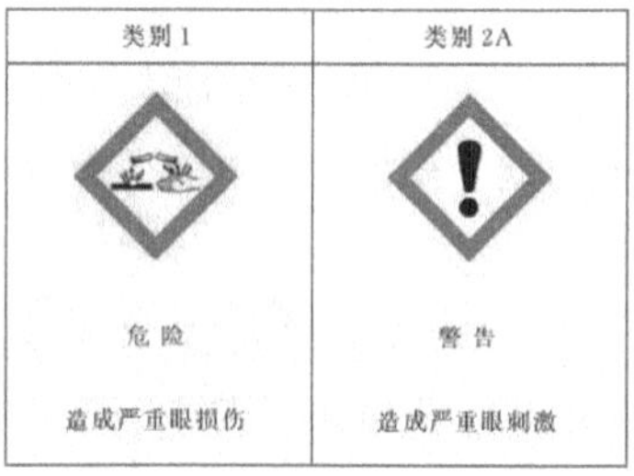

(19)严重眼损伤/眼刺激

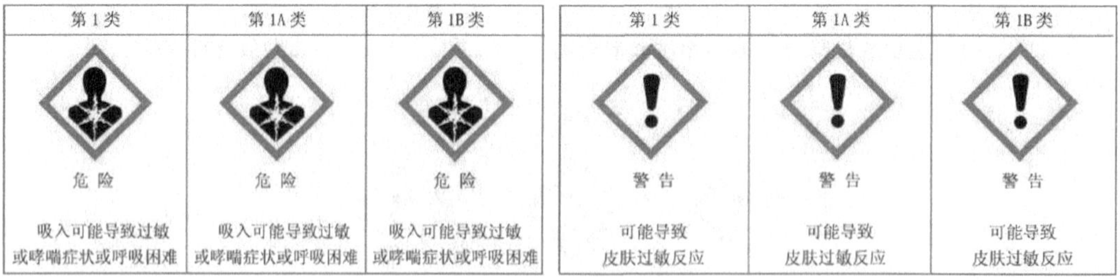

(20)呼吸道或皮肤致敏

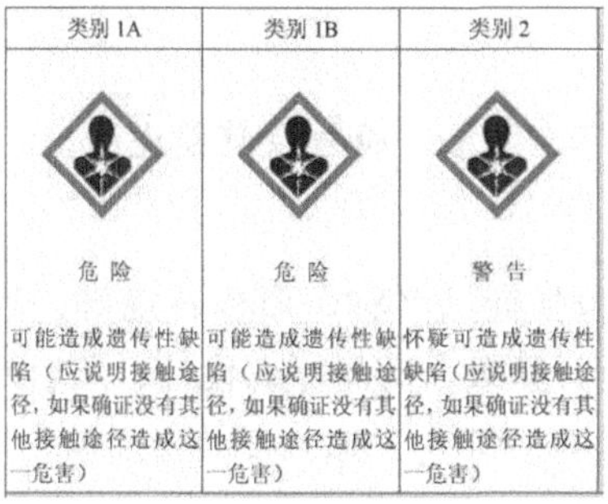

(21)生殖细胞至突变性

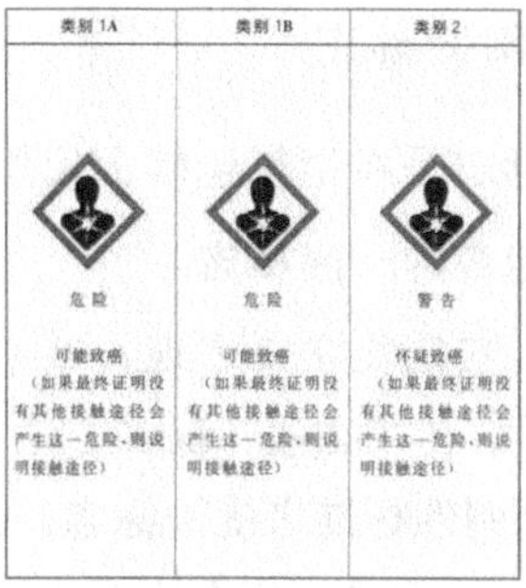

(22)致癌性

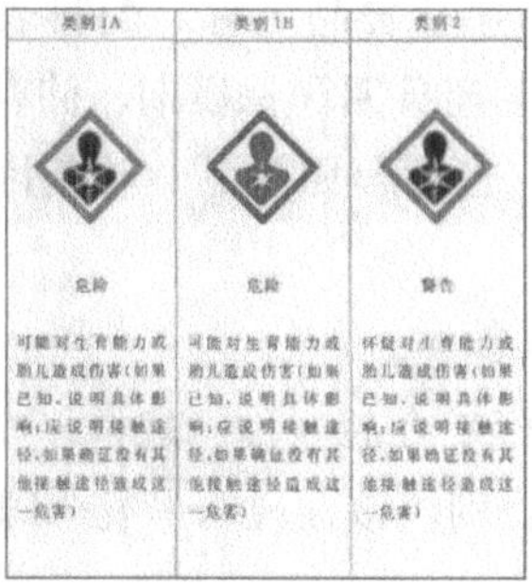

(23)生殖毒性

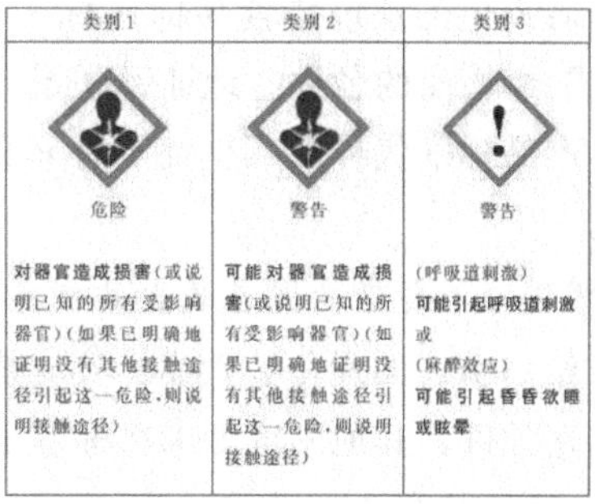

(24)特异性靶器官毒性(一次接触)

(25)特异性靶器官毒性(反复接触)

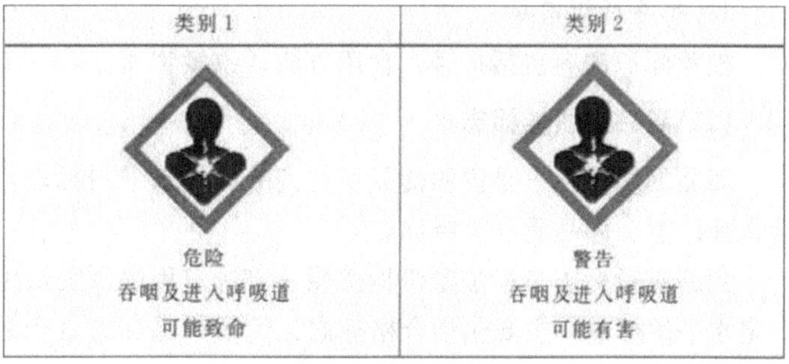

(26)吸入危害

(27)对水生环境的危害

(28)对臭氧层的危害

图 6-8　危险货物包装标志

二、销售包装标志

销售包装标志是在销售包装上使用的文字、图形、符号及其他说明。

(一)销售包装的一般标志

此类标志一般用文字来表现，基本内容包括商品名称、商标、规格、数量、成分、产地、用途、功效、使用方法、保养方法、批号、品级、商品标准代号、条形码等。部分重要商品国家实行强制性标准来统一标志，如根据GB 7718—2011《食品安全包装国家标准　预包装食品标签通则》，食品标签上应标明以下内容：

1. 直接向消费者提供的预包装食品标签标示内容

直接向消费者提供的预包装食品标签标示内容应包括食品名称、配料表、净含量和规格、生产者和(或)经销商的名称、地址和联系方式、生产日期和保质期、储存条件、商品生产许可证编号、产品标准代号及其他需要标示的内容(包括辐照食品、转基因食品、营养标签、质量等级)。

2. 非直接提供给消费者的预包装食品标签标示内容

非直接提供给消费者的预包装食品标签应按要求标示食品名称、规格、净含量、生产日期、保质期和储存条件，其他内容如未在标签上标注，则应该在说明书或合同书中注明。

3. 推荐标示内容的豁免

比如，酒精度大于10%的饮料酒以及食醋、食用盐、固态食物类、味精等。

4. 推荐标识内容

推荐标识内容包括批号、食用方法、致敏物质。

(二)商品的质量标志

商品的质量标志是说明商品所达到的质量水平的标志，主要包括优质产品标志、产品质量认证标志、商品质量等级标志等。

商品质量标志是指法定机构按照一定法定程序颁发给生产企业，以证明其商品质量达到一定水平的标志，主要包括合格标志、优质产品标志、产品质量认证标志、免检标志、绿色食品标志、有机食品标志、纯羊毛标志、真皮标志等。

实行商品质量标志，能有效地防止粗制滥造，避免劣质商品进入流通领域；有利于保证和促进商品质量的提高，有利于维护消费者的利益，保障其人身安全与健康。

(三)使用方法及注意事项标志

例如，服装洗涤熨烫标志见图6-9。

(四)产品的性能指示标志

比如，电冰箱的星级符号，电冰箱及空调器的能耗标志等。

(五)销售包装的特有标记

它是指名牌商品在其商品体固定部位或包装物内标注的让消费者更加容易识别本品牌商品的标记，由厂家自行设计制作，如名牌服装的特有标记。

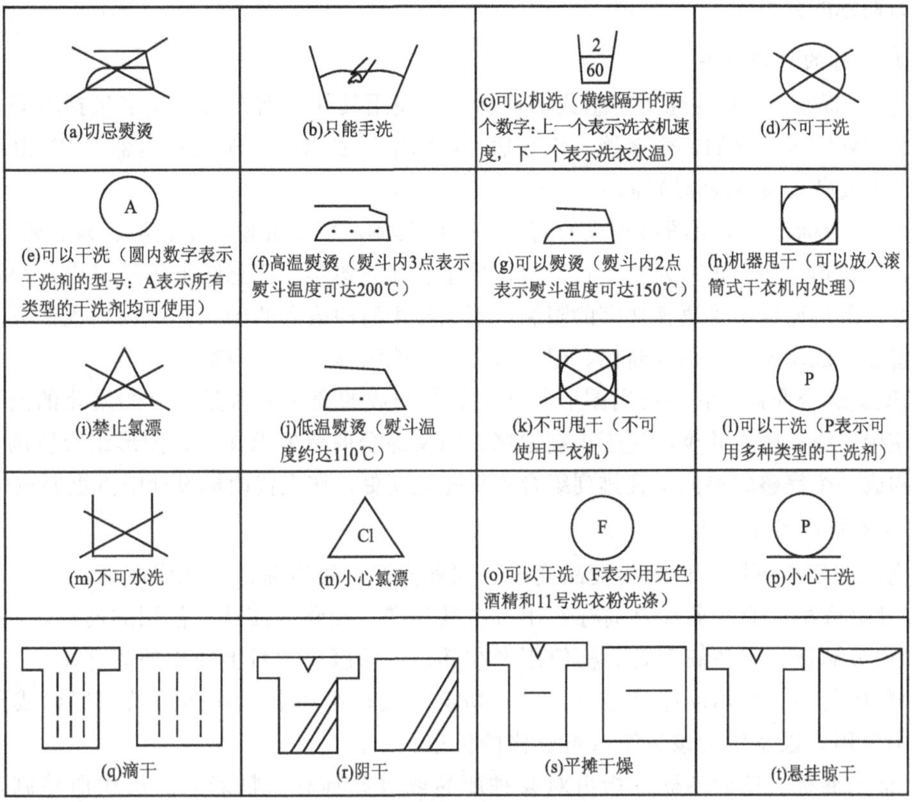

图 6-9 服装洗涤熨烫标志

(六)产品原材料、成分标志

它是指由国家专门机构检验认定后，证明产品的原材料或成分的标志，如环境标志、绿色食品标志、纯羊毛标志、真皮标志。

第五节 商 标

一、商标的概念和分类

(一)商标的概念

商标是商品生产者或经营者在其生产、制造加工、拣选的商品上使用的由文字、图形或其结合构成的，区别商品来源的特殊标志。由此可见，商标是一种标记，具有能够与其他品牌商品或服务相区别的显著特征。商标的主体是商品的生产者或经营者，客体是商品，组成要素包括文字、图形或文字和图形的组合。

商标经过市场监督管理部门登记注册并予以公布后，禁止他人使用，享有专有权。商标的主要目的是将同一种商品或类似商品、同一种服务或类似服务区别开来，因此，商标必须具有能够与其他商品相区别的显著特征，以便于消费者鉴别。

(二)商标的分类

1. 按商标的结构分类

(1)文字商标。它是由纯文字组成的商标，不使用其他任何图形。文字包括不同文种的文字、数字和字母。比如，全聚德、六必居、娃哈哈、麦当劳、SONY(电器)、PHILIPS(电器)、IF(化妆品)、999(药品)等。

(2)图形商标。它是由图形构成的商标，可以具体，可以抽象，山、河、泉、树、建筑、花、草、虫、鱼、鸟、兽、人物、日、月、星星、几何图形、任意图形等经过设计都可作为图形商标。图形商标不受语言文字的限制，不论使用何种语言的国家和地区，人们只要一看图形，就会形成印象，识别其商标。但图形商标不能叫读，交流困难。

(3)图文综合商标。它是指用图形与文字综合而成的商标或者是文字图案化的商标。综合商标使用广泛，图文并茂，便于识别记忆。图文综合商标要求文字、图形组合协调，图文一致，构成一个完整的整体，其排列组合不得随意变更，在现代商标设计中占重要地位。

2. 按商标的用途分类

按商标的用途不同，可分为商品商标、服务商标、集体商标和证明商标。

(1)商品商标。商品商标是商标使用者在其生产、经营的商品上使用的商标。

(2)服务商标。服务商标是商标使用者在其提供的服务项目上使用的商标。

(3)集体商标。集体商标是指以团体、协会或其他组织名义注册，供该组织成员在商务活动中使用，以及作为该组织成员资格的标志。

(4)证明商标。证明商标是指由对某种商品或服务具有监督能力的组织所控制，而由该组织以外的单位用于其商品或服务，专为证明商品的质量、原产地、原材料、加工工艺、精密度或其他特征而提供的商标，如真皮标志、纯羊毛标志、有机食品标志及绿色食品标志等。

3. 按商标的信誉分类

商标按其信誉不同，可以分为普通商标和驰名商标。

普通商标是在正常情况下使用，未受到特别法律保护的绝大多数商标，是与驰名商标相对应的一种商标。

驰名商标是指在消费者心目中享有高信誉、高知名度的商标。驰名商标须经市场监督管理部门认定。认定驰名商标，应考虑公众对商标的知晓程度，商标持续使用的时间，商标宣传工作的持续时间、程度和地理范围等因素。驰名商标是企业的宝贵财富，是企业的形象，具有一定的竞争力，在国内外受到严格保护。

4. 按商标有无防伪功能分类

商标按有无防伪功能不同，可分为传统商标和防伪商标。

(1)传统商标。传统商标按其结构不同，可分为文字商标、图形商标、记号商标、人物头像商标和组合商标等；按其用途不同，可分为营业商标、商品商标、等级商标、保证商标和服务商标。

(2)防伪商标。防伪商标在当今众多防伪技术中应用最广泛。它采用激光、电码等国际领先水平的高新技术，利用计算机、信息编码和高科技印刷，使得防伪商标具有综合防伪、美化包装和增加产品附加值等多种功效。防伪商标已向着具有全国统一管理系统的方向发展。防伪商标具有图像制作精美、易于识别、防伪效果好、价廉物美等特点。

传统商标由于防伪功能差，应用者越来越少，现在多使用防伪商标。

5. 按商标的防伪技术分类

按商标的防伪技术不同，分为一般防伪商标和电码防伪商标两种。

(1)一般防伪商标。通常按使用的防伪技术又划分为多种类型，主要有激光全息防伪商标、荧光防伪商标、温变防伪商标、隐形防伪商标、磁性油墨防伪商标等。

①激光全息防伪商标。全息图像具有立体感，在光的作用下，在不同的侧面将摄影和雕塑融于一体，产生神奇的视觉效果。可采用不干胶粘贴与烫印两种方式实施。激光商标广泛应用于各行各业的产品包装上(如药品、食品、酒类等)，能够起到防伪、装饰效果，使企业产品在形象、质量和信誉方面更有保障；能充分提高商品的身价和知名度，备受消费者欢迎。

②荧光防伪商标。传统的荧光油墨在产品的特定部位，用专用油墨印上特定的图形符号，然后用专门的手段去检测。

③温变防伪商标。采用变色荧光(温变)油墨技术制成的商标。

④隐形防伪商标。采用隐形密码技术制成的商标。

⑤磁性油墨防伪商标。采用磁性油墨技术制成的商标。

此外，还有微缩技术、旋转光圈防伪技术等，这里不再列举。这些技术在使用初期都曾发挥过一定的作用，但由于自身容易被仿冒，因而收效甚微。究其原因，这些防伪技术普遍存在着技术含量低、结构组合易被破译等不足之处。

(2)电码防伪商标。电码防伪技术是利用计算机、网络通信、信息编码和高科技印刷等高新技术，具有国际领先水平的综合防伪技术。电码防伪商标主要有下面几种形式。

①GG 商标(全息综合防伪激光揭开型商标)。此标识是在模压全息技术的基础上，结合多涂层复合印刷技术开发的一种全息图像加印刷喷码的双信息载体商标。该商标由面层、次层和离型纸三层组成。面层(揭去层)上载有模压全息图像，具有全息防伪标识的一切特征；次层(遗留层)是一种极薄的膜，其上印有防伪数码；底层为离型纸。此标识技术稳定，具有综合防伪功能，适应性广，可以制作各种规格的标识。这种标识采用专门技术和专门材料制成。

②KK 商标(纸面揭开型商标)。此标识由面层、次层、黏膜和离型纸四层合成。其面层由铜版压光喷膜色纸、荧光有色纸、荧光明暗变色纸等多种防伪材料制作，可印上有关文字图案；次层是一种极薄的透明脆膜，印有防伪电码；黏膜由特种透明胶构成，根据被贴物表面材料不同而采用不同黏膜；底层为离型纸。此标识有圆、正方、长方及椭圆四种形状和多种规格，并分别有红、粉红、黄、鹅黄、蓝、浅蓝、紫、浅绿八种标准颜色供用户选择，使用方法同激光商标。

③GK 商标(覆盖膜刮开型商标)。这种商标又称“刮刮乐”。这种标识由三层合成，面层为覆盖层(涂层)，是一种金属粉末或油墨薄膜，薄膜上可印制文字图案；次层是有色铜版纸或特种防伪纸，纸面上印有电码，纸底涂胶；底层为离型纸。此标识可与商品的标签或外包装物连在一起，标识的标准形状、规格、颜色与彩印揭开式标识相同。

④电码防伪拉线商标。电码防伪拉线商标主要有激光电码防伪拉线型、金色电码防伪拉线型、银色电码防伪拉线型、电化铝电码防伪拉线型、普通 PET 电码防伪拉线型等几

种类别。背胶可采用普通型、不干胶型和热封型三种方式。这种标识主要用于卷烟、音像制品、医药制品、食品等盒装产品的防伪拆封拉线。现有的激光拉线、金色拉线、银色拉线、普通拉线的背面印有21位电码防伪数码，并在其下面印刷入网企业名称及电码防伪查询提示，具有综合防伪功能。拉线放卷流畅、包装方便、外形美观、图案文字清晰，是目前国内外先进的新型防伪拉线商标。

二、商标的作用

(一)识别不同的商品生产者或经营者

商标最重要、最本质的作用就是区别同类商品的不同生产者、经营者。在市场经济条件下，每一种商品都有很多的生产者或经营者，同类商品之间竞争非常激烈，不同的生产者、经营者生产与经营的商品质量是不同的，消费者通过商标将商品与其生产厂商一一对应，便于消费者借助商标选购商品。

(二)有利于形成平等的市场竞争，促进企业的市场开拓

商标一经注册，其使用者就享有专用权，假冒、仿造、伪造商标都是违法行为。这有利于维护厂商的信誉和经济利益，促进企业的平等竞争。商标是厂商信誉、商品质量的标志，消费者依据商标选择商品，有利于优势企业开拓新的市场，提高市场占有率。

(三)有利于顾客忠诚度的培养和企业形象的树立

商标是特定商品的组成部分，代表了特定商品、特定质量和企业的信誉，商标使用人应当对使用其商标的商品质量负责。因此，企业只有不断提高商品质量才能保证企业的信誉，维护企业良好的形象，提升商品在消费者心目中的地位，便于“品牌忠诚”的形成。

(四)有利于市场秩序的维持及企业之间的平等竞争

商标一经注册，其使用者就受到法律保护，假冒、仿造、伪造商标都是违法行为。这有利于维护厂商的信誉和经济利益，防止竞争对手的侵犯，促进企业的平等竞争。

(五)商标是企业的无形资产，是企业总资产的重要组成部分

商标作为企业的无形资产，对于提高企业的综合实力具有重要作用。另外，可以对商标价格进行评估，也可以通过转让、许可或质押来实现其价值。

三、商标的特性

(一)专用性

商标的专用性是指它的专用权，包括排他性、地域性、时间性。排他性是指一个商标只准应用于一个厂家的这种产品或商品上，他人或其他商品不得随意使用这个商标；地域性是指一个商标经一个国家或地区注册之后，授予专利权，就只能在这个地区或国家范围内实行专利权，并受这个国家或地区的法律保护，离开这个国家和地区，就丧失了这种专利权和法律保护；时间性是指在注册登记的年限内(如5年、10年)，商标受到所在国家或地区的法律保护，一旦超过这个年限，就丧失了专利权与法律保护。

(二)简明性

商标所采用的文字、图形或文字图形的组合构成的标志，应尽量简单明了、形象生

动，读起来朗朗上口，便于识别、理解和记忆。

(三)形象性

商标既然是作用于视觉感受的特殊标志，无论它是采用图形的形式、文字的形式还是图形与文字融合的形式，都离不开形象性这一特征。它不能采用一些非形象的事物作为商标设计的素材，也不能用商品的功能及其所能给人的感受作为商标表现的内容，如舒适、光滑等。

(四)竞争性

商标是商品生产者和经营者的形象代表，反映了商品在消费者心中的地位，标志着商品的质量。商标是商品的脸面，起着宣传美化商品的作用，消费者认商标购买。

(五)显著性

商标的标志由简明新颖的文字、图形组合而成，不仅可以给人美感，而且具有显著性。《商标法》规定，申请注册的商标，应当有显著的特征，便于识别，并不得与他人在先取得的合法权利相冲突。

(六)独特性

独特性是独创性、创造性、新颖性的融合，是显著性、专用性、简明性、形象性的综合反映。

四、商标管理

商标管理是国家商标主管部门为了保护商标专用权，保障消费者的利益，维护市场经济秩序，依据《商标法》对商标注册、商标使用、商标印制等行为进行监督、检查、协调、控制和服务的活动。在中国，商标管理采取分级管理的办法，国家市场监督管理总局负责全国商标的管理工作，各级市场监督管理部门负责本地商标的管理工作。

商标管理的主要内容包括以下几个方面。

第一，按照《商标法》办理商标的核转工作，检查监督商标所有者正确使用及行使转让、继承等行为。根据我国商标制度的规定，我国商标管理实行“统一注册、分级管理”的管理体制；在商标权确立制度上保护注册在先权；商标权人变更、转让、续展、注销其注册商标必须向主管部门申请。

第二，督促企业在应当使用注册商标的商品上使用商标，如药品、烟草、家电等；未经申请注册的，商品不得在市场上销售。可以不使用商标的，也要尽可能地在商品或包装上注明企业名称和地址。对注册商标和未注册商标都要进行行政管理，监督商品质量；对未注册的商标管理的重点是监督商品质量，制止假冒商标。

第三，按照《商标法》规定，查处各种商标侵权行为和取缔假冒注册商标的违法案件，保护商标的专用权，维护商标所有者的权益，保障消费者的利益。

第四，指导企事业单位和个体工商业者进行商标设计，正确使用商标，并对商标印制进行管理。

五、商标注册

经过商标主管部门核准注册的商标即为注册商标。商标注册是商标使用人依法向商标管理机关(工商行政管理部门)提出商标申请，经商标主管部门核准并在商标注册簿上登记后，发给商标注册证，并予以公告，授予注册商标专用权的过程。

任何能够将自然人、法人或者其他组织的商品与他人的商品区别开的可视性标志，均可作为商标申请注册。注册商标由注册人使用，享有法律专用权。

商标注册人有权在注册商标上标明“注册商标”字样或注册标记。注册标记包括 ㊟ 和 ®两类。使用注册标记，应当标在商标的右侧。

典型案例

麦健兴假冒注册商标案

广东省中山市第一人民法院经审理查明：被告人麦健兴未经“ZIPPO”注册商标所有人许可，在其经营的中山市东凤镇卡路金属制品厂加工“ZIPPO”打火机外壳等配件，并委托中山市小榄镇利良五金加工店在上述打火机配件上用激光印制“ZIPPO”等图文标志，后在其租赁的出租屋内将配件组装成成品并进行包装和存储。经中山市质量技术监督局检查，在上述三处共查获假冒注册商标“ZIPPO”的成品打火机360个，价值72000元，未包装的成品打火机9750个，价值1852500元，以及零配件、包装、生产工具一批。

案例分析：

1. 麦健兴是否构成假冒注册商标罪？应如何对其进行处罚？
2. 你从本案例中得到哪些启发？

第六节 绿色包装

绿色包装是指对生态环境不造成污染，对人体健康无害，能循环复用和再生利用，促进可持续发展的包装。它是以不污染环境，保持人体健康为前提，以充分利用再生资源、节约自然资源与降低能源消耗为发展方向，造福于人类。也就是说，包装产品从原材料选择，产品制造、使用、回收和废弃的整个过程均应符合生态环境保护的要求。它包括节省资源、能源，减量，避免废弃物产生，易回收复用，再循环利用，可焚烧或降解等生态环境保护要求的内容。绿色包装的内容随着科技的进步而丰富，绿色包装的发展还将有新的内涵。

一、绿色包装的内涵

绿色包装的内涵是制定绿色包装评价标准的主要依据，其内涵历经20世纪70年代至80年代中期的“包装废弃物回收处理说”，80年代至90年代初的“3R1D”说，90年代中后期的“生命周期评价LCA说”等三个阶段而不断发展完善，目前以“4R1D”原则为主。

(一)“4R1D”原则

1. Reduce——实行包装减量化

绿色包装在满足保护、方便、销售等功能的条件下，应是包装材料使用量最少的适度包装，即包装减量化原则。很多国家将包装减量化列为发展无害包装的首选措施。

2. Reuse、Recycle、Recover——包装应易于重复利用或回收再生

(1)Reuse。可重复使用，不轻易废弃，可以再用于盛装的包装制品，即重复使用原则。

(2)Recycle。可回收再利用，把废弃的包装制品进行回收处理，生产再生制品，即可回收原则。

(3)Recover。获得新的价值，通过对废弃物焚烧来获取能源和燃料，即资源再生原则。

通过多次重复使用或通过回收废弃物生产再生制品或对废弃物焚烧利用热能、填埋处理将其再循环利用或通过堆肥化改善土壤等措施，达到再利用的目的。这样既不污染环境，又可充分利用资源。

3. 包装废弃物可降解腐化(Degradable)

为不形成永久性垃圾，不可回收利用的包装废弃物须能分解腐化，在大自然中自行消融，不污染环境。为此，世界各工业国家均重视发展可降解包装材料。

(二)包装材料应对人体和生物无毒无害

包装材料不应含有毒性的元素、卤素、重金属或含有量应控制在有关标准以下。

(三)包装产品在整个生命周期中均不应对环境产生污染

从原材料采集、加工、制造、使用，废弃物回收再生，直至最终处理的生命全过程均不应对人体及环境造成污染。

二、绿色包装的来源与分级

绿色包装是无公害包装，又被称为“环境之友包装”，是20世纪最为重要的包装革命。它是从20世纪70年代起，在欧美工业发达国家率先形成声势，继而向世界各国蔓延的。其发源于1987年联合国环境与发展委员会发表的《我们共同的未来》，1992年6月联合国环境与发展大会通过的《里约环境与发展宣言》《21世纪议程》，及1996年1月国际标准化组织正式向全球发布的ISO 14000系列绿色环保标准。

党的十八大提出了我国绿色发展战略，有力地促进了我国绿色包装业的发展。目前，我国绿色包装业发展格局已初步形成，但在与国际惯例接轨、包装材料研制、包装法规建设等方面还存在一定的差距。

绿色包装已成为当今包装工业、世界贸易不可逆转的潮流，许多发达国家相继出台了环境保护和绿色包装的法令法规及其具体的实施措施。

绿色包装分为A级和AA级。A级绿色包装是指废弃物能够循环复用、再生利用或降解腐化，含有毒物质在规定限量范围内的适度包装。AA级绿色包装是指废弃物能够循环复用、再生利用或降解腐化，且在产品整个生命周期中对人体及环境不造成公害，含有毒物质在规定限量范围内的适度包装。绿色包装分级主要是考虑包装使用后的废弃物处理问题。

三、绿色包装设计的原则

首先是使整个包装生产过程成为绿色系统，即每个生产要素、每个生产环节都应严格要求无污染，以此全面保证最终产品的绿色；其次是在生产过程中要节约能源，节省材料，充分利用再生资源；最后是遵循产品的4R1D原则。

四、绿色包装的主要手段

(一)从用材方面入手

1. 可降解塑料

目前，国际上流行的“可降解新型塑料”具有废弃后自行分解消失、不污染环境的优点。德国发明了一种由淀粉做的、遇到流质不溶化的包装杯，可以盛装奶制品，废弃后也容易分解，这项发明为德国节省了40亿只塑料瓶。美国研制出一种以淀粉和合成纤维为原料的塑料袋，它可在大自然中分解成水和二氧化碳。荷兰和意大利等国已立法规定某些塑料包装材料必须采用可降解塑料，有害环境的包装一律不得投放市场。

2. 纸包装

由于纸制品包装使用后可再次回收利用，少量废弃物在大自然环境中可以自然分解，对自然环境没有不利影响，故世界公认纸、纸板及纸制品是绿色产品，符合环境保护的要求，对治理由于塑料造成的白色污染能起到积极的替代作用。目前，国内外正在研究和开发的纸包装材料有：纸包装薄膜、一次性纸制品容器、利用自然资源开发的纸包装材料、可食性纸制品等。

目前，许多企业已考虑使用中型、重型的瓦楞纸箱或白色板箱来包装，并使用各种防潮保鲜纸张代替塑料薄膜来进行包装。美国已有一半以上的塑料包装改用新型纸张包装。我国的上海嘉宝包装公司引进先进设备研制成纸浆模型，这种产品采用天然植物纤维，如芦苇浆、蔗渣浆、木浆等原料，经科学配方，模压成型而制成。这种纸浆模型是替代泡沫餐具的最理想的产品。

3. 玻璃包装

如果不含有金属、陶瓷等其他物质，玻璃几乎可以全部回收利用。某一种颜色的玻璃中其他颜色玻璃碎片的含量有最大限值：①绿色玻璃中其他颜色玻璃的最大含量不超过15%。②白色玻璃中其他颜色玻璃的最大含量不超过3%，其中棕色玻璃的最大含量不超过2%，绿色玻璃的最大含量不超过1%。③棕色玻璃中其他颜色玻璃的最大含量不超过8%。为此，必须加强不同颜色玻璃的分类收集。在一些发达国家，白色玻璃和彩色玻璃分别用不同的容器收集。由于玻璃包装具有可视性强、易于回收复用的优点，已成为饮料等产品传统包装的主要容器。

4. 竹包装

竹包装包括竹胶板箱、丝捆竹板箱等，具有无毒、无污染、易回收等特点。中国是世界上木材缺乏的国家，但中国竹类资源面积和产量均居世界首位。中国具有浓郁传统文化气息的竹包装已受到部分欧美国家及日本的青睐。

(二)从可重复使用、再生、可食、可降解方面入手

重视包装的重复再用，如推行啤酒、饮料、酱油、醋等包装采用玻璃瓶，以反复使用。瑞典等国家用聚酯PET饮料瓶和PC奶瓶的重复再用达20次以上，荷兰Wellman公司与美国Holmson公司对PET容器进行100%的回收。例如，聚酯瓶在回收之后，可用物理或化学两种方法再生：物理方法是指直接彻底净化粉碎，无任何污染物残留，经处理后的塑料直接用于再生产包装容器；化学方法是指将回收的PET粉碎洗涤之后，用解聚

剂甲醇、乙二醇或二甘醇等在碱性催化剂作用下使 PET 全部解聚成单体或部分解聚成低聚物，纯化后再将单体或低聚物重新聚合成再生 PET 树脂包装材料。

1. 可食用包装

几十年来，人们熟知的糖果包装上使用的糯米纸及包装冰激凌的玉米烘烤包装杯都是典型的可食性包装。人工合成可食性包装膜中比较成熟的是 20 世纪 70 年代已工业化生产的普鲁兰树脂，它是无味、无臭、非结晶、无定形的白色粉末，是一种非离子性、非还原性的稳定多糖。由于它是由 α-葡萄糖苷构成的多聚葡萄糖，因而在水中容易溶解，可做黏性、中性、非离子性的不胶化水溶液。其 5%～10%的水溶液，经干燥或热压能制成厚度为 0.01mm 的薄膜。它透明、无色、无臭、无毒，具有韧性、高抗油性、能食用，可作食品包装。其光泽、强度、耐折性能都比高链淀粉制造的薄膜好。

我国武汉市的科研人员研制成一种新型的内包装材料——可食性包装膜。该产品是由苕干、土豆、碎米等原料经发酵转化成多糖，然后将多糖研成薄膜。该膜是由葡萄糖连接而成的高分子物质，具有可食性、可降解性、无色透明、隔氧性好等特点。作为食品包装膜，其直角撕裂强度、机械强度、透光性等均可达到塑料包装优等膜标准。该膜制成袋后，装色拉油不漏油，装奶粉可与奶粉共溶于水一起食用。

2. 可降解包装

可降解材料是指在特定时间特定环境下，其化学结构发生变化的一种塑料。可降解塑料包装材料既具有传统塑料的功能和特性，又可以在完成使用寿命之后，通过阳光中紫外线的作用或土壤和水中的微生物作用，在自然环境中分解和还原，最终以无毒形式重新进入生态环境中。可降解塑料主要分为合成光降解塑料、添加光敏剂的光降解塑料和生物降解塑料，以及多种降解塑料复合在一起的多功能降解塑料。也可按降解塑料的环境条件将其分为光降解塑料、生物降解塑料(完全生物降解塑料、部分生物降解塑料)、化学降解塑料(氧气降解塑料、水降解塑料)，以及上述三种降解塑料组成的复合降解材料。

五、我国积极发展绿色包装

(一)我国发展绿色包装的措施

出口商品的包装材料只有符合进口国的规定，才能被准许输入该进口国，否则进口国海关将不放行。许多国家以法规形式对进口商品的包装材料进行限制或进行强制性监督和管理。例如，美国规定进口商品包装不得用稻草，否则将被强行烧毁。为此，我国做了许多工作：一是避免使用含有毒性的材料。包装容器或标签上所使用的颜料、染料、油漆等采用不含重金属的原料，作为接合材料的黏剂，除应不含毒性或有毒成分外，还应在分离时易于分解。二是尽可能使用循环再生材料。如以废纸回收后制成的再生纸箱、模制纸浆、蜂浆纸板和纸管等。三是积极开发植物包装材料。植物基本上可以延续不息地重产繁殖，而且大量使用植物一般不会对环境、生态平衡和资源的维护造成危害，受到国际包装市场的青睐。四是选用单一包装材料。这样不必使用特殊工具即可将材料解体，还可以节省回收与分离时间，避免使用黏合方法而导致回收、分离的困难。五是商品包装设计方面突出环保内涵，防止过度包装。过度包装、夸张包装不仅是对消费者的误导，而且浪费资源。包装废弃物对环境造成污染，不利于可持续发展。目前，世界上已有许多国家对过度包装制定了限制性的法规。美国、加拿大、德国规定：包装内有过多的空位包装与内容物的高度差异太大，非技术上所需，无故夸大包装者等均属欺骗性包装。在韩国，过度包装属违法行为。此外，设计者必须调查国际市场对环保包装的具体要求，如出口国有关环保包装的法规、消费者环保消费观念的深度，绿色组织活动、环保包装发展趋势等，以便在设计包装时充分考虑这些因素。另外，在包装设计中还应考虑突出环保营销的标志，这种标志不同于环境标志，可由制造商、供应商或批发商自行设计，用以表示某种商品有特定的环境品质以取得消费者的好感，达到扩大营销的目的。

(二)绿色包装的发展趋势

1. 向生态包装或可持续包装发展

为应对全球资源日益枯竭、环境不断恶化、气候变暖、食品安全，以及电子商务发展带来的大量包装废弃物等问题，绿色包装发展的总趋势是生态包装或可持续包装，其主要特点，如包装材料生态化、非石油基化，食品包装材料成分无毒，降低能耗，低碳排放，深化“4R1D”，能适应电子商务发展要求。

2. 研发绿色包装材料

为了适应时代对绿色包装的新要求，要研发新型绿色包装材料，即生态化、易降解的天然高分子塑料，应用高分子设计方法化学合成的能自行降解的生物降解塑料，无毒、环保的塑料添加剂和包装印刷油墨，薄壁化、轻量化的纸、塑料、金属和玻璃包装材料及复合多元化的纸质食品包装材料。

3. 加快建立完整的回收再利用系统

一是采用系统化包装方式，形成由生产商、供应商、零售商、消费者联手建立的回收利用系统。二是包装要大力采用利于回收再利用的材料，以推动回收再利用系统的建设。

4. 云计算在包装物流上的应用

将云计算应用在包装物流上，可推动我国物流信息化和物流与包装的绿色化。利用云计算对包装物流实施操作时，应实现各大型物流企业的信息互融互通与资源共享，搭建起一个云计算绿色物流信息平台，各物流企业可以通过该信息平台取用所需的绿色物流信息，如对包装废弃物实现回收再循环，提高包装材料回收利用率，降低资源消耗和减少环境污染。

典型案例

案例1 香奈尔5号香水——香水瓶成为艺术品

1921年5月，当香水大师恩尼斯·鲍将他发明的多款香水呈现在香奈尔夫人面前让她选择时，香奈尔夫人毫不犹豫地选出了第五款，即现在誉满全球的香奈尔5号香水。然而，除了那独特的香味以外，真正让香奈尔5号香水成为“香水贵族中的贵族”却是那个看起来不像香水瓶，反而像药瓶的创意包装。

服装设计师出身的香奈尔夫人，在设计香奈尔5号香水瓶型上别出心裁。“我的美学观点跟别人不同：别人唯恐不足地往上加，而我一项项地减除。”这一设计理念，让香奈尔5号香水瓶简单的包装设计在众多繁复华美的香水瓶中脱颖而出，成为最怪异、最另类，也是最为成功的一款造型。香奈尔5号以其宝石切割般的瓶盖、透明水晶的方形瓶身、简单明了的线条，成为一股新的美学观念，并迅速俘获了消费者。从此，香奈尔5号香水在全世界畅销近百年，至今仍然长盛不衰。

1959年，香奈尔5号香水瓶以其所表现出来的独有的现代美荣获"当代杰出艺术品"称号，跻身纽约现代艺术博物馆的展品行列。香奈尔5号香水瓶成为名副其实的艺术品。对此，中国工业设计协会副秘书长宋慰祖表示，香水作为一种奢侈品，最能体现其价值和品位的就是包装。"香水的包装本身不但是艺术品，也是其最大的价值所在。包装的成本甚至可以占到整件商品价值的80%。香奈尔5号的成功，依靠的就是它独特的、颠覆性的创意包装。"

案例分析：

1. 包装设计的关键是什么？包装的功能主要有哪些？
2. 你从本案例中得到哪些启发？

案例2 巧克力包装——需求决定包装形式

提起巧克力，人们不但会想到它的香醇和独特的口感，而且会想到浪漫与爱情。如今，巧克力已经同玫瑰花一样，成了爱情的代名词。巧克力的这种特性，在它的包装上得到了很好的体现。

商品的质量、价格、包装是商品在市场竞争中成功的三个主要因素。由于巧克力独特的寓意，使得巧克力的包装大多都设计成精美的礼盒型，不但能给人以强烈的视觉感受，还有效地表达了巧克力的商品属性特征。巧克力作为一种商品，已经有了独特的商品属性。"巧克力寓意着爱情，所以我们在巧克力的包装上经常会看到玫瑰等爱情的元素。这是由巧克力自身的商品属性所决定的。"

除了有爱情属性以外，巧克力作为一种大众休闲食品，还有典型的食品属性。因此，巧克力除了精美的礼盒型以外，还有着典型的食品包装特点。整体色调大多以暖色为主，在外观图形以及文字设计上都突出巧克力所独有的口感。

礼盒型的创意包装针对的是以巧克力作为媒介、传达情感的特定消费者，而传统的食品包装面向的则是将巧克力作为食品的广大消费者。特定的消费者决定了特定的包装。

案例分析：

1. 商品包装在市场竞争中的作用是什么？
2. 我们在设计商品包装形式时应考虑哪些因素？

>>> 综合能力训练

一、名词解释

商品包装　运输包装　销售包装　运输包装标志　包装储运图示标志　商标

二、多选题

1. 商品包装的作用有(　　)。

A. 保护商品　B. 促进销售　C. 方便流通　D. 增加效益

2. 下列包装属销售包装的有(　　)。
   A. 透明包装　B. 惯用包装　C. 喷雾包装　D. 桶型包装
3. 下列材料可作为包装材料的有(　　)。
   A. 纸　B. 陶瓷　C. 塑料　D. 玻璃
4. 下列材料可制成复合包装材料的有(　　)。
   A. 塑料与纸　B. 纤维织物与铝箔
   C. 纸与金属箔　D. 铝箔与塑料
5. 缓冲包装适宜包装的商品有(　　)。
   A. 家电　B. 精密仪器　C. 纺织品　D. 生鲜食品
6. 下列属销售包装技法的有(　　)。
   A. 泡罩包装技法　B. 收缩包装技法
   C. 充气包装技法　D. 防霉包装技法
7. 运输包装标志有(　　)。
   A. 收发货标志　B. 指示标志　C. 危险品标志　D. 性能指示标志

三、简答题

1. 什么是商品包装？商品包装有哪些作用？
2. 什么是运输包装？什么是销售包装？各有哪些种类？
3. 运输包装、销售包装各有哪些包装技法？
4. 运输包装标志有哪些？
5. 销售包装标志有哪些？
6. 什么是商标？商标是怎样分类的？
7. 商标有哪些作用？

>>> 实践训练

要求学生收集一些销售包装和运输包装，仔细观察后，请学生完成以下实训项目。

1. 指出包装的标志。
2. 说明其所采用的包装材料、包装技法及其优缺点。
3. 分析包装上的商标并说明其种类。

第七章
商品储运与养护

学习目标

1. 了解商品储运期间质量变化的现象及其影响因素；
2. 掌握储运商品的基本养护方法；
3. 掌握常见商品的储藏保管条件及储运商品的质量管理。

商品储运是商品流通不可缺少的重要环节。在储运过程中，由于各种因素的影响，商品会发生各种质量变化甚至丧失使用价值，因此，必须进行保养与维护。随着现代物流技术的发展，商品养护工作的现状、养护的技术手段都在发生变化。

第一节　商品储运

一、商品储运概述

(一)商品储运的概念

商品储运是商品储存和商品运输的总称。商品储存是指商品在流通的各环节中，为实现销售目的所出现的暂时停留和存放。商品运输是指运用适当的工具使商品产生位置移动。商品运输是短时储存，即将运输工具作为暂时的储存场所。商品储存和商品运输是商品流通中的两个重要环节，是商品收购和商品销售的根本保证。

(二)商品储运的意义

商品储存的目的是克服产品生产与消费在时间上的差异，使商品产生时间效果，实现其使用价值。比如，大米一年收获1～2季，必须用仓库进行储存以保证平时的均衡需求。又如，水果、水产品等在收获季节需要冷藏库进行保管，以保证市场的正常需要并防止价格大幅起落。

做好商品储运，可保证商品流通不致中断和社会再生产的持续进行。商品从生产到消费，在时间和空间上存在着较大的距离和间隔。有些商品是集中生产，分散消费；有些商品是常年均衡生产，而消费则比较集中；还有些商品是只在某一地区生产，全国消费，尤其是农副产品多数为季节性生产，常年供应。因此，大部分商品均要经过或长或短时间的储存和运输。做好商品储运工作是保证商品流通正常进行、社会再生产得以持续的根本保证。另外，为了应对不可预见的自然灾害和战争，也需要储存一定量的必备商品。

(三)商品运输方式及商品储存设施

1. 商品运输方式及其特点

常见的商品运输方式有铁路运输、公路运输、水路运输、航空运输、管道运输等，它们之间大多可以互相替代。

(1)铁路运输。铁路运输具有受天气影响小，中长途货运费用较低，运输能力和安全系数较大，网络覆盖面较广等优点。但与公路运输相比，铁路运输缺乏灵活性和机动性，不适合短距离运输和紧急运输，商品滞留时间长且装卸地点不能随意变更。铁路运输可分为集装箱运输和车皮运输两种方式。前者具有加快运输周转速度，防止商品在运转中受损，提高装载效率，降低运输成本和节省包装费用等优点。后者是租用适合商品形状、数量等特点的车皮来运输商品，适合输送大宗商品，但运输效率较低，且需要配备专用的搬运和装卸装置。

(2)公路运输。公路运输主要以卡车为运输工具，包括专用运输车辆，如集装箱、散箱、冷藏、危险品等运输车辆。这些车辆有大型和中小型之分，前者适合长距离的大宗商品运输，后者适合短距离的商品配送。由于公路车辆购置成本低，因此，公路运输可以采用自行运输和委托运输两种方式。公路运输的优点有：不受路线和车站的约束，较灵活、机动；可直接把商品从发货处送到收货处；集散速度较快，适合市内配送；近距离运输费用低；可以简化包装。其缺点有：不适合大批量的长途运输；运输能力较小；运输质量和安全性较低。

(3)水路运输。水路运输是一种较为经济的水上运输方式，它依托海洋、河流和湖泊，成本低廉。水路运输主要有远洋、近洋、沿海、内河和湖泊运输等几种形式。它以船舶为运输工具，包括专用船(如矿石专用船、木材专用船、油轮等)、集装箱船、冷藏船、混装船等。其优点主要有：长距离运输费用低廉；特别适合超大型、超重物和大批量的商品运输。其缺点有：受天气、航道等自然条件限制，使用范围相对较窄；运输速度慢、航行周期长、运输时间难以保证；港口设施要求高(如集装箱运输需要配备专用集装箱码头)；搬运成本高。

(4)航空运输。航空运输主要有客运飞机、客货混载机和专用货物运输机三种运输工具。其中，专用货物运输机具有良好的应用前景，尤其是其单元化的装载系统，有效地缩短了商品装卸时间。航空运输的最大优点是速度快，适合高附加值、高时效性的小批量商品，如鲜活、生鲜食品的运输。此外，航空运输具有安全系数大、商品损坏少、不受地理条件的限制等优点。航空运输的缺点有：费用高；质量(重量)受限制；物流中心或仓库不能离机场太远。

(5)管道运输。管道运输有地面、地下和架空安装三种方式。管道运输主要适合自来水、石油、煤气、煤浆、成品油、天然气等液态、气态商品的运输。近年来，随着技术的发展，管道运输已发展到粉状商品(如矿石粉)的短距离输送。管道运输的优点有：不占用或较少占用地面位置；维修成本低；运输效率和设备运转效率高；安全系数大。其缺点有：对管道运输技术水平有较高的要求；不适合固态商品的运输。

2. 商品的储存设施

商品储存是通过仓库实现的。仓库是商品储存的场所。由供应链上游组织来的商品在此汇集，然后直接或作一段时间的停留后流向下游组织。在集散期间，商品的检验、分类、重包装、分拣、配货等业务活动也可在此进行。

仓库有多种类型：按使用目的，可分为以流通为主型仓库、以存储为主型仓库；按使用性能，可分为营业型仓库、自用型仓库；按存储功能，可分为普通仓库、露天仓库、简易仓库、冷藏仓库、恒温仓库、危险品仓库等；按地理位置，可分为港口仓库、车站仓库、机场仓库、市区仓库、郊区仓库等；按建筑物形态，可分为平房仓库、多层仓库、地下仓库、水上仓库、立体仓库等。

不同类型的仓库有不同的特点和要求，具有不同的使用方向和使用效率。在实践中应根据具体要求灵活选择。比如，冷藏仓库需要配置具有冷却(一般在10℃以下)功能和隔热功能的设备，常用于冷藏食品(如肉联厂加工的肉食和水果、蔬菜、鲜奶等)的储存。

近年来，随着自动化技术的发展，立体仓库得到广泛应用。立体仓库是由高层货架、巷道式堆垛起重机(有轨堆垛机)、出入库输送机系统、自动化控制系统、计算机仓库管理系统及其周边设备组成的，可对集装单元货物实现自动化储存和计算机管理的仓库，见图 7-1。它广泛应用于大型生产企业的采购件与成品件仓库、柔性制造系统(Flexible Manufacturing System，FMS)，以及流通领域的大型流通中心、配送中心。

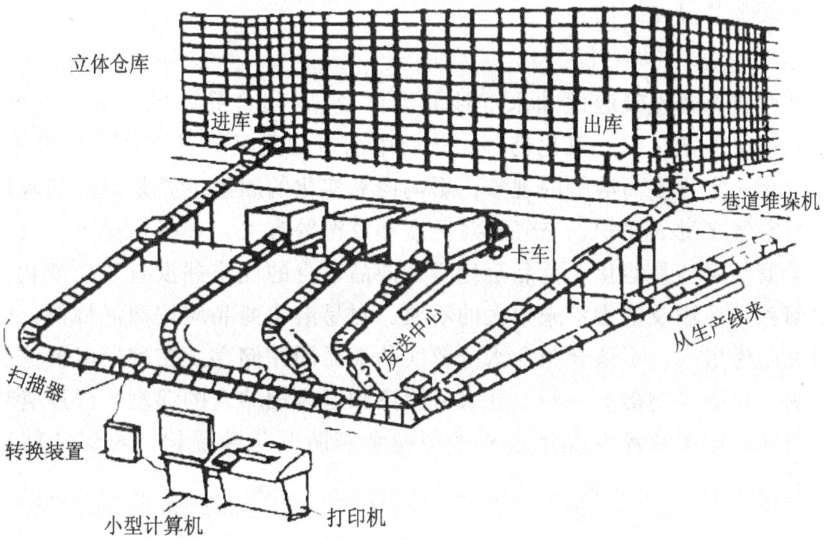

图 7-1　立体仓库自动装料控制设备系统

仓库设施是实现商品储存功能的必要条件。根据不同的需要，仓库设施有多种形式，其中以货架最为重要。货架是由立柱片、横梁和斜撑等构件组成，用于存放货物的结构件。根据货架使用范围的不同，货架及其货架系列大致可分为轻型货架系统、超市货架系统、图书货架系统、工业货架系统、托盘货架系统、重力货架系统、移动货架系统、贯通货架系统、阁楼式货架、滑动式货架、悬臂货架等类型。随着物流现代化进程的加快，仓库设施正日益追求与智能叉车等现代化搬运工具相配合，共同朝着自动化、标准化和现代化方向发展。

二、商品储运期间的质量变化

(一)商品的物理机械变化

物理变化是指改变物质的外表形态，不改变其本质，没有新物质的生成，并且有可能反复进行的质量变化现象。商品的机械变化是指商品在外力作用下发生的形态变化。物理机械变化的结果不是数量损失，就是质量降低，甚至失去使用价值。商品常发生的物理机械变化有挥发、溶化、熔化、渗漏、串味、沉淀、玷污、破碎与变形、干缩裂等。

1. 挥发

挥发是低沸点的液体商品或经液化的气体商品或某些固体商品，在空气中经气化而散发到空气中的现象。挥发速度与气温的高低、空气流动速度的快慢、物体表面接触空气面积的大小成正比关系。液体商品的挥发不仅会降低商品的有效成分，增加商品损耗，降低商品质量，有些燃点很低的商品还可能引起燃烧或爆炸；有些商品挥发的蒸气有害或具有麻醉性，容易造成大气污染，对人体有害；有些商品受到气温升高的影响体积膨胀，使包装内部压力增大，可能发生爆破。常见易挥发的商品有：酒精、白酒、香精、花露水、樟脑、碘片、化学试剂中的各种溶剂、医学中的一些试剂、部分化肥农药、杀虫剂、汽油、煤油、乙醚、氨水、液化气体、油漆等。因此，这类商品应加强包装的密封性，控制库房温度，并置于较低的温度下储存。

2. 溶化

溶化是某些具有较强吸湿性和水溶性的固体商品(如食品中的食盐、食糖、糖果等；化工商品中的明矾、氯化镁、氯化钙等；化肥中的氮肥及某些医药中的制剂等)吸收潮湿空气中的水分至一定程度而溶解的现象。影响商品溶化的因素主要是商品的吸湿性和水溶性，还与其与空气接触表面积、空气相对湿度和气温等有关。一般情况下，气温和相对湿度越高，这类商品越容易溶化。商品溶化后，商品本身的性质并没有发生变化，但由于形态改变，给储存、运输及销售带来很大的不便。对易溶化商品应按商品性能，分区分类存放在干燥阴凉的库房内，不适合与含水分较大的商品同库储存。在堆码时要注意底层商品的防潮和隔潮，垛底要垫得高一些，并采取吸潮和通风相结合的温度、湿度管理方法来防止商品吸湿溶化。这类商品在储运过程中应避免其防潮包装受损，要保持储运环境的干燥、凉爽。

3. 熔化

熔化是指某些熔点较低的商品在温度较高时，发软变形甚至熔为液体的现象。熔化与商品本身的熔点、商品中杂质种类和含量高低密切相关，还受气温高低的影响。熔点越低，越易熔化；杂质含量越高，越易熔化。常见易熔化的商品有油膏类、胶囊、香脂、发蜡、松香、糖衣片、药膏、蜡烛、复写纸、蜡纸、打字纸等。

商品熔化，有的会造成商品流失、粘连包装、玷污其他商品；有的因产生熔解而体积膨胀，使包装爆破；有的因商品软化而使货垛倒塌。预防商品的熔化，应根据商品的熔点高低，选择适宜的运输工具和储存环境，使商品储存在温度较低、无阳光直射和密封的环境中。

4. 渗漏

渗漏主要是指液体商品发生跑、冒、滴、漏的现象。商品渗漏主要是由于包装材料不合格、包装容器密封不严、储运温度变化所致。例如，金属包装焊接不严，受潮锈蚀；有些包装耐腐蚀性差；有的液体商品因气温升高，体积膨胀而使包装内部压力增大，胀破包装容器；有的液体商品在降温或严寒季节结冰，也会因体积膨胀引起包装破裂，造成商品损失。因此，对液体商品应加强入库验收和在库检查，以及温度、湿度的控制和管理。

5. 串味

串味是指吸附性较强的商品在吸附其他物品的特异气味后，从而改变本来气味的现象。具有吸附性易串味的商品，主要是由于它的成分中含有胶体物质，以及具有疏松、多孔性的组织结构。商品串味，与其表面状况，与异味物质接触面积的大小、接触时间的长短，以及环境中异味的浓度有关。

易串味的商品有大米、面粉、木耳、食糖、饼干、茶等。易引起其他商品串味的商品有汽油、煤油、油漆、咸鱼、腊肉、樟脑、肥皂、化妆品以及农药等。预防商品串味，应对易被串味的商品尽量采取密封包装，在储存运输中不得与有强烈气味的商品同车船并运或同库储存，同时还要注意运输工具和仓储环境的清洁卫生。

6. 沉淀

沉淀是指含有胶质和易挥发成分的商品，在低温或高温条件下，部分物质凝固，进而发生下沉或膏体分离的现象。常见易沉淀的商品有墨汁、墨水、牙膏、雪花膏、蜂蜜等。预防商品沉淀，应根据不同商品的特点，防止阳光照射，做好商品冬季保温和夏季降温工作。

7. 玷污

玷污是指商品外表沾有其他脏物、染有其他污秽的现象。商品玷污主要是因生产、储运中卫生条件差及包装不严所致。对一些外观质量要求较高的商品，如绸缎呢绒、针织品、服装等要注意预防玷污，精密仪器、仪表类也要特别注意。

8. 破碎与变形

破碎与变形是指商品在外力作用下所发生的形态上的改变。脆性较大或易变形的商品，如玻璃、陶瓷、搪瓷、铝制品等在搬运过程中因包装不适合，受到碰、撞、挤、压和抛掷而易破碎、掉瓷、变形等；塑性较大的商品，如皮革、塑料、橡胶等制品由于受到强烈的外力撞击或长期重压，易丧失回弹性能，从而发生形态改变。对易发生破碎与变形的商品，要注意妥善包装，轻拿轻放。堆垛高度不能超过一定的压力限度。

9. 干缩裂

干缩裂是指某些商品(如糕点、卷烟、乐器、木制家具、皮革制品、鞋油、肥皂等)失去所含正常水分发生的收缩、脆裂现象。许多商品都有安全水分要求。比如，通常情况下，棉制品的安全水分为9%～10%，皮革制品为14%～18%。因此，为防止商品干缩裂造成的质量和数量损失，对这类商品需要储存在避免日晒、风吹的场所，并且应控制储存环境的相对湿度，以使其含水量保持在合理的范围内。

(二)商品的化学变化

商品的化学变化是指不仅改变物质的外表形态，还改变物质的本质，并生成新物质的变化现象。商品发生化学变化，严重时会使商品完全丧失使用价值。常见的化学变化有分解、水解、氧化、锈蚀、风化、曝光、聚合、老化等。

1. 分解、水解

分解是指某些化学性质不稳定的商品，在光、热、酸、碱及潮湿空气的影响下，会由一种物质分解成两种或两种以上的物质。分解不仅使商品的质量变劣，而且还会使其完全失效，有时产生的新物质还会有危害性。比如，漂白粉在温度高、水分大、见光、不密闭的条件下就会分解出氧气，生成次氯酸，降低漂白能力。

水解是指某些商品在一定条件下(如酸性或碱性条件)与水作用而发生的水解反应的现象。如棉纤维在酸性溶液中，特别是在强酸溶液中，易于水解，使纤维的大分子链断裂，分子量降低，从而大大降低了纤维的强度。

2. 氧化

氧化是指商品与空气中的氧或其他放出氧的物质接触，发生与氧结合的化学变化。商品储存的周围空气中，通常会有1/5的氧存在。商品氧化，不仅会降低商品的质量，有的还会在氧化过程中产生热量，发生自燃；有的甚至会引发爆炸事故。比如，棉、麻、丝等织物，若长期接触日光，织物中的天然纤维素会被氧化，从而使织物变色、变脆、强度降低；油脂会加速酸败；酒类会变混浊；某些化工原料中的亚硝酸钠、亚硫酸钠等都易氧化。此外，桐油布、油纸、油布伞等桐油制品，若尚未干透就打包储存，就易发生自燃。因此，对这类商品在储运中应选择低温避光条件，避免与氧接触，同时，还要注意通风散热。如有条件，可在商品或包装内放入脱氧剂。

3. 锈蚀

锈蚀是金属制品的特有现象，即金属制品在潮湿空气及酸、碱、盐等作用下被腐蚀的现象。由于金属制品所处的环境不同，所引起的化学反应也不同，主要有化学锈蚀和电化学锈蚀两种。金属制品的锈蚀，不仅会影响制品外观的质量，还会使商品的机械强度下降，甚至成为废品。

(1)化学锈蚀。化学锈蚀是指金属制品在干燥的环境中或无电解质存在的条件下，遇到空气中的氧而引起的氧化反应。化学锈蚀的结果是在其表面形成一层薄薄的氧化膜，使金属表面变暗，失去光泽，有的金属形成的氧化膜对金属还能起到保护作用，使锈蚀降低或停止。

(2)电化学锈蚀。电化学锈蚀是指金属制品在潮湿的环境中，水蒸气在金属表面形成水膜，水膜与空气中的二氧化碳、二氧化硫等形成电解液，从而引起电化学反应，反应中金属以离子形式不断进入电解液而被溶解。电化学锈蚀的结果是使金属制品表面出现凹陷、斑点等现象。锈蚀严重的，使商品内部结构松弛，机械强度降低，甚至失去使用价值。电化学锈蚀速度比化学锈蚀快。它是造成金属商品锈蚀的主要原因。

影响金属锈蚀的因素主要包括内因(商品性质、纯度、结构、锈蚀产物的性质)和外因(空气湿度、温度、有害气体及灰尘)。

4. 风化

风化是指某些含有结晶水的商品，在一定温度和干燥空气中，会失去结晶水而使晶体崩解，变成非结晶状态的无水物质。比如，玻璃风化后会降低透明度。

5. 曝光

曝光是指某些商品见光后，会引起变质或变色的现象。比如，照相胶片和感光纸未使用时见光，发生光化反应，使胶片成为废品；石炭酸原为白色晶体，见光后会变成红色或淡红色。

6. 聚合

聚合是指某些商品组成中的化学键在外界条件影响下发生聚合反应，成为聚合体而变性的现象。比如，福尔马林变性，桐油表面结块都是聚合反应的结果。

7. 老化

老化是指高分子材料(如橡胶、塑料、合成纤维等)在储运过程中，受到光、热、氧等的作用，出现发黏、龟裂、变脆、强力下降、失去原有优良性能的变质现象。易老化是高分子材料存在的一个严重缺陷。老化的原因主要是高分子物在光、热等因素的作用下，引起大分子链断裂、高聚物分子量下降或者引起分子链相互连接，形成网状或梯形结构。前者称为降解反应，使高分子材料变软、发黏、机械强度降低；后者称为交联反应，使高分子材料变硬、发脆、丧失弹性。因此，在储运这些商品时，要注意防止日光照射和高温，尤其是暴晒，同时堆码时不能过高，以免低层商品受压变形。

(三)商品的生理生化变化

生理生化变化是指有生命活动的有机体商品，在生长发育过程中，为了维持它的生命，本身所进行的一系列变化。比如，粮食、水果、蔬菜、鲜蛋等商品的呼吸、发芽、胚胎发育和后熟等。生物引起的变化是指由微生物、仓库害虫以及鼠类等生物所造成的商品质量的变化。比如，工业品商品和食品商品的霉变、腐败、虫蛀和鼠咬等。

1. 呼吸作用

呼吸作用是指有机体商品在生命活动过程中，由于氧和酶的作用，体内有机物质被分解，并产生热量的生物氧化过程。呼吸作用可分有氧呼吸和缺氧呼吸两种类型。有氧呼吸是指鲜活食品在储运中，为了维持生命需要，在体内氧和酶的作用下，其体内葡萄糖和其他有机物与吸入的氧发生氧化反应，释放出二氧化碳、水，并放出大量热量的氧化过程。缺氧呼吸是指有机体商品中葡萄糖在无氧或缺氧情况下，利用分子内的氧，在酶的作用下分解成酒精、二氧化碳，并放出大量热量的氧化过程。

不论是有氧呼吸还是缺氧呼吸，都要消耗营养物质，降低食品的质量。有氧呼吸伴有热的产生和积累，往往使食品腐败变质。同时，有机体分解出来的水分，又有利于有害微生物生长繁殖，使商品的霉变加速。缺氧呼吸则会使酒精积累，引起有机体细胞中毒，造成生理病害，缩短储存时间。对于一些鲜活商品，缺氧呼吸往往比有氧呼吸消耗更多的营养物质。

保持正常的呼吸作用，有机体商品本身会具有一定的抗病性和耐储性。因此，鲜活商品的储藏应保证它们正常而最低的呼吸，利用它们的生命活性，减少损耗、延长储藏时间。

鲜活食品的呼吸强度与其种类、品种、成熟度、不同器官和组织以及不同的发育时期等生物学特性有关。比如，蔬菜的呼吸强度以叶菜最高，果菜次之，块根菜和块茎菜最低；果实呼吸强度以浆果最大，仁果次之，核果再次之，柑橘类较小。影响鲜活食品呼吸强度的外界因素主要有温度和空气中的气体。一般而言，环境温度升高呼吸强度也随之加强，当环境温度低于0℃时，因酶的活性受到抑制，呼吸强度急剧下降。鲜活食品进行呼吸作用的最适温度为25～35℃，因此，降低环境温度是储存鲜活食品的重要措施。空气中的氧含量降低和二氧化碳含量升高，也会产生明显抑制呼吸的作用。

2. 发芽和抽薹

发芽和抽薹是指有机体商品(如马铃薯、葱头、大蒜等)在适宜条件下，冲破“休眠”状态而发生的萌发现象。发芽和抽薹的结果会使有机体商品的营养物质转化为可溶性物质，供给有机体本身的需要，从而降低有机体商品的质量。在发芽和抽薹的过程中，通常伴有发热、发霉等情况，这不仅增加损耗，而且降低质量。因此，对这类商品必须控制它们的水分，并加强温、湿度管理，防止发芽现象的发生。

3. 胚胎发育

胚胎发育主要指鲜蛋的胚胎发育。在鲜蛋的保管过程中，当温度和供氧条件适宜时，胚胎会发育成血丝蛋、血环蛋。经过胚胎发育的禽蛋，其新鲜度和食用价值大大降低。为抑制鲜蛋的胚胎发育，应加强温、湿度管理，最好是低温储藏或节制供氧。

4. 后熟作用

后熟是指瓜果、蔬菜等类食品脱离母株后继续成熟过程的现象。瓜果、蔬菜等的后熟作用，能改变色、香、味以及硬脆度等食用性能。例如，香蕉、柿子等，只有达到后熟时，才具有良好的食用价值，但这对储运保管不利。当后熟作用完成后，则容易发生腐烂变质，难以继续储藏，甚至失去食用价值。因此，对这类食品，应在其成熟之前采收并采取控制储藏条件的办法，来调节其后熟过程，以达到延长储藏期、均衡上市的目的。

促进食品后熟的因素主要是高温、氧气和某些刺激性气体的成分，如乙烯、酒精等。比如，苹果组织中产生的乙烯，虽然数量极微，却能大大加快苹果的后熟和衰老的进程，因此在储运苹果时，为延长或推迟后熟和衰老的过程，除采用适宜的低温和适量的通风条件外，还可采取放置活性炭、焦炭分子筛等吸收剂，排除苹果库房中的乙烯成分。有时为了及早上市，对某些菜果如番茄、香蕉、柿子、猕猴桃等，可利用人工催熟的方法加速其后熟过程，以适应市场消费的需要。

5. 霉变

霉变是商品在霉菌微生物作用下所发生的变质现象。霉菌是一种低等植物，无叶绿素，菌体为丝状，主要靠孢子进行无性繁殖。商品在生产、储运过程中，它们落在商品表面，一旦外界温度、湿度适合其生长，商品上又有它们生长所需要的营养物质时，就会生长菌丝。其中一部分附在商品表面或深入商品内部，其有吸取营养物质、排泄代谢产物的功能，成为营养菌丝；另一部分菌丝竖立于商品表面，在顶端形成子实体或产生孢子，成为全生菌丝。菌丝集合体的形成过程，就是商品出现“长毛”或产生霉味的变质过程。

商品霉变的实质是霉菌在商品上吸取营养物质与排泄废物的结果。在气温高、湿度大的季节，如果仓库的温、湿度控制不好，储存的针棉织品、皮革制品、鞋帽、纸张、香烟、中药材、粮食及其制品等许多商品就会生霉“长毛”，对商品的危害性很大。霉菌有三万多种，对商品危害性较大的霉菌除有毛霉菌外，还有根霉菌、曲霉菌(特别是黄曲霉菌)、青霉菌等。受霉菌污染的商品会出现变色、有霉味、有毒、变糟、发脆或强度降低等现象。

霉菌在商品体上生长、繁殖，除商品上有它们需要的营养物质外，还与水分、温度、日照、酸碱度有关。多数霉菌是喜湿性的，最适生长温度为20～30℃，属好氧性微生物，适宜在酸性环境中生长。光对霉菌的影响也很大，霉菌在日光下暴晒数小时，大多会死亡。

6. 腐败

腐败是指富含蛋白质的商品(如动物性食品和豆制品等)在腐败细菌的作用下分解变质的现象。腐败使这类商品产生酸味、臭味、毒素、变色、发黏等。

7. 发酵

发酵是指储存的商品受野生酵母菌、细菌等微生物的作用，发生糖类、蛋白质等成分分解变质现象。商品一旦发生发酵现象，不仅会破坏商品的有益成分，失去原有风味，还会产生不良气味，危害人体健康。常见的发酵有酒精发酵、醋酸发酵、乳酸发酵、酪酸发酵等。防止食品在储运中发酵的方法：注意卫生、密封及控制温度。

8. 虫蛀、鼠咬

商品在储存期间，常常会遭到仓库害虫的蛀蚀和老鼠的啃咬，使商品体及包装受到损失。经常危害商品的仓库害虫有40多种，主要有甲虫类、蛾类、蟑螂类、螨类等。仓库害虫与其他动物不同，一般有较强的适应性，在恶劣环境下仍能生存，并且食性杂，繁殖性强，繁殖期长，对温度、光线、化学药剂等外界环境的刺激有一定的趋向性。仓库害虫的这些习性，对商品储存造成了极大的危害。鼠类属于啮齿动物，它们繁殖能力强，一年可繁殖5～6次，每次产8～9只，一般寿命为1～3年。鼠类食性杂且具有咬啮特性，记忆力强，视觉、嗅觉、听觉都很灵敏，一般在夜间活动。

仓库害虫在危害商品的过程中，不仅破坏商品的组织结构，使商品发生破碎和洞孔，还排泄各种代谢废物污染商品，影响商品的质量和外观，降低商品的使用价值，有的商品甚至因此完全丧失了使用价值。

三、影响商品质量变化的外界因素

(一)空气

1. 氧气

储运商品发生化学或生化变化，绝大多数与空气中的氧有关。空气中含有21%左右的氧气。氧非常活泼，能与许多商品发生作用，对商品质量变化影响很大。比如，氧可以加速金属商品锈蚀；氧是好氧性微生物活动的必备条件，易使有机体商品发生霉腐；氧是害虫赖以生存的基础，是仓库害虫发育的必要条件；氧是助燃剂，不利于危险品的安全储存；在油脂的酸败、鲜活商品的分解与变质中，氧都是积极参与者。因此，对于受氧气影响比较大的商品，要采取各种方法(如浸泡、密封、充氮等)隔绝氧气。

2. 其他有害气体

大气中的有害气体，主要来自煤、石油、天然气、煤气等燃料放出的烟尘和工业生产过程中的粉尘、废气。对空气产生污染的主要是二氧化碳、二氧化硫、硫化氢、氯化氢和氮氧化物等气体。

(1)二氧化碳。二氧化碳主要来源于有机物的燃烧、分解，生物的呼吸。二氧化碳含量增加引起全球温室效应，会加速金属制品的锈蚀及玻璃的风化。

(2)二氧化硫。商品储存在有二氧化硫气体的空气中，其质量会有明显变化。例如，二氧化硫气体溶于水能生成亚硫酸，当它遇到含水量较大的商品时，能强烈地腐蚀商品中的有机物。在金属电化学腐蚀中，二氧化硫是构成腐蚀的重要介质之一，因此，金属商品必须远离二氧化硫发源地。二氧化硫的增加会形成酸雨，危害动植物。

(二)日光

日光具有一定的能量，可以蒸发商品中的水分。日光中含紫外线、红外线等，对商品起着正反两方面的作用。一方面，日光能够加速受潮商品的水分蒸发，杀死、杀伤微生物和害虫，在一定程度上有利于商品的保护；另一方面，某些商品在日光的直接照射下，又会发生质量变化，如日光能使酒类混浊、油脂加速酸败、橡胶塑料制品迅速老化、纸张发黄变脆、色布褪色、药品变质、照相胶卷感光等。因此，要根据各种不同商品的特性，注意避免或减少日光的照射。

(三)微生物

微生物在生命活动过程中会分泌各种酶，利用它把商品中的蛋白质、糖类、脂肪、有机酸等物质分解为简单的物质加以吸收利用，从而使商品受到破坏、变质，丧失其使用价值。同时，微生物异化作用中，在细胞内分解氧化营养物质，产生各种腐败性物质排出体外，能使商品产生腐臭味和色斑霉点，影响商品的外观，加速高分子商品的老化。

常见的危害商品的微生物主要是一些腐败性细菌、酵母菌和霉菌。其中，霉菌是引起绝大部分日用工业品、纺织品和食品霉变的主要根源，对纤维素、淀粉、蛋白质、脂肪等物质，具有较强的分解能力。

微生物的活动需要一定的温度和湿度。没有水分，它是无法生活下去的；没有适宜的温度，它也不能生长繁殖。掌握这些规律，就可以根据商品的含水量，采取不同的温度、湿度调节措施，防止微生物生长，以利于商品的储存。

(四)仓库害虫

在仓库里，仓库害虫不仅蛀蚀动植物商品和包装，有些仓库害虫还能危害塑料、化纤等化工合成商品。此外，白蚁还会蛀蚀仓库建筑物和纤维质商品。仓库害虫在危害商品的过程中，不仅破坏商品的组织结构，使商品发生破碎和孔洞，外观形态受损，还在生活过程中，吐丝结茧，排泄各种代谢废物玷污商品，影响商品的质量和外观。

商品如受仓库害虫危害，一般损失都相当严重。仓库害虫能适应恶劣环境，大多能耐热、耐寒、耐饥，并具有一定的抗药性；繁殖力强，繁殖期长，产卵量多，有的一年可繁殖几代；食性广而杂，具有杂食性。因此，一经发生虫害，就会造成极严重的后果。

(五)空气温度

空气温度是指空气的冷热程度，简称气温。气温在影响商品质量变化的因素中，起着重要的作用。一般商品在常温或常温以下，都比较稳定；高温能够促进商品的挥发、渗漏、熔化等物理变化及各种化学变化；低温又容易引起某些商品的冻结、沉淀等变化；温度忽高忽低，会影响到商品质量的稳定性。此外，温度适宜时会给微生物和仓库害虫的生长繁殖创造有利条件，加速商品腐败变质和虫蛀。因此，控制和调节储运商品的温度是商品养护的重要工作内容之一。

测定气温的仪器种类很多，常见的有普通温度表、最高温度表和最低温度表、电子温度计等。

(六)空气的湿度

空气的干湿程度称为空气的湿度。空气湿度的改变，能引起商品的含水量、化学成分、外形或体态结构等的变化。湿度下降，将使商品因释放水分而降低含水量，减轻重量。比如，水果、蔬菜、肥皂等会发生萎蔫或干缩变形；纸张、皮革制品等失水过多，会发生干裂或脆损。湿度增高，商品含水量和重量相应增加。比如，食糖、食盐、化肥、硝酸铵等易溶性商品会结块、膨胀或进一步溶化；钢铁制品易生锈；纺织品、竹木制品、卷烟等易发生霉变或被虫蛀等。湿度适宜，可保持商品的正常含水量、外形或体态结构和重量。因此，在商品养护中，必须掌握各种商品对湿度的要求，尽量创造商品适宜的空气湿度。

空气的湿度主要由以下几种指标来衡量。

1. 绝对湿度

绝对湿度是指单位容积的空气里实际所含的水汽量，一般用“g/m^3”来表示。温度对绝对湿度有着直接影响。在通常情况下，温度越高，水汽蒸发得越多，绝对湿度就越大；相反，绝对湿度就越小。

2. 饱和湿度

饱和湿度是指在一定的温度下，单位容积空气中所能容纳的水汽量的最大限度。如果超过这个限度，多余的水蒸气就会凝结，变成水滴，此时的空气湿度称为饱和湿度。

空气的饱和湿度不是固定不变的，它随着温度的变化而变化。温度越高，单位容积空气中能容纳的水蒸气量就越多，饱和湿度也就越大。

3. 相对湿度

相对湿度是指空气中实际含有的水蒸气量(绝对湿度)距离饱和状态(饱和湿度)程度的百分比。也就是说，在一定温度下，绝对湿度占饱和湿度的百分比，其公式为：

$$相对湿度=绝对湿度/饱和湿度\times 100\%$$

相对湿度越大，表示空气越潮湿；相对湿度越小，表示空气越干燥。空气的绝对湿度、饱和湿度、相对湿度与温度之间有着一定的内在联系，如果温度发生了变化，则各种湿度也随之发生变化。

4. 露点

含有一定量的水蒸气(绝对湿度)的空气，当温度下降到一定程度时，所含水蒸气就会达到饱和状态(饱和湿度)，并开始液化成水，这种现象称为结露。水蒸气开始液化成水时的温度称为露点温度，简称露点。如果温度继续下降到露点以下，空气中超饱和的水蒸气就会在商品或其包装物表面凝结成水滴，此现象称为水凇，俗称商品“出汗”。

此外，风与空气中的温、湿度有密切关系，也是影响空气温、湿度变化的重要因素之一。空气湿度的测定仪器有干湿球温度表、毛发湿度表和自记湿度计等，最常用的是干湿球温度表。另外，电子测量湿度的仪器也被广泛应用。

干湿球温度表简称干湿表，是用两支同样的温度表平行固定在一个平板式支架上，其中右面温度表前球部用纱布包裹，纱布的另一端浸在水盂内，称为湿球；左面温度表的球部直接接触空气，称为干球。这种温度表的干球用于测定空气温度；湿球用于测定其球部周围的温度。湿球球部所缠的经常是浸湿的纱布，当空气中水汽未达饱和状态时，湿球球部表面水分不断蒸发，蒸发时所吸收的热量需要湿球以降低温度放出的热量来供给，结果湿球温度就低于干球温度。湿球水分蒸发不仅从湿球球部吸收热能，同时与其周围空气有关，也受风速的影响。根据干湿球指示的度数，按照不同的风速，可利用相对湿度换算表查出空气的相对湿度。

(七)卫生条件

卫生条件是保证商品免于变质腐败的重要条件之一。卫生条件不良，不仅会使灰尘、油垢、垃圾、腥臭等污染商品，造成某些外观疵点或异味感染，还为微生物、仓库害虫等创造了活动场所。因此，商品在储运过程中，一定要搞好储运环境的卫生，保持商品本身的卫生，防止商品之间的感染。

第二节 商品养护

一、商品养护概述

(一)商品养护的概念

商品养护是对储运商品实施保养和维护的技术管理工作。只有做好商品的储运和养护工作，才能使商品的质量得以保证，充分实现商品的使用价值。

商品储运离不开商品养护工作，商品养护是储运商品质量得以保持的可靠保证。根据商品的不同特性，研究各类商品在储运条件下的质量变化规律，采取相应的技术措施和科学的管理方法，控制不利因素，创造优良的储运条件，减少商品损耗，从而使商品质量得到保持，是商品养护工作的目的和任务。

(二) 商品养护的意义

商品养护是商品储运的中心环节，是保证商品质量完好的重要手段。商品养护的方针是“以防为主，防重于治，防治结合”，只有在商品储运期间进行科学养护，才能保证商品质量完好，数量完整；保证商品的安全储运，消除储运隐患，避免各种灾害事故的发生，从而保证商品及储运工具的安全，使商品的使用价值得以充分实现。

二、商品养护的技术方法

为了保护商品的质量，避免商品在储运过程中可能产生的损失和损耗，应采取有效的技术和方法，对储运商品进行积极的养护。

(一)霉腐商品的防治

1. 常见的易发生霉腐的商品

商品本身的成分和组织结构的特点，决定了有些商品在适宜的外界条件(温度、水分、光、氧、渗透压、酸、碱、盐等)下，易受霉腐微生物的污染而发生霉腐。一般来说，含糖、蛋白质、脂肪等营养物质的商品，当养护不当时最易霉腐。常见的易发生霉腐的商品有以下几类。

(1)含蛋白质类的商品。食品中的肉、鱼、蛋、禽、乳及其制品等；纺织原料中的毛、丝及其制品；皮革及其制品等。

(2)含糖类商品。食品中的谷物、面包、糖果、糕点、罐头、饮料、调味品等；纺织原料中的棉、麻；纸张及其制品等。

(3)含脂肪类的商品。食用植物的油、动物脂、奶油、肉制品中的脂肪等。

(4)其他商品。食品中的茶叶、卷烟等；日用化学商品中的化妆品等；橡胶和塑料制品；工艺美术品(含纤维素的)；一些文娱和体育用品、光学仪器、电子与电器产品、录音带、录像带、感光胶片、药品等。

此外，食品包装材料和商标纸发霉的情况也并不少见。这不仅影响产品的外观，也影响其内在质量。

2. 防霉腐的方法

(1)加强储运商品的管理。①加强商品的入库验收。应先检验其包装是否潮湿，商品的含水量是否超过安全水分标准。②加强商品温、湿度的管理。根据商品的不同性能，正确地运用密封、吸潮及通风相结合的方法，控制好库内温、湿度。特别是在梅雨季节，要将相对湿度控制在不利于霉菌生长的范围内，一般是将相对湿度控制在75%以下。③选择合适的储存场所。易霉商品应尽量安排在空气流通、光线较强、比较干燥的库房，并应避免与含水量大的商品同储在一起。④合理堆码，下垫隔潮物。商品堆垛不应靠墙靠柱。⑤对商品进行密封。⑥做好日常的清洁卫生工作。

(2)低温防霉腐。微生物的生长繁殖有一定的温度范围，超过这个范围其生长便会停止或导致微生物死亡。霉腐微生物大多是中温性微生物，其最适宜的生长温度为20～30℃，在10℃以下不易生长，在45℃以上停止生长。低温对霉腐微生物的生命活动有抑制作用，能使其休眠或死亡，故用低温控制霉腐微生物生长是一种很有效的方法。按照低温程度的不同，可分为冷藏法和冷冻法两种。

①冷藏法。冷藏法是使储运温度控制在0～10℃的低温防霉腐方法。在此低温下，大多数霉腐微生物难以繁殖。此法适宜储运不耐结冰的商品，如含水量高的生鲜食品，但储存时间不宜过长。

②冷冻法。冷冻法是使储运温度控制在－18℃的低温防霉腐方法。具体做法是先将食品进行深冷(如－30～－25℃)速冻处理，使食品深层温度达到－10℃左右时，再移至－18℃的温度下储存。此法适宜长期储存生鲜动物食品。

(3)干燥防霉腐。干燥防霉腐是通过各种措施降低商品的含水量，使其水分含量在安全储运条件之下，抑制霉腐微生物的生命活动。各种霉腐微生物生长繁殖的最适宜相对湿度，因微生物不同而略有差异，多数霉菌生长的最低相对湿度为80%～90%。在相对湿度低于75%的条件下，多数霉菌不能正常发育，故通常把75%这个相对湿度称为商品霉变的临界湿度。

按脱水手段不同，干燥法分为自然干燥法和人工干燥法。自然干燥法是利用阳光、风等自然因素，对商品进行日晒、风吹、阴晾脱水的干燥方法。此法经济方便，常用于粮食、食品(如干果、干菜、水产海味干制品)等商品的储存。人工干燥法是利用热风、直火、远红外线、微波、真空等手段使商品干燥的方法。此法需要一定的设备、技术和较大的能量消耗，成本较高，主要用于食品的干燥。

(4)气调防霉腐。气调防霉腐是在密封条件下，通过改变空气成分，主要是创造低氧(5%以下)环境，抑制微生物的生命活动和生物性商品的呼吸强度，达到防霉腐和保鲜目的的一种方法。

气调方法主要有以下几种。

①自发或自然气调法。将果蔬储于一个密封的库房或容器内，由于果蔬本身的呼吸作用，不断消耗库房和容器内的氧而放出二氧化碳，因此，在一定时间后，氧逐渐减少，二氧化碳逐渐增加，当这两者达到一定的比例时，即会形成一个抑制果蔬本身呼吸作用的气体环境，从而达到延长果蔬储藏期的目的。

②人工气调法。人为地使封闭的空气内的氧迅速降低，二氧化碳升高，几分钟至几小时内就进入稳定期。人工气调法有：充氮法，封闭后抽出储藏室内大部分空气，然后充入氮，由氮稀释剩余空气中的氧，使其浓度达到所规定的指标，有时充入适量二氧化碳也可使之立即达到所要求的浓度；气流法，把预先由人工按要求的指标配制好的气体输入专用的储藏室，以代替其中的全部空气，在以后的整个储藏期间，始终连续不断地排出部分内部气体，充入人工配制的气体，使内部气体组成稳定在规定的指标范围内。

③混合法或半自然降氧法。实践表明，采用快速降氧法(即充氮法)把氧含量从21%降到10%比较容易，而从10%降到5%就要耗费较前者约多两倍的氮气。为了降低成本，可先充氮，把氧迅速降到10%左右，然后依靠果蔬本身的呼吸作用来消耗氧气，直至降到规定的空气组成指标范围后，再根据气体成分的变化来调节控制。

气调还需要适当的低温条件的配合，才能较长时间地保持鲜活食品的新鲜度。此法可用于水果、蔬菜、粮食、茶叶、油料等多种食品的保鲜。

(5)减压储藏。减压储藏是气调冷藏的进一步发展，它把储藏场所的气压降低，形成一定的真空度。其原理是通过降低气压，使空气中各种气体的分压都相应地降低，创造出一个低氧分压的条件，从而起到类似气调储藏的作用。

减压储藏库的气密性要求比气调储藏库更高，否则达不到减压的目的，这样将使减压储藏库的造价提高。由于它能克服气调储藏中的许多缺点，因此是果蔬储藏中的一种先进而理想的方式。

(6)药剂防霉腐。药剂防霉腐是利用化学药剂使霉腐微生物的细胞和新陈代谢活动受到破坏或抑制，进而达到杀菌或抑菌、防止商品霉腐的目的。低浓度防霉剂能抑制霉腐微生物，高浓度就会使其死亡。

有实际应用价值的防霉剂需具有以下特点：低毒、广谱、高效、长效、使用方便和价格低廉；适应商品加工条件、应用环境；与商品其他成分有良好的相溶性，不降低商品性能，在储运中稳定性好等。例如，用于工业品防霉腐的药剂有三氯酚钠、水杨酰苯胺、多菌灵、洁而灭、福尔马林等，它们常被用于纺织品、鞋帽、皮革、纸浆、竹木制品及纱线等商品的防霉腐；用于食品的防霉腐药剂有苯甲酸及其钠盐、山梨酸及其钾盐等，它们常被用于饮料、罐头、蜜饯等食品的防霉腐。

防霉剂的使用方法主要有：①添加法，将一定比例的药剂直接加入到材料或制品中去。②浸渍法，将制品在一定温度和一定浓度的防霉剂溶液中浸渍一定时间后晾干。③涂布法，将一定浓度的防霉剂溶液用刷子等工具涂布在制品表面。④喷雾法，将一定浓度的防霉剂溶液用喷雾器均匀地喷洒在材料或制品表面。⑤熏蒸法，将挥发性防霉剂的粉末或片剂置于密封包装内，通过防霉剂的挥发成分防止商品生霉。

(7)辐射防霉腐。辐射防霉腐是利用放射性同位素(钴-60 或铯-137)产生的 γ 射线，辐射状照射商品，杀死商品上的微生物和害虫的方法。针对不同商品的特性和储存目的，辐射防霉腐分为三种类型。

①低剂量辐射。辐射剂量低于 0.1 百万拉德(被辐射对象吸收的量，是国际统一使用的单位)，主要用于抑制马铃薯、洋葱的发芽，杀死害虫和肉类的病原寄生虫，还可延迟水果的后熟。

②中剂量辐射。辐射剂量在 0.1～1.0 百万拉德，主要是减少商品中微生物的数量和改变食品的工艺特性，适用于杀灭肉、蛋、水产、果蔬等中的微生物，尤其对致病菌、害虫杀灭力较强。

③大剂量辐射。辐射剂量在 1.0～5.0 百万拉德，可彻底杀灭微生物、害虫，可延长冻肉、冻水产的储藏时间。

目前，辐射防霉腐应用还不广泛，其安全性还有待研究，特别是对食品辐射的安全还有争议，因此，对辐射的剂量、时间、适宜的辐射条件要严格控制。

(8)电子保鲜法。近年来，国内外应用电子技术对果品、蔬菜进行保鲜储藏已得到应用。电子保鲜储藏器就是运用高压放电，在储存果品、蔬菜等食品的空间产生一定浓度的臭氧和空气负离子，使果品、蔬菜生命活体的酶钝化，从而降低果品的呼吸强度。

从分子生物学角度看，果品、蔬菜可看作一种生物蓄电池，当其受到带电离子的空气作用时，果品、蔬菜中的电荷就会起到中和的作用，使生理活动出现似假死现象，呼吸强度因此而减慢，有机物消耗也相对减少，从而达到储藏保鲜的目的。

(二)害虫的防治

1. 仓库内害虫的来源

仓库害虫原本是农业害虫，其主要来源有：①商品入库前已有害虫潜伏在商品之中，随商品一起进入仓库；②商品包装物中有害虫隐藏；③运输工具带入；④仓库内本身隐藏有害虫；⑤环境卫生不清洁，有害虫孳生；⑥邻近仓间或邻近货垛储存的生虫商品的感染；⑦农业害虫的侵入。

2. 常见的易遭虫蛀的商品

容易遭虫蛀的商品是一些由营养成分含量较高的动植物原料加工制成的商品，主要有：①粮食及其制品；②纺织品，特别是毛丝织品；③毛皮、皮制品，包括皮革及其制品、毛皮及其制品等；④竹藤制品；⑤纸张及纸制品，包括纸张及其制品和很多商品的纸制包装物；⑥木材及其制品。

3. 仓库害虫的防治方法

储运中害虫的防治工作要立足预防，采取严格商品入库和在库检查以杜绝虫源，同时保持库内和库周的清洁卫生并认真消毒，在易遭虫蛀商品的包装或货垛内投放驱虫剂，如天然樟脑和合成樟脑等，以防止害虫的孳生。此外，要防治结合，采取积极的治理技术和方法，消灭仓库害虫，以防止害虫的繁殖。在储运中常采用化学、物理、生物等方法，直接杀灭害虫或使其不育，以维护储运商品的质量。

(1)化学杀虫法。化学杀虫法是使用各种化学杀虫剂，通过胃毒、触杀或熏蒸等作用杀灭害虫的方法，是当前防治仓库害虫的主要措施。

化学杀虫按照其作用于害虫的方式，主要有熏蒸法、触杀法、胃毒法三种。

①熏蒸杀虫法。熏蒸杀虫法是指杀虫剂的蒸气通过害虫的气门及气管进入体内，而引起害虫中毒死亡的方法。具有熏蒸作用的杀虫剂称为熏蒸剂。常用的熏蒸剂有磷化铝、氯化钴、硫黄、溴甲烷等，它们都能挥发出剧毒气体，渗透力也很强，能杀死商品内部的害虫，对人体的毒性也很强，使用时要注意熏蒸场所的密封和人身安全。熏蒸法最好选择在害虫的幼龄期时使用，此时害虫的抗药能力较弱，效果会更好。用熏蒸法杀虫有成本低、效率高等优点。

②触杀杀虫法。触杀杀虫法是指杀虫剂接触虫体，透过表皮进入虫体内，而使虫体死亡的方法。具有触杀作用的杀虫剂称为触杀剂，如敌敌畏、敌百虫等。

③胃毒杀虫法。胃毒杀虫法是指利用杀虫剂随食物进入虫体，通过胃肠吸收而使害虫中毒死亡。具有胃毒作用的杀虫剂称为胃毒剂，如亚砒霜钠等。

在各种杀虫剂中，往往同一种杀虫剂兼有两种或两种以上的杀虫作用，如敌敌畏有熏蒸、触杀、胃毒的作用。

(2)物理杀虫法。物理杀虫法是利用各种物理因素(如光、热、射线等)破坏储运商品上害虫的生理活动和机体结构，使其不能生存或繁殖的方法。物理杀虫法主要有高温杀虫法、低温杀虫法、射线杀虫与射线不育法、远红外线杀虫法、微波杀虫法和生物杀虫法等。

①高温杀虫法。高温杀虫法是利用高温暴晒(夏天日光直射温度可达50℃)、烘烤(一般温度为60～110℃)、蒸汽(温度为80℃左右)等产生的高温作用，使商品中的害虫致死的方法。比如，一般害虫在38～40℃时即发生热麻痹；48～52℃时，经过一定时间即死亡；54℃时，经过2～6小时，全部死亡。其原因是高温下害虫体内水分大量蒸发，蛋白质发生凝固，破坏了虫体细胞组织，最终导致死亡。

②低温杀虫法。低温杀虫法是利用低温使害虫体内酶的活性受到抑制，使害虫生理活动缓慢，处于半休眠状态，不食不动，不能繁殖，时间过久会因为体内营养物质过度消耗而死亡。低温杀虫法主要有库外冷冻、库内通冷风、机械制冷、入库冷冻密封等。

③射线杀虫与射线不育法。射线杀虫与射线不育法是分别利用高剂量与较低剂量的γ射线照射虫体。高剂量照射几乎会使所有害虫死亡；低剂量照射主要引起害虫生殖细胞突变而不育。该法具有杀虫效率高，商品组成成分、商品包装不被破坏，不污染环境等特点。

④远红外线杀虫法。远红外线杀虫法是利用远红外线对虫体的光辐射所产生的高温(可达150℃)，直接杀死害虫。

⑤微波杀虫法。微波杀虫法是利用高频电磁场使虫体内水分子等成分发生高频振动，分子间剧烈摩擦而产生大量热能，使虫体温度达到60℃以上而死亡。此法处理时间短、杀虫效率高、无污染，但需要加强对人体微波辐射伤害的防护。

(3)生物杀虫法。生物杀虫法是利用害虫的天敌和人工合成的昆虫激素类似物来控制和消灭害虫的一种方法。此法可避免化学杀虫的抗药性和对环境的污染，是一种很有前途的杀虫方法。比如，性信息素合成物可用于诱杀雄虫，使雌虫只能产下未受精卵而不能孵化繁殖；保幼激素可通过表皮或吞食进入虫体，破坏虫体的正常发育，造成虫体不育或死亡。

(三)商品锈蚀的防治

1. 涂油防锈

涂油防锈是在金属制品表面涂或喷一层防锈油脂薄膜，在一定程度上使大气中的氧、水分及其他有害气体与金属表面隔离，从而达到防止和减缓金属制品生锈的方法。此法适用于短期防锈。防锈油分为软膜防锈油和硬膜防锈油两种。常见的软膜防锈油有201防锈油、仪器防锈油、201防锈脂；常见的硬膜防锈油有一号溶剂稀释型防锈油、649防锈油、干性硬膜防锈油、松香煤油防锈油等。另外，凡士林、黄蜡油、机油也可作为防锈油使用。

2. 气相防锈

气相防锈是利用气相缓蚀剂在金属制品的密封包装内挥发，使气体充满包装空间以防止或延缓商品的锈蚀。常用的气相防锈形式有气相防锈纸防锈、粉末法气相防锈、溶液法气相防锈三种。

3. 可剥性塑料密封防锈

可剥性塑料密封防锈是采用可剥性塑料将金属商品封存的一种隔离防锈蚀的方法。可剥性塑料是用高分子合成树脂为基础原料，加入矿物油、增塑剂、防锈剂、稳定剂以及防霉剂等制成。按其组成和性质的不同，分为热熔型和溶剂型两类。

(1)热熔型可剥性塑料。该塑料是一种具有一定韧性的固体，加热熔化后，浸涂于金属制品表面，冷却后形成一层1～3mm的塑料薄膜。

(2)溶剂型可剥性塑料该塑料是一种黏稠液体，涂刷于金属制品表面，能形成一层0.3～0.5mm厚的薄膜。它适用于一般五金零件的封存防锈。由于膜层较薄，故防锈期较短。

(四)商品老化的防治

塑料、橡胶、纤维等高分子材料的商品，在储存和使用过程中性能逐渐破坏，以致最后丧失使用价值的现象称为老化。老化是一种不可逆的变化，使商品外观、物理性能、机械性能、电性能、分子结构等方面发生变化。

1. 商品老化的内在因素

(1)材料内部结构。高分子材料老化的主要原因是材料内部结构存在着易于引起老化的弱点，如不饱和的双键、大分子上的支链等。

(2)其他成分。塑料中的增塑剂会缓慢挥发或促使霉菌孳生，着色剂会产生迁移性色变，硫化剂用量增多会产生多硫交联结构而降低橡胶制品的耐氧化能力等。

(3)杂质。杂质是指含量虽然很少但对制品耐老化性能有较大影响的有害成分，主要是单体制造、聚合时带入的或配合剂带入的。

(4)成型加工条件。加工时由于温度等的影响，材料结构发生变化，影响商品的耐老化性能。

2. 商品老化的外部因素

影响高分子商品老化的外部环境因素也很多，主要有温度及其变化、阳光(主要是光线中的紫外线)、空气中的氧气(特别是臭氧)等。此外，水分和湿度、昆虫的排泄物等也对商品的老化有加速作用。

3. 防止商品老化的方法

根据影响商品老化的内外因素不同，高分子商品的防止老化可采用以下方法。

(1)材料改性，提高商品本身的耐老化性能。材料改性的方法很多，应用较多的有：共聚、减少不稳定结构、交联、共混、改进成型加工工艺以及后处理等。

(2)物理防护。抑制或减少光、氧等外因对商品影响的方法有：涂漆、涂胶、涂塑料、涂金属、涂蜡、涂布防老剂溶液等。

(3)添加防老剂。能够抑制光、热、氧、臭氧、重金属、离子等对商品的老化作用的物质称作防老剂。在制品中添加防老剂，是当前国内外防止老化的主要途径。防老剂的种类主要有：抗氧剂、紫外线吸收剂、热稳定剂等。

此外，加强管理、严格控制储运条件，也是防止商品老化的有效方法。

第三节　储运商品的质量管理

一、储存商品的质量管理

商品在储存过程中可能会发生各种质量变化，其根本原因在于商品本身的组成成分和性质。但商品质量的变化只有通过仓库内外一定的环境因素作用才能发生。因此，在商品质量的养护和管理工作中，必须贯彻“预防为主”的养护方针，采取有效的综合措施，把能够影响商品质量的外界因素，尽可能地排除或控制在影响最小的程度。对已经出现质量劣变的商品，应尽早发现，及时补救。因此，为保证商品质量，防止商品损失和损耗，在商品库房储存的质量管理中，应注意做好商品入库、在库、出库这三个基本环节的管理工作。

(一)商品的入库管理

1. 严格商品入库验收

(1)核对单、货是否相符。商品入库时，应先核对单据所列的产地、货号、品名、规格、数量、花色、单价等是否与原包装或标签上所列各项内容一致，即使只有一项不符，也不能入库。

(2)检查包装是否符合要求。在核对数量的同时，还要检查包装是否符合要求，有无玷污、残破、拆开等现象，有无受潮受湿的痕迹，包装标志是否清楚等。

(3)检查商品质量是否合格。在检查包装的同时，还要适当开箱拆包，查看内部商品是否有生霉、腐烂、锈蚀、溶化、熔化、虫蛀、鼠咬等。同时还要测定商品的含水量，是否超过安全含水率等。对液体商品要检查有无沉淀、渗漏、包装有无破损等。有问题的商品暂不入库。

2. 选择适宜的储存场所

由于商品性质不同，对储存场所的要求也不一样。因此，要根据具体情况，分别对待。例如，怕潮易霉、易溶化、易生锈、易遭虫蛀的商品应选择干燥的库房，并具有良好的密封、通风、吸潮条件；对受热易熔化、易挥发、易变质、易燃的商品，应选择比较阴凉和通风良好的库房；对化学危险品、剧毒品、爆炸品等，要归库归类，单独存放，并设有消防设备；对既怕热又怕冻的水果、蔬菜类商品，应放在冬暖夏凉的低层仓库或地下窖中保管，并要保持较高的湿度。

3. 进行合理堆码

对入库商品进行合理堆码，是保证商品质量、方便在库商品检查和出入库的重要步骤。商品堆码的形式和方法要根据商品的种类、性能、数量和包装情况，结合库房条件、储存期限和季节，并在保证商品储存安全、方便、多储的前提下来确定。例如，含水量高、易霉变、需通风的商品应堆码通风垛，垛底下垫隔潮物料；易弯曲变形的商品要堆码平直交叉实心垛；对重量比较大的商品(如粮食、食盐、白糖等)，为提高库容利用率，可堆码纵横交叉实心垛；小百货、小五金、交电零件等商品则宜堆码在货架上。为了方便商品的出入库、检验、盘点、清扫和消防，要求保证每个货垛周围留有一定的空间。例如，货垛留出走道 100cm 以上，货垛距库内干道 150～200cm，距外墙 50cm，距内墙 30cm，距柱 10～20cm，距库顶或灯 50cm。

(二)商品在库管理

1. 商品的在库检查

商品在整个储存期间，要经常进行定期或不定期、定点或不定点的检查。检查的时间和方法应根据商品的性能及其变化规律，结合季节、储存环境和时间等因素，以便及时发现和处理商品发生的质量变化，避免造成严重损失。检查时，以感官检验法为主，并充分利用检测设备，必要时应进行理化检验，对发现的质量问题，要立即分析原因，采取相应的补救措施。同时，还应实施安全检查，对库房的消防设备状态、仪表设备运行情况，以及卫生状况等进行认真检查，及时解决存在的问题。

2. 仓库温、湿度管理

商品在储存期间，在各种外界影响因素中，空气温、湿度的影响最主要。因此，必须根据商品的特性、质量变化规律及本地区气候情况与库内温、湿度的关系，加强库内温、湿度的管理，采取切实可行的措施，创造适宜的商品储存温、湿度条件。

(1)库内外温、湿度的变化规律。

①大气温、湿度的变化。大气的变化即自然气候的变化。大气的变化规律有：第一，温度变化的规律。一天之中日出前气温最低，到午后 2 至 3 时气温最高。一年之内最热的月份，内陆一般在 7 月，沿海出现在 8 月。最冷的月份，内陆一般在 1 月，沿海在 2 月。第二，湿度变化的规律。绝对湿度通常随气温升高而增大，随气温降低而减小。但绝对湿度不足以完全说明空气的干湿程度，相对湿度更能准确反映空气的干湿程度。空气的相对湿度的变化，在一日之中，日出前气温最低时相对湿度最大，日出后逐渐降低，到午后 2 至 3 时达到最低。在一年之内相对湿度最高的月份一般是 7 月、8 月。

普通仓库在温度、湿度的管理上，要充分利用大气温度、湿度变化的规律，掌握好通风的时间。

②库内温、湿度的变化. 仓库内温、湿度变化规律和库外基本上是一致的。但是，库

外气温对库内的影响，在时间上需要有个过程，同时会有一定程度的减弱。一般是库内温度变化在时间上滞后于库外，在幅度上小于库外，表现为夜间库内温度比库外高，白天库内温度比库外低。

库内温度的变化与库房密封性的好坏也有很大的关系，同时，库内各部位的温度也因库内具体情况而有差异，在实际工作中要灵活把握。

(2)仓库温、湿度的控制与调节。为了维护仓储商品的质量完好，创造适宜于商品储存的环境，当库内温、湿度适宜商品储存时，就要设法防止库外气候对库内商品产生不利影响；当库内温、湿度不适宜商品储存时，就要及时采取有效措施调节库内的温度。

①密封。密封就是把商品尽可能严密地封闭起来，减少外界不良气候对商品的影响，以达到安全储存的目的。采用密封方法要与通风、吸潮相结合，如运用得当可以收到防潮、防霉、防热、防溶化、防干裂、防冻、防锈蚀、防虫等多方面的效果。

密封保管应注意几个事项：密封前要检查商品质量、温度和含水量是否正常，如发现生霉、生虫、发热、水凇等现象就不能进行密封；发现商品含水量超过安全范围或包装材料过潮，也不宜密封；密封的时间要根据商品的性能和气候情况来决定。怕潮、易溶、易霉的商品，应选择在相对湿度较低的时节进行密封。

常用的密封方法有：整库密封、小室密封、货架密封和按件密封等。

②通风。空气是从压力大的地方向压力小的地方流动的，气压差越大，空气流动就越快。通风就是利用库内外空气温度不同而形成的气压差，使库内外空气形成对流，来达到调节库内温、湿度的目的。库内外温度差距越大，空气流动就越快；若库外有风，借风的压力更能加速库内外空气的对流。但风力不能过大(风力超过5级则灰尘较多)。正确地进行通风，不仅可以调节与改善库内的温、湿度，还能及时地散发商品及包装物的多余水分。按通风的目的不同，可分为利用通风降温(或增温)和利用通风散潮两种方法。

③吸潮。在梅雨季节或阴雨天，当库内湿度过大，不适宜商品保管，而库外湿度也过大，不宜进行通风散潮时，可以在密封库内利用吸湿剂或去湿机，降低库内的相对湿度。吸湿剂分为吸收剂和吸附剂两类。吸收剂主要是吸收水汽，常用的有生石灰、无水氯化钙等；吸附剂具有大量毛细孔筛，对水汽具有强烈的吸附作用，常用的有活性炭、分子筛、硅胶等。近年来，仓库普遍使用机器吸潮的方法，即用去湿机把库内的湿空气通过抽风机吸入吸湿机冷却器内，使它凝结为水而排出，同时将已冷却、干燥的空气送回库内，如此不断循环，除湿效率高、效果好。目前，先进的温度、湿度调控技术可通过光电自动控制设备进行自动调控，当库内温度、湿度超过商品储存要求时，会自动报警、开启门窗、启动去湿机、记录和调节库内温与湿度；当库内温、湿度达到要求的范围时，又能自动关闭门窗、停止去湿机工作。

④加湿。在库内相对湿度过低，而库外又比较干燥时，可对易干燥、脆裂的储存商品加湿。加湿可采用直接喷洒水或加湿机喷雾的方法，提高库内的相对湿度。

3. 仓库环境卫生管理

储存环境不卫生，会引起微生物、害虫和鼠类的孳生和繁殖，还会使商品被灰尘、油污、垃圾玷污，进而影响商品质量。因此，应经常清扫库房，保持库内外良好的卫生环境，并在必要时采用药剂消毒杀菌、杀虫灭鼠，以保证储存商品的安全。

（三）商品的出库管理

商品出库，必须做到“单随货行”，单、货数量当面点清，商品质量当面检查。包装不牢及标签脱落或不清的商品，应修复后再交付货主。为了避免商品因储存期过长而发生质变的危险，出库同种商品时，贯彻“先进先出”“易坏先出”“接近失效期先出”的原则。易燃、易爆等商品出库时，应依据公安部门的有关规定办理手续。已有变质现象或已过保存期的商品均不得出库，并分具体情况，妥善处理。商品出库必须要有严格的手续，如不见提货单据不付货、提货单据不符不付货等。

二、运输商品的质量管理

运输商品也可以看作移动的商品储存。商品运输过程中质量管理的任务与商品储存过程中质量管理的任务是一致的，都要尽可能地防止或降低商品损耗和质量劣变。二者有共性，但也有区别。运输商品的质量管理要遵循及时性、准确性、安全性、经济性几个基本原则。

（一）及时性原则

及时是指用最少的时间，及时发送，按时将商品从产地运送到消费地，以确保商品质量，及时供应给市场。

1. 缩短在途时间，减少周转环节

商品运输中常常存在着迂回、重复和对流等不合理的运输现象，使商品在途时间过长、经过环节过多，这样就增加了商品损耗和质量劣变的机会。因此，为了减少商品流通的周转环节，可采用“直线直达”运输方式，走最便捷的运输路线，使商品运输直线化，不但缩短了运输时间，还减少了环境对商品质量造成的不利影响，从而维护了商品质量，降低了运输费用。

2. 采用集装箱等先进运输工具

集装箱运输是一种现代化的运输方式，用其进行运输，有利于装卸机械化，简化运输手续，缩短商品在途时间，保证运输安全，隔绝外界不良因素的影响，创造适于保持商品质量的环境。

（二）准确性原则

准确就是按照商品流向组织商品运输。在运输过程中切实防止各种事故的发生，避免商品短缺，做到不错、不乱，正确无误地把商品运送到目的地。

（三）安全性原则

安全是指商品在运输过程中，除了发生各种不可抗力灾害以外，其数量和质量必须保持完整无损。为此，应从管理上采取以下几项措施。

1. 正确选择商品的运输包装

要根据运输商品的特性和要求，合理选择运输包装，避免商品在运输过程中受到各种环境因素的作用而出现散落、渗漏、溢出、破损等现象，如怕潮、易霉变、易生锈商品应选择防潮包装。

2. 选择合理的运输路线、工具和方式

选择合理的运输路线，能缩短运输商品在途时间，可减少途中各种意外因素对商品质量的不良影响；选择合理的运输工具，可大大提高运输商品的安全性，减少商品损失；选择合理的运输方式，可避免各种不同性质的商品在运输中相互污染等。

3. 反对野蛮装卸，提倡文明运输

商品在运输中要经过多次装卸，如果装卸搬运操作不当，会给商品造成很大的损失。据调查，玻璃器皿、搪瓷制品和家用电器等商品在流通领域中的损坏率是相当大的，有些甚至高达20%，其中绝大多数是由于野蛮装卸和操作不当造成的。因此，商品在装卸搬运过程中应严格执行操作规范，根据商品的不同性质，参照包装标志中的注意事项轻装轻卸，减少人为损失。

(四)经济性原则

商品运输要采用最经济、最合理的运输路线和工具，有效地利用一切运输设备，节约人力、物力和财力，努力降低商品的流通费用。

典型案例

根据表7-1中的数据，选择三种商品，分析它们在储存期的质量维护。

表7-1 商品储存的适宜温、湿度

商　品	温　度(℃)	相对湿度(%)	商　品	温　度(℃)	相对湿度(%)
棉织品	35以下	75以下	粉笔	35以下	75以下
毛织品	30以下	75以下	电池	−10～25	75以下
丝织品	35以下	75以下	打火石	35以下	75以下
麻织品	35以下	75以下	火柴	30以下	75以下
锦纶织品	35以下	80以下	鞋油	25以下	70～85
涤纶织品	35以下	80以下	肥皂	−5～30	60～80
腈纶织品	35以下	80以下	洗衣粉	35以下	75以下
氯锦纶织品	35以下	80以下	牙粉	25以下	75以下
毛皮	30以下	75以下	牙膏	−5～30	80以下
毛皮制品	30以下	75以下	雪花膏	−5～30	60～80
皮革制品	30以下	75以下	香脂	30以下	80以下
乳胶制品	−10～25	80以下	香水	20以下	70～85
橡胶制品	25以下	75以下	花露水	20以下	70～80
人造革制品	−10～25	80以下	香粉	25以下	75以下
玻璃制品	35以下	80以下	鱼肉罐头	−5～25	75以下
搪瓷制品	35以下	60～75	青菜罐头	0～25	75以下
竹木制品	30以下	75以下	糖酱罐头	−10～25	75以下
金属制品	35以下	75以下	糖水罐头	−5～25	75以下
纸制品	35以下	65～80	炼乳罐头	−5～15	75以下
浆糊	0～25	65～80	白酒	30以下	75以下

续表

商　品	温　度(℃)	相对湿度(%)	商　品	温　度(℃)	相对湿度(%)
墨汁	0～25	70～80	果酒	－5～20	75 以下
墨水	0～25	70～80	黄酒	－5～20	75 以下
修正液	20 以下	70～80	卷烟	25 以下	55～70
广告色	0～25	65～80	食糖	30 以下	70 以下
广告粉	30 以下	75 以下	苹果	－1～0	85～90

案例分析：从三种商品的储存管理、储存期间可能发生的质量变化及其原因、可采用的养护措施和技术方法等方面入手。

>>> 综合能力训练

一、名词解释

商品储存　商品运输　商品养护　绝对湿度　饱和湿度　相对湿度　老化

二、选择题

1. 真空包装最适合(　　)商品。
   A. 食品　B. 服装　C. 五金　D. 陶瓷
2. 蔬菜、水果等鲜活食品最适宜的储存方法是(　　)。
   A. 缺氧气调法　B. 干燥法　C. 冷冻法　D. 药剂法
3. 以下属于防护性包装技法的是(　　)。
   A. 真空包装　B. 充气包装　C. 收缩包装　D. 组合包装
4. 多数霉菌属于(　　)。
   A. 低温性　B. 中温性　C. 高温性　D. 常温性
5. 在下列防老化措施中，常用的是(　　)。
   A. 材料改性　B. 物理防护
   C. 添加防老化剂　D. 加强管理

三、判断题

1. 商品养护的方针是“以防为主，防治结合，防重于治”。　(　　)
2. 通常，用相对湿度表示空气湿度。　(　　)
3. 呼吸作用对水果、蔬菜的储存不利。　(　　)
4. 生物防虫就是利用微生物来防治害虫。　(　　)

四、填空题

1. 出库商品应贯彻________、________、________的原则。
2. 高分子化合物老化发生的两个反应是________和________。
3. 运输环节的商品质量管理，必须贯彻________、________、________、________的原则。
4. 仓库温、湿度的调控方法有________、________、________、________________。

五、简答题

1. 商品储运过程中常见的质量变化有哪些？
2. 影响储运商品质量变化的因素主要有哪些？
3. 库内、库外温度与湿度的变化有哪些规律？
4. 什么样的商品容易发生霉腐？
5. 商品防霉腐主要有哪些方法？
6. 仓库害虫有哪些特点？主要有哪些来源？
7. 什么样的商品易遭虫蛀？
8. 影响金属商品锈蚀的因素有哪些？常见的防锈方法有哪些？
9. 影响高分子商品老化的因素有哪些？常见的防老化方法有哪些？
10. 简述储存商品的质量管理。

>>> 实践训练

1. 教师指定5～8种商品，让学生通过参观仓库或市场，熟悉商品的在库储藏或在架陈列销售的条件。

2. 深入一个仓库，调查在库商品的变质情况，分析其具体原因。

第八章

食品商品

学习目标

1. 了解冷冻、休闲食品，以及烟、酒、茶、糖类、调味品的概念和有关原理；
2. 掌握食品的分类、有关食品的成分、质量特性和感官鉴别方法及保管使用方法；
3. 掌握食品安全与卫生知识。

食品的种类繁多，本章着重介绍食品分类、食品安全卫生知识，以及冷冻食品、休闲食品、乳制品、饮料、卷烟、酒、茶叶、糖类、调味品。

第一节 食品商品概述

一、食品的概念和分类

(一)食品的概念

食品是指提供人食用或饮用的成品和原料，以及既是食品又是药品的物品，但不包括以治疗为目的的物品。食品的使用价值是给人体提供营养或满足人们的某种食用嗜好。

(二)食品的分类

1. 按食品的来源分类

(1)动物性食品。来源于动物界，主要包括畜类、禽类、蛋类、海鲜类、奶类等，以及它们的各种加工产品。

(2)植物性食品。来源于植物界，主要包括谷类、豆类、杂粮、薯类、植物油、蔬菜、干果、茶叶、可可、咖啡、海产植物等，以及它们的各种加工产品。

(3)矿物质食品。来源于非生物界，主要有食盐、矿泉水等。

2. 按食品是否加工分类

(1)原料食品。由各生产部门(农林牧渔业等)所提供的未经再加工的产品，主要有鲜活食品(包括果蔬、鲜蛋、水产活品等)、生鲜食品(包括畜肉、禽肉、鲜乳、水产鲜品等)、粮谷类食品(包括麦、稻、豆、米等)。鲜活食品和生鲜食品含水分多，易腐烂变质，故称为易腐食品。粮谷类食品含水量少，性质稳定，耐储藏。

(2)加工食品。以原料食品为基础，经过进一步加工处理得到的各种产品，如烟、酒、糖、茶等。

3. 按食品在饮食中的比重分类

(1)主食。饮食结构中以提供热能为主的植物性食品，如米、面等。

(2)副食。主食之外的食品统称为副食。在我国，习惯上把肉、鱼、蛋、奶、蔬菜、水果、糖、茶、调味品等作为副食。

4. 按食品食用功能分类

(1)普通食品。属一般性食品，用量大且面广。我国的普通食品的批准文号为“×食监字”“卫新食字”。

(2)强化食品。加有维生素、矿物质、蛋白质等添加剂，使营养得到增强的食品。如碘盐、强化维生素饼干、强化铁的蛋制品等。

(3)保健食品。能促进和改善人体健康的食品。它们具有一般食品的共性，能调节人体的机能，适于特定人群食用，但不能治疗疾病。在欧美被称为健康食品，在日本被称为功能食品。我国的保健食品的批准文号为“×食健字”。

(4)绿色食品。无污染、安全、优质、营养类的食品，分为A级和AA级。

(5)功能食品。具有某种特殊作用的食品，供特殊食用，如高热量食品、低钠食品、脱脂食品等。

二、食品安全与卫生

(一)食品安全的概念

食品安全(Food Safety)是指食品无毒无害，符合应有的营养要求，对人体健康不造成任何急性、亚急性或者慢性危害。食品安全是一门专门探讨在食品加工、存储、销售等过程中确保食品卫生及食用安全，降低疾病隐患，防范食物中毒的一个跨学科领域。

(二)食品安全标准内容

《中华人民共和国食品安全法》(2018年修订版)对食品安全标准的内容规定如下：①食品、食品添加剂、食品相关产品中的致病性微生物、农药残留、兽药残留、生物毒素、重金属等污染物质，以及其他危害人体健康物质的限量规定；②食品添加剂的品种、使用范围、用量；③专供婴幼儿和其他特定人群的主辅食品的营养成分要求；④对与卫生、营养等食品安全要求有关的标签、标识、说明书的要求；⑤食品生产经营过程的卫生要求；⑥与食品安全有关的质量要求；⑦与食品安全有关的食品检验方法与规程；⑧其他需要制定为食品安全标准的内容。

资源内容	学习笔记
《中华人民共和国食品安全法》 扫描二维码，阅读全文 (资料来源：中国人大网，2019-01-07)	

(三)食品安全的构成要素

食品安全的构成要素主要包括以下三个方面。

1. 建立完善的食品安全应急体系

整合以食品卫生监督、质检、工商为主的政府职能部门资源；使各有关部门的监管工作有机地衔接起来，让市场监管到位，同时以食品行业协会为主导，带领企业坚定不移地执行并参与政府发布的各种类型的保障食品安全的法律、法规及活动。

2. 提高食品企业的质量控制意识

建立以食品安全回溯体系为标准的行业准入机制，从源头杜绝不安全食品的入市。

3. 初步建立食品安全宣传教育体系

对消费者进行食品科普教育，加大舆论宣传力度，提高消费者的食品安全意识。

(四)食品中存在的有害因素

1. 按来源分类

(1)食品污染物。食品污染物是指在食品生产、加工、储存、运输、销售等过程中混入食品中的物质，也包括生物性有害因素(如细菌、病毒等)和放射性核素。

(2)食品添加剂。食品添加剂是指在食品制造、加工、调整、处理、包装、运输，以及保管中，为达到技术目的而添加的物质。食品添加剂作为辅助成分可直接或间接成为食品成分，但不能影响食品的特性，不得以改善食品营养为目的添加。我国《食品安全国家标准食品添加剂使用标准》(GB 2760－2014)对食品添加剂的使用作出了明确的规定，包括食品添加剂的使用规定、食品用香料使用规定、食品工业用加工助剂使用规定、食品分类系统、食品添加剂使用规定索引等。其中，食品添加剂包括着色剂、增味剂、乳化剂、被膜剂、抗结剂、面粉处理剂、防腐剂、稳定剂、抗氧化剂、增稠剂、甜味剂、漂白剂、酸度调节剂、膨松剂、凝固剂、水分保持剂、护色剂，以及其他类型添加剂。

(3)食品中天然存在的有害物质。比如，毒蘑菇、大豆中存在的蛋白酶抑制剂等。

(4)食品加工、保藏过程中产生的有害物质。比如，酿酒过程中产生的甲醇、杂醇油等有害成分。

2. 按性质分类

(1)生物性因素。食品在生产、储运、销售等环节中，受到致病微生物和寄生虫卵的污染，从而产生有害物质。

(2)化学性因素。食品在生产、加工、储运、销售等环节中被某些化学有害物污染，包括农药污染、重金属对食品的污染、添加剂对食品的污染等。

(3)放射性因素。放射性因素主要来自两个方面：一是宇宙射线和地壳中的放射性物质，即天然的放射性污染；二是核试验及和平利用原子能产生的放射性物质，即人为的放射性污染。

食品中可能存在的有害因素因其性质、作用各不相同，含量水平的检测研究方法和允许的限量也不同。对食品中可能存在的有害因素的控制措施主要是依照道德规范、法律规范和技术规范，在全社会开展食品卫生工作：政府设立机构，依法进行食品卫生监督检验；制定食品卫生标准和管理办法等；向群众和食品生产经营人员宣传卫生知识，使其自觉遵守卫生法规、卫生标准，抵制不卫生的行为。

(五)食品安全与卫生的法律法规

我国1995年颁布的《食品卫生法》，是为保证食品卫生，防止食品污染和有害因素对人体的危害，保障人民身体健康，增强各族人民体质而制定的。该卫生法适用于一切食品、食品添加剂、食品容器、包装材料和食品用工具、设备，也适用于食品的生产经营场所、设施和有关环境。2009年2月28日通过的《食品安全法》，自2009年6月10日起执行，同时废止《食品卫生法》。2010年9月15日，我国又正式公布了《关于依法严惩危害食品安全犯罪活动的通知》(以下简称《通知》)。《通知》要求依法严惩危害食品安全的犯罪活动，切实保障广大人民群众的生命健康安全，维护社会主义市场经济秩序，促进社会和谐稳定。

法院对危害食品安全的罪犯量刑加重，主要体现在以下两个方面。

一方面，罪当判死刑要坚决判处死刑。人民法院要准确理解、严格适用法律，对危害食品安全犯罪分子的定罪量刑，不仅要考虑犯罪数额、人身伤亡情况，还要充分考虑犯罪分子的主观恶性、犯罪手段、犯罪行为对市场秩序的破坏程度、恶劣影响等。对于危害食品安全的累犯、惯犯、共同犯罪中的主犯、对人体健康造成严重危害，以及销售金额巨大的犯罪分子，要坚决依法严惩，罪当判处死刑的，要坚决依法判处死刑；要加大财产刑的适用力度，彻底剥夺犯罪分子非法获利和再次犯罪的资本；要从严控制对危害食品安全的犯罪分子适用缓刑和免予刑事处罚。

另一方面，对于职务犯罪，贪腐渎职者涉案不得用免刑。《通知》强调，依法遏制和从严打击危害食品安全犯罪活动，必须依法严惩相关的职务犯罪行为。对于包庇、纵容危害食品安全违法犯罪活动的腐败分子，以及在食品安全监管和查处危害食品安全违法犯罪活动中收受贿赂、玩忽职守、滥用职权、徇私枉法、不履行法定职责的国家工作人员，要排除一切阻力和干扰，加大查处力度，依法从重处罚。对与危害食品安全相关的职务犯罪分子，一般不得适用缓刑或者判处免予刑事处罚。

2015年4月24日，第十二届全国人民代表大会常务委员会第十四次会议对《食品安全法》进行了修订，从2015年10月1日起施行。此外，从2010年至今，国家相继出台了多部关于食品安全方面的法律法规，如《食品安全国家标准食品添加剂使用标准》《食品中农药最大残留限量》《食品生产许可管理办法》《食品经营许可管理办法》《食品添加剂新品种管理办法》等。这些法律法规的出台，对保障食品安全起到了很大的作用。

第二节　冷冻食品和休闲食品

目前，国际上迅速发展起一类由工业化大规模加工制成的、可直接食用的或稍加烹调即可食用的食品，即方便食品(又称速食食品或调理食品)。这类食品的主要特点：使用方便快捷，能明显减少家务劳动；安全、卫生；再加工方法灵活；品种多，营养全面。

方便食品的种类繁多，覆盖面广，一般可按制品用途及制造方法分为方便主食、冷冻方便制品、休闲食品、早餐谷物、罐头制品、快餐制品、微波食品、焙烤食品、糖果、乳制品、调味品等。

本节主要介绍冷冻食品(速冻食品)和休闲食品两大类方便食品。

一、冷冻食品

(一)冷冻食品的分类

冷冻食品是指采用速冻方法冻结后低温冷藏(冻藏)的食品。速冻食品具有营养、方便、卫生、经济等特点。目前,在国外市场上的速冻食品大致分为果蔬、水产、肉禽蛋、调理方便食品四大类。

1. 果蔬类

速冻蔬菜和水果就是将新鲜果蔬经过加工处理后,快速冻结制成的小包装食品,可长期储藏。由于速冻果蔬较好地保持了新鲜果蔬原有的色泽、风味和维生素,食用方便,在国内外市场上的需求不断增加。

适宜速冻的蔬菜主要有果菜、叶菜、茎菜、根菜、花菜、食用菌等类;适宜速冻的水果有葡萄、桃、李子、樱桃、草莓、荔枝、西瓜、梨、杏等。

2. 水产品

水产品肌肉组织含有水分、脂肪、无机盐、维生素、酶类等,特别是含有丰富的蛋白质,以及人体所需的各种氨基酸,营养价值极高。但是,由于水产品组织脆弱,含水分较多,在一般条件下容易受到酶和微生物的作用,造成肉体腐败变质。因此,速冻方法对于保持水产品质量显得非常重要。

适宜速冻的水产品主要有鱼类(如草鱼、鲢鱼、鲫鱼、鲤鱼、黄鱼、带鱼、鳕鱼等)、虾、贝类(如蛤蜊、乌贼、鱿鱼等)、海螃蟹等。

水产品的速冻方法有送风速冻法、盐水浸渍速冻法和平板速冻法。目前,我国绝大多数水产品冷冻采用的是送风速冻法。

3. 肉、禽、蛋类

畜肉及其制品含有丰富的蛋白质、脂肪、糖类、无机盐和维生素,尤其是人体所必需但又不能自己合成的氨基酸等多种营养成分,故畜肉是营养价值极高的动物性食物。畜肉的速冻方法主要有送风速冻法和液氨速冻法。

禽肉除了含有较丰富的蛋白质外,还含有肌酸和肌酐,故禽肉具有其他牲畜肉所没有的特殊香味和鲜味。禽肉肉质柔嫩细腻,味道鲜美可口,容易为人体所吸收,具有很高的营养价值。家禽屠宰,经过初步处理后,还要进行胴体的整理,其目的是防止微生物的侵袭和增加胴体的美观,整理后的胴体应立即进行速冻前的预冷却,使其胴体温度由宰后的40℃左右迅速降至3～5℃,然后将预冷却的胴体放在镀锌的金属盘内进行冷冻。预冷却多采用送风法。速冻禽肉时,速冻间的温度一般为－25℃或更低,国外一般在－40～－35℃。

蛋类也是人们日常生活中重要的食品,含有人体所需的各种营养成分,具有极高的营养价值。蛋的化学成分,如水、蛋白质、脂肪等营养价值在储藏期间的稳定性很难控制,故不宜长期储藏。去掉蛋壳将蛋液进行冻结处理,是长期储存蛋的一种有效方法,此法损耗小、节省容积、便于储存搬运。冻结蛋液一般作为食品加工业的原料。冻结蛋液解冻后,几乎与新鲜蛋液没有区别。这种冻结蛋液俗称“冰蛋”。冻结蛋液可分为冻全蛋、冻蛋黄和冻蛋白三种。速冻蛋液加工工艺一般分为挑拣、清洗、去壳、搅拌与过滤、加热杀菌、速冻等几道工序。

4. 速冻调理方便食品

适合速冻的调理方便食品按照其原料和加工工艺的不同，可分为点心类、分割肉和肉制品类、调味配菜类等。

(1)点心类。点心类食品一般用面粉、稻米、杂粮、豆类等原料制作。需要速冻加工的常为带馅点心，如饺子、春卷、包子、粽子、汤圆、八宝粥、烧卖、窝头、馄饨、花卷等系列特色品种。

(2)分割肉和肉制品。带包装的分割肉以历史悠久、技术精湛、品种繁多、形美味佳的各种腌制、酱制肉制品为代表，还有涮羊肉片、速冻鱼丸、火腿肉、酱排骨等。

(3)调味配菜。调味配菜是随冷冻冷藏技术的发展而发展起来的。速冻配菜有速冻鱼香肉丝、速冻宫保鸡丁、速冻咕老肉、速冻狮子头等。速冻配菜因品种丰富、味美、简单加工便可食用而深受消费者特别是上班族的欢迎。

(二)速冻食品的质量要求

1. 原料与准备

速冻食品的原料应质量优良、符合卫生要求；原料可在能保持其质量的温度和相对湿度的条件下储藏一段时间；熟食品速冻前应在适合卫生加工要求的冷却设备内尽快冷却，不得保存在高于10℃和低于－60℃的环境中。

2. 速冻

冷却后的食品应立即速冻；食品在速冻时应以最快的速度通过食品的最大冰晶区(大部分食品的冰晶区为－5～－1℃)；食品冻结终了温度应为－18℃；速冻加工后的食品在运到冷库时，应采取有效的措施，使温度保持在最低限度内；包装速冻食品应在温度能受控制的环境中进行。

3. 储存

冷藏库的室内温度应保持在－18℃或更低(视不同的产品而异)，温度波动应控制在2℃以内；冷藏库的室内温度要定期核查、记录，最好采用自动温度仪；冷藏库的室内空气流动速度以使库内得到均匀的温度为宜；冷藏库内产品的堆码不应阻碍空气循环，产品与冷藏库墙、顶棚和地面的间隔不小于10厘米；冷藏库内储存的产品应遵守先进先出的原则。

4. 运输

运输产品的厢体必须保持在－18℃或更低温度，厢体在装载前必须预冷到－10℃或更低温度，并装有能在运输中记录产品温度的仪表。产品从冷藏库运出后，在运输途中允许温度升到－15℃，但交货后应尽快降到－18℃。产品装卸或进出冷藏库要迅速。采用冷藏车运输时，应设有车厢外面能直接观察的温度记录仪，经常检查厢内温度。产品运送到销售地点时，最高温度不得高于－12℃。销售点无降温设备时，应尽快将其出售。

5. 零售

产品应在低温陈列柜中出售。低温陈列柜上货后要保持在－15℃，柜内应配有温度计。低温陈列柜的产品的温度允许短时间内升高，但不得高于－12℃。低温陈列柜的敞开放货区不应受日光直射，不受强烈的人工光线照射，不正对加热器。低温陈列柜内堆放产品不得越出装载线。包装的与不包装的产品应分开存放和陈列。未经速冻的食品不能与速冻食品放在同一低温陈列柜内。低温陈列柜内的产品要按先进先出的原则销售。

6. 包装和标志

包装应按下列要求设计：保护产品的色、香、味；保证产品不受微生物和其他污染；尽可能地防止干耗、热辐射和过量热的传入。包装在储存、运输直至最后出售时，应保持完好无损。

速冻食品的标签应符合 GB 7718—2011《食品安全国家标准 预包装食品标签通则》的要求。

资源内容	学习笔记
《食品安全国家标准　预包装食品标签通则》 扫描二维码，阅读全文	

7. 卫生

速冻食品从加工、储存、运输直至销售应始终保持良好的卫生条件，符合《食品安全法》的要求。

(三)冷冻食品的保管方法

1. 对入库前速冻食品的要求及准备工作

凡进入冷藏库冷藏的速冻食品必须清洁、无污染，并经过检验合格。比如，冷藏库温度为−18℃，则冻结后的食品入库前温度必须在−15℃以下。

2. 严格掌握库房的温、湿度

根据食品的自然属性和所需的温度、湿度选择库房，并力求保持库房温度、湿度的稳定性。在正常情况下，温度波动不得超过±2℃。

为了减少食品干耗，保持食品原有的色泽，对易于包冰衣的食品(如水产品、禽肉、兔肉等)，最好在包冰衣后再储藏。

3. 认真掌握储藏安全期限

对冷藏食品要认真掌握其储藏安全期限，执行先进先出制度，并定期或不定期检查食品质量。比如，速冻食品将要超过储存期或有变质现象，应及时处理。

4. 加强冷藏库的卫生管理

冷藏库通风时所吸入的空气应先过滤，防止空气中微生物的污染，要经常利用臭氧清除库房内的异味。异味主要是由于储藏了具有强烈气味的食品所致。臭氧是一种强氧化剂，浓度高时易燃，使用时应注意安全。此外，还要注意灭鼠。老鼠会破坏冷藏库隔热构造，并有可能污染食品，传播传染病。一般可采用机械捕鼠和化学药物灭鼠两种办法消除鼠害。

二、休闲食品

(一)休闲食品的概念

随着人们生活水平的提高、闲暇时间的增多、旅游的兴起，以及营养保健意识的增强，居民的消费支出开始向休闲、方便、营养的即食食品转向。因此，与此相关的商品就构成了食品中新的一族——休闲食品。所谓休闲食品，是指那些购买、携带、食用方便，味道鲜美，口味独特，有营养、低热量、低钠，而且便宜的即食食品。

(二)休闲食品的分类

目前，市场上休闲食品种类繁多，按其原料不同可划分为以下几类：第一，以马铃薯、红薯为原料的产品，如油炸马铃薯片、马铃薯条、炸红薯、红薯片等；第二，以谷类为原料的产品，如以面粉为主的各类饼干、米饼干、玉米饼、爆玉米花、全麦食品、膨化华夫饼干、面包等；第三，以坚果为原料的产品，如炸花生米、炸核桃仁、开心果、大杏仁、桂圆、瓜子等；第四，以水果为原料的产品，如炸香蕉片、炸菠萝片、果冻等；第五，以鱼、肉类为原料的产品，如牛肉干、烤鱼片、肉松、虾条等。

(三)休闲食品的质量标准

各类休闲食品以其食用方便、直接而著称，因此，对其质量也提出了严格的标准。休闲食品的生产加工过程严格执行国家的有关标准，力求新鲜、卫生、无污染、口味纯正、各具特色。在储存、保管环节应确保场所卫生、干燥、通风、没有污染；在经营中，以小批量购进、勤进快销、加速其周转为原则，确保商品的使用价值。

第三节　乳制品、饮料

一、乳制品

乳是具有高度营养价值的天然食物。乳及乳制品对儿童及老、弱、病、残人群均有重要的生理学意义，而且对整个人类提高身体素质具有重要作用。

(一)鲜乳的化学成分(以牛乳为例)

1. 水分

牛乳的水分是由乳腺细胞所分泌的，溶有牛乳中的可溶性物质。牛乳中，水分通常为87%左右，最高可达90.69%，最低为80.32%。牛乳中其他成分含量变化时水分含量也会随之改变。

2. 乳脂

从乳中分离出来的脂肪称为白脱油、黄油或奶油。乳及乳制品之所以具有美妙的风味和广泛的用途均与乳脂密切相关。

3. 蛋白质

乳中的蛋白质按其存在状态分为溶解和悬浮两大类。乳中蛋白质的含量为3%～4%，其中干酪素占2.8%左右，白蛋白占0.5%左右，球蛋白占0.1%左右。

4. 乳糖

乳糖是乳汁中特有的成分，在普通的牛乳中，其含量通常为4%～6%。乳糖属双糖，分子式和蔗糖相同，但结构式不同。乳糖不溶于水，故甜味不如蔗糖。

5. 无机盐类

乳所含的无机盐类虽然是微量的，通常为0.7%左右，但在加工中对乳的热稳定性十分重要，特别是对乳中钙、镁、磷酸和柠檬酸之间的平衡十分重要，同时对乳在常温下的稳定性也有明显的影响。

6. 维生素

牛乳含有人体所需要的多种维生素，其中维生素A、维生素D和B族维生素高于一般食品。除维生素C外，大多数维生素的热稳定性较高。

7. 酶类

乳中含有各种酶。与乳的质量有关的酶类有过氧化酶、还原酶、淀粉酶、乳糖酶等。

8. 其他物质

乳中还有磷脂、胆固醇、色素、气体、免疫体等。

(二)乳制品的分类

1. 奶粉

奶粉是以新鲜牛奶为原料，经消毒杀菌，在一定真空度下浓缩干燥而成的淡黄色粉状制品。与鲜乳相比，它具有耐储存，携带、运输、使用方便等特点。

常见的奶粉品种有以下几类。

(1)全脂奶粉。将新鲜全脂牛乳经预热杀菌、真空浓缩、喷雾干燥、冷却包装而制成的乳制品，可以分为加糖和不加糖两种。

(2)脱脂奶粉。把鲜乳中的脂肪分离出去后，再如前法加工制成，分为全脱脂奶粉和半脱脂奶粉。

(3)强化奶粉。在鲜乳中或奶粉中添加部分维生素、无机盐及其他营养成分而制成。

(4)速溶奶粉。用特殊的加工方法制成的，在70～80℃温度的水中也能很快溶解的奶粉。

2. 炼乳

炼乳是鲜奶的浓缩制品，是以鲜牛奶为原料，经杀菌消毒、蒸发、浓缩、冷却而得到的黏稠状浓乳。

炼乳分甜炼乳(加糖炼乳)和淡炼乳(无糖炼乳)两种，其中甜炼乳销量最大。在原料牛乳中加入15%～16%的蔗糖，然后将牛乳的水分加热蒸发，浓缩至原体积的40%左右时，即为甜炼乳；浓缩至原体积的50%时，不加糖的即为淡炼乳。

3. 奶油

奶油也称奶酪、黄油、白脱，是由鲜乳中分离出的乳脂肪，经成熟、搅拌、压炼所制成的乳制品。它是一种高脂肪食品，发热量高，还含有多种维生素，既是西餐配料，又是制造糖果、糕点的原料。

(三)乳及乳制品的感官质量

1. 鲜乳

(1)色泽。生鲜乳或酸乳的色泽应为乳白色或略带微黄色，不得有红色、绿色或其他颜色。

(2)气味和滋味。刚挤出的牛乳含有糖类和挥发性脂肪酸，因而略带甜味，并有乳的特有香气。

(3)组织。鲜乳应均匀、不分层;酸乳应均匀细腻、无气泡,允许少量乳清析出。

2. 奶粉

(1)气味和滋味。正常的奶粉应具有消毒牛奶的纯味,无其他杂味。凡气味中带有苦味、腐败味、发霉味等气味的奶粉,一律为不合格品。

(2)组织状态。正常奶粉应呈干燥的粉末状,无凝结或团块。

(3)色泽。正常的奶粉呈浅乳黄色,色泽均匀一致。

(4)冲调性。将奶粉倒入25℃的水中,水面上的奶粉很快湿润并下沉,完全溶解,无团块和沉淀者为优品。

3. 炼乳

(1)气味和滋味。味甜而纯,无外来的气味和滋味。

(2)组织状态。黏稠度以很易从挂铲上流下为准,质地均匀一致,品尝时感觉不到乳糖结晶存在,整个炼乳中不得有气泡存在。

(3)色泽。炼乳整体色泽应均匀一致,白中略带乳脂的色泽。

4. 奶油

(1)色泽。均匀一致的微黄色。

(2)盐分。正常、均匀、一致。

(3)稠度。具有一定的稠度和适当的可塑性和延展性。

(4)组织状态。切断面细致均匀。

(5)风味。芳香纯正。

(6)水分。切断面应无水珠。

(四)乳及乳制品的保管方法

1. 鲜乳

鲜奶含有病原体,因此,必须经消毒后方能出售。牛乳消毒一般采用巴氏消毒法。低温巴氏消毒法是将牛乳放入专门的巴氏消毒器中,将牛乳加热至63℃,持续30分钟。高温巴氏消毒法是将牛乳加热至73.8~76.6℃,持续1~10分钟或者将牛乳加热至82.2℃,持续时间不超过5分钟。一般市场上销售的牛乳均采用低温巴氏消毒法。乳制品加工时则采用高温巴氏消毒法。

消毒后的牛乳要及时灌装和冷藏,以便分送给用户或送往市场销售。

运送鲜乳时应避免受热。为了保持乳的质量,自牛乳消毒后至送到消费者手中,时间以不超过20小时为宜(包括消毒后在冷库中存放的时间)。牛乳自冷库中取出,准备运送前,乳温不宜高于5℃。温度过低时脂肪容易分离,过高则容易变为酸凝结。

2. 奶粉

奶粉在储存过程中极易吸收水分而发生结块,易串味,脂肪含量又较高,为了防止脂肪氧化酸败和奶粉结块,必须密封包装。可采用容量为500克的马口铁罐,以抽真空充氮密封的方法包装。

3. 炼乳

由于甜炼乳是利用高浓度蔗糖进行防腐,如果加工条件符合规定,包装卫生严密,在8~10℃的条件下,长时间储存也不易腐坏。甜炼乳在储存时会随着时间的延长和外界温度的影响，其黏度会逐渐增大。成品炼乳存放在7℃以下，其黏度一般不会增大；在8～15℃的条件下稍有变稠现象；在16～21℃的条件下变稠的倾向明显；在38℃时，经一个半月的时间即明显变稠。据此，国家规定，商业网点甜炼乳的储存温度不宜高于20℃。但在炎热的夏季，储存温度很难控制在20℃以下，由于炼乳受热膨胀，瓶装的炼乳常有溢出现象，在不能控温的条件下，可将炼乳瓶倒置，防止其溢出。

4. 奶油

保管奶油的库房内应有制冷设备，保温条件良好，不得与有异味的食品混合存放。保质期限为：4～6℃，7天；0～8℃，1～6个月；－18～－15℃，6～12个月；－23℃以下，可长期储存。同时，奶油在销售时应注意避光，否则易氧化变质。

二、饮料

饮料是指以水为基本原料，采用不同的配方和制造方法生产出供人们直接饮用的液体食品。饮料除给人提供水分外，由于在不同的饮料中含有糖、酸、乳及各种氨基酸、维生素、无机盐、果蔬汁等营养成分，还对人体起着不同的作用，具有各自独特的风味。

(一)饮料的分类

饮料分类的方法在各国有所不同。一般来说，饮料可以分为含酒精的饮料、无酒精的饮料和其他饮料三类。

1. 含酒精的饮料

含酒精的饮料是指经过一定的发酵过程，使其中含有一定量的糖及少量酒精的饮料。

2. 无酒精饮料

无酒精饮料又称清凉饮料、软饮料。目前市场上销售的此类饮料品种繁多，通常可以分为以下几类。

(1)碳酸饮料。由人工配制并充入二氧化碳而成的饮料，通常称为汽水。其主要原料是水、甜味剂、酸味剂、香精、着色剂和二氧化碳等。习惯上将其分为果味型、果汁型和可乐型。

①果味型。果味型汽水是添加与某种水果香味相同的香精而制成的汽水。这类汽水营养价值不大，只起到清凉解渴的作用，属于普通汽水，如橘子汽水、柠檬汽水等。

②果汁型。果汁型汽水是用各种鲜果汁为原料，与蔗糖、柠檬酸等配制而成的汽水。它具有水果特有的色、香、味，营养丰富，如杨梅汽水等。

③可乐型。可乐型汽水是根据可口可乐的色、香、味而制成的汽水，具有枣红色泽和特有的风味，如可口可乐、百事可乐、非常可乐等。

(2)果蔬汁饮料。果蔬汁饮料的主要原料是果蔬汁，取自新鲜水果和蔬菜。一般可以将其分为天然果蔬汁、带肉果蔬汁、浓缩果蔬汁几类。

①天然果蔬汁。天然果蔬汁是指新鲜果蔬经过压榨处理后直接得到的原汁，它不加任何其他成分。

②带肉果蔬汁。带肉果蔬汁是指含有均匀细小果肉的一类饮料，它是将新鲜果肉经打浆、磨细，并经过一系列的处理后得到的。

③浓缩果蔬汁。浓缩果蔬汁是由果实原汁浓缩而成的，一般不加糖或用少量食用糖加

以调整。因果蔬汁的种类和用途不同，可使其浓缩成为原来的1/7～1/3。

目前生产的果蔬汁以柑橘汁、苹果汁、葡萄汁、菠萝汁、番茄汁和浆果类果蔬汁为主。

(3)保健饮料。保健饮料是一种以增进人体健康为宗旨的饮料。与一般饮料相比，保健饮料的营养成分有一定的特征，能补充通常食物中短缺的营养素，还能增强人体体质。保健饮料作为保健食品的一部分，在国内外都发展得很快，已成为食品工业中的一个重要分支。根据保健饮料的性质和效用，可以将其分为强化饮料、疗效滋补饮料、运动饮料、花粉饮料等。

(4)矿泉水饮料。取自地下水，含有无机盐和游离二氧化碳的泉水，含无机盐在1000毫克/升以上或含游离二氧化碳在250毫克/升以上，包括天然矿泉水饮料和人工矿泉水饮料。世界卫生组织对矿泉水的定义：天然矿泉水是来自天然的或人工井的地下水源，并在细菌学上健全的水。这种水与普通饮用水的明显区别有：第一，含有矿物质或微量元素；第二，保持原有的纯度(即不受任何污染)；第三，性质和纯度能保持不变。

在我国，按温度不同，将矿泉水分为冷泉(常温)、温泉(40℃左右)、热泉(70℃以上)；按化学成分不同，分为碳酸泉、硫酸泉、氡泉、氟泉、铁泉、其他泉。

(5)固体饮料。它是用各种原料调配、浓缩、干燥而成或将各种原料粉碎、混合后制成的。它不能直接饮用，需用水冲调后才可饮用。固体饮料一般可按存在状态分类，有粉状固体饮料、粒状固体饮料、块状固体饮料；还可按所用的原料不同分类，有果汁型、果味型和蛋奶型固体饮料，主要品种有麦乳精、橘子精、菠萝精等。

3. 其他饮料

(1)乳性饮料。牛奶一般不列入饮料类，但以牛奶为原料加入配料则可制成乳性饮料，如果汁牛奶、巧克力牛奶等。

(2)冷饮。它是用乳类、蛋类、糖、稳定剂等原料配制、冷冻而成。按其组成成分和组织状态，又可分为冰激凌、雪糕、冰棍三类。

(3)乳酸饮料。它是以牛乳、羊乳、马乳的脱脂乳等为原料，将其杀菌后加入特定的微生物(如乳酸菌、酵母菌或几种菌类)，经混合发酵而制成的具有特殊风味的乳制品。它的营养价值高于一般饮料。

(4)发酵饮料。它是用酒精酵母发酵制得，其酒精含量在1%以下。它既有一般清凉饮料的性质，又有发酵饮料的特点。这种饮料除清凉爽口、消暑解渴、提神助兴外，还有特殊的风味和香味，并具有多种有益的功能。

(5)蛋白饮料。它是用植物蛋白、微生物蛋白制成的饮料，其蛋白含量在2.5%以下。

(二)饮料的质量鉴别

1. 从标签内容判断质量

国家颁布的GB 771—2011《食品安全国家标准预包装食品标签通则》等法规性文件，明文规定饮料产品标签上应注明的内容，主要包括品名、生产日期、保质期、主要原料及辅料、生产厂名、厂址等。这是合格产品必须具备的。

(1)首先查明商标是否注明上述内容，如没有注明，则质量不可靠、不可信。

(2)判定该饮料是否在保质期内。国家对各种饮料保质期有明确规定。比如，汽水的保质期为玻璃瓶装和塑料瓶装3个月，易拉罐装6个月；果蔬汁饮料的保质期为玻璃瓶装6个月；植物蛋白饮料的保质期为玻璃瓶装3个月。如果商品已超出保质期，则质量无保证，不宜购买。

(3)判断该饮料是否名副其实。不同饮料的商标上应注明的内容也不同，果汁型汽水、果蔬汁饮料，应标明果蔬原汁含量；乳饮料应标明非乳固体物含量；植物蛋白饮料应标明蛋白植物固体物含量，如大豆固体物、杏仁固体物等的含量；天然矿泉水则应标明矿化成分表和规定指标。如果没有注明具体内容或指标，则该产品不可靠。

2. 从外观判断质量

果味型汽水不应出现絮状物；手捏塑料瓶装与易拉罐装汽水时不软、不变形；灌装饮料如发现盖上有凸起，说明其质量有问题；各种包装饮料倒置时，均不应有渗漏现象，但果汁饮料的轻微分层属正常现象；果茶类的饮料及其他一些饮料，如太黏稠或太鲜红等颜色异常，则质量不佳。

3. 从气味和味道判断质量

各种饮料都有其相应的气味，应清香、无异味、无刺鼻感。正常饮料无异常味道、酸甜适度，如有苦味、酒味、醋味等，则表明其质量有问题。

4. 从实质上判断质量

果味饮料应清澈透明，无杂质，不混浊；果汁饮料因加入果汁和乳浊香精，会有混浊感，但应均匀一致，不分层，无沉淀和漂浮物；固体饮料不应有结块、杂质或潮解。

第四节 卷烟、酒、茶叶

一、卷烟

(一)概述

烟草作为一种特殊的消费品，已有500多年的历史，其发源地在中南美洲，是印第安人开创的。1492年，哥伦布在美洲大陆发现烟草，约在1581年烟草由欧洲传入我国。16世纪中叶，南美洲出现纸卷烟，1881年美国出现了卷烟机，1913年混合型卷烟在美国问世，1954年过滤嘴卷烟在美国出现，1976年美国生产出低焦油卷烟。从20世纪70年代后期开始，我国一直是全球最大的烟草出口国和烟草消费国。1981年5月，国务院对烟草实行专营。1982年，国务院成立中国烟草总公司。1983年，国务院发布《烟草专卖条例》，1984年设立国家烟草专卖局，与中国烟草总公司一套机构、两个牌子。1997年，国务院颁布《〈烟草专卖法〉实施条例》。2005年，国务院办公厅发文《关于进一步理顺烟草行业资产管理体制深化烟草企业改革的意见》(国办发[2005]57号)，明确烟草行业继续实行“统一领导、垂直管理、专卖专营”的管理体制。2008年，国务院对国家烟草专卖局的工作职责作了进一步明确。2016年，烟草行业上缴国家财政税额达100006亿元。

烟草之所以被人使用，主要是因为烟草中含有一种烟碱(尼古丁)。吸食烟草时，烟碱被人吸收，作用于中枢神经系统产生刺激。吸入适量烟碱有兴奋刺激的作用，能使人呼吸加快，心率加快，血压升高，感到兴奋，精神振奋。烟碱具有毒性，吸多了会引起头痛、呕吐和意识模糊等症状。烟草中的焦油含有肿瘤诱发剂和致癌物质的混合物。烟草中还含有放射元素镭等，对人体健康危害很大。很多国家主张戒烟。2003年5月21日，在第56届世界卫生大会上通过了《烟草控制框架公约》，世界卫生组织还将每年的5月31日定为“世界无烟日”。目前，国内外卷烟制造行业纷纷采取措施降低焦油和烟碱含量。

中国烟草总公司对烟草控制的基本观点：烟草作为一种合法的产品，要有合理的市场定位，不能随意地“封杀”；对控烟的形式、范围、程度，应尊重各个国家的不同情况和不同选择，不应干预国家主权范围以内的事项；要坚决禁止未成年人吸烟，但对成年人的自主选择要给予充分尊重和平等对待；控烟工作的开展和“公约”的制定，要有利于严厉打击卷烟走私和制假、售假等非法生产经营行为；在人们不能完全戒除吸烟习惯的情况下，吸食焦油量低、有害成分少的卷烟相对好一些；合法存在的卷烟行业要加强行业自律，多做一些有益于社会进步的事情。中国卷烟产品的总体发展方向：发展混合型，改造烤烟型，稳定雪茄型，开发疗效型，力求满足人民的需要。国际烟草业的发展趋势：混合型、淡香型、低焦油型卷烟逐步占据主流市场，向全球化、垄断化方向加快发展，烟草产业和主要烟草市场加快向发展中国家转移，加速向公司化、自由化、民营化、市场化方向发展。

(二)卷烟(烟丝)的化学成分及特性

烟草属茄科植物的烟草属。烟草可分为烤烟、晒烟、晾烟三大类别。卷烟、雪茄烟、烟丝、复烤烟叶统称为烟草制品。卷烟是由烟叶加工成烟丝后，经加料加香，用盘纸卷制而成的。主料烟丝的质量决定了卷烟的等级和质量，它的化学成分和特性代表了卷烟的化学成分及特性。

1. 烟丝的主要化学成分

烟丝在燃烧时，可产生4000多种化学物质，其主要化学成分包括糖分、蛋白质、焦油与烟碱、芳香物质、矿物质和水分。

(1)糖分。烟丝中的糖分主要是水溶性糖(葡萄糖、果糖、蔗糖、麦芽糖等)，由烟叶中的淀粉转化而来，是卷烟中的有利成分。烟丝中的糖分在卷烟燃烧过程中，使烟气呈酸性反应，能降低烟气的辛辣和苦涩等不良气味，使吸味醇和。此外，糖分使烟丝具有较大的韧性和弹性，从而增强了卷烟的填充力和燃烧性。因此，卷烟烟丝中糖分含量通常随着卷烟等级质量的提高而增加。

(2)蛋白质。烟丝中一般含有5%～15%的蛋白质。蛋白质的作用与糖分相反，通常蛋白质含量的增加，能使燃烧后烟气呈碱性反应，产生烧焦羽毛的臭味和苦味，使咽喉感到不舒服，由辛辣而变苦，烟丝的吸味质量降低。因此，蛋白质含量的增加会引起卷烟质量的下降。目前，常利用蛋白质与糖分含量的比值，作为评定卷烟吸味质量的指标，此比值称作施木克值。卷烟等级越高，施木克值越大。

$$\text{施木克值}=\frac{\text{糖分含量}\%}{\text{蛋白质含量}\%}$$

(3)焦油与烟碱。卷烟燃着后的烟气里含有0.1～1微米的小颗粒物，吸入呼吸器官内即刻冷凝集聚。集聚物主要是焦油和烟碱，俗称烟油子，是一种褐色物质。焦油中0.2%是致癌物质，0.4%是诱癌物质。烟碱是一种含氮化合物，具有兴奋神经的作用。但吸量过多对人体有害，如一次吸入40毫克，会导致人死亡。一般烟丝中含烟碱1.5%较适中，高于1.8%劲头过大，低于1.3%劲头不足。

烟碱(尼古丁)有“结合”烟碱和“游离”烟碱两类，其中“游离”烟碱刺激性大。卷烟生理强度的大小不仅取决于烟碱总量的大小，还取决于“游离”烟碱的含量，由烟碱值来反映。烟碱值越大，卷烟的生理强度越小，相反则越大。

$$烟碱值=\frac{总烟碱含量\%}{“游离”烟碱含量\%}$$

(4)芳香物质。卷烟的芳香气味主要是芳香物质形成的。烟丝中的芳香物质分为两类。一类是由烟叶表面散发出来的香气，即烟叶中具有芳香气味的挥发油所产生的；另一类是在燃烧时产生的香气，主要是树脂加热时变软而散发出的香气。烟丝中芳香物质随烟叶原料的品种、产地、调剂方法等情况不同而有较大的差别。

(5)矿物质。烟丝中的矿物质含量影响其燃烧性。其中，钾盐有助于烟丝的燃烧；汞、钙、镁妨碍燃烧；氯会影响卷烟的保火能力，含量达到 2%时则有严重熄火现象。钾与氯的含量以 4∶10 为宜。

(6)水分。烟卷含水量正常，则其燃烧性较好，透气适当，烟的芳香气味协调，吸味醇和，劲头适中。若烟卷含水量过高，则燃烧慢，易熄火，吸味平淡，生理强度低，易霉变；卷烟含水量过低，则燃烧速度过快，刺激性增强，吸味辛辣，烟丝平缩发脆，易造成空头烟。国际上规定：甲级卷烟的含水量是(12±0.5)%；乙级、丙级、丁级卷烟的含水量是(12±1)%。我国卷烟的水分控制在 11.5%～12.5%。

2. 卷烟的特性

(1)卷烟的吸湿性和放湿性。卷烟的主要成分是烟丝。烟丝属毛细血管多孔体胶质物体，其组织很像一种胶质海绵体，能够从大气中吸收水分或向大气散发水分。此外，烟丝所含的糖类、蛋白质、树脂、果胶等，以及加工中添加的香精调料都是亲水物质，容易吸水。这种因受外界空气湿度增减而改变其含水量的特性，即为卷烟的吸湿性或放湿性。

一般说来，空气温度越高，湿度越大，卷烟的吸湿速度就越快；反之，卷烟的吸湿速度变慢。因此，应将卷烟仓库的温度控制为 20～25℃，相对湿度以 55%～65%为宜。

(2)卷烟的吸收异味性。卷烟有较强的吸收异味的性能，据此可以制造各种外香型卷烟，如长白参烟等。正因为卷烟有此性能，故卷烟不能与其他有异味的东西混放，特别是不能与化妆品、肥皂、卫生球、汽油等混放，以免串味，影响卷烟质量。因此，卷烟需专库储存，专门运输。

(三)卷烟的分类和等级

1. 卷烟的分类

(1)按卷烟的外形分类。一般可分为普通无嘴卷烟和过滤嘴卷烟，过滤嘴卷烟又有长短、粗细、扁圆的区别。

(2)按卷烟的原料不同分类。

①烤烟香型。原料以烤烟为主，掺有少量晾晒烟。烟丝颜色较浅，具有烤烟香气，吸味醇和，劲头适中，比较适合我国居民的消费习惯。此类烟的发展趋势是香气足、劲头大、低焦油。我国烤烟种植面积和总产量都居世界第一位。

②晒烟香型。原料以晒烟为主，加入少量的烤烟，具有晒烟的特殊香气，吸味较重，劲头较大。烟丝颜色有深色和浅色两种。此类烟我国生产较少。

③混合香型。原料有烤烟、晒烟、香料烟、白肋烟等多种烟叶。烟丝颜色呈棕红色，

具有各种烟的混合香气，吸味较好，劲头较大。混合型卷烟是世界发展潮流，也是我国卷烟的发展方向。

④外香型。一般以烤烟为原料，加入较多的具有特殊香气的香料卷制而成。此类卷烟的烟气中具有独特的外加香味。

⑤雪茄型。以雪茄型的晾烟为原料，用特殊的盘纸卷制而成，烟丝色泽较深，烟气中具有雪茄型香味。

⑥疗效型。在卷烟中添加中草药而制成的卷烟，对预防或治疗疾病有一定的作用。这是我国烟草工业发展的一条新途径。

2. 卷烟的等级

烤烟型卷烟分为甲、乙、丙、丁四个等级；混合型、外香型、雪茄型卷烟分为甲、乙、丙三个等级。

(四)卷烟质量评价

1. 卷烟的质量指标

各个等级的卷烟产品，在感官方面和理化方面都有明确的规定，根据这些指标来评价卷烟的质量。

(1)卷烟的感官标准。

①烟支的外观质量指标。烟支不得爆口；烟支不得有油渍、黄斑、污点；烟支切口齐平，无毛渣、斜面；烟支表面光洁，无皱纹，搭口和接装均匀牢固，不得夹末、翘边。

烟支规格尺寸见表8-1、表8-2。

表8-1 卷烟长度的技术要求

规格	等级	长度(mm)	允差(mm)
无嘴卷烟	甲、乙	70～81	±0.5
	丙、丁	69～81	±1.0
过滤嘴卷烟	甲、乙、丙	70～81	±0
		81～120	

表8-2 卷烟圆周的技术要求

规格	圆周(mm)	允差(mm)
无嘴卷烟	25.0～27.5	±0.3
过滤嘴卷烟	22.0～25.5	

②烟丝的色泽。

A. 烤烟型卷烟烟丝

甲级：色泽金黄、橙黄、正黄，均匀无白点，光泽油润。

乙级：色泽深黄、赤黄、淡黄，均匀略有白点，光泽尚油润。

丙级：色泽褐黄，光泽暗淡。

丁级：色泽褐黄、青褐，光泽灰暗。

B. 混合型卷烟烟丝

甲级：色泽棕红、棕黄，微有白点，光泽油润。
乙级：色泽棕黄，略有白点，光泽尚油润。
丙级：色泽棕褐，光泽不油润。
C. 外香型卷烟烟丝
甲级：色泽橙黄、正黄或棕红、棕黄，微有白点，光泽油润。
乙级：色泽深黄、淡黄、棕黄，略有白点，光泽尚油润。
丙级：色泽褐黄、棕褐，光泽灰暗。
D. 雪茄型卷烟烟丝
甲级：色泽浅棕、红棕、深棕，光泽油润。
乙级：色泽浅棕、红棕、深棕，光泽尚油润。
丙级：色泽深褐、棕褐，光泽暗淡。
③卷烟的香味。
A. 烤烟型卷烟
甲级：香味清雅或浓馥，丰满，细腻，谐调。
乙级：香味充实，稍粗糙，谐调。
丙级：香味淡薄，粗糙，不够谐调。
丁级：香味低劣，粗糙，不谐调。
B. 混合型卷烟
甲级：香味醇厚，丰满，细腻，谐调。
乙级：香味充足，稍粗糙，尚谐调。
丙级：香味淡薄，粗糙，不谐调。
C. 外香型卷烟
甲级：香味丰满，清新，谐调。
乙级：香味充实，充足，稍粗糙，尚谐调。
丙级：香味短少，粗糙，不谐调。
D. 雪茄型卷烟
甲级：香醇浓郁，浑厚，细腻，谐调。
乙级：香味充足，稍粗糙，尚谐调。
丙级：香味淡薄，粗糙，不够谐调。
④卷烟的杂气、刺激性和余味。
A. 烤烟型卷烟
甲级：无杂气，无刺激，纯净，舒适。
乙级：微有杂气，微有刺激，尚净，尚舒适。
丙级：有杂气，有刺激，舌腭不净，不够舒适。
丁级：杂气明显，刺激明显，舌腭不净，不舒适。
B. 混合型卷烟
甲级：无杂气，不刺激，干净舒适。
乙级：微有杂气和刺激性，尚干净，尚舒适。
丙级：有杂气和刺激，不够干净，不够舒适。

C. 外香型卷烟

甲级：无杂气和刺激，纯净，舒适。

乙级：微有杂气和刺激，尚净，尚舒适。

丙级：有杂气和刺激，舌腭不净，不够舒适。

D. 雪茄型卷烟

甲级：无杂气，有轻微刺激，纯净、舒适。

乙级：微有杂气，有刺激，尚净、尚舒适。

丙级：有杂气，刺激明显，舌腭不净、不够舒适。

2. 卷烟的理化指标

(1)焦油含量。我国卷烟焦油含量分高、中、低三档，GB 5606.5—2005《卷烟第5部分：主流烟气》规定了每支卷烟焦油量：在10mg以下者为低焦油卷烟，在11～15mg为中焦油卷烟，在15mg以上者为高焦油卷烟。

(2)烟碱量。其关系到卷烟的生理强度，一般不应超过2%，高级卷烟不应超过1%。

(3)总氮量。蛋白质、氨基酸、氨气等类物质分解后会产生不良气味，与卷烟质量成反比。

(4)水分。这是一个重要指标，与卷烟质量有密切关系。其技术要求在前面已作叙述，根据季节和地区的不同，卷烟的含水量可由烟草总公司和各省烟草专卖局规定。

(5)总糖。这是体现卷烟优良吸味的标志，与卷烟量成反比。

(6)糖碱比。与卷烟质量成反比。

卷烟的各项技术要求见表8-3至表8-5。

表8-3　烤烟型卷烟糖碱比技术要求

规　格	等　级	总　糖(<)/%	总烟碱(>)/%	糖碱比(<)
无嘴和过滤嘴卷烟	甲	22	1.2	20
	乙	18	1.1	16
	丙	15	1.1	14
	丁	10	1.1	10

表8-4　混合型和外香型卷烟糖碱比技术要求

规　格	等　级	总　糖(<)/%	总烟碱(>)/%	糖碱比(<)
无嘴和过滤嘴卷烟	甲、乙、丙	15	1.4	12

表8-5　雪茄型卷烟糖碱比技术要求

规　格	等　级	总　糖(<)/%	总烟碱(>)/%	糖碱比(<)
无嘴和过滤嘴卷烟	甲、乙、丙	5	1.4	4.0

(7)卷烟的燃烧性。卷烟在燃着停吸后，要求甲级烟没有熄火现象；乙级烟熄火现象小于10%；丙级烟小于20%；丁级烟小于30%。

(8)卷烟硬度。用硬度仪检测，硬度要求见表8-6。

表 8-6 卷烟硬度技术要求

规 格	等 级	硬 度	允 差
无嘴和过滤嘴卷烟	甲	1.5	
	乙	2.0	±0.8
	丙、丁	2.0	±1.0

(9)卷烟含末率。用测末仪检测，要求甲、乙级卷烟含末率不超过1%，丙、丁级卷烟含末率不超过5%。

(五)真假名烟的鉴别

1. 看包装

名烟条盒包装材料用的是白板纸，条盒上的透明纸是长边封口，垫封带清晰可见，搭口处留有一定量的边，不是完全封死的。假烟无此特征。

2. 看拉线

名烟小包装透明纸包得松紧适宜，拉线位置距小盒封口上端4～7mm，拉线与透明纸附着良好，拉线接头处凹进一个U字形。假烟的拉线一般为平头或拉线粘在盒上。

3. 看烟支

名烟烟支外观干净挺括，钢印清晰。剥开过滤嘴外面的一层贴纸，过滤嘴整齐并且与烟体分开。假烟烟支字号不清，过滤嘴与烟体不分开。

4. 看烟丝

名烟烟丝细长均匀，一般呈金黄、深黄或棕黄色，色泽光亮，具有油感。假烟丝细碎色深，光泽暗淡。

5. 看烟灰

名烟烟灰呈灰白色，灰柱长。假烟烟灰发黑并向外炸开，呈刺球状。

6. 闻烟味

名烟吸味醇和，香气足，刺激性小。假烟呛喉、刺鼻、香味淡或香味浓烈刺鼻。

二、酒

(一)酿酒的基本原理

酿酒是将含糖类的原料水解，再逐步转为单糖，然后在不同酵母所分泌的酶的作用下，引起酒精发酵而得到具有色、香、味的产品的过程。

如果所用原料(如葡萄、苹果等)含有大量单糖，则可以直接进行酒精发酵；如果所用的是含多糖和双糖的原料，则必须先经各种酶的水解，使其由多糖转为双糖，再由双糖分解为单糖，然后才能进行酒精发酵。其生化反应式为：

$$\underset{\text{淀粉}}{(C_6H_{10}O_5)_n} + nH_2O \xrightarrow{\text{淀粉酶}} \underset{\text{麦芽糖}}{nC_{12}H_{22}O_{11}}$$

$$C_{12}H_{22}O_{11} + H_2O \xrightarrow{\text{麦芽糖酶}} \underset{\text{葡萄糖}}{2C_6H_{12}O_6}$$

$$C_6H_{12}O_6 \xrightarrow{\text{酒化酶}} 2C_2H_5OH + 2CO_2 + 24\text{ 千卡}$$

（酒精发酵）　　　　　酒精

(二)酒的分类

目前，我国酒类产品的分类主要有以下几种方法。

1. 按酿制方法分类

(1)蒸馏酒。它是把含糖或含淀粉的原料，经糖化、发酵、蒸馏而制成的酒，如我国的白酒、国外的白兰地、威士忌酒、俄得克等。其特点是酒精度较高，刺激性强，耐储藏。

(2)发酵原酒。发酵原酒也称压榨酒或酿造酒。它是把含糖或淀粉的原料经糖化(或不经过糖化)、发酵后直接提取或用压榨法制成的酒，如啤酒、葡萄酒、果酒等。其特点是酒精度低，刺激性小，具有一定的营养价值。这类酒不如蒸馏酒耐储藏，除黄酒和部分酒精度略高的葡萄酒之外，不宜久储。

(3)配制酒。这是指将白酒或酒精与一定比例的糖料、香料、中药等配制而成的酒，如竹叶青、五加皮、虎骨酒等。其特点是酒内含有一定的糖分和固体物，有一定的药用价值。

2. 按酒精含量分类

(1)高度酒。酒精度在40°以上的是高度酒，如高度白酒、白兰地等。

(2)中度酒。酒精度在20～40°的是中度酒，如中度白酒和配制酒。

(3)低度酒。酒精度在20°以下的是低度酒，如葡萄酒、果酒、黄酒、啤酒等。

3. 按经营习惯分类

按经营习惯，酒可分为白酒、黄酒、啤酒、葡萄酒、果酒、配制酒等。

(三)酒的主要品种

1. 白酒

白酒又称烧酒、白干。酒精含量一般在40°以上。白酒在酒类中占有重要位置，具有独特的风格。其酒液澄清透明，香气宜人，回味悠长。

(1)白酒的原料。白酒的主要原料是含糖和淀粉的原料、辅料、酒曲、酒母和水等。

①含糖和淀粉的原料。此类原料主要是谷物和薯类等，如高粱、玉米、大米、白薯、马铃薯等。还有糖质原料，如甘蔗、甜菜。

②辅料。辅料主要是一些农副产品，如稻壳、麸皮、玉米芯。其作用在于调整酒醅的淀粉度、酸度、水分，使酒醅疏松，利于白酒蒸馏。要求辅料具备良好的吸水性，含杂质少；新鲜不霉烂，一般可不含或少含营养物质。

③酒曲。酒曲是淀粉原料的糖化剂，酒曲中存在的酒化菌能把淀粉水解为单糖，同时有一定的发酵作用。酒曲不仅关系到原料的出酒率，同时对酒的风味影响也很大。

常用的酒曲主要有大曲、小曲、麸曲等。大曲酿造的酒浓郁多香，但成本较高；小曲酒一般香味淡薄；而麸曲酒成本最低，但不如大曲酒风味好。

④酒母。酒母是酒的发酵剂，包括将糖类发酵成酒精的人工酵母培养液，以及固态的人工酵母培养物。

⑤水。在白酒的组成成分中，水占40%左右。水质的好坏直接影响糖化、发酵及成品

风味。酿造用水必须符合生活用水的卫生标准，适合人们饮用。

(2)白酒的成分。白酒的主要成分是乙醇和水，二者占总量的98%以上。其余成分为高级醇、有机酸、脂类、多元醇及其他微量成分，这些成分含量虽少，却与白酒的品级质量关系密切。白酒中也含有一些有害人体健康的成分，这些成分在食品卫生标准中有限制性指标。

①酒精。酒精即乙醇，是白酒及其他各类酒的基本成分，其含量高低决定了白酒刺激性的强弱。酒度过高则口感辛辣，过低则滋味淡薄，酒度适中则口感醇和。白酒的酒精含量虽偏高，但也因酒类品种的不同而有所区别。

②酸。各种脂肪酸的总合，是发酵过程中产生的有机酸，白酒中的重要呈味物质，与其他香味物质共同构成白酒特有的芳香。有机酸的含量过少则口味淡、后味短；含量过多则掩盖甜味，口感粗糙，风味变劣；含量适中则酒味醇厚。在白酒储存过程中，有机酸还能与醇类发生酯化反应，形成芳香的酯类物质，提高白酒香气。

③醛。主要是乙醛，微量的醛类能使白酒气味芬芳，但具有较强的刺激性和辛辣味，饮后易头晕，有害身体健康。新酒含醛较多，经过储存后会减少。

④酯。具有芳香的化合物，是白酒中重要的呈味物质，优质白酒酯类物质含量较高，品种也较复杂。白酒的香型划分，取决于酯的成分。白酒储存中由于酯化反应，酯的含量会提高，这也是优质酒要经过陈酿的原因。

⑤高级醇。它又称为杂醇油，产生于酿酒原料中的蛋白质成分，是酒的芳香组成之一，又是酯的前驱物质。若含量过多，会使酒有刺鼻味和苦涩味，饮后头晕，有害于健康。

⑥甲醇。无色液体，在人体内氧化成甲醛，是有毒的成分，过度饮用甲醇含量高的白酒会头晕、耳鸣、视力模糊，严重中毒会导致失明、呼吸困难、昏迷，甚至危及生命。100mL甲醛就会使人失明。

⑦铅。铅主要来自酿造设备、盛酒容器等，对人体有害，含量一般不超过1ppm(1ppm=1mg/L)。

(3)白酒的类型。

①清香型(称汾香型)。酒气清香芬芳、醇厚绵软、酒味醇正、余味爽净。该类酒的主要香气成分是乙酸乙酯和乳酸乙酯。山西汾酒为其代表，其他如西凤酒、衡水老白干等。

②浓香型(窖香型)。酒气芬芳浓郁、绵柔甘冽、香味协调、回味悠长。民间形容为：香浓郁、入口绵、落口甜。其香气的主体成分是乙酸乙酯和适量的丁酸乙酯。四川五粮液为其代表，其他如剑南春、古井贡酒、洋河大曲、曲阜孔府家酒、安徽口子窖酒等。

③酱香型(茅香型)。酱香突出、幽雅细致、回香绵长、酒体醇厚、空杯留香。酱香型白酒略有焦香，但不过头。此类白酒在我国品种并不多，但都很有名，贵州茅台酒为其代表，其他如郎酒、武陵酒等。

④米香型。蜜香轻柔、入口绵甜、回味悠长。小曲酒多属米香型。其主体香气成分以乳酸乙酯为主，乙酸乙酯稍低。桂林三花酒为其代表，其他如黑米酒等。

⑤复香型(兼香型或其他香型)。兼有两种以上香型的白酒风格，如董酒、老龙口酒、白沙液等。

(4)白酒的感官指标。

①色泽。白酒一般应无色透明、清亮、无悬浮物、无浑浊物和无沉淀物。发酵期较长、储藏期较长的优质白酒略带微黄。

②香气。优质白酒应芳香扑鼻。白酒的香气可分为溢香、喷香和留香三类。品酒时，当鼻腔靠近杯口，顿觉芳香物质溢散于杯口附近，用嗅觉可直接辨别香气高低及特点，称为溢香(闻香)；酒液进入口腔，香气立即充满口腔，称为喷香；酒咽下后，口中留有余香，此即留香。一般白酒都应有一定的溢香，名优白酒要兼有溢香、喷香和留香，而且香气纯正，不带异味。喷香白酒最为突出的是五粮液，而留香最为突出的是茅台。

③滋味。白酒滋味要求纯正、无异味、无强烈的刺激性。白酒的滋味与香气是一致的，香气较好的滋味也较好。优质名酒要求滋味醇厚、味长，有回甘，入口各味协调，有愉快、舒适的感觉。

(5)白酒的度数。白酒的度数是用百分数表示的(即100mL酒液中含酒精的毫升数)，如100mL酒液中含有60mL酒精，即表示为60%(V/V)，也称为60°。

2. 黄酒

黄酒又称料酒，是以糯米、玉米等含淀粉类粮食为主要原料，经酒药和麦曲糖化、发酵而酿成的低酒精压榨酒。酒精含量一般在11～20°。黄酒是中国最古老的一类饮料酒，因其多数品种呈黄色，故名为黄酒。黄酒以其酒精度适中、营养丰富、品质优异、风味独特而驰名中外。其主要成分有酒精、水、糖分、糊精、高级醇、氨基酸、维生素等。黄酒除饮用外，还可以制药酒，同时也是烹制荤腥类菜肴的重要佐料。

根据不同的标准，黄酒可分为不同的种类。

(1)根据酿酒原料、工艺及成品风格分类。

糯米黄酒。是以糯米或大米为主要原料，以药酒和麦曲为糖化发酵剂酿制而成的。主要产地在长江以南各省，如浙江的绍兴酒、苏州的仿绍酒、江苏丹阳的封缸酒。

红曲黄酒。是以糯米或大米为主要原料，以红曲为糖化发酵剂酿制而成的。主要产地在福建、广东、浙江温州一带，如福建老酒、龙岩沉缸酒。

黍米黄酒。是以黍米为主要原料，以麦曲为糖化发酵剂酿制而成的。主要产地在山东、东北一带。如山东即墨老酒、辽宁大连黄酒。

大米清酒。是以大米为主要原料，以米曲霉和清酒酵母为糖化发酵剂，采用日本工艺酿制而成的。主要产于吉林等省，以长春酿酒总厂的产品为代表。

(2)根据黄酒的含糖量分类。

①干黄酒。其含糖量小于1.00g/100mL(以葡萄糖计)。此酒属稀醪发酵，发酵温度较低，酵母生长较为旺盛，故发酵彻底，残糖量很低。在绍兴地区，干黄酒的代表是元红酒。

②半干黄酒。又称“加饭酒”。其含糖量在1.00%～3.00%。酒质厚浓，风味优良，可长期储存，是黄酒中的上品。我国大多数出口酒属此类型。

③半甜黄酒。其含糖量在3%～10%。此酒香气浓郁，酒度适中，味甘甜醇厚，是黄酒中的珍品，但不宜久存，储存时间越长，色泽越深。

④甜黄酒。一般采用淋饭操作法，拌入酒药，先酿成甜酒酿，当糖化至一定程度时，加入40%～50%浓度的米白酒或糟烧酒，酒中含糖量为10～20g/100mL，其酒度也较高。

⑤浓甜黄酒。其含糖量大于或等于20g/100mL。

(3)根据地域分类。

①南方的糯米、粳米黄酒。绍兴酒为此类酒中的佼佼者。绍兴酒酒色褐黄清亮，香高味浓，故称老酒。绍兴酒可分为元江酒、加饭酒、善酿酒、香雪酒。

②南方的红曲黄酒。名品有福建老酒和龙岩沉缸酒。福建老酒呈褐黄色，酒香浓郁，口味醇厚，甜度爽适，余味绵长，属半甜型黄酒，酒度14～17°，是福建传统产品。沉缸酒酒度20°，含糖22%，酒色褐红，清亮透明，入口有黏稠感，似蜂蜜。

③北方的黄酒。可分山东黍米黄酒和吉林清酒两类。山东著名的黄酒有即墨老酒。该酒呈黑褐色，清亮透明，酒香浓郁，酒度12°左右，含糖8%左右，入口醇香，甘爽适口，回味悠长。吉林清酒以大米为原料酿制，其酿造工艺来源于日本，酒度16～17°，酒色淡黄、清澈透明，香气清雅，口味纯正。

3. 啤酒

啤酒是以麦芽、水为主要原料，加啤酒花(包括酒花制品)，经酵母发酵酿制而成的、含有二氧化碳的、起泡的、低酒精度的发酵酒(包括无醇啤酒)。啤酒是酒类中酒精含量最低的酒，一般在3.5°左右。啤酒中含有大量的二氧化碳，同时还含有多种营养成分，如糖类、蛋白质、氨基酸、维生素等，素有“液体面包”之称。其主要特点是营养丰富且营养成分易被人体吸收，发热量高，健脾开胃，增进食欲。

(1)按生产方式不同分为鲜啤酒、生啤酒和熟啤酒。

①鲜啤酒。不经巴氏灭菌或瞬时高温灭菌，成品中允许含有一定量活酵母菌，达到一定生物稳定性的啤酒。其味道鲜美，营养价值高。包装形式为桶装、瓶装或散装。低温下一般可存7天。

②生啤酒。不经巴氏灭菌或瞬时高温灭菌，而采用其他物理方法(如微孔薄膜过滤或无菌灌装)除菌，达到一定生物稳定性的啤酒。此种啤酒口味新鲜、淡爽、纯正，啤酒的稳定性好，保质期可达半年。包装形式多为瓶装或听装。

③熟啤酒。经过巴氏灭菌或瞬时高温灭菌的啤酒。其稳定性好，保质期较长，瓶装或听装的熟啤酒可保存半年以上。

(2)按啤酒的色泽分为淡色啤酒、浓色啤酒和黑色啤酒。

①淡色啤酒。淡色啤酒的色泽呈淡黄或金黄色，色度在2～14EBC，酒精含量为3.3%～3.8%(V/V)。其口感特点是酒花香味突出，口味爽快，醇和。该啤酒是此类啤酒的主要品种。

②浓色啤酒。浓色啤酒的色泽呈红褐色或红棕色，色度在15～40EBC，酒精含量为4%～5%(V/V)。这种啤酒麦芽香味突出，回味醇厚，苦味较轻。

③黑色啤酒。黑色啤酒的色泽多呈红褐色乃至黑褐色，其色度大于等于41EBC，酒精含量多为5%(V/V)。这类啤酒麦芽香味突出，回味醇厚，泡沫细腻，苦味较重。

(3)按酵母性质不同分为上面发酵啤酒和下面发酵啤酒。

①上面发酵啤酒。上面发酵啤酒是指在发酵结束时，浮在发酵液上面的一类酵母，啤酒的发酵温度较高，用这类酵母发酵生产的啤酒称为上面发酵啤酒。

②下面发酵啤酒。下面发酵啤酒是指发酵结束时酵母凝聚沉于器底，形成紧密层的一类酵母，发酵温度较上面酵母低，用这类酵母生产的啤酒称为下面发酵啤酒。世界上多数

国家采用下面发酵酿制啤酒。

(4)其他分类(特种啤酒)。根据消费者的年龄、性别、健康状况以及对啤酒口味嗜好的不同，采用不同的原材料和不同的生产工艺，开发适合不同需求的特种啤酒，包括以下几种。

①干啤酒。真正(实际)发酵度为72%以上的淡色啤酒。此啤酒残糖低，二氧化碳含量高，故具有口味干爽、杀口力强的特点，其属于低糖、低热量的啤酒，适合糖尿病患者饮用。

②低醇啤酒，酒精含量为0.6%～2.5%(V/V)的淡色啤酒。除特征性外，其他要求应符合相应类型啤酒的规定。

③无醇啤酒。即脱醇啤酒，酒精含量小于等于0.5%(V/V)，原麦汁浓度大于等于3.0°P的淡色啤酒。除特征性外，其他要求应符合相应类型啤酒的规定。

④小麦啤酒。以小麦芽(小麦芽占40%以上)、水为主要原料酿制，具有小麦麦芽经酿造所产生的特殊香气的啤酒。除特征性外，其他要求应符合相应类型啤酒的规定。

⑤浑浊啤酒。在成品中会有一定量的酵母菌或显示其特殊风味的胶体物质，浊度大于等于2.0 EBC的啤酒。除特征性外，其他要求应符合相应类型啤酒的规定。

⑥冰啤酒。经冰晶化工艺处理，浊度小于等于0.8 EBC的啤酒。除特征性外，其他要求应符合相应类型啤酒的规定。

⑦果蔬类啤酒。果蔬类啤酒包括果蔬汁型啤酒和果蔬味型啤酒。

果蔬汁型啤酒。添加一定量的果蔬汁，具有其特征性理化指标和风味，并保持啤酒的基本风味。除特征性外，其他要求应符合相应类型啤酒的规定。

果蔬味型啤酒。在保持啤酒基本口味的基础上，添加少量食用香精，具有相应的果蔬风味。除特征性外，其他要求应符合相应类型啤酒的规定。

4. 葡萄酒

葡萄酒是以葡萄为原料，经压榨和发酵酿制的低酒精发酵酒，酒度一般为7～24°。葡萄酒具有天然色泽和水果香气，同时还具有酒的醇香。葡萄酒的主要成分是酒精、水、糖类、有机物、无机物、含氮物质、果胶质和各种维生素等。

葡萄酒的种类很多，一般按下列方法分类。

(1)按酒液色泽不同，可分为红葡萄酒、白葡萄酒和淡红葡萄酒(淡红、桃红、橘红等)。

①红葡萄酒是以红色或紫色葡萄为原料，采用皮肉混合发酵法制成的。其含糖量较高，浓度较低，酒味甜美微酸，香气芬芳，酒度一般在14～18°。

②白葡萄酒是以黄绿色葡萄或红皮白肉的葡萄为原料，一般采用皮肉分离发酵而制成的。其含糖量较低，酸度稍高，酒味酸甜适口，醇厚芬芳，酒度一般在12°左右。

③淡红葡萄酒是以带色葡萄经部分浸出有色物质发酵而成，它的颜色介于红葡萄酒和白葡萄酒之间，主要有桃红色、淡红色、橘红色等。

(2)按含糖量不同可分为干葡萄酒(含糖4%以下)和甜葡萄酒(含糖量为4%～14%)。

干葡萄酒味酸清怡爽口，甜葡萄酒有明显的甜味。在国外还有半干葡萄酒、半甜葡萄酒之分。

(3)按加工方法不同，可分为原汁葡萄酒、加料葡萄酒和蒸馏葡萄酒等。

①原汁葡萄酒是以鲜葡萄或葡萄汁酿制而成的葡萄酒，发酵过程中不添加任何物料。

②加料葡萄酒是以葡萄酒为酒基，浸泡芳香物质或添加其他成分(如白兰地或脱臭酒精或糖等)，用以体现葡萄酒的特殊风味，如味美思、丁香葡萄酒、人参葡萄酒等。

③蒸馏葡萄酒是将葡萄原酒蒸馏和调配而成的，或以葡萄为原料，经发酵、蒸馏、贮存、调配而成的，如白兰地。如果蒸馏后不经调配，则称为葡萄烧酒。

(4)按酒中二氧化碳压力分类，可分为平静葡萄酒和起泡葡萄酒。

葡萄酒在20℃、含有二氧化碳的压力低于0.05MPa时，称平静葡萄酒。葡萄酒在20℃、含有二氧化碳的压力等于或大于0.05MPa时，称起泡葡萄酒。其中，20℃、含有二氧化碳的压力在0.05～0.25MPa时，称低起泡葡萄酒(或葡萄汽酒)；20℃、含有二氧化碳的压力等于或大于0.35MPa(对容量小于250mL的瓶子压力等于或大于0.3MPa)时，称高起泡葡萄酒。起泡型葡萄酒中所含的二氧化碳是以葡萄酒加糖再发酵而产生的或用人工方法压入的。在国际市场上久负盛名的香槟酒，就是一类起泡葡萄酒，因产于法国香槟省而得名。香槟酒虽然现在在世界许多地方都生产，但是在法国香槟酒法定区域内生产的最为名贵。香槟酒按瓶内压力及内在品质可分为大香槟、中香槟和小香槟。

还有一些被称为“特种葡萄酒”的特别种类，分别是利口葡萄酒、加香葡萄酒、冰葡萄酒、贵腐葡萄酒、产膜葡萄酒、低醇葡萄酒和无醇葡萄酒等。冠以特种葡萄酒名称的酒必须由标准化部门制定标准并有相应的工艺。

此外，葡萄酒还可以按饮用习惯，分为在餐前饮用的开胃葡萄酒和同正餐一起饮用的佐餐葡萄酒。在餐前饮用的开胃葡萄酒主要是一些加香葡萄酒，酒精度一般在18%以上，我国常见的开胃酒有“味美思”；同正餐一起饮用的佐餐葡萄酒，主要是一些干型葡萄酒，如干红葡萄酒、干白葡萄酒等，以及在餐后饮用的一些加强的浓甜葡萄酒。

5. 果酒

果酒的酿造方法与葡萄酒基本相似。果酒都以果实名称命名。我国的果酒都属于甜酒型，酒度一般为14～15°，主要有山楂酒、橘子酒、苹果酒、杨梅酒、海棠酒、草莓酒、梨酒、黑豆蜜酒、猕猴桃酒、石榴酒、桑葚酒等。

(1)根据含糖量不同分类。特甜型果酒每升含糖(以葡萄汁计)大于300g；甜型果酒每升含糖12～300g；不甜型果酒每升含糖12g以下。

(2)根据制法不同分类。根据制法不同，果酒可分为起泡型果酒、补养型果酒、香气型果酒等。

6. 露酒

露酒是以黄酒、果酒、葡萄酒、啤酒、白酒或是以食用酒精为酒基，采用浸泡、掺兑等方法加入一定量的香草、鲜花、果皮、果汁或各种药材配制加工而成的。由于酒基和配制原料不同，露酒的酒精含量及风味特点各异。

(1)花类配制酒。这是以各种花卉的花、叶、茎、根为香源，采用葡萄酒、黄酒、白酒、食用酒精为酒基配制的酒。花类配制酒具有明显的花香，如桂花酒、玫瑰酒等。

(2)果实配制酒。这是调入果汁或用酒及浸泡破碎后的果实，或用果汁及皮汁混合发酵的原酒与酒基调配而制成的酒。果实配制酒的香味突出，一般酒度不高，糖分较高，如山楂酒、荔枝酒等。

(3)药物滋补保健酒。这是以白酒或黄酒为酒基，将调配好的各种动植物药材直接浸泡于酒基中或将药材单独处理，再混合配制而成的酒。药物滋补保健酒在促进人体健康、防止疾病及治疗某些慢性疾病方面有一定的疗效作用。常见的有竹叶青酒、园林清酒、五加皮酒、莲花白酒、蜂王浆补酒、人参酒、灵芝酒、鹿茸酒等。

(四)酒的感官鉴定方法

1. 白酒的感官鉴定

(1)色泽。酒液无色清亮、不混浊，摇晃瓶子无任何悬浮物、沉淀物。如果储存中酒液产生沉淀物积于瓶底，表明酒质已发生变化。

(2)香气。酒液醇香，芳香扑鼻，饮后回味无穷。

(3)滋味。酒液味道醇厚，不苦酸，无怪味，无强烈刺激味。

2. 黄酒的感官鉴定

(1)色泽。酒液浅黄，清澈透明，无沉淀物。

(2)香气。酒液香气浓烈，无其他杂味。

(3)滋味。酒液口感纯度稍甜，没有酸涩味。

3. 啤酒的感官鉴定

(1)淡色啤酒感官要求。淡色啤酒的感官要求包括以下三个方面。

①外观。透明度达到清亮，允许有肉眼可见的微细悬浮物和沉淀物(非外来异物)；优级淡色啤酒浊度/EBC≤0.9，一级淡色啤酒浊度/EBC≤1.2。

②泡沫。从泡沫形态来看，优级淡色啤酒的泡沫形态洁白细腻，持久挂杯；一级淡色啤酒的泡沫形态较洁白细腻，较持久挂杯。从泡持性b/s来看，优级淡色啤酒的泡持性 b/s 瓶装的大于等于 180、听装的大于等于 150；一级淡色啤酒的泡持性 b/s 瓶装大于等于 130、听装大于等于 110。

③香气和口味。优级淡色啤酒有明显的酒花香气，口味纯正，爽口，酒体协调，柔和，无异香、异味。一级淡色啤酒有较明显的酒花香气，口味纯正，较爽口，协调，无异香、异味。

对非瓶装的“鲜啤酒”无要求，对桶装(鲜、生、熟)啤酒无要求。

(2)浓色啤酒、黑色啤酒。

①外观。酒体有光泽，允许有肉眼可见的微细悬浮物和沉淀物(非外来异物)。

②泡沫。从泡沫形态来看，优级泡沫细腻挂杯，一级泡沫较细腻挂杯。从泡持性 b/s 来看，优级瓶装大于等于 180，听装大于等于 150；一级瓶装大于等于 130，听装大于等于 110。

③香气和口味。优级具有明显的麦芽香气，口味纯正，爽口，酒体醇厚，杀口，柔和，无异味。一级有较明显的麦芽香气，口味纯正，较爽口，杀口，无异味。

对瓶装的“鲜啤酒”无要求，对桶装(鲜、生、熟)啤酒无要求。

4. 葡萄酒和果酒的感官鉴定

(1)色泽。酒液应具有天然色泽，如干红为粉红和淡红色，干白为淡黄色，并要清亮透明，不混浊。

(2)香气。酒液闻起来应感觉到天然的水果香气，陈酒还具有浓郁的酒香，不应有其他杂味。

(3)滋味。酒液酸甜适口，口感醇厚，甜型酒甜而不腻，干型酒干而不涩，同时均不得有突出的酒香气味。

(五)酒的保管

1. 白酒

白酒的包装主要有瓶装和桶装两种，瓶装又分为陶瓷瓶和玻璃瓶。为了确保白酒的质量，要求包装和封口绝对严密，防止跑气漏酒，挥发酒液。

储存白酒的温度不得超过25℃，相对湿度控制在70%～80%，仓库门窗要严密，有良好的通风设备，避免阳光直射，要配备必要的消防设施以备不时之需。

2. 黄酒

黄酒的包装一般采用瓶装和小型陶瓷坛装，后者有利于酒液老熟，香气增加。切忌用金属物包装，因为黄酒的氨基酸含量较高，一旦感染金属气味则会败坏酒质。

由于黄酒酒度低，营养丰富，极易感染微生物，因此，储存黄酒的仓库温度必须低于25℃，相对湿度控制在60%～70%，但温度又不能低于－5℃。温度太低，黄酒容易受冻变质。经常检查酒液酸度，若超过0.6g/100mL则说明已变质。

3. 啤酒

啤酒的包装有桶装、瓶装、听装三种，其中瓶装的酒瓶应为棕色或深绿色，以防阳光直射，造成酒液氧化混浊，酒瓶应定期更换，以防爆炸。

储存啤酒的仓库温度应保持在0～12℃，熟啤酒则应保持在4～20℃，储存时间不宜过长。温度过高或储存时间过长，酒液会变质。

4. 葡萄酒和果酒

由于葡萄酒和果酒受阳光紫外线照射后，酒中的色素会产生沉淀，使酒液变色，因此，葡萄酒和果酒的包装瓶的颜色多为深绿色、棕绿色及棕色，以防止阳光直射。酒液受冻会变混浊，因此，储存时不能直接受阳光照射，环境温度也不能过低，温度在8～20℃为宜，相对湿度在70%～75%为宜，温度过高或过低易使酒质变化或冻结，影响其质量。对有混浊沉淀或酒液变色的商品应及时处理。

(六)常见的伪劣酒的简易鉴别方法

1. 伪劣白酒的鉴别

(1)散装白酒中兑水的鉴别。

①用肉眼观察，酒液混浊不透明。

②用嗅觉和味觉品尝，其香味寡淡，尾味苦涩。

③用酒精计测量，酒度下降，不符合产品标准规定要求。

(2)用工业酒精或以甲醇当酒精兑制的毒酒的鉴别。

甲醇对人体的毒性很大，吸入4～10g甲醇可引起严重中毒。甲醇在人体内有积蓄作用，不易排出体外，极少量的甲醇也能引起慢性中毒，表现为黏膜受刺激、眩晕头痛、视力模糊和耳鸣，甚至双目失明；吸入大量甲醇于体内会发生急性中毒，表现为头痛恶心、胃部疼痛直到呼吸困难，中枢神经麻痹、昏迷，甚至死亡。按标准化法进行检验，可测出白酒的甲醇含量。GB 2757—2012《食品安全国家标准——蒸馏酒及其配制酒》规定，以粮谷类为原材料生产的酒中甲醛含量应小于等于0.6g/L，其他为小于等于2.0g/L。

(3)白酒酒中混浊物、沉淀物的鉴别。

①将散装或瓶装白酒倒入无色玻璃酒杯中，用肉眼观察是否有混浊沉淀物。

②将含有混浊沉淀物的白酒放于室温或15～20℃的水浴锅中，如果混浊沉淀物立即溶解，证明该种物质主要是酒中的高沸点脂肪酸及其酯类，由于气温低，其溶解度下降而析出产生了混浊沉淀。这类沉淀无毒，在酒温升高时就自然溶解，恢复原状。这是一种正常现象，不影响酒的质量。

③将混浊沉淀物过滤后，观察其色泽及形态可作如下判断：白色沉淀物可能是钙镁盐或铝的化合物，大多数来自勾兑用水和铝制的盛酒容器；黄色或棕色沉淀物可能是铁、铜物质，来自盛酒容器和管路污染；黑色沉淀物可能是铅、单宁铁、硫化物，可能来自铅锡冷却器，酒中的含硫化物以及铁会与软木塞中的单宁产生化学变化。将上述黑、白、黄、棕色沉淀物送质检部门做理化检测，以最终判定为准。

(4)伪劣名优白酒的鉴别。掌握各种名优酒的风格、质量、特点及其感官；按感官品评的方法与步骤鉴别其各自的色、香、味和风格；将上述从感官上鉴别出的可疑的伪劣名优酒送质检部门进行理化检测，以最终的判定结果为准。

2. 伪劣啤酒的鉴别

(1)啤酒中兑水的鉴别。

①酒色暗淡，不清洁透明。

②将啤酒离杯上口3cm处倒入玻璃杯(无油渍的)中，到泡沫至杯口为止，观察其泡沫情况：兑水的啤酒泡沫少而粗糙，不洁白、不挂杯。

③品尝，其香气和滋味淡薄，缺乏酒花香气，欠纯正，不爽口。

(2)啤酒中加洗衣粉的鉴别。

①将啤酒倒入洁净的酒杯中，观察其泡沫情况。正常啤酒泡沫洁白细腻，黏性小，随时间延长而逐渐消失，而加入洗衣粉的啤酒所形成的泡沫黏性较大，泡沫消失较慢。

②用手摇动啤酒，加入洗衣粉的啤酒的泡沫不但不消失，还会产生新的泡沫。

③加入洗衣粉的啤酒的香气和滋味欠纯正，口感差。

(3)啤酒混浊沉淀的鉴别。

①将啤酒倒入酒杯中，观察是否混浊沉淀。

②啤酒中的混浊沉淀可能是由于保质期超过规定而产生生物不稳定性(酵母、细菌污染再繁殖)所造成的。

3. 伪劣葡萄酒、果酒、露酒、黄酒的鉴别

(1)将酒倒入酒杯中，用肉眼观察是否混浊沉淀。

(2)如混浊沉淀物为胶体状，则可能是果胶物质。

(3)如混浊沉淀物为带有泡沫的胶体状，则可能是酒被生物污染所致。

(4)如沉淀物为无定形物并沉于瓶底，这种沉淀物可能是因为过滤不严，杂质漏入酒瓶中(如储酒罐的涂料脱落的残块)造成的。

将发现的上述胶体物和沉淀物送质检部门做理化检验，如情况属实，应是伪劣酒或不合格产品。

三、茶叶

(一)概述

茶叶，就是以茶树的嫩叶或嫩芽经加工制成的干制品，是一种植物性食品，含有丰富的生理成分和营养成分，现主要作为饮料。

茶叶起源于中国，相传公元前 2700 年，神农氏最早发现茶树。当前，茶叶与咖啡、可可并称“世界三大饮料”。中国被称为“茶叶的故乡”。茶叶具有重要的生理功能，可止渴解热，兴奋神经，解除疲劳，促进消化，利尿解毒，补充维生素 A、维生素 C 和维生素 D，能预防辐射，对减肥、美容、防癌有一定的效果。

(二)茶叶的化学成分及与其质量的关系

1. 茶叶的化学成分

茶叶中含有 450 多种化学成分，主要是水分、矿物质、茶多酚、咖啡碱、芳香油、色素、碳水化合物(20%～30%)、蛋白质、氨基酸、类酯、维生素(维生素 C 最丰富，其次是维生素 B)等。在这些成分中，茶多酚、咖啡碱、芳香油与茶叶的质量和饮茶的功效关系最大。

2. 茶叶的化学成分与质量的关系

茶叶的色泽，包括干茶色泽、叶底色泽和茶汤色泽，是由不同的化学成分决定的。红茶干茶和叶底的色泽主要是儿茶素的氧化产物；而茶汤色泽主要是由水溶性的茶红素、茶黄素和少量的茶褐素形成的，它们是茶多酚氧化聚合的产物。绿茶干茶和叶底的色泽主要是叶绿素和干燥过程中美拉德反应产生的类黑素；汤色主要是由茶多酚中黄铜类产生的黄绿色的色素形成的。

茶叶的香气主要取决于芳香油的含量和组成。鲜茶叶中芳香油以醇、醛类为主，还有部分酸类，故气味以青草味占主导地位。绿茶初制后，低沸点、具青草味的成分大部分被去掉，高沸点的萜烯类发生异构，生成醇、酸化合物较多，故绿茶显出清香、鲜灵、熟栗子香气。红茶初制后，芳香油组成发生变化，使红茶具有馥郁、醇厚、糖蜜香气。

茶汤的滋味是多种呈味成分综合的反映。与茶叶滋味有关的化学成分包括：①儿茶素。其含量决定茶汤滋味的涩味，酯型儿茶素的涩味更为强烈，游离的儿茶素涩味较弱。儿茶素是决定茶汤滋味的重要成分，具有杀菌、降压、强心作用，并对尼古丁和吗啡等对人体有害的生物碱有解毒作用。②蛋白质。蛋白质分解产物氨基酸的存在使茶汤滋味鲜爽。其中，茶氨酸对茶汤滋味的影响更为明显。③淀粉。淀粉水解产生的单糖和双糖使茶汤滋味呈甜味。④咖啡碱。茶汤的苦味是由咖啡碱产生的。咖啡碱还能兴奋中枢神经、消除大脑疲劳、强心、利尿、减轻酒精和烟碱等有害物质对人体的伤害。饮茶的愉悦主要来自咖啡碱，其含量为 2%～4%。⑤花青素。花青素也具有苦味。

茶叶的外形也是评价茶叶质量的一项标准。对茶叶外形质量的要求，虽然不同茶类有所区别，但茶叶外形与内质有关。一般来说，外形较粗松的茶叶，其色、香、味质量必然较差；而外形紧细的茶叶，具有较好的色、香、味。

(三)茶叶的种类

1. 根据加工方法和经营习惯分类

根据茶叶加工方法和经营习惯不同，茶叶可分为绿茶、红茶、乌龙茶、花茶、紧压茶和其他茶6大类。

(1)绿茶。绿茶是不发酵茶，是中国茶叶中产量最多的一种，约占世界绿茶产量的70%，花色品种之多也居世界之首。绿茶又分为炒青绿茶、烘青绿茶和晒青绿茶。

①炒青。初制干燥用铁锅炒制的茶称炒青绿茶。其品质特点是条索紧，干净且光润。汤色叶底碧绿、香气清高、滋味浓、收敛性强、耐冲泡。炒青的主要品种又可分为长炒青、扁炒青和圆炒青。

长炒青中的名品有碧螺春、庐山云雾、珍眉等。碧螺春产自江苏吴县太湖的洞庭山，此茶条索纤细，卷曲似螺，白毫显露，色泽翠绿油润；汤色碧绿，清香持久，滋味清鲜回甜；叶底嫩绿匀整，完整成朵。

扁炒青有龙井、旗枪和大方等名品。高级龙井是清明前两三天，茶树刚吐出幼嫩芽叶时采，按一芽一至二叶的标准制成，是龙井中的极品。中级龙井是按一芽二至三叶的标准制成。龙井外形扁平，挺直光滑，大小匀齐。芽毫隐藏稀见，色泽嫩绿，色调均匀而油润；汤色清澈明亮，香气清鲜而持久，滋味甘美醇厚，有鲜橄榄的回味；叶底匀嫩成朵。龙井向以色绿、香郁、味甘、形美而闻名中外。其中，以狮峰龙井的香气和滋味最有特色；梅家坞龙井的外形和色泽最令人喜爱；西湖龙井则是叶质肥嫩，芽峰显露，悦目动人。

圆炒青名品有珠茶。珠茶外形浑圆，紧结似珠。珠越精细，质越佳。未泡前色泽灰绿，有乌亮的光泽；汤色清澈稍黄，香气纯正，滋味醇厚，叶底卷曲，叶片较大。珠茶中的佼佼者有浙江平水珠茶和安徽泾县涌溪火青。

②烘青。烘青茶的干燥方式是采用烘笼或烘干机烘干，而非直接接触铁锅。烘青茶既是受消费者欢迎的成品茶，也是窨制花茶的原料茶。烘青茶外形较为舒展，色泽翠绿油润，汤色黄绿明亮，香气清纯，味鲜醇，叶底嫩绿匀齐。著名品种有黄山毛峰、太平猴魁、六安瓜片、信阳毛尖、君山银针等。

黄山毛峰闻名遐迩，为全国著名绿茶之一，为名茶中之名茶。其茶外形纤细精巧，白毫显露，色泽油润光滑，嫩绿微黄；汤色清澈带杏黄，香气持久，清鲜似白兰香，滋味醇厚回味甘；叶底嫩黄，匀亮成朵，叶芽肥壮，一芽带一叶。

③晒青。晒青是利用日光干燥的一类绿茶，其品质不及炒青和烘青，一般香气低，汤色和叶底呈黄色，带有日晒味。这类茶除在产地销售外，多作紧压茶原料，主产于云南、湖北、湖南、贵州、广西等地。

绿茶的加工工序：鲜叶—杀青—搓捻—干燥—绿毛茶。

绿茶的品质特点：干茶色绿，味道清香，鲜醇爽口，浓而不涩，冲泡后汤清叶绿，最后的叶底也是绿色的。

(2)红茶。红茶是中国茶叶产量中较多的一种，主要有小种红茶、工夫红茶和红碎茶三大类。其中的工夫红茶以做工精细而闻名，远销海外许多国家和地区。

①工夫红茶。工夫红茶是我国特有的传统产品，以做工精细而得名。工夫红茶在制作

过程中很讲究茶的形状和色、香、味，特别要求紧卷、完整、匀称、洁净。其成品特点是条索紧细、色泽乌润、汤色红艳明亮、香气浓郁纯正，滋味甘醇、叶底匀嫩鲜红。我国工夫红茶以祁红、滇红、川红、宜红的质量最佳。

②小种红茶。小种红茶也是我国的特产，产于福建省。因烘干时用松木熏制，故成品茶有独特的松木香味，这是小种红茶与工夫红茶最明显的区别。小种红茶的品质特点是茶条粗实、叶质肥厚、色泽乌黑、汤色红浓、滋味爽口。

③红碎茶。红碎茶在初制时经过充分揉捻、切碎、发酵、干燥。其特点是外形整齐一致、色泽乌黑、香气很高、滋味浓厚、汤色浓红，适于添加牛奶、柠檬、糖等饮用。因红碎茶压制时经揉、撕、切已使茶叶组织破坏，故饮用时一次冲泡就能将大部分有效成分浸出，这很符合西方人的饮茶习惯，在国际市场上很受欢迎。

红茶为发酵茶，即茶叶中的茶多酚在酶的作用下发生了氧化，其加工工序：鲜叶—萎凋—揉捻—发酵—干燥。

红茶的品质特点：干茶色泽乌黑油润，冲泡后红汤红叶，香味如甜花香或蜜花香。其中，福建的“正山小种”是最早出现且品质最好的红茶。

(3)乌龙茶。乌龙茶又称青茶，属半发酵茶类。其制作方法兼有红茶与绿茶的发酵和杀青，其成品特点既具有绿茶的鲜爽也有红茶的甘醇，叶底具有绿叶红镶边的特点。

乌龙茶的加工工序为：晒青—摇青—晾青—杀青—初揉—初烘—包揉—复烘—烘干。

乌龙茶是我国特产，乌龙茶中最著名的有闽北的“武夷岩茶”，还有入口微苦后转甜的闽南“安溪铁观音”、广东潮安“绿叶红镶边”的凤凰单丛水仙，都是青茶中的名品。中国宝岛台湾也盛产青茶，“台湾乌龙”较为著名。

经临床医学研究证明，乌龙茶对高血压、高血脂病有显著疗效。

(4)花茶。花茶是中国特有的茶类，属再制品。它是用成品茶做原料，加入鲜花窨制而成。花茶的品种有很多，产地主要集中在江苏、福建、浙江、安徽等省。花茶都是以鲜花的名称来命名，主要有茉莉花茶、珠兰花茶、玉兰花茶、玳玳花茶等。

花茶的品质特点：香气鲜灵，浓郁清高，滋味浓醇鲜爽，汤色清澈、淡黄、明亮，叶底细嫩、均匀、明亮。

(5)紧压茶。紧压茶即各种块状茶，其形状以砖形最多，也有碗形、饼形等形状。紧压茶是一种销往边疆少数民族地区的再加工茶，故又称边销茶。其突出的特点是便于运输，便于贮藏。

紧压茶是用黑茶、晒青和红茶的毛茶或副脚茶做原料，经蒸茶、装模或装篓压制而成。一般以较次的茶叶做芯，较好的茶叶做面，成品硬度高，需用刀砍下再捣碎煮制后饮用。

紧压茶种类很多，有湖南产的茯砖、黑砖、花砖、湘尖；湖北产的青砖、米砖；四川产的康砖、金尖；广西产的六堡茶；云南产的普洱茶、方茶、饼茶等。

(6)其他茶。

①白茶。白茶是中国的特产，因采摘的细嫩、叶背多白茸毛的芽叶而得名，产量较少，主要产于福建的福鼎、政和、松溪和建阳等县。白茶的品质特点：毫色银白，具有“绿装素裹”之美感，芽头肥壮，汤色黄亮，滋味鲜醇，叶底嫩匀。白茶的主要品种有银针、白牡丹、贡眉、寿眉等。

③黄茶。黄茶也属中国的特产，因在制茶过程中将茶叶进行闷堆捂黄而得名。黄茶的品质特点：黄叶黄汤，多数叶芽细嫩显毫，香气浓醇。黄茶的品种主要有湖南的君山银针、北港毛尖，四川的蒙顶黄芽和安徽的霍山黄芽等。

③黑茶。黑茶属后发酵的茶，是我国特有的茶类，如云南普洱茶、广西六堡茶、湖南黑茶、湖北老青茶、四川边茶。黑茶原料粗老，加工时堆积发酵时间较长，使叶色呈暗褐色，制成紧压茶，以销往边疆少数民族地区为主，是藏族、蒙古族、维吾尔族等少数民族的日常必需品。

普洱茶是黑茶的一种，因产地旧属云南普洱府(今普洱市)，故得此名，现在泛指普洱茶区生产的茶，是以公认普洱茶区的云南大叶种晒青毛茶为原料，经过后发酵加工成的散茶和紧压茶。普洱茶外形色泽褐红，内质汤色红浓明亮，香气独特陈香，滋味醇厚回甘，叶底褐红，并有生茶和熟茶之分，生茶自然发酵，熟茶人工催熟。“越陈越香”被公认为普洱茶区别于其他茶类的最大特点，“香陈九畹芳兰气，品尽千年普洱情”。普洱茶是“可入口的古董”，不同于别的茶贵在“新”，普洱茶贵在“陈”，茶叶往往会随着时间的积累而逐渐升值。

④金茶。金茶极其珍贵稀有，自汉朝起是皇室贡品，但是由于产量非常稀少而知名度低，主要产地在湖南、福建，目前仅湖南保持少量金茶原叶产地。极品金茶遍体金色，泡出茶汤为琥珀金色。该茶是中国顶级茶叶的最高代表，也是中国茶文化和技术的最高体现。经过数月或经年的自然发酵，金茶原叶中的营养物质会凝聚成金色菌体，覆盖于金茶表面。菌体经研究为冠状散突菌，通俗来讲就是年久的灵芝表面孢子所含的抗衰老物质，所以金茶又被称为茶灵芝、金灵芝或瑶池仙茶。大量的金茶原叶只有少部分能够适度发酵，产生均匀的金色菌体。

⑤袋泡茶。袋泡茶是在散茶基础上发展起来的，其特点是冲饮方便，清洁卫生，泡茶时可以避免茶叶漂浮，也适合国外泡茶加糖、加奶的习惯。

⑥速溶茶。速溶茶是新型的茶饮品，它是用茶叶经浓缩干燥制成的。其特点是冲饮方便，冷热水均可冲饮，饮后杯中无茶渣。在加工过程中常加入各种香料、果料和某些对人体有益的成分。

2. 根据季节分类

(1)春茶。春茶是指当年3月下旬到5月中旬之前采制的茶叶(如六安瓜片、明前绿茶)。春季温度适中，雨量充分，再加上茶树经过了冬季的休养生息，使得春季茶芽肥硕，色泽翠绿，叶质柔软，且含有丰富的维生素，特别是氨基酸，不但使春茶滋味鲜活，且香气宜人富有保健作用。

(2)夏茶。夏茶是指当年5月初至7月初采制的茶叶(如普洱茶)。夏季天气炎热，茶树新的梢芽叶生长迅速，使得能溶解于茶汤的水浸出物含量相对减少，特别是氨基酸等的减少使得茶汤滋味、香气多不如春茶强烈。由于带苦涩味的花青素、咖啡因、茶多酚含量比春茶多，不但使紫色芽叶增加色泽不一，而且滋味较为苦涩。

(3)秋茶。秋茶就是当年8月中旬以后采制的茶叶(如铁观音)。秋季气候条件介于春夏之间，茶树经春夏二季生长、新梢芽的内含物质量相对减少，叶片大小不一，叶底发脆，叶色发黄，滋味和香气显得比较平和。

(4)冬茶。冬茶大约在当年10月下旬开始采制的茶叶(如冻顶乌龙)。冬茶是在秋茶采完后，气候逐渐转冷后生长的。因冬茶新梢芽生长缓慢，内含物质数量逐渐增加，所以滋味醇厚，香气浓烈。

(四)茶叶的特性与保管

1. 茶叶的基本特性

(1)吸湿性。茶叶中的一些成分如糖类、蛋白质、茶多酚、果胶质等有机成分都是亲水性的，它们能引起茶叶吸潮。

(2)陈化性。茶叶在存放过程中，香气会慢慢消失，色泽变暗、变深，茶味淡薄，这种现象称为茶叶陈化。陈化会使茶叶的品质不断降低。存期越长，陈化的程度越严重。

(3)吸附异味性。茶叶的多孔性组织和亲水性胶体成分使茶叶具有较强的吸附性，能够吸收其他气味。茶叶如吸收异味，其香气和滋味就大大减退，严重的还会失去饮用价值。

2. 茶叶的保管方法

(1)仓库保管。仓库保管适宜长期储存。但应注意以下几点：第一，仓库的地势应较高，排水易；第二，仓库门力求严密，与外界有较好的隔绝，仓库周围没有恶劣的气味；第三，仓库内应保持干燥，温度不得超过30℃，相对湿度在65%以下。

(2)零售保管。在零售现场，应把小包装的茶叶放在干燥、清洁和具有一定封闭性条件的容器内，将容器堆放在干燥、无异味的场所，并防止日晒。

(3)抽氧充氮。避免冷藏保管。

(五)茶叶的感官质量鉴别

茶叶的感官质量鉴别主要分为外形鉴别和内质鉴别两个方面。

1. 外形鉴别

茶叶的外形鉴别主要通过形状、色泽、嫩度和净度四个方面进行。

(1)形状。主要看茶叶条索的松紧、曲直、匀整、轻重及芽头的多少，以确定原料的细嫩程度和做工的精细程度。条索细紧的质量好，条索粗大轻飘的质量差。不同类型的茶叶对条索的要求并不完全一样，一般来讲，红茶、绿茶、花茶以条索紧细、圆直、均匀者质量为好，粗松开口者质量较差；乌龙茶以条索肥壮、均匀者为好。

(2)色泽。看茶叶颜色的深浅、枯润、明暗，有无光泽、有无杂色等。凡色泽油润、光泽明亮者为优；凡色泽浊杂、枯暗无光者为次。

①红茶色泽。以红褐乌黑、油润的为上品；橘红、橘黑、有花青的为下品。

②绿茶色泽。以翠绿有润、光滑而起霜的为上品；暗黄、枯黄的为下品。

③花茶色泽。以青绿带嫩黄者为上品；灰绿光亮的花茶为下品。

④乌龙茶色泽。以乌润的为上品；黄绿、枯黄的为下品。

(3)嫩度。茶叶的嫩度是通过芽尖和白毫的多少来鉴别的。芽尖和白毫多且身骨重实者为好；无芽尖和白毫者为次。

(4)净度。茶叶的净度是指茶叶中杂质含量的多少。茶叶洁净无杂质者为好，茶片、茶末含量较少的为好。

2. 内质鉴别

内质鉴别包括汤色、香气、滋味、叶底等鉴别内容。

(1)汤色。看汤色的深浅、明暗、清浊、色泽。

①红茶汤色。以红艳明亮者为优；红艳欠明亮者次之；红暗混浊者为差。

②绿茶汤色。以碧绿、清澈、明亮者为优；黄绿欠明者次之。

③花茶汤色。以淡黄、明亮者为优；欠明亮者次之。

④乌龙茶汤色。以橙红、清澈、明亮者为优；橙黄欠明者次之。

(2)香气。茶汤的香气以清高、浓烈持久的为优；平淡、不持久的为次；低淡、有异味(如臭烟气味、霉味、酸味、焦味等)的为差。

①红茶香气。以鲜高浓强持久、蜜香显著者为优；较浓欠鲜纯正者为次；平淡者为差。

②绿茶香气。以鲜灵浓厚者为优；较浓欠鲜纯正者为次；平淡者为差。

③花茶香气。以鲜灵、花香盖茶香、茶香衬花香者为优；平淡者为差。

④乌龙茶香气。以香高浓烈带有兰花香气者为优；欠浓纯正者为次；平淡者为差。

(3)滋味。滋味是鉴定茶叶质量的重要指标。滋味与香气密切相关，香气高的，滋味也好。

①红茶滋味。以鲜醇甘甜带有蜜糖香者为优；欠鲜浓纯正者为次；平淡、粗涩者为差。

②绿茶滋味。以鲜醇浓厚者为优；欠鲜浓纯正者为次；平淡粗涩者为差。

③花茶滋味与绿茶相似，结合香气评定。

④乌龙茶滋味。以甘醇带有兰花香者为优；欠鲜浓纯正者为次；平淡、粗老者为差。

(4)叶底。叶底以细嫩明亮、柔软、肥厚、匀齐者为优；叶底粗老、瘦薄、段碎多者为次。

①红茶叶底。以红鲜明亮嫩匀者为优；红明、欠润、欠匀者为差；红暗带有叶多者最差。

②绿茶叶底。以肥壮黄绿嫩亮者为优；黄绿欠润者为差；青暗花杂者为更差。

③乌龙茶叶底。以边红、心绿、柔软、明亮者为优；色暗发乌或带绿色者为差。

(六)茶叶的验货方法

1. 包装检查

(1)大包装。包装容器应用干燥、清洁、无异味及不影响茶叶品质的材料制成(木箱、胶合箱或纸箱等)，包装要牢固、整洁、防潮、美观。

(2)内包装。茶叶内包装分为盒装、袋装、听装、罐装、组合包装等多种。包装材料必须无毒、无味、阻氧、避光、密封性能好，一般选用聚乙烯、聚丙烯、聚酯、铝箔复合袋等。

2. 标志检查

(1)检查依据。GB 7718—2011《食品安全国家标准 预包装食品标签通则》。

(2)标注内容。产品名称、净含量、制造者名称和地址、生产日期、保质期和保存期、产品标准编号、质量等级、检验合格证明、储存方法。

需要注意的是，茶叶须标明配料表，如果是分装产品，还应标明产品的分装日期、分装单位；禁止在茶叶包装上做药用及功能性宣传，如提神、解渴、利尿等。

3. 感官检查

感官检查包括感官审评及掺假感官鉴别。

(1)感官审评。感官评审必须符合GB/T 14456.1—2017、GB/T 14456.2—2018、GB/T 14456.3—2016 至 GB/T 14456.6—2016、GB/T 13738.1—2017、GB/T 13738.2—2017、GB/T 13738.3—2012、GB/T 30357.1—2013、GB/T 30357.2—2013、GB/T 30357.3—2015 至 GB/T 30357.5—2015、GB/T 30357.6—2017、GB/T 30357.7—2017、GB/T 9833.1—2013 至 GB/T 9833.4—2013 等标准规定的要求。采用通用性茶叶审评方法，即五因子(外形、汤色、香气、滋味、叶底)审评方法进行感官鉴别。

以绿茶为例，品质好的绿茶，外形条索紧结、重实、整齐均净、色泽绿润；反之则为次品。茶叶开汤后，若有浓郁鲜爽的香气、清澈明亮的茶汤、鲜爽淳厚的滋味，是真正的好茶；如有粗涩味，即为次品。

(2)掺假感官检查。假茶是指用非茶树芽叶所制成的"茶叶"，如用毛榉叶、山楂冬青科及其他植物叶制成。假茶虽形似真茶，但条索轻而松，色泽枯暗无光，没有茶叶香气。根据茶叶植物学特征也可以区分真假茶叶。

鉴别方法：取茶叶少许，用开水浸泡 5 分钟后，沥干茶汤，把叶片平摊在玻璃上，用肉眼观察，真茶的主脉较巨大明显，侧脉伸展到叶缘的 2/3 部位且向上方弯曲，并呈弧形与上方支脉相连，叶片表面光滑，背面有明显茸毛，叶组织有星状草酸钙结晶体，叶边有明显的锯齿。与上述特征不相符合的叶片即为掺假植物叶片。

4. 内在质量检查

内在质量检查依据 GB 2762—2005《食品中污染物限量》、GB 2763《食品中农药最大残留限量》、GB/T 8302—2013《茶取样》等及相关产品标准进行检查。内在质量检查主要检查水分、总灰分、水浸出物、粗纤维、碎末茶、咖啡碱、茶多酚、游离氨基酸、水溶性灰分碱度，以及铜、铅、六六六、滴滴涕残留量、非茶类等物质。

第五节 糖类商品

糖类商品是人们生活中的重要副食品，具有发热量高、滋味甜美的特点。糖类食品主要有食糖和糖果两类。

一、食糖

食糖是甘蔗或甜菜的加工品，属于高热量食品。食糖除供人们直接消费外，还是食品工业的重要原料和辅料。

(一)食糖的分类

食糖的种类较多，常见的分类方法有以下几种。

1. 按制糖的原料分类

食糖按原料来源，可分为甘蔗糖和甜菜糖。甘蔗糖的原料是甘蔗，而甜菜糖的原料则是甜菜的块根。其中，甘蔗糖约占 80%，主要产自我国广东、广西、福建、四川、云南、台湾等省、自治区。甘蔗糖和甜菜糖在品质和口味上差别不大。

2. 按加工方法分类

不同的加工法可生产不同品质的食糖。按加工方法，食糖一般可分为机制糖、土制糖和再制糖。

3. 按商业经营习惯分类

按商业经营习惯，食糖可分为白砂糖、绵白糖、赤砂糖、土红糖、冰糖和方糖六种。

(二)食糖的种类及其特点

1. 白砂糖

白砂糖又称白糖、砂糖，是机制糖中最主要的品种，纯度高，含蔗糖99%以上，色泽洁白、明亮，晶粒均匀，质地坚硬，粒如砂，松散干燥，口味纯正，水分、还原糖和杂质的含量都很低，易于保存。白砂糖根据其晶粒的大小，又可分为粗砂、中砂和细砂。按国家标准，又分为优级、一级和二级。白砂糖主要供食品工业做原料，也供消费者直接食用(多为细砂糖)。

2. 绵白糖

绵白糖又称绵糖，其晶粒细软，色泽洁白，手摸有潮润、绵软感，入水、入口溶解快。由于其在加工过程中加入了2.5%的转化糖浆，以保证绵白糖的绵软性，因此，绵白糖的水分和还原糖含量均比较高，且不易保存。

3. 赤砂糖

赤砂糖又称赤糖。由于在加工中未经洗蜜处理，表面含有较多糖蜜(主要成分是还原糖、水分、色素及其他非糖物质)，因此，该糖含还原糖和非糖成分较高，砂粒明显，色泽赤红，有浓甜和焦苦味。因含糖蜜和水分较多，赤糖雨季易溶化，干季易结块，杂质含量比较高。赤砂糖保持了甘蔗的香味，且含有较多的铁质、胡萝卜素、核黄素和烟酸等，营养尤为丰富。

4. 土红糖

土红糖又称红糖、糖粉，是一种土制红糖。土制红糖含糖蜜、水分、杂质较多，结晶细而软黏，晶粒大小不均，色泽深浅不一，有红、黄、紫、黑数种，易受潮溶化和风干结块，难以保管。红糖以鲜艳、松燥无块状为佳。由于土红糖不仅带有甘蔗的香气和糖蜜的甜味，而且具有诱人的焦香味，很受消费者欢迎。此外，它也是制作一些风味食品、中成药等的重要辅料。

5. 冰糖

冰糖是砂糖的再制品。砂糖先溶化成液体，再经过烧制，除去杂质，然后蒸发水分，于40℃条件下进行自然结晶，晶粒较大，为透明或半透明的块状。冰糖中杂质、还原糖和水分含量均比较少，糖味纯净，质量较优。透明冰糖的杂质最少，成分最纯，味清甜纯正，品质最好，较易保管。冰糖可直接食用，也可烹制风味或滋补食品，还能入药。

6. 方糖

方糖也是砂糖中的再制品，是将优质砂糖磨细后，经润湿、压制和干燥而制成的，形状为正方体。方糖纯度高，颜色洁白，表面有晶莹的光泽，在水中溶解速度快，水溶液清澈透明，无杂质，口味清甜不带异味。方糖主要用于饮料加糖，取用方便，易于携带。

(三)食糖的质量鉴别

食糖质量的高低主要取决于纯净度，即蔗糖含量的多少。纯度除用理化指标评定外，也可利用感官指标进行鉴别。

1. 颜色

白砂糖要求色泽洁白、明亮；红糖颜色应红亮；绵白糖呈雪白色。食糖色泽的深浅和明暗与纯度关系很大，一般来说，色泽深则灰分及杂质含量就高。

2. 晶粒

晶粒大小应均匀一致，晶面整齐、明显并有光泽。绵白糖和红糖要求晶粒均匀绵软，不黏手，不结块。一般来说，晶粒松散、干燥、不黏手、不结块的糖含水分就少。

3. 气味和滋味

食糖不应有焦苦味及其他异味，要求甜味纯正。

4. 杂质

食糖应清洁卫生，无任何可见杂物，溶于水后无悬浮或沉淀物。

(四)食糖的储存和养护

食糖在储存过程中易发生吸湿潮化、结块、干缩、变味变色等变质现象，为防患于未然，要求储存食糖的仓库周围无污水与洼泥塘；仓库内空气相对湿度保持在70%以下，温度低于38℃；绵白糖、赤砂糖、白砂糖分开堆放，糖包应放在距离墙壁、暖气管或泥柱1米以外，离地面0.1米以上的木制垫板或地板上，堆码高度不超过25包；糖堆上用干净帆布或塑料薄膜盖好；入库时尽量避免骤冷、骤热；根据“先入先出”的原则，依次调拨运出。

二、糖果

糖果是以砂糖为主要原料，添加香料、果料、乳制品、可可制品及各种胶体物质等辅料制成的风味不同的固体甜味食品。

(一)糖果的分类

糖果的品种繁多，按商业经营习惯，一般分为硬糖、蛋白糖、奶糖、软糖、夹心糖、巧克力糖、口香糖和泡泡糖。

(二)糖果的种类及其特点

1. 硬糖

硬糖是一种含水量在3%以下的糖果。它发脆、透明或半透明，呈玻璃状固体，具有置于口中耐含的特点，且有不同的香气和滋味。其主要品种有水果型硬糖、油脂型硬糖和清凉型硬糖等。

2. 蛋白糖

蛋白糖用蛋白质作起泡剂，糖内充满气泡。其特点是松软，色泽洁白，组织细腻，断面有微细的小气泡孔，入口易溶化，不黏牙，香甜可口。蛋白糖中多数加入其他辅料，如果仁、果干、花生仁等。蛋白糖的主要品种有花生牛轧糖、巧克力蛋白糖、棉花糖等。

3. 奶糖

奶糖与蛋白糖相似，只是奶糖中加入了较多的奶制品和油脂，使奶糖具有奶的特殊香气和滋味。奶糖的断面也有小气孔，但其疏松程度不如蛋白糖，且比蛋白糖有更大的韧性。

4. 软糖

软糖是一种多水分、柔软、黏糯而富有弹性的糖果，多数属于水果香型，少量的有奶油和清凉气味。为防止其表面相互黏附，常用糯米纸包裹，然后再用防潮蜡纸包装。常见的软糖有高粱饴糖、果仁糖、玫瑰饴糖等。

5. 夹心糖

夹心糖是以硬糖坯为外皮，内部包入各种不同馅心而制成的一类糖果。它既不像硬糖那样口味单调，也不像软糖那样细腻柔软，具有松酥、软润、香甜的特点。根据馅心的组织状态，分为酥心糖(如花生酥糖、芝麻酥糖；粉心糖，如酒味夹心糖、可可夹心糖)和酱心酥(如草莓酱夹心糖、奶油夹心糖等)。

6. 巧克力糖

巧克力糖也称朱古力糖，其原料中有可可脂、奶粉、砂糖、香精等。巧克力糖具有营养价值高、发热量大、入口易溶化、口感细腻的特点，具有特殊的爽口风味。根据辅料和工艺不同，巧克力糖可分为纯巧克力、花式巧克力(如果仁巧克力等)和夹心巧克力。

7. 口香糖

口香糖也称胶姆糖，是一种以糖粉和聚醋酸乙烯为基本原料制成的耐嚼性糖果，其特点是在口中反复咀嚼仍能保持香甜滋味、柔软性及弹性。

8. 泡泡糖

泡泡糖是口香糖的一种类型。它是以天然树胶或甘油树脂型的食用塑料作为胶体的基础，再加入糖、淀粉、糖浆、薄荷和白兰香精等，经调和压制而成的一种糖。其特点是可以通过口腔呼气把糖体吹成皮膜泡。该种糖果既可吃，又可吹着玩，深受儿童喜爱。

第六节　调味品

调味品是指在烹饪和腌制食品的过程中，为提高食品风味，增进人们食欲的化学物质及植物的根、茎、叶、种子等的总称。调味品与人们的生活息息相关，我国有句俗话，“开门七件事：柴、米、油、盐、酱、醋、茶”。近年来，由于不断采用新技术、新设备、新工艺，我国的调味品行业发展迅速，新品种不断涌现，特别是复合调味品的发展尤为突出。

一、味的基础知识

味感是指物质在口腔内给予味觉器官——舌头的刺激，这种刺激有时是单一性的，但多数情况下是复合性的。

味感有甜、酸、咸、苦、鲜、涩、碱、凉、辣、金属味十种，其中甜、酸、咸、苦是基本味感。

二、主要调味品

(一)盐

1. 盐的分类

从食盐市场的经营来看，盐主要有大盐、加工盐、精盐三种。

(1)大盐(海盐)。利用自然条件(风力、阳光)晒制，使海水蒸发，氯化钠晶体析出而制得的产品。其特点是颗粒较大，溶解性较差。

(2)加工盐。将大盐磨制，使其颗粒变细，溶解性增强而制得的产品。

(3)精盐(再制盐)。将大盐溶化，去除杂质，再经蒸发、结晶而得的产品。呈细粉状，色白，易溶化。

2. 盐的保管和销售

盐在保管和销售中应注意以下两个方面。

(1)防潮防湿。盐容易受潮吸湿，严重时会导致溶解流失，在保管和销售的过程中应注意防潮防湿。

(2)保持环境卫生。防止被其他物质污染，不得与有害物质接触。

(二)食用油脂

1. 油脂的分类及其主要化学成分

(1)油脂的分类。食用油脂按其来源的不同，可以分为植物油脂和动物油脂两大类。在常温下，植物油脂为液态，习惯上称为油；动物油脂为固态，习惯上称为脂。市场上常见的植物油脂有菜籽油、茶油、大豆油、芝麻油(香油)、花生油、玉米油等，动物油脂有猪脂、牛脂等。

(2)油脂的主要化学成分。油脂的化学成分主要是脂肪酸和甘油。其中，脂肪酸是油脂的主要化学成分，含量在90%以上。油脂的性质与所含的脂肪酸有很大关系。脂肪酸分为不饱和脂肪酸和饱和脂肪酸，含不饱和脂肪酸多的油脂在常温下为液态，如植物油脂；含饱和脂肪酸多的油脂在同样条件下为固态，如动物油脂。

2. 油脂的质量鉴别

(1)色泽。一般的植物油脂应该是金黄色或黄红色，动物油脂呈洁白色；特殊油脂(橄榄油、青豆油等)或不成熟的种子所制得的油脂呈绿色；陈旧或腐败的种子制得的油脂呈棕褐色。

(2)透明度。透明度主要是针对植物油脂而言的，植物油脂应有一定的透明度。透明度的大小反映油脂含水量的高低，透明度好的油脂含水量较低。

(3)气味和滋味。品质正常的油脂应无焦臭、酸败或其他异味。

(4)沉淀物。油脂的沉淀物越少，品质越好。油脂在20℃的条件下静置24小时，据其沉淀物的多少来判断品质的好坏。

3. 油脂常见的质量变化

油脂常见的质量变化主要是酸败，导致油脂酸败的原因主要有以下几个。

(1)光线和紫外线。油脂在光线和紫外线的照射下，其内部的脂肪酸会水解而导致酸败。

(2)温度。温度对油脂品质的影响主要表现在：一是温度过高会导致酸败；二是温度过高会导致微生物大量繁殖使之变质。

(3)水分。油脂中水分含量过高会导致水解酸败。

(4)氧气。油脂与氧气接触易发生氧化酸败。同时，氧的存在有利于微生物的繁殖，从而导致腐败变质。

4. 油脂的保管和销售

在油脂保管和销售的过程中，要注意密封，防止日光照射，控制好环境的温湿度。

(三)酱油

酱油是以蛋白质原料和淀粉质原料为主料，经微生物发酵酿制而成的具有特殊颜色、香气和风味的调味品。酱油的成分比较复杂，除含食盐外，还含有多种氨基酸、糖类、维生素、有机酸、色素及香气成分等。

1. 酱油的分类

酱油按生产方法的不同，可以分为酿造酱油和配制酱油两大类。

(1)酿造酱油。酿造酱油是以大豆或脱脂大豆、小麦或麸皮为原料，经微生物发酵制成的具有特殊色、香、味的液体调味品。酿造酱油按发酵工艺不同，又可分为高盐稀态发酵酱油、分酿固稀发酵酱油、低盐固态发酵酱油、低盐稀醪保温法酱油。

(2)配制酱油(花色酱油或改制酱油)。配制酱油是以酿造酱油为原料，再配以辅料制成，如虾籽酱油、蘑菇酱油、五香酱油、果汁酱油等。

2. 酱油质量的感官鉴别

(1)色泽。正常的酱油应该呈棕褐色或红褐色(白色酱油除外)，鲜艳有光泽，不发乌。

(2)性状。澄清，不混浊，无沉淀，无霉花浮膜。

(3)滋味。味道鲜美、醇和，咸甜适度，不得有酸苦等异味。

(4)香气。具有酱香和酯香等特有的芳香味，无其他不良气味。

(四)食醋

食醋是指以含碳水化合物较高的粮食为主要原料，经微生物发酵后生产的一种酸性调味品。它能增进食欲，帮助消化，在日常生活中不可或缺。较著名的食醋品种有山西老陈醋、镇江香醋、四川麸醋、江浙玫瑰米醋、福建红曲醋、东北白醋等。

食醋按照生产方法的不同，分为酿造食醋和配制食醋。

1. 酿造食醋

酿造食醋是指单独或混合使用各种含有淀粉、糖的物料或酒精，经微生物发酵而制成的液体调味品。酿造食醋又分为固态发酵食醋、液态发酵食醋、固稀发酵食醋。固态发酵食醋是以粮食及其副产品为原料，采用固态醋醅发酵酿制而成的食醋。液态发酵醋是以粮食、糖类、果类或酒精为原料，采用液态醋醪发酵酿制而成的食醋。固稀发酵醋指的是前期糖化、酒精发酵采用稀醪发酵，后期醋酸发酵采用固态发酵而制成的食醋。

2. 配制食醋

配制食醋是指以酿造食醋为主体，与冰醋酸、食品添加剂等混合配制而成的调味食醋。配制食醋时酿造食醋的比例(以乙酸计)不得少于50%。

另外，食醋按照颜色不同，又分为浓色醋(有的地方称为黑醋，如熏醋和老陈醋)、淡色醋(不添加焦糖色或不经熏醅处理、食醋颜色呈浅棕色)、白醋(以酒精为原料生产的氧化醋和用冰醋酸兑制的无色透明的醋)。

(五)酱

酱是指以黄豆及面粉为原料，经微生物发酵酿造而成的红褐色稠糊状含盐调味品。常见的品种有豆瓣酱、干黄酱、稀黄酱、豆瓣辣酱、甜面酱等。各种酱类间的主要区别在于：用黄豆等为主要原料发酵酿造而成的为豆瓣酱，经磨碎的为干黄酱，加水磨碎的为稀黄酱，豆瓣酱加入辣椒水的为豆瓣辣酱，以面粉为主要原料发酵酿造而成的则为甜面酱。

(六)味精

味精是指以含淀粉的物质为原料，经发酵提纯的谷氨酸钠结晶。它是一种具有鲜味的物质，在炒菜、调馅、拌凉菜、做汤时常添加。

(七)调味料类

调味料类是对各种小类调味品的总称，主要品种有香辛调味料和复合调味料。

1. 香辛调味料

香辛调味料即以香辛料为原料而得到的调味料，包括以下几类。

(1)原始香辛料。原形保持完好的完整香辛料，不经任何加工，使用时一般在水中与食物一起煮制，使其味道和滋味溶于水，让食物吸收，达到调味的目的。原始香辛料的品种有八角茴香、花椒、桂皮、胡椒、葱、姜、蒜、辣椒干等。其特点是使用方便，味道直接，但不能充分利用有效成分，会造成一定的浪费。

(2)粉状香辛料。粉状香辛料是原始香辛料进一步粉碎、过筛，根据需要混合、调配而成的粉状调料，使用时直接加到食品中混合。粉状香辛料的品种有五香粉、花椒粉、姜粉、蒜粉等。其特点是香辛料利用率高，损失小，加工成本低，但加工时易氧化，易受微生物污染。

(3)油状香辛料。通过蒸馏、萃取等工艺，将香辛料的有效成分——精油提取出来，经过稀释后形成的液态油即为油状香辛料，使用时直接加到食品中去。其品种有花椒油、八角茴香油、姜油、胡椒油等。其制作工艺不仅有利于提高香辛料的利用率，而且有利于延长香辛料的储存期。

2. 复合调味料

以两种或两种以上的基础调味品混合制成的调味料，具有口味多样，使用方便，便于保存、携带的特点。复合调味料的品种有回锅肉调料、水煮肉调料、酸菜鱼调料、麻婆豆腐调料、海鲜汁、糖醋汁、五味辣酱等。

三、调味品的保管

调味品品种多样，在保管时必须根据其特性采取相应的措施。总体看来，调味品一般含水量较低，再加上一些特殊调味品本身具有防腐防霉的特性，所以是比较容易保管的。一般来讲，调味品的保管要做好以下几项工作。

(一)保持环境的清洁卫生，防止污染

不得与其他有味的商品混堆，以防串味，降低调味品的调味功能。

(二)控制好环境的温湿度

温度过高会导致调味品内部发生化学变化而变味，同时也有可能导致调味品内芳香物质的挥发而减弱其应有的味道。一般温度应控制在15℃左右。环境湿度过高容易导致调味品受潮霉变、结块等，故相对湿度一般应控制在60%～65%。

(三)做好包装与堆码工作

包装材料要求隔湿性能好。堆码时一般采用空心垛，以便通风散湿，同时要注意垛与垛、垛与墙壁、垛与地面之间的距离。

典型案例

IT人士应该吃些什么

计算机虽然给人们的工作、学习和生活带来便利，但是，使用计算机的室内环境正负离子失去平衡，对人体的健康有一定的副作用，会引起自律神经失调、忧郁症。计算机操作者常会感到眼睛疲劳、肩酸背痛。为了防止计算机操作者患上述职业病，专家建议注意合理膳食。

1. 多吃高蛋白的食物

蛋白质是人体细胞的“灵魂”。计算机操作人员应多吃瘦猪肉、牛肉、羊肉、鸡、鸭、鱼及豆制品，尤其要多吃豆类食品。

2. 多吃维生素含量高的食物

维生素具有调节神经等作用。据统计，人们每天摄入体内的维生素中，70%来自蔬菜。含维生素较高的蔬菜有韭菜、菠菜、青蒜、金针菇、番茄、黄瓜等。

3. 多吃磷脂含量高的食物

磷脂是大脑的“能源”之一，蛋黄、虾、核桃、花生、牡蛎、乌贼、银鱼、青鱼中都含有较多的磷脂。

4. 多吃健眼的食物

计算机操作人员应注意保护眼睛，防止近视及其他眼疾。健眼的食物有牛奶、羊奶、奶油、小米、核桃、胡萝卜、菠菜、大白菜、西红柿、黄花菜、空心菜、枸杞及各种新鲜水果。

案例分析：食品营养成分对人体健康有哪些影响?

>>> 综合能力训练

一、单选题

1. 食糖常见的质变现象是(　　)。

A. 走油　　B. 吸湿潮化　　C. 酸败　　D. 发烊

2. 茅台酒的香型是(　　)。

A. 浓香型　　B. 清香型　　C. 酱香型　　D. 米香型

3. 茶叶中含量最丰富的维生素是(　　)。

A. 维生素C　　B. 维生素A　　C. B族维生素　　D. 维生素K

4. 黄山毛峰属(　　)。
A. 炒青茶　B. 晒青茶　C. 烘青茶　D. 珠茶

5. 下列属于发酵茶的是(　　)。
A. 庐山云雾　B. 滇红　C. 武夷岩茶　D. 信阳毛尖

6. 浓香型白酒以(　　)为代表。
A. 贵州茅台　B. 山西汾酒　C. 五粮液　D. 董酒

7. 绿茶的汤色为(　　)。
A. 棕红色　B. 红褐色　C. 绿色　D. 黄色

8. 下列属于不发酵茶的是(　　)。
A. 祁红　B. 信阳毛尖　C. 铁观音　D. 茉莉花茶

9. 下列属于发酵原酒的是(　　)。
A. 西凤酒　B. 绍兴老酒　C. 白兰地　D. 鸡尾酒

10. 下列属于蒸馏酒的是(　　)。
A. 泸州老窖特曲　B. 张裕干红　C. 枸杞酒　D. 竹叶青

11. 下列属于发酵茶的是(　　)。
A. 祁红茶　B. 龙井茶　C. 铁观音　D. 黄山毛峰

二、多选题

1. 酒的分类方法一般有(　　)。
A. 按生产方法　B. 按酒精含量
C. 按特殊成分　D. 按商业习惯

2. 关于啤酒质量的感官鉴别，下列说法正确的是(　　)。
A. 酒液透明，无悬浮物　B. 浅色啤酒的颜色是淡绿带黄
C. 啤酒倒入杯中，立即有泡沫升起　D. 不得有酸味和其他异味

3. 茶叶的外形鉴别主要通过(　　)进行。
A. 形状　B. 色泽　C. 嫩度　D. 净度

4. 茶叶的内质鉴别主要通过(　　)进行。
A. 香气　B. 汤色　C. 滋味　D. 叶底

三、判断题

1. 啤酒的酒度一般在10°左右。(　　)
2. 茶叶可用纸袋包装，长期储存。(　　)
3. 白酒是用发酵法酿制而成的。(　　)
4. 40%(V/V)表示100mL酒液中的酒精含量为40mL。(　　)
5. 酒精度最低的酒饮料是果酒。(　　)
6. 啤酒的颜色越淡越好，泡沫越细腻越好。(　　)

四、填空题

1. 按制作工艺，酒可分为蒸馏酒、配制酒和________三大类。
2. 白酒的主要成分是________和水。
3. 乌龙茶属________茶。
4. 茶叶的主要成分是________、________和________，它们决定着茶叶的色香味。

5. 绿茶根据________不同，分为炒青茶、烘青茶、晒青茶。

6. 红茶根据制法和品质分为________、________和________。

7. ________的乌龙茶的产量最多。

8. 白酒的香型有________、________、________、________和________。

9. 卷烟的主要化学成分有________、________、________、________、________、________、________、________。

五、简答题

1. 冷冻食品是如何分类的？冷冻食品与非冷冻食品有何不同？
2. 冷冻食品在零售时应注意哪些事项？
3. 休闲食品有哪些种类？
4. 鲜乳有哪些化学成分？
5. 奶粉和炼乳各有哪些种类？各有哪些代表品种？
6. 如何进行奶粉的感官鉴定？
7. 无酒精饮料有哪些类型？市场上各有哪些代表品牌？
8. 如何鉴别饮料质量？
9. 卷烟有哪几种类型？各有何特点？
10. 简述卷烟的成分与质量的关系。
11. 酒是如何分类的？白酒、啤酒、葡萄酒是如何分类的？
12. 白酒有哪几种香型？各香型特点及其代表品种有哪些？
13. 如何鉴别伪劣酒？
14. 茶叶的主要成分有哪些？对人体有何作用？
15. 分别简述红茶、绿茶、乌龙茶的特征及代表品种。
16. 如何鉴别茶叶的质量？

>>> 实践训练

实训一　冷冻食品及休闲食品的感官鉴定

实训目的：掌握常见的冷冻食品及休闲食品的种类及感官鉴定的方法。

实训要求：

1. 由于此类食品种类繁多，性能各异，其中冷冻食品还需要特殊的保管设备，故本次实训可选择在大型商场或超市现场进行。
2. 全面调查了解商场所经营的冷冻及休闲食品的种类、包装、保管方法等。
3. 在教师或营业员的指导下进行各类冷冻食品和休闲食品的感官质量鉴定。
4. 写出书面调查或总结报告。

实训二　香烟的感官质量鉴定

实训目的：掌握感官鉴定香烟质量的方法。

原料准备：

准备高、中、低档次的香烟各若干包；同一品牌的真假香烟各若干包；火柴或打火机。

实训要求：

正确判断香烟质量的优劣和名牌香烟的真伪。

操作规程：

1. 包装质量、包装标志的鉴别与比较。

2. 拆开包装，检查烟支的标记、过滤嘴质量及烟丝的光泽、颜色、松紧度、香气等。

3. 燃吸不同档次(或真伪)的香烟，进行口感品吸体验。感官品吸，可由教师进行或指定1～2名学生演示，口述体验。

4. 注意强调吸烟的危害性。

5. 写出书面总结报告。

实训三 酒的感官质量鉴别

实训目的：掌握酒的感官质量鉴别方法。

原料准备：不同香型的白酒(至少5种香型)各一瓶，啤酒若干瓶，红白甜葡萄酒、干葡萄酒各一瓶，酒具若干。

实训要求：

1. 能正确区别白酒的香型。

2. 掌握啤酒的感官质量要求及鉴别方法。

3. 掌握不同品种葡萄酒的特点。

操作规程：

1. 白酒的鉴别。

(1)将5种不同香型的白酒，按顺序分别倒入5只酒杯中，进行色、香、味观察、品尝，体会并说出其特点。

(2)将白酒倒入杯中，鉴别每一杯酒的香型。

2. 啤酒的鉴别。

(1)将适量啤酒倒入啤酒杯中，分别进行颜色、泡沫、气味、滋味的鉴别。

(2)口述啤酒色、香、味及泡沫的质量要求。

3. 葡萄酒的鉴别。

(1)将所备的不同品种的葡萄酒分别倒入杯中。

(2)分别鉴定、比较各种葡萄酒的色泽、香气、滋味。

(3)体会并说出不同葡萄酒的特点。

4. 写出书面总结报告。

实训四 茶叶的种类及其质量的鉴别

实训目的：掌握茶叶的感官质量鉴别方法。

原料准备：红茶、绿茶、花茶和乌龙茶的新茶、陈茶各500g，茶盘、茶碗或茶杯若干只。

实训要求：

1. 能区别茶叶的类型。

2. 能鉴别同一种茶叶质量的优劣。

实训程序：

1. 茶叶品种的鉴别。

(1)取四种不同品种的新茶，倒入茶盘，进行外形、颜色、香气等外观特征的鉴别。

(2)用茶杯或茶碗冲泡后，进行香气、汤色、滋味、叶底等内质鉴定。

(3)说出鉴定结果并进一步体会每种茶叶的特点。

2. 茶叶质量的鉴别。

(1)取同一品种的新茶、陈茶分别倒入茶盘。

(2)分别比较、检查茶叶的嫩度、色泽、净度、香气等外形特征。

(3)冲泡后进行香气、汤色、滋味、叶底等内质检查。

(4)说出新茶、陈茶的质量特征。

3. 写出书面总结报告。

第九章
日用工业品商品

学习目标

1. 了解塑料制品、日用化学品、玻璃制品、日用陶瓷制品、机电商品、汽车商品的概念和主要品种；

2. 掌握上述商品的分类、基本原材料、主要性能特点、质量要求、感官鉴别方法、使用方法等。

日用工业品是指供人们日常使用的工业产品，俗称日用百货。日用工业品种类繁多，用途广泛，本章重点介绍塑料制品、日用化学品、玻璃制品、日用陶瓷制品、机电商品、汽车商品。

第一节　塑料制品

一、塑料

(一)塑料的概念

塑料是指以合成或天然的高分子材料为主要成分，在一定温度和压力条件下塑成一定的形状，且在常温下保持形状不变的材料。塑料具有质量轻、强度高、化学稳定性好、绝缘性好、着色性好和具有一定的透明度等优点，但同时存在易变形、尺寸稳定性差、导热性和耐热性差、易老化等缺点。近年来，研究出了一些新产品，大大提高了塑料的优良性能，如可降解塑料既具有传统塑料的功能，又可以在一定条件下的自然环境中分裂降解和还原，最终以无毒的形式回归大自然。

(二)塑料的组成

塑料由合成树脂和辅助剂两部分组成。

1. 合成树脂

合成树脂是塑料的主要成分，它是以煤、石油、天然气以及一些农副产品为主要原料，由具有一定条件的低分子化合物，通过化学或物理方法结合而成的高分子化合物。其重量占塑料的40%～100%。它决定了塑料的类型、化学性质和物理机械性质。

2. 辅助剂

常用的辅助剂主要有增塑剂、稳定剂、润滑剂、抗静电剂、交联剂、填充剂、增强剂、发泡剂、着色剂、防霉剂等。

(三)塑料的分类

1. 按塑料的用途分类

(1)通用塑料。这是指产量大、价格便宜、成型性好、应用广泛的塑料。通用塑料占塑料总产量的75%以上，多为民用。比如，聚乙烯塑料、聚丙烯塑料、聚氯乙烯塑料等。

(2)工程塑料。这是指具有相当强度及刚性，可作工程结构、机械部件等的塑料。比如，聚酰胺塑料、ABS塑料、玻璃纤维增强塑料等。

(3)特种塑料。这是具有特殊性能的塑料，一般价格较贵。比如，耐辐射塑料、超导塑料、感光塑料等。

2. 按塑料的受热特性分类

(1)热塑性塑料。热塑性塑料是用线型高聚物制造的塑料。这种塑料受热能软化熔融，塑成一定形状，冷却后固结成型。这种变化可多次反复。常见的热塑性塑料有聚乙烯塑料、聚丙烯塑料、聚氯乙烯塑料等。

(2)热固性塑料。热固性塑料是用体型高聚物制成的塑料。成型后受热不再软化变形，只会炭化，其废旧制品无回收再利用价值。常见的热固性塑料有酚醛塑料、脲醛塑料、密胺塑料等。

按塑料的可燃程度，分为易燃性塑料、可燃性塑料和难燃性塑料三大类。按塑料的毒性，分为无毒和有毒塑料两大类。按塑料是否是微孔结构，可分为泡沫塑料和非泡沫塑料两大类。

(四)塑料的品种

1. 热塑性塑料的主要品种

(1)聚乙烯塑料。聚乙烯塑料代号为PE，具有质轻、不易脆化、无臭、无味、无毒、化学稳定性强、绝缘性好，有一定的透气性等特点。聚乙烯是由乙烯经聚合而成的高分子化合物，按其密度可分为低密度、中密度和高密度聚乙烯。由于聚乙烯的密度、结晶度和分子量的差异，其性能差异也较大。一般而言，低密度聚乙烯的机械性能较高密度聚乙烯稍差，其制品较高密度聚乙烯软。因聚乙烯无毒，故可作为药品、食品、玩具等的包装材料。低密度聚乙烯的最大用途是用于地膜覆盖、农用大棚、包装材料、果品保鲜，也可用于电线、电缆、绝缘护套、塑料花、塑料儿童玩具等。高密度聚乙烯可制作管材、各种容器等。超高分子量聚乙烯具有良好的耐磨性，用于各种机械做不黏、耐磨、低噪声的润滑部件，如密封圈、轴承等零件，也可制作与食品接触的材质或人体内部器官，如关节等器件。

(2)聚丙烯塑料。聚丙烯塑料代号为PP，是由丙烯聚合而成的高分子化合物。聚丙烯塑料无味、无毒，相对密度为 0.90～0.91，是最轻的日用塑料。其耐热性高，在沸水中不软化、不变形，其使用温度可达 140℃；化学稳定性好；硬度、弹性、强度和抗冲击强度较好；有一定的透光性和透气性；低温性能稍差，在低温下其弹性逐渐消失，抗冲击强度较差。聚丙烯塑料是容易加工的塑料，加工方法有多种。其应用广泛，可制作家用器具(如饭碗、汤勺、口杯、脸盆、保温瓶壳、梳子、玩具等)、电视机外壳、管材、板材、包扎带、电缆包覆和护套、双向拉伸薄膜、包装箱、瓦楞板；聚丙烯也是纺织品的原料，可制作丙纶纤维、无纺布等；其发泡制品可作为包装材料使用。

(3)聚氯乙烯塑料。聚氯乙烯塑料代号为 PVC，是以聚氯乙烯树脂为主要成分，加入稳定剂、润滑剂、改性剂、填料、颜料等各种助剂，经加工得到所需形状的塑料制品。聚氯乙烯塑料制品的种类很多，根据树脂中增塑剂量的多少，可分为聚氯乙烯软制品和聚氯乙烯硬制品。由于制品的配方不尽相同，其性能差异也较大，有的很柔软，有的则强度较高，故适用范围也不同，主要用于制作薄膜软制品和各种硬制品。聚氯乙烯软制品有透明和不透明的塑料布，如雨衣、台布、包装薄膜等。聚氯乙烯硬制品有各种板材、管材、管件，目前大量用于建筑装饰条、塑钢窗等。聚氯乙烯塑料的共同特点是适用范围广，具有阻燃性。

(4) 聚苯乙烯塑料。聚苯乙烯塑料代号为 PS，是由苯乙烯聚合而成的高分子化合物，是无色、无味、无毒且具有光泽的透明固体。其相对密度为 1.04～1.09，刚度和表面硬度较大，尺寸稳定性好；着色容易，耐辐射性好，电性能优异，使用温度较低，适合在 70℃以下或低负荷下使用；冲击强度低，易碎，耐磨性差；可耐水、酸、碱，但溶于芳香烃等有机溶剂；耐油性差，不耐热水。聚苯乙烯塑料的主要加工方法为注塑和挤出，主要用于制作透明或色泽鲜艳的各类制品，如文具、灯具、灯饰、室内外装饰、化妆品容器、果盘、仪表外壳、车灯、光学零件等。采用悬浮法生产的聚苯乙烯可制成不同密度的泡沫塑料，用作绝热、隔音、防震、漂浮、包装材料和软木代用品等。

(5)聚甲基丙烯酸甲酯塑料。聚甲基丙烯酸甲酯塑料代号为 PMMA，又称有机玻璃，是由甲基丙烯酸甲酯本体聚合或悬浮法聚合而成的高分子聚合物。用本体聚合可直接制成片、板及管、棒材，是透明如玻璃的无色体，相对密度为 1.18，质轻，不易破碎，耐光，透光率为 91%～92%。由于它的高度透明性，常用来制造光学和照明工具，如航空窗玻璃、仪表盘、汽车灯罩、装饰品等，着色后可制造纽扣、牙刷柄、广告牌等。

(6)ABS 塑料。ABS 树脂为丙烯酯、丁二烯、苯乙烯的共聚物，具有较好的坚韧性、刚性和化学稳定性，并具有耐热性、耐油性和绝缘性。其主要制品有电器部件、旅行箱、安全帽等。由于 ABS 塑料具有良好的电镀性能，其制品可代替金属部件，生产各种美观的电器零件、奖牌、日用品部件、装饰件；其板材可以制作电冰箱的内衬；在建材行业中的应用也极为广泛，主要有 ABS 管材、管件、百叶窗、门窗框架等。

(7)聚酰胺塑料。聚酰胺塑料代号为 PA，又称尼龙。其主要品种有尼龙 66、尼龙 610、尼龙 1010、尼龙 11、尼龙 12 等。聚酰胺塑料具有良好的冲击强度和拉伸强度以及优良的耐磨性，主要加工方法为注塑和挤出。主要用于制作纤维即锦纶，只有部分用于工程塑料，如制作管材，也用于制作刷子等日用品。

(8)硝酸纤维素塑料。硝酸纤维素塑料代号为 CN，又称为“赛璐珞”。其本身无色透明，着色性能好，可制成各种色彩鲜艳的玩具、乒乓球、手风琴外壳、眼镜架、三角尺等。其最大的特点是质轻、弹性好，是制造乒乓球最理想的材料，但是易燃。

2. 热固性塑料的主要品种

(1)酚醛塑料。酚醛塑料代号为PF，俗称电木或胶木塑料。加入木粉或玻璃布增强的层压材料，力学性能好、表面硬度高、绝缘性能优良，是良好的低压绝缘材料，常用来制造日用电器制品，如插头等。一般只有黑、棕两色，而且脆性较大，怕撞、怕压、怕摔。

(2)脲醛塑料。脲醛塑料代号为VF，俗称电玉。它是由尿素和甲醛反应制成的塑料。脲醛塑料的基本性能与酚醛塑料基本相似，但电玉具有一定的毒性，不宜制作食具。

(3)密胺塑料。密胺塑料代号为MF，是以三聚氰胺与甲醛为原料，经缩聚反应而制成的。密胺塑料强度大，表面硬度高，不易变形，它的手感和外观极似瓷器，但其抗冲击强度比瓷器高3倍。它的耐热性、耐水性、卫生性都很好，无毒、无臭、无味。常用来制造各种杯盘、碗筷等餐具及烟灰缸等日用品。

二、塑料制品

塑料制品是以合成树脂为主要原料生成的塑料粉或颗粒，经过成型，有的还经过修饰、装配等加工而制成的日用工业品。塑料制品具有质轻、耐冲击、耐酸碱盐及水的腐蚀、不导电、不透水、有光泽、易装饰、易加工、成本低等优点，在日常生活中应用十分广泛。

(一)塑料制品的成型方法

塑料制品常用的成型方法有注射成型法、挤出成型法、吹塑成型法、压延成型法、模压成型法等。

1. 注射成型法

注射成型法是将塑料(粉或颗粒)加入料桶内加热至黏流态后，经柱塞推挤，注入冷的金属模中，冷却后脱模，即得尺寸准确的、有一定造型(包括复杂造型)的塑料制品。这是日用塑料制品中最常用的成型方法。采用此法的有塑料水桶、塑料面盆、塑料漏斗、塑料皂盒、塑料烟盒、塑料梳子、塑料鞋底等多种热塑性塑料的制品。

2. 挤出成型法

挤出成型法是将塑料在料桶内加热到黏流态后，用推杆使其连续从特定形状的模口挤出，成为连续成型的制品，最后冷却定型。其制品形状取决于模口的断面。用此法可制得塑料棒、塑料管、塑料片、塑料薄膜、塑料袋、塑料绳、塑料丝等多种塑料制品。

3. 吹塑成型法

吹塑成型法用于热塑性塑料的薄膜或空心制品的成型。前者是将挤出的管状胚料，经过压缩空气将其横向吹胀，同时纵向牵伸，使管壁膨胀变薄至所需厚度，然后冷却，即得具有一定厚度的塑料薄膜；后者是将挤出的管状胚料置于模具里，并吹入热空气(或将胚料预热，并吹入空气)，使塑料膨胀、紧贴模具壁，再经冷却、脱模，即得一定形状的空心塑料制品。采用此法的有塑料提桶、塑料保温瓶外壳、塑料水壶、塑料奶瓶及各种塑料瓶、塑料球、塑料玩具等。

4. 压延成型法

压延成型法是将塑料通过加热压辊变软后，再通过若干组相向旋转辊筒的间隙进行延压，达到规定厚度后冷却，即得软质塑料薄膜或硬质塑料板等塑料制品。

压延成型法还是人造革的制造方法。将棉布或帆布、针织布等织物随同塑料通过最后一组辊筒的间隙，塑料膜层就会紧密覆盖在织物上，从而制得人造革。

5. 模压成型法

模压成型法主要用于热固性塑料制品及层压制品的成型。将塑料(粉、粒、碎屑)放入热模具里，闭模加压，使塑料固化成型，即得热固性塑料制品，如密胺塑料餐具、密胺塑料饮具、电木灯头外壳、电木墨水瓶盖、电玉纽扣等；若是将布或纸、玻璃布等材料经合成树脂浸渍后，以若干层相同或不同材料在层压机上进行热压，即得层压制品，如塑料装饰板等。

(二)塑料制品的分类和品种

1. 按塑料制品的原料分类

塑料制品按所用塑料种类的不同，可分为聚乙烯塑料制品、聚氯乙烯塑料制品、聚丙烯塑料制品、聚苯乙烯塑料制品、ABS塑料制品、有机玻璃塑料制品、尼龙塑料制品、赛璐珞塑料制品、电木制品、密胺塑料制品、电玉制品等多种。

2. 按塑料制品的用途分类

塑料制品按用途的不同，可分为塑料材料制品和塑料日用制品两大类。

(1)塑料材料制品。塑料材料制品是主要用来作为某些产品原材料的塑料制品。按结构、性能的不同，可分为人造革、合成革、塑料薄膜、泡沫塑料、玻璃塑料五种。

①人造革。人造革是塑料和纤维织物的复合材料。目前主要有聚氯乙烯人造革。人造革具有外观似皮革、质地柔软、耐摩擦、耐酸碱、可洗涤、不透水、不透气、不耐低温、价格便宜等特点。按其用途不同，又可分为普通人造革、地板人造革、泡沫人造革三种。普通人造革可制造手提包，泡沫人造革可制造帽子、手套、提包、箱子、鞋等。

②合成革。合成革是以有孔结构的无纺布为底布和有微孔的聚氨酯为覆盖层所制得的复合材料。合成革的耐磨性、强度、弹性、耐油性、透气性、透湿性、耐低温性均优于人造革。其品种有光面合成革、绒面合成革、压花合成革、搓纹合成革、衣用软合成革等。合成革的外观和性能近似皮革，用于制作合成革鞋和衣物等，有取代人造革制品的趋势。

③塑料薄膜。塑料薄膜的品种很多，用途很广，如制作台布、雨衣、窗帘、提包、包装袋、农用地膜等。

④泡沫塑料。泡沫塑料是合成树脂经过发泡后制成的内部有无数小孔的塑料制品。具有吸水、保温、隔热、隔音、体轻、弹性好、防震等特点。有硬泡沫塑料和软泡沫塑料两种。泡沫塑料常用于制作床垫、坐垫、拖鞋、包装材料等。

⑤玻璃塑料(玻璃钢)。由合成树脂和玻璃纤维组成的增强塑料。玻璃塑料具有体轻、强度高、耐腐蚀等特点，比钢轻一半以上，强度不亚于钢，用于家具、汽车等的制造。

(2)塑料日用制品。塑料日用制品是日常生活中使用的塑料制品。按其用途的不同，可分为塑料容器、塑料餐具、塑料玩具、塑料工艺品、塑料家具、塑料洁具、塑料文化用品七类。

①塑料容器类。有塑料瓶、塑料盒、塑料盆、塑料桶、塑料缸等品种。

②塑料餐具类。有塑料碗、塑料盘、塑料碟、塑料匙、塑料筷、塑料水杯等品种。

③塑料玩具类。有塑料小动物、塑料汽车、塑料飞机、塑料插片、塑料棋等品种。

④塑料工艺品类。有塑料动物雕塑、塑料花、仿水晶塑料摆件等品种。

⑤塑料家具类。有塑料桌、塑料椅、塑料凳、塑料充气沙发等品种。

⑥塑料洁具类。有塑料浴盆、塑料坐便器、塑料簸箕、塑料扫帚等品种。

⑦塑料文化用品类。有塑料三角尺、塑料直尺、塑料文具盒、塑料笔筒、塑料活页夹、塑料文具夹等品种。

3. 塑料制品的挑选

挑选的塑料制品应结构合理、不变形、造型美观、花纹清晰、色泽鲜艳、色调一致、表面平滑光亮、厚薄均匀，无难闻气味、无变色、无麻点、无沙粒、无气孔、无缺损、无裂缝、无皱纹、无毛边等。

(三)塑料制品的储存保管

1. 分库存放

塑料制品勿与化学药品同库混存。尤其是挥发性有机溶剂，容易侵蚀塑料制品。

2. 防热、防冻、避光

塑料制品应避光存放，并避免暴晒、受热和冷冻。光和过高或过低的温度，都容易加速塑料制品的老化，从而使其逐渐失去使用价值。

3. 防裂、防压

塑料制品应轻搬轻放，堆码勿过高。受到碰撞的硬质塑料制品容易破裂；长期受到重压的软质或空心塑料制品容易变形，塑料薄膜容易黏结。

4. 注意卫生，保持干燥

要保持库房干燥和清洁，潮湿和尘埃都容易使塑料制品失去表面光泽。

(四)常用塑料制品的鉴别

1. 感官鉴别

塑料的品种不同，其外观特征也不一样。根据塑料的不同外观特征，能基本判断出塑料的品种，这种方法就是感官鉴别法，也称简易鉴别法。

(1)聚乙烯塑料。本色为乳白色半透明体，手摸有滑腻感，外观呈石蜡状，质地柔软能弯曲，放入水中能浮出水面，在沸水中明显软化。

(2)聚丙烯塑料。本色为乳白色半透明体，手摸润滑但无滑腻感，质地硬挺有韧性，放入水中能浮出水面，在沸水中软化不明显。

(3)聚氯乙烯塑料。外形样式较多，硬质塑料坚硬平滑，色泽鲜艳，敲击时声音发闷；半硬质塑料富有弹性，放入水中能下沉；薄膜制品透明度高，遇冷变硬变脆，有特殊气味。

(4)聚苯乙烯塑料。表面坚硬有光泽，透明度高，敲击时声音发脆如金属声，色泽鲜艳，质地较脆，扭折时容易碎裂。

(5)有机玻璃。外观似水晶，透明度高，色彩鲜艳，有韧性，敲击时声音发闷。用柔软物摩擦制品表面，产生水果香味。

(6)酚醛塑料。表面坚硬，质脆易碎，断面结构松散，为黑色或棕色不透明体，敲击时有木板声。

(7)脲醛塑料。表面坚硬，质脆易碎，断面结构紧密，颜色鲜艳，大都为浅色半透明体。

(8)密胺塑料。表面光滑，坚韧结实，外观似瓷器，可着成各种颜色。

(9)ABS塑料。表面硬度较高，有弹性，断面结构紧密，表面易于电镀。

根据塑料的上述外观特征，即可由感官初步判断塑料的种类。

2. 燃烧鉴别

燃烧鉴别法是将塑料试样放在火焰上燃烧，仔细观察其燃烧的难易程度、火焰颜色、气味和冒烟情况，以及熄灭后塑料的色泽、形态等，根据这些特征，大致可以确定其属于哪一类塑料。

(1)聚乙烯塑料。容易燃烧，火焰上端为黄色，下端为蓝色，燃烧同时有熔融物滴落，离火后能继续燃烧，有石蜡燃烧的气味。

(2)聚丙烯塑料。燃烧性能与聚乙烯相似，但火焰上端有少量黑烟。

(3)聚氯乙烯塑料。难燃烧，在火焰上能够燃烧，离火即灭，火焰呈黄色，有刺激性酸味。

(4)聚苯乙烯塑料。容易燃烧，为橙黄色火焰并冒浓黑烟，离火后能继续燃烧，有聚苯乙烯单体味。

(5)有机玻璃。容易燃烧，为浅蓝色火焰，顶端呈白色，离火后能继续燃烧，有水果香味。

(6)酚醛塑料。在火焰上能慢慢燃烧，塑料膨胀开裂，为黄色火焰，离火后能自动熄灭，有木材和酚醛味。

(7)脲醛塑料。难燃烧，在火焰上膨胀开裂，为黄色火焰，离火后自动熄灭，有甲醛气味。

(8)密胺塑料。该塑料较难燃烧。

(9)ABS塑料。容易燃烧，为黄色火焰并冒黑烟，离火后能继续燃烧，有特殊香味。

根据上述塑料的燃烧特征，仔细观察，也可定性鉴别出塑料的种类。

三、可降解塑料的发展现状

随着环境保护的呼声日益高涨以及塑料工业的不断发展，可降解塑料逐渐成为重要的高分子材料。

可降解塑料按其降解机理不同，主要分为光降解塑料、生物降解塑料和光/生物双降解塑料。目前已采用的光降解技术有合成型和添加型两种，前者是在烯烃聚合物主链上引入光敏基团，后者是在聚合物中添加有光敏作用的化学助剂。对聚乙烯的研究表明，当聚乙烯大分子降解成分子量低于500的低聚物后，则可被土壤中的微生物吸收降解，具有较好的环境安全性。杜邦、陶氏化学、拜尔等公司和加拿大多伦多大学都已利用该技术实现了工业化生产。

生物降解塑料是指在自然环境下通过微生物的生命活动能很快降解的高分子材料。按其降解特性不同，可分为完全生物降解塑料和生物破坏性塑料；按其来源不同，则可分为天然高分子材料、微生物合成材料、化学合成材料、掺混型材料等。近年来，在发达国家，完全生物降解塑料的研发最为活跃。

第二节 日用化学品

一、肥皂

肥皂是以高级脂肪酸钠为主要原料，添加其他辅助原料进行加工而成的一种具有洗涤功能的日常化学用品。简单地说，肥皂就是高级脂肪酸与碱起皂化反应生成的高级脂肪酸盐。

肥皂历史悠久，由于它以天然油脂为原料，对人体毒性极低，刺激性较小，使用安全，而且易降解，对环境污染小，故至今仍被广泛应用。

(一)肥皂的去污原理

肥皂能够去除污垢的主要原因是它的主要成分是表面活性剂，该洗涤表面活性剂具有表面活性和胶束性，能使其水溶液发挥润湿、渗透、分散、乳化、增溶、泡沫等作用。

要实现洗涤去污，首先要降低和削弱污垢与其附着体之间的引力。洗涤表面活性剂的润湿、渗透作用就能起到使这种引力松脱的作用，并能把污垢分解成微小粒子，在机械力(机械搅拌或揉搓)的作用下，这些吸附在物体上的污垢微粒便被大量卷入到水中。此时，洗涤表面活性剂的分散作用、乳化作用和增溶作用便使油脂污垢都不再沉积在被污物体的表面，而通过漂洗，连同泡沫一起被水冲走，从而实现了洗涤去污的目的。

肥皂的去污作用，实质上是洗涤表面活性剂的润湿渗透、分散、乳化、增溶等基本作用综合表现的结果。

(二)肥皂的基本原料

肥皂是洗涤用品中的主要产品，其种类繁多。肥皂的原料主要有以下几种。

1. 油脂

油脂也称脂肪酸甘油酯，是制造肥皂的基本原料。油脂主要包括动物油脂和植物油脂，在常温下，液体状态为油，固体状态为脂。

(1)动物油脂。常用的有牛油、羊油、猪油、鱼油等。

(2)植物油脂。常用的有椰子油、棕榈油、花生油、菜籽油、米糠油、蓖麻油、玉米油等。

(3)其他类脂物。炼油、皂角及脂肪酸、木质纸浆、浮油、松香等杂油。

2. 碱

制造肥皂最常用的碱是氢氧化钠，也称烧碱；制造液体皂用氢氧化钾；另外，还有碳酸钠、碳酸钾等，其作用是与油脂进行皂化反应生成肥皂。

3. 其他辅助原料

(1)硅酸钠。又称泡花碱或水玻璃。它可以软化硬水，增加肥皂的去污力，能增加肥皂的光滑度、坚实度，并可以防止肥皂氧化酸败。

(2)碳酸钠。它在制皂时作为皂化剂，可以提高肥皂的硬度，但含量过多会使肥皂粗糙，并会冒白霜。

(3)抗氧化剂。为了防止肥皂变质，需加入一定量的抗氧化剂。

(4)杀菌剂、消炎剂。为了保持人体卫生，常常在肥皂中加入一些毒性较低的广谱杀菌剂和消炎剂，使其能较长时间抑制细菌生长，并去除臭味。

(5)香料。在洗衣皂和香皂中加入香料可以在洗涤时散发令人愉快的香味，洗涤后使身体和衣物上长时间留有余香。

(6)着色剂。添加一些着色剂改善其外观，加强肥皂的去污力，气味好，感官也好。

(7)透明剂。为了提高肥皂的透明度，抑制肥皂结晶、干裂，需要加入透明剂。同时，它还有保护皮肤的作用。

(8)富脂剂。能中和肥皂的碱性，减少其对皮肤的刺激，起到保护皮肤的作用。

(9)钙皂分散剂。可以软化硬水，克服肥皂在硬水中洗涤效果差的缺点。

(三)肥皂的主要品种

日常生活中使用的肥皂主要是钠皂和钾皂，常用的有如下几种。

1. 洗衣皂

洗衣皂通常也称肥皂，是大众最熟悉的具有代表性的洗涤用品，主要用于洗涤衣物，也适用于洗涤其他物品。洗衣皂主要制成块状、长方形或长条形，一般呈淡黄色。优质洗衣皂的高级脂肪酸钠含量高，质坚耐用，色泽较浅，略有香味；中低级洗衣皂的原料油脂质量较差，干后收缩明显甚至变形，颜色较深，气味不佳。

2. 香皂

香皂是具有芳香气味的肥皂。香皂质地细腻、纯净，泡沫丰富，色泽鲜艳，主要用于洗手、洗脸、洗澡等。制造香皂要加入香精，香精性质温和，对人的皮肤无刺激，使用时香气扑鼻，并能去除肌体的臭味。高档香皂具有多种固定的香型，如玫瑰香型、茉莉香型、百合香型、混合香型等。目前，新型香皂具有洗涤、护肤、除臭等多种功能。

3. 透明皂

透明皂质地透明、光滑，观感好，可以当香皂用，也可以当洗衣皂用。其溶解度大，泡沫丰富，适合洗涤各种织物。

4. 药皂

药皂也称抗菌皂，其制作方法是在肥皂中加入一定量的抗菌剂，对皮肤有消毒、杀菌、防止体臭的作用。药皂多用于洗手、洗澡。

5. 复合皂

复合皂的主要成分为脂肪酸、钙皂分散剂和表面活性剂，具有肥皂和合成洗涤剂的双重优点。它通过阻止洗涤时形成不溶性钙皂，增加溶解度，从而提高洗涤效果，克服了肥皂在硬水中洗涤效果差的缺点。

6. 液体皂

液体皂是以钾皂为主体，添加钙皂分散剂和表面活性剂制成，易溶于水，使用方便。液体皂分为液体洗衣皂、液体沐浴用香皂等。

7. 美容皂

美容皂也称营养皂，除了具有清洁皮肤的作用外，还可以滋养皮肤，营养肌体，促进皮肤新陈代谢，延缓皮肤衰老。美容皂一般添加高级香精和营养润肤剂，如牛奶、蜂蜜、人参液、磷脂、珍珠粉、维生素 E、芦荟等。

8. 富脂皂

富脂皂也称过脂皂、润肤皂，除含有一般香皂的成分外，还含有过脂剂，如羊毛脂及其衍生物、貂油、海龟油、矿物油等。用富脂皂洗涤后会在皮肤上保留一层疏水性薄膜，使皮肤柔软，防止干裂。

9. 其他功能肥皂

比如，老人皂可以防止皮肤干裂，杀菌止痒；凉爽皂内加薄荷，去痱皂内加三黄连、金银花后，可清热解毒；脚气皂可杀死真菌；等等。

(四)肥皂的质量要求

肥皂的质量一般从肥皂的规格、感官指标、外观质感现象等几个方面来进行判定。

1. 洗衣皂的外观质量要求

(1)色泽。洗衣皂的正常色泽应为淡黄色，色泽均匀一致，无明显斑点和冒白霜现象。

(2)外观。要求形状端正，表面字迹清楚。

(3)硬度。洗衣皂的硬度应软硬适中，用手指捏一下皂体表面，如果刚好能显示出指印，说明软硬适合，否则就是太软或太硬。

(4)气味。洗衣皂应有淡淡的香味，不能有强烈的香味，也不能有油脂的腥臭味。

2. 香皂的外观质量要求

(1)色泽。香皂的色泽应鲜艳、均匀一致，不能有变色、褪色、色泽不均、斑点等缺陷。

(2)外观形状。造型别致，字迹和图案清晰，不得有歪斜、缺边、字迹模糊等缺陷。

(3)硬度。用手触摸皂体应有干硬、细腻的感觉，表面均匀，无裂纹、气泡等缺陷。

(4)气味。香味应定型而持久，无油脂的酸败等异味。

3. 肥皂的理化指标

肥皂的理化指标包括总脂肪物含量、未皂化物含量、脂肪酸凝固点、脂肪酸碘价、游离碱含量、硅酸钠含量、泡沫量等。

(1)总脂肪物含量。总脂肪物含量是肥皂成分中所含各种脂肪酸化合物的总量与肥皂标准重量的百分比。总脂肪物包括钠皂、未皂化油脂、游离脂肪酸以及其他脂肪性物质，其中绝大部分为钠皂。通常用总脂肪物百分含量作为评定肥皂等级的基本指标。

(2)未皂化物含量。未皂化物含量是总脂肪物百分比的辅助指标，表明未皂化油脂及游离脂肪酸等在肥皂中所占的百分比。在洗涤过程中，未皂化物与污垢相同，需要耗费肥皂来清除；在保管过程中，这类物质也容易酸败变质。

(3)脂肪酸凝固点。质量好的肥皂，其脂肪酸的凝固点在40℃左右。凝固点过低，肥皂在常温下松软、发黏，易变质，不耐用；凝固点过高，肥皂在常温下在水中溶解度小，不能发挥洗涤效能。

(4)脂肪酸碘价。脂肪酸碘价是每100克脂肪酸能吸收的碘的克数，用以鉴别钠皂成分的饱和程度。不饱和程度高，则碘价高。不饱和脂肪酸不仅易于氧化分解，还能与香料发生作用而变味。

(5)游离碱含量。游离碱含量即肥皂中氢氧化钠的含量百分比。氢氧化钠具有强碱性，刺激皮肤，破坏衣物，应予以严格限制。

(6)硅酸钠含量。硅酸钠为洗衣皂的主要助洗剂，为其必不可少的成分，规定硅酸钠含量不少于 2%。

(7)泡沫量。泡沫量是去污力的间接指标，同时，手洗时泡沫能携垢，因此，肥皂要求有一定的泡沫且持久。

(五)肥皂的保管和使用

1. 肥皂的保管

肥皂是一种较难保管的商品。它的成分不十分稳定，容易受气候及环境的影响而引起质量变化。

肥皂是容易吸潮的产品，受潮会出现冒汗、糊烂，甚至引起冒油、酸败现象。在保管中要注意防潮，堆放时要放在离开地面的隔架上，不得靠墙堆放，仓库的相对湿度应保持在 60%～70%。

肥皂在－5℃以下，皂体会冻结并使皂体发生裂纹，使用时掉渣落片。保管肥皂的过程中应防冻，温度应在 0℃以上。

肥皂皂体较软，在保管中应注意防压，受压过大肥皂变形，甚至变成废品而不能销售．保管中应根据仓库条件及包装材料确定堆放高度。一般而言，纸箱最高码 16 箱，木箱可码至 20 箱。

2. 肥皂的使用

使用肥皂可以去除污垢，保持人体健康，使环境干净幽雅，但是应注意正确使用，减少因使用不当而对衣物、人体造成不必要的伤害。要正确认识肥皂的特点，并对要洗涤的服装、自己皮肤的类型和状况有所了解，这样才能正确选择适合自己的肥皂。

肥皂的水溶液呈碱性，对蛋白质纤维有损伤，故肥皂只能用来洗涤棉麻及化纤制品，不宜洗涤丝毛制品。肥皂在温水中的去污力最佳，温度过高或过低都会影响去污力。

使用肥皂洗涤衣物时，可直接在衣物上搓洗，但不能直接浸在水中，以免肥皂表面一层发生糊烂，影响使用。即使皂体晾干后也易开裂，影响下次使用。

肥皂是碱性物质，其脱脂作用强，因此不要过于频繁地使用，以免将皮肤上的皮脂去掉过多，造成皮肤干裂、粗糙。

二、合成洗涤剂

合成洗涤剂是以合成洗涤表面活性剂为主要成分，并配有适量不同功效的助洗剂而制成的一种洗涤用品。它具有良好的去垢性和耐硬水性，不受水温限制，节省洗剂时间，为人工合成的环保制品。

(一)合成洗涤剂的成分

合成洗涤剂是以洗涤表面活性剂为主要成分并添加助洗剂的混合物。

1. 合成洗涤表面活性剂

根据合成洗涤表面活性剂在水溶液中离解出来的表面活性离子的电荷不同，可分为阴离子型、非离子型、两性离子型、阳离子型四类，用于洗涤衣物的一般为前两类。

(1)阴离子型。在水溶液中离解出来的阴离子呈表面活性的一类表面活性剂，称为阴离子型洗涤表面活性剂。其用量最大，占洗涤表面活性剂总量的 65%～80%。它的用途最广，适于制造各种类型的洗涤剂，尤其适于制造棉麻型洗涤剂。其主要品种有脂肪醇硫酸钠、烷基磺酸钠、烷基苯磺酸钠等。

(2)非离子型。在水溶液中不会离解为带电的阴离子或阳离子，而在水中呈中性的非离子的分子状态或胶束状态的一类表面活性剂，称为非离子型洗涤表面活性剂。其水溶性呈中性，耐硬水性好，润湿、分散、乳化、增溶、防再沉淀性、去污力都很好，多制成液体洗涤剂。

(3)两性离子型。两性离子型表面活性剂在水溶液中同时带有阴阳两种电荷的表面活性离子。在碱性溶液中呈阴离子，在酸性溶液中呈阳离子，在中性溶液中呈非离子型。其溶解度、泡沫等都较好，是新型品种，但成本较高。

(4)阳离子型。阳离子型表面活性剂只能在酸性溶液中发挥洗涤作用，因此，主要用于制造工业用洗涤剂。

2. 助洗剂和辅助剂

为了提高和改进合成洗涤剂的综合性能，通常需要加入各种助洗剂和辅助剂。

(1)三聚磷酸盐。这是很好的硬水软化剂，能提高污垢悬浮的能力和洗净作用，保持洗衣粉的干爽、流动性而不易吸潮和结块，但对水质的污染已引起国际社会广泛重视。无磷化是洗涤业的发展方向。

(2)硅酸钠。能有效地抑制洗衣粉中磷酸盐对洗衣机金属表面的腐蚀，使溶液保持一定的 pH，有一定的去污能力，并使粉粒保持干爽、不结块。

(3)纯碱。即碳酸钠，可提高棉麻织物洗涤剂对油性污垢的去污能力。

(4)硫酸钠。主要用作填料，降低成本。

(5)抗再沉积剂。多为水溶性高分子胶体，使污垢质点不再沉积在织物上。

(6)过氧酸盐。起漂白、化学法去除污斑作用。

(7)荧光增白剂。种类很多，起增白或增鲜艳作用。

(8)酶制剂。能提高洗涤剂 30%～60%的去污能力。

此外，还有植物柔软剂、皮肤保护剂、香料、色素等助洗剂和辅助剂。

(二)合成洗涤剂的去污原理

合成洗涤剂去污原理比较复杂，一般可简单用下式表示：

$$织物 \cdot 污垢 + 洗涤剂 \longrightarrow 织物 + 污垢 \cdot 洗涤剂$$

洗涤剂去污，首先是降低和削弱污垢与被污物之间的引力，而润湿渗透作用就能起到使它们之间引力松脱，并将污垢破坏成微小粒子，这时经过机械力的作用，使污垢脱离被污物，大量卷离到洗涤液中，此时固体微粒借助分散作用，油脂污垢借助乳化、增溶作用，而不再沉积于被污物表面。因此，洗涤剂的去污作用实质上是润湿、乳化、分散、增溶等作用的综合效用。

(三)合成洗涤剂的分类及其主要品种

1. 合成洗涤剂的分类

(1)按用途分类。可分为洗衣用洗涤剂、厨房用洗涤剂、住宅用洗涤剂、发用洗涤剂等。

(2)按外观形态分类。可分为空心颗粒洗涤剂、液体洗涤剂、浆状洗涤剂、膏状洗涤剂、块状洗涤剂等。

(3)按洗涤对象分类。可分为通用性洗涤剂、丝毛类洗涤剂。

(4)按表面活性物含量分类。可分为 30 型洗涤剂、25 型洗涤剂、20 型洗涤剂。

(5)按泡沫多少分类。可分为高泡型洗涤剂和低泡型洗涤剂。

(6)按洗涤难易程度分类。可分为轻型洗涤剂和重型洗涤剂。

(7)按助洗剂特性分类。可分为加酶洗涤剂、增白洗涤剂、加香洗涤剂。

2. 合成洗涤剂的品种

目前，市场上销售的合成洗涤剂有合成洗衣粉、液体合成洗衣剂、浆状洗衣剂、块状洗衣剂、发用洗涤剂、餐具洗涤剂、住宅用洗涤剂等品种。

(1)合成洗衣粉。这是合成洗涤剂中的主要大类，花色较多，各具特点。其特点是空心粉粒状，易溶解，干爽，流动性好，耐保存，不易结块。

①丝毛洗衣粉。表面活性剂为阴离子型和非离子型，助洗剂和辅助剂有硅酸钠、硫酸钠、抗再沉积剂、增白剂、柔软剂等，适于洗涤丝、毛、混纺等精细织物。

②加酶洗衣粉。不能洗涤丝毛织物，最适于洗涤衬衫、被单、床单等大件棉麻织品，且水温在 45～60℃时洗涤效果最佳。

③低泡洗衣粉。其表面活性剂为非离子型表面活性剂或加有一定量具有消泡作用的皂粉。其特点是泡沫少、消泡快，去污力较强。溶液 pH 一般为 10～10.2，适用于机洗。

④浓缩洗衣粉。属低泡型洗涤剂。其特点是用量少，去污力强，泡沫少、易漂洗。溶液 pH 一般为 10.6 左右，碱性较大，适用于机洗。

(2)液体合成洗衣剂。这是合成洗涤剂中的第二大类。其洗涤表面活性剂是阴离子和非离子型，用量为 5%～40%。棉麻类液体洗涤剂的 pH 约为 10，通用类液体洗涤剂的 pH 为 7～9。毛织物洗后有柔软感，合成纤维织物洗后有短期抗静电效果。液体合成洗衣剂使用方便，生产消耗少，因此发展较快。

(3)浆状洗衣剂。这是一种均匀而黏稠的胶体。洗涤效果与同类洗衣粉相同，由于在其成分中减少填充剂用量，提高了含水量，因此价格便宜。

(4)块状洗涤剂。它是添加了一定量的松香、石蜡、滑石粉等黏合剂的块状制品，外观平滑光亮，色泽洁白或微黄，去污力强，携带方便。

(5)发用洗涤剂。以能够去除头发污垢为目的的专用洗涤剂，主要是指洗发香波。其特点是性质较柔和，不会过多除去发表皮脂，不刺激头皮。

(6)餐具洗涤剂。专门用于洗涤碗碟和水果蔬菜的合成洗涤剂，属轻型。一般为液体洗涤剂，碱性小、泡沫多、使用方便，各种成分的无毒安全性均符合国家食品安全法及有关卫生法规的规定。

(7)住宅用洗涤剂。专门用来清洁门窗、瓷砖、浴盆、家具等硬表面污垢的洗涤剂(液状或粉粒状)，如厨房、浴室清洁剂等。这种洗涤剂的表面活性剂含量不高，一般加入相当量的有机溶剂，属于碱性洗涤剂。

(四)合成洗涤剂的质量要求

合成洗涤剂的内在质量决定其综合性能的好坏，其衡量指标主要有活性物含量和不皂化物含量、沉淀杂质含量、pH、磷酸盐含量、泡沫力、去污力、生物降解率、抗再沉淀性能等。

1. 活性物含量和不皂化物含量

活性物是合成洗涤剂的主要成分，是确定洗涤剂使用类型的一种尺度。不皂化物含量即中性油含量，其高低直接影响洗衣粉的洗涤效能。活性物含量应与相关要求一致，误差不大于1%，不皂化物含量不大于活性物的2%～3%，总体含量则因品种不同而有所不同。

2. 沉淀杂质含量

沉淀杂质含量是指洗衣粉中不溶于水的杂质的含量，通常不大于0.1%。用水洗、过滤、烘干、称重进行测定。

3. pH

pH表示溶液的酸、碱度，其大小直接影响合成洗涤剂的用途。一般轻型洗涤剂的pH应接近中性，重型洗涤剂的pH可达9～10.5。

4. 磷酸盐含量

磷酸盐是洗涤剂的重要助洗剂，它的含量用五氧化二磷的百分含量表示。可用光电比色计进行快速比色测定。

5. 泡沫力

泡沫力的多少虽与洗涤剂的去污力没有直接关系，但习惯上仍将其作为洗衣粉的一项性能指标。用生成泡沫的体积表示发泡性能，用五分钟后泡沫消失的程度表示泡沫的稳定性。

6. 去污力

去污力的大小是衡量洗涤剂实际性能的一项重要指标。测定去污力的方法是用以黑炭、阿拉伯树脂、蓖麻油、液状石蜡与羊毛脂为主要成分，以磷脂为乳化剂配置人造污液，然后将规定的白布浸染于人造污液中，造成人造污布，再用150ppm硬水配置的0.2%浓度的洗衣粉溶液放入瓶式去污试验机进行洗涤，在温度45℃下转动1小时，将干燥后的试验污布用光电比色计读出布面的白度，并与空白白布进行对比，去污值用百分比表示。

7. 生物降解率

生物降解率是指洗涤剂活性物在一定条件下，被微生物分解的程度。生物降解率是用活性物在7～8天后被微生物分解的百分率表示。分解率在90%以上者为较软洗涤剂，90%以下者为硬性洗涤剂。

8. 抗再沉淀性能

抗再沉淀性能是洗涤剂防止污垢重新沉淀在织物上的一项特性，与洗涤剂活性物分散力及悬浮性有关。抗再沉淀性较差的洗涤剂，白布洗涤后的白度就差，可加入抗再沉淀剂加以改善。

(五)合成洗涤剂的保管与使用

1. 合成洗涤剂的保管

(1)合成洗涤剂是怕潮的商品，保管中要特别注意防潮。保管温度最好不超过30℃，相对湿度不超过85%。

(2)合成洗衣粉怕压，空心颗粒产品受压易碎，影响使用，受压也容易造成结块或包装破损而漏粉。

(3)液体洗涤剂怕冻，保管中若温度太低，洗涤剂会结冰，出现混浊或胀破包装瓶，造成严重后果。

(4)液体洗涤剂也怕热，温度过高会加速微生物繁殖，加速变质，也易造成水分挥发，破坏原溶液平衡，造成分层或混浊。

2. 合成洗涤剂的使用

合成洗涤剂中大类产品主要是洗衣粉和液体洗涤剂。液体洗涤剂易溶于水，使用方便；而洗衣粉使用时需注意其程序：①洗涤前，先把织物用清水浸湿，再行洗涤，有助于洗涤效果的提高；②配置洗衣粉溶液，放水量与衣物的重量之比应约 10∶1，配制的洗涤液浓度应略大于 0.2%；③衣物在溶液中浸泡 10～30 分钟，再行洗涤，能达到最佳的洗涤效果，时间太短，洗涤剂不能发挥作用，时间太长，对衣物会有影响，甚至会产生污垢的再沉淀；④如果领口、袖口太脏时，可撒少许干粉轻轻揉搓；⑤洗涤温度不宜太高，一般以 40℃左右为宜。

三、化妆品

(一)化妆品的概念及作用

1. 化妆品的概念

化妆品是一种修饰人们的外貌、增加容貌美观或具有芳香气味的日用品。它是由脂肪性原料、甘油碱类、香料、色料、营养物质、药物、水等成分按不同配方，经过化学方法加工制成的具有不同用途的一类日用品。

根据 2007 年 8 月 27 日原质检总局公布的《化妆品标识管理规定》，化妆品“是指以涂擦、喷洒或其他类似的方法，散布于人体表面任何部位(皮肤、毛发、指甲、口唇等)，以达到清洁、消除不良气味、护肤、美容和修饰目的的日用化学工业产品。”随着社会的进步和发展，人们更加认识到化妆品对于美化容颜和保护皮肤的重要作用。化妆品已经成为人们日常生活中不可缺少的用品。

2. 化妆品的作用

化妆品的使用对象为人体的表面皮肤及其衍生的附属器官，其作用主要表现以下几个方面。

(1)清洁作用。化妆品能温和地清除皮肤及毛发上的污垢，使之保持健康状态。

(2)呵护作用。化妆品能温柔地保护皮肤，使之光滑、柔润、防燥、防裂；保护毛发，使之光泽柔顺，防枯、防断。

(3)营养作用。维持皮肤及毛发的水分平衡，补充易被皮肤和毛发吸收的营养物质，清除致衰老因子，以延缓衰老。

(4)美容作用。化妆品经涂抹后，可美化面部皮肤(包括口唇、眼周)及毛发(包括眉毛、睫毛)和指(趾)甲，使之色彩耀人，富有立体感和青春魅力。

(5)其他作用。除上述作用之外，一些具有特殊用途的化妆品还具有增白、亮肤、育发、染发、烫发、脱毛、丰乳、健美减肥、除臭、祛斑、祛痤疮、防晒等作用。

(二)化妆品的种类

化妆品的种类繁多，国内外对化妆品没有统一的分类方法，一般常用的分类方法有以下几种。

1. 按化妆品的功能分类

(1)清洁类。它是用于除去皮肤、毛发上污染物的化妆品，如洗面奶、清洁霜、浴液香波、清洁面膜、磨砂膏、去死皮膏等。

(2)护理类。它是用于保护皮肤及毛发的化妆品，能在其表面形成薄膜(或脂膜)，防止皮肤粗糙干裂，使毛发光泽、易梳理，如各种化妆品水(露)、乳(蜜)、霜、脂、护发素、发油、发乳等。

(3)营养类。它是用于营养皮肤及毛发，可保护皮肤角质层含水量，增进血液循环，清除过剩的氧自由基，延缓皮肤衰老的各类化妆品，如添加了维生素、水解蛋白、中草药、透明制酸等生物活性成分的霜、乳、露等。

(4)美容类。它是用于美化皮肤及毛发的化妆品，如粉底、遮盖霜、唇膏、胭红、眼影、眉笔、发胶、摩丝、彩色焗油等。

(5)芳香类。用于身体及毛发，能散发芳香气味的化妆品，如香水、花露水、古龙水等。

(6)特殊用途类。介于化妆品和药物之间，用于促进毛发生长；减少脱发、断发；改变毛发颜色；改变毛发弯曲程度；减少、消除体毛；消除腋臭；减轻皮肤表面色素沉着；可吸收紫外线，减轻因日晒引起的皮肤损伤的功能性化妆品。比如，各种生发灵、染发剂、冷烫精、脱毛露、丰乳霜、减肥霜、腋下香露、防晒霜等。

2. 按使用的部位分类

按化妆品使用的部位不同，可分为皮肤用化妆品、黏膜用化妆品、头发用化妆品、指甲用化妆品、口腔用化妆品等。

3. 按产品的形态分类

(1)液态化妆品。常见的液态化妆品有化妆水、各种乳剂和油剂。它们是以水、油或酒精配入其他物质制成的。为了促进加入物质的溶解，还常常加入助溶剂。

(2)固体化妆品。固体化妆品最基本的类型是膏类、霜类、粉类、胶冰状、硬膏状(如唇膏)、块状(如粉饼、胭脂、香皂)、锭状、笔状、胶囊状和纸状等。

(三)化妆品的原料

化妆品是由各种天然原料和合成原料按一定配方加工制成的。其原料分为基体原料和配合原料。

1. 基体原料

基体原料是组成化妆品的基本原料，在配方中的用量占到较大比重，主要包括以下几类。

(1)油脂和蜡类原料。它是组成雪花膏、奶液和发乳等乳状化妆品，以及发蜡、唇膏等油蜡基化妆品的基本原料，主要起护肤、柔化、滋润等作用。常用的品种有椰子油、橄榄油、蓖麻油、蜂蜡、牛脂、可可脂、凡士林、卵磷脂、石蜡、地蜡等。

(2)粉类原料。它是组成香粉、爽身粉、胭脂、眼影等化妆品基体的原料，有遮盖、滑润和吸收等作用。主要品种有滑石粉、高岭土、钛白粉、淀粉、硬脂酸锌、硬脂酸镁等。

(3)组成香水、美容水、防晒液等。具有溶解、稀释作用。主要品种有乙醇、丙酮、丁醇、甘油、苯二甲酸、丙二醇、甲苯等。

2. 配合原料

配合原料是能使化妆品成型、稳定或赋予化妆品色、香和其他特殊性能的原料。配合原料在配方中所占比例不大，但对化妆品的质量却有极其重要的影响。

(1)表面活性剂。表面活性剂具有乳化、洗涤、增溶、湿润、分散、发泡、润滑、杀菌、柔软、抗静电等作用。一般说来，表面活性剂的使用和选择是现代化妆品制造技术的关键。

(2)保湿剂。其作用是在皮肤表面形成一层薄膜，将水分密封在皮肤内以防止水分蒸发，同时不妨碍皮肤对空气中水分的吸收，从而使皮肤保持适当的湿度。尿素和尿囊素是护肤类化妆品最常用的保湿剂。

(3)防腐剂。为防止化妆品存放变质，大部分化妆品中会加防腐剂。防腐剂的成分分为三类：抗微生物剂、抗氧化剂和紫外线吸收剂。加入抗微生物剂主要是为了抑制化妆品可能出现的微生物繁殖和消费者在使用时产生的第二次污染。加入抗氧化剂是为了防止化妆品中油脂、蜡、烃类等油性成分在空气中发生氧化反应，使化妆品中的油脂产生酸败。加入紫外线吸收剂主要是为了防止化妆品因紫外线照射而引起某些成分的降解。

(4)色素。色素包括天然色素、合成色素和无机色素。色素可以掩盖原料的颜色，吸引消费者，增加化妆品的魅力。为了使化妆品特别是美容化妆品色泽艳丽，涂在皮肤、毛发表面容易被吸收，一般而言，大多数化妆品中含有色素，也有部分成品不添加色素。

(5)药剂。近年来，随着化妆品的不断更新，化妆品与药物之间相互渗透，使得药物性化妆品日益增多。常添加的天然药物有人参、珍珠、灵芝、鹿茸、当归、银耳、胎盘、白芷、川芎、泽泻等。

(6)金属离子整合剂。化妆品中加入金属离子有时会成为自动氧化的催化剂，能使化妆品变质变色，导致化妆品质量恶化。加入少量的整合剂可延长化妆品的寿命，提高化妆品的质量。常用的有 EDTA 及其盐、柠檬酸等。

(四)化妆品的感官质量要求

对化妆品的感官质量要求主要是对其色泽、组织形态、气味和包装的具体要求。利用人体的感觉器官加以检验，这也是化妆品经营者以及指导消费者挑选时普遍采用的检验方法。

1. 色泽

无色固状、粉状、膏状、乳状化妆品应洁白有光泽，液体应清澈透明；有色化妆品应色泽均匀无杂色。如发现变色或出现红、黑、绿等颜色的霉斑或颜色暗淡，说明是过期产品或制造时添加色素有误，则不能出售或使用。

2. 组织形态

固状化妆品应软硬度适宜；粉状化妆品应粉质细腻，无粗粒或硬块；膏状、乳状化妆品应稠度适当，质地细腻，不得有发稀、结块、龟裂干缩和分离出水等现象；液状化妆品应清澈均匀，无颗粒等杂质。在检验或挑选时如发现外观混浊，油水分层或出现絮状物，膏体干缩、裂纹，则不能出售或使用。

3. 气味

化妆品必须具有芬芳的香气。香味可根据不同的化妆品呈现不同的香型，但必须幽香持久，没有强烈的刺激性。如有变味、异味或刺鼻的怪味，则不能出售或使用。

4. 包装

化妆品的包装应整洁、美观、封口严密。商标、装饰图案、文字说明应清晰、色泽鲜艳，配色协调。

(五)化妆品的储存保管

1. 化妆品入库

化妆品入库要分类或单独存放，以防串味；要轻装轻卸，以防玻璃、陶瓷类包装容器破碎。

2. 化妆品在库

化妆品在库要控制好温、湿度。温度过高，会引起水分、香气、易挥发成分挥发及霜膏中油水分离变质；温度过低，又会使含水较多的化妆品变硬、发生粗渣等质量变化，还能引起包装容器冻裂。湿度过高，会使粉质化妆品受潮结块，化妆品所含营养物质生霉变质和包装损坏。因此，应保持库内温度在0～35℃，相对湿度在60％～85％。

要加强化妆品的在库检查，发现漏气包装，要立即密封，以防香气和水分散发。

3. 化妆品出库

化妆品要注意及时出库销售，先进先出。一般化妆品的保质期为一年，较长的不超过两年。

(六)国家对化妆品质量监督管理的规定

1. 国家对化妆品管理实行的制度

国家对化妆品实行卫生许可证制度。未取得《化妆品生产企业卫生许可证》的单位，不得从事化妆品生产；国家对部分化妆品实行生产许可证制度，未取得《化妆品生产许可证》的产品不得生产和销售。

2. 国家对特殊用途化妆品的要求

特殊用途化妆品是指用于染发、烫发、脱毛、美乳、健美、除臭、祛斑、防晒等的化妆品。生产特殊用途的化妆品，必须经过国务院卫生行政部门批准，取得批准文号后方可生产。

3. 国家对进口化妆品的规定

首次进口化妆品，进口单位必须提供该化妆品的说明书、质量标准、检验方法等有关资料和样品，以及出口国(地区)批准生产的证明文件，经国务院卫生行政部门批准，方可签订进口合同。进口的化妆品必须经过国家商检部门检验；检验合格的，方准进口。个人自用进口的少量化妆品，按照海关规定办理进口手续。

4. 国家对化妆品广告宣传的禁止性规定

化妆品的广告宣传不得有下列内容：①化妆品名称、制法、效用或者性能有虚假夸大的；②使用他人名义保证或以暗示方法使人误解其效用的；③宣传医疗作用的。

第三节　玻璃制品

一、玻璃的组成和性质

玻璃是由二氧化硅和各种金属氧化物，按一定比例配合，经过高温溶解、冷却、固化的非结晶的无机物。这一概念概括了玻璃的组成、性质和形成。

(一)玻璃的化学成分

玻璃的化学成分比较复杂，除了稀有气体，几乎所有元素都能成为玻璃的组成部分。这些元素大多又是以氧化物的形式来形成玻璃的。普通玻璃的化学成分可用 $XR_2O \cdot YRO \cdot ZSiO_2$ 通式表示。

不同用途、不同性质的玻璃，其成分组成有所不同。为使玻璃具有某些特性，可调整二氧化硅和某些金属氧化物的含量。二氧化硅是玻璃的主要成分，决定玻璃的主要性质。其他成分的含量，对玻璃的形成和性质都会产生不同程度的影响。

(二)玻璃的物理化学性质

1. 机械性质

玻璃的机械性质是决定玻璃制品坚固耐用的重要因素，主要有抗张强度、抗压强度、脆度和硬度。

(1)抗张强度。普通玻璃的抗张强度较低，提高玻璃 SiO_2 和钙、钡、铅等氧化物的含量，能增强抗张强度。

(2)抗压强度。玻璃的抗压强度比抗张强度大 14～15 倍。各种玻璃的抗压强度与化学成分有关，同时取决于结构和生产工艺。

(3)脆性。凡超过其强度极限立即破碎的材料，通常称为脆性材料。玻璃是典型的脆性体，受到冲击极易破碎，在破碎之前看不出明显变形。

(4)硬度。玻璃的硬度较大，用普通刀锯不能切割，在摩氏硬度表上相当于4～8 级。二氧化硅含量高的玻璃，硬度较大；氧化钠、氧化钾含量高的玻璃，硬度较小；含氧化铅的玻璃硬度最小。

2. 热学性质

玻璃的热学性质关系到玻璃制品在使用中经受冷热变化的能力。其中与玻璃制品品质关系较密切的有导热性、热膨胀性和热稳定性。

(1)导热性。玻璃是热的不良导体，传递热量的能力只有钢的 1/400。

(2)热膨胀性。玻璃受热后，长度和体积会发生膨胀，一般用线膨胀系数或体膨胀系数来表示。体膨胀系数比线膨胀系数大 3 倍。石英玻璃体膨胀系数最小。

(3)热稳定性。这是指玻璃受急剧温度变化而不致破裂的性能。玻璃耐急热性比耐急冷性好。

3. 光学性质

(1)透明性(透光性)。当光线透过玻璃时，也像透过其他透明介质一样，光能会降低，这是因为玻璃表面的反射和光被玻璃体吸收所造成的。

多数日用玻璃要求有良好的透明性。透明度良好的窗用玻璃，可以透过光线的90%，反射约为8%，吸收约为2%。

玻璃中所含二氧化硅、氧化硼等成分，可以提高其透明性，氧化铁含量增加则会降低其透明性。相同成分组成的玻璃，由于厚度不同则吸收光能不同，透明性也有所不同。

(2)折光性。玻璃不仅可将光线反射到原来的介质，还可将部分光线折入另一介质。玻璃的折光性用于制造光学仪器和眼镜，并可制成艺术品和高级日用器皿。玻璃折光性用折射率表示，增加玻璃成分中氧化铅的含量，可提高玻璃的折射率。

4. 化学稳定性

玻璃对酸、碱、水和各种化学物质的侵蚀，具有一定的抵抗能力，是很多商品不可比拟的。

(1)酸。玻璃对酸的抵抗能力很强，一般的无机酸或有机酸不会对玻璃发生强烈腐蚀作用，只有氢氟酸能使玻璃溶解。

(2)碱。玻璃对碱的抵抗能力不及对酸强，但碱液对它只稍有侵蚀。随着碱液浓度、温度的增加和时间的延长，其腐蚀作用愈大。

(3)水。水在常温时对玻璃的作用微小，但随水温升高和时间延长，其作用会增强。玻璃长时间受潮湿空气中水分和二氧化碳的侵蚀，表面会产生白点、斑点或薄膜，使透明度降低以至丧失，这种现象称为玻璃风化。

玻璃的化学稳定性受其成分影响较大，提高二氧化硅、氧化钡、氧化铅的含量，可增加其稳定性。若氧化钠等碱性氧化物的含量过多，将会明显降低其稳定性。

二、玻璃的原料和熔制

(一)玻璃的原料

制造玻璃的原料，按其作用和用量，分为主要原料和辅助原料两大类。

1. 主要原料

主要原料是指供给玻璃成分中各种氧化物的原料。

(1)硅砂或砂岩。它是引入 SiO_2 的主要原料。

(2)纯碱。这是引入氧化钠的主要原料。

(3)石灰石。这是引入氧化钙的主要原料。

(4)白云石。这是引入氧化镁的主要原料。同时，它可以引入氧化钙。

(5)长石。这是引入氧化铝的主要原料。同时，也会带入少量钾、钠。

2. 辅助原料

(1)助熔剂。常见的有硼砂、硼酸、萤石、硝酸盐、钡化合物等。

(2)澄清剂。为消除玻璃在熔制过程中产生的气泡而加入的物质。

(3)乳浊剂。使玻璃产生乳白色的物质。

(4)脱色剂。用来消除或减弱原料中铁氧化物所造成的蓝、绿色的物质。

(5)着色剂。有离子着色剂和胶体着色剂。

(二)玻璃的熔制

玻璃的熔制是指将配合料经过高温熔融，形成玻璃液的过程。它包括一系列的物理化学变化过程，大致可分为以下几个阶段：硅酸盐形成—玻璃熔体形成—澄清—均匀—冷却。

玻璃的熔制质量是玻璃成型质量的保证。常见玻璃制品的缺陷，多数是因澄清温度达不到要求或不均匀、黏度不符成型要求所致。

(三)玻璃制品的退火与淬火

退火与淬火是指玻璃成型之后，两种不同的热处理工艺。其作用是防止玻璃制品自行破裂和性能的改变。

1. 退火

退火是将成型的玻璃制品逐渐加温，使之接近软化温度，然后慢慢降温。

2. 淬火

淬火是将成型的玻璃制品逐渐加温，使之接近软化温度，然后快速降温。

三、玻璃的分类

玻璃的分类标志很多，可按成分、用途、形状、颜色、成型方法等特性将其划分成不同的类别。一般以成分和用途为标志对玻璃进行分类。

(一)按化学成分分类

按化学成分不同，可分为钠玻璃、钾玻璃、铅玻璃、硼玻璃、石英玻璃。

(二)按用途分类

按用途不同，可分为器皿玻璃、平板玻璃、仪器玻璃、光学玻璃和特种玻璃。

1. 器皿玻璃

这是指以盛装物品为主要目的的玻璃。由于盛装的物品多种多样，器皿玻璃的种类繁多、性能各异。

2. 平板玻璃

这是指具有平板状的大玻璃。即厚度远比长宽小，大量用做门窗的玻璃。

3. 仪器玻璃

这是指用于各种仪器仪表的玻璃。此类玻璃要求有较高的物理机械性能和化学稳定性。

4. 光学玻璃

这是指具有较高光学性能的玻璃。此类玻璃要求有高度的透明和折光性能，多用于制作望远镜、眼镜。

5. 特种玻璃

这是指具有特殊性能，专供某种特定用途的玻璃，如石英玻璃、安全玻璃。

四、玻璃器皿的品种

玻璃器皿的品种主要有玻璃水杯、玻璃酒杯、玻璃水具、玻璃花瓶、微晶玻璃锅等。

(一)玻璃水杯

玻璃水杯是玻璃器皿中花色较多的一种，有吹制杯、压制杯、普通杯，有盖杯、把杯，圆底杯、方底杯，喷花杯、贴花杯、印花杯、磨花杯、刻花杯等。

(二)玻璃酒杯

玻璃酒杯有吹制酒杯、压制酒杯，普通酒杯、高脚酒杯、桶形酒杯、束腰酒杯、鼓肚酒杯，白酒杯、色酒杯，啤酒杯、香槟酒杯，多有磨花装饰。

(三)玻璃水具

玻璃水具是由1个口盖冷水瓶、4～6个玻璃杯、1个玻璃茶盘组成的成套销售的商品。

(四)玻璃花瓶

玻璃花瓶有吹制彩色花纹花瓶、吹制黏花花瓶等几种造型的花瓶。

(五)微晶玻璃锅

微晶玻璃锅强度高，耐酸、碱、氧化的腐蚀，能经受火焰直接空烧，导热性能近似砂锅，有透明和瓷白两种。

五、玻璃器皿的储存保管

(一)分类存放

玻璃器皿勿与酸碱盐类化学药品及容易返潮的商品同库存放。

(二)防碎、防压

玻璃器皿是典型的易破碎商品，要轻装轻放，严防碰撞、倾斜或倒置，堆码不宜过高。

(三)防潮

控制库内相对湿度，宜在85%以下，最高不超过90%。要经常检查，发现包装受潮和玻璃器皿出现霉斑，要及时处理。

第四节　日用陶瓷制品

陶瓷制品是用黏土和矿石经加工烧制而成的上釉或不上釉的硅酸盐制品，是由结晶态物质、玻璃态物质和气孔组成的复杂物体。

陶瓷制品按吸水率的不同，分为瓷器(吸水率一般小于3%)和陶器(吸水率一般大于3%)两类。

一、日用瓷器

(一)瓷器的组成

瓷器是以黏土、长石、石英等为主要原料，经过原料加工、成型、干燥、装饰、施釉、烧成等工艺加工制成的一类日用工业品。其烧成温度因瓷质不同而不一样，一般在1200～1450℃。

瓷器由胚体和覆盖于其表面的釉所组成。瓷器胚体的玻化程度高，结构致密细腻，断面呈贝壳状或石状，因此，其机械强度高、耐磕碰、耐冲击、不透水；釉面光滑、光泽度好。餐厨用瓷器耐油和酸碱腐蚀，耐急冷急热，耐洗涤；卫生瓷器不易玷污，容易冲洗；艺术陈设瓷器造型和表面都很美观。

中国瓷器主要生产在江西景德镇、广东枫溪、山东淄博等地，产量较大，品质上乘，各具特色。景德镇瓷器和淄博瓷器早已驰名海内外。

(二)瓷器的分类和品种

1. 按瓷质性能结构分类

日用瓷器按瓷质性能结构的不同，可分为高级细瓷器、细瓷器、普通瓷器和细炻器，如表 9-1 所示。

表 9-1 日用陶瓷按瓷质性能结构分类

项 目	吸水率	白 度	瓷胎质量
高级细瓷器	不超过 0.5%	不低于 70%	断面呈贝壳状，细腻、致密，透明性很好
细瓷器	不超过 0.5%	不低于 65%	断面呈贝壳状，细腻，透光性好
普通瓷器	不超过 1.0%	不低于 55%	断面呈石状，有一定透光性
细炻器	不超过 5.0%	呈一定颜色或白色	断面呈石状，不具备透光性

细炻器是介于瓷器和陶器之间的一种陶瓷制品，质地致密坚硬而与瓷器相似，多呈棕色、黄褐色或灰蓝色。

2. 按瓷釉特征分类

瓷器按表面瓷釉外表特征的不同，可分为透明釉瓷器、不透明釉瓷器、无色釉瓷器和色釉瓷器。

3. 按彩绘方法分类

瓷器按装饰彩绘方法的不同，可分为釉下彩瓷器、釉上彩瓷器和釉中彩瓷器。

(1)釉下彩瓷器。釉下彩是在生胚或素烧的胚胎上进行喷花、贴花或手工彩绘，然后施一层透明釉再入窑高温(1200～1400℃)烧成。因此，画面不易磨损。

(2)釉上彩瓷器。釉上彩是在烧成瓷器的釉面上用低温色料进行彩绘，然后放入专用烤花窑内在 600～900℃下进行烘烧而成的。

(3)釉中彩瓷器。釉中彩是在生釉或烧成的瓷器釉面上彩绘，然后在釉面软化熔融温度相同或相近的温度下快速烧成，使彩色料扩散而沉积到釉中。

4. 按瓷器用途分类

瓷器按其用途的不同，可分为陈设瓷器、半陈设瓷器、瓷厨具、瓷餐具、饮用瓷器具、普通瓷容器、微晶生物瓷器等。

(1)陈设瓷器。陈设瓷器品种较多，有坐盘、挂盘、壁画、瓷雕、花瓶、屏风等。以上品种的花色也很多，如人物挂盘、莹白瓷青花挂盘、鱼壁挂、黄山风云图瓷板画、画龙凤座屏等。

(2)半陈设瓷器。半陈设瓷器有瓷文具、瓷台灯、瓷花盆等。

(3)瓷厨具。瓷厨具主要有瓷汤锅、瓷火锅、瓷刀具等。

(4)瓷餐具。瓷餐具有碗、盘、碟、套餐具等。

(5)饮用瓷器。饮用瓷器具有酒具、茶具、咖啡具等，如孔雀瓷酒具、蔷薇花细瓷酒具、景德瓷壶、普通瓷壶、玉凤牌金华瓷茶具及其咖啡具等。

(6)普通瓷容器。普通瓷容器有坛、缸、罐、盆等，如山水瓷坛、清华牡丹大瓷缸、瓷鸟食罐、五龙戏珠水罗盆、方耳瓷花钵、碧海瓷盂等。

(7)微晶生物瓷器。微晶生物瓷器有人造牙根、人造骨、人造关节等。

(三)瓷器的规格

日用细瓷器皿按器皿口径的大小划分为特型、大型、中型、小型四种规格，见表9-2。

表9-2 日用细瓷器皿的四种规格 单位：mm

项目	小型	中型	大型	特型
碗类	小于111	111～174	175～249	大于249
盘碟类	小于128	128～227	228～350	大于350
杯类	小于60	等于或大于60		

二、日用精陶

(一)精陶概述

精陶是以黏土原料为主，经加工成型、素烧、施釉、烧成等工艺加工制成的日用陶器。其烧成温度低于瓷器，且因坯质所用溶剂不同而不一样，通常在920～1250℃。

与瓷器相比，精陶是多孔状制品，吸水率较高，坯质玻化程度低，敲击声音沉浊，不透光，结构疏松，强度较低，断面粗糙。

精陶热稳定性好，耐蒸煮；制品变形小，较平整；有丰富的釉下彩和釉中彩装饰；制品质量轻。

日用精陶价格低，一般为低档商品，其中工艺细致、装饰新颖的产品可列入中档商品。

中国精陶生产几乎遍及全国，主要出产于江苏宜兴、广东石湾等地，洛阳、西安的“唐三彩”陶制品和山东淄博的雨点釉陶制品是国内外知名陶器。

(二)日用精陶的分类和品种

日用精陶按用途的不同，可分为陈设和半陈设精陶、厨具和餐饮器具精陶、普通精陶容器、卫生精陶等。

陈设和半陈设精陶品种较多，有精陶花瓶、精陶花盆、精陶盆景、精陶台灯等。它们的花色很多，如扇舞陶瓶、堆雕紫砂花盆、唐三彩马、宜兴紫砂壶名品“九九归一”和“回归”等。

厨具和餐饮器具精陶有精陶厨具、精陶餐具、精陶茶具、精陶酒具等，主要花色有紫砂陶锅、衡阳牌20头精陶餐具、胜光牌7头紫砂茶具、方圆牌高级紫砂茶具。

普通精陶容器主要有坛和缸，如四川精陶泡菜坛、玉东牌精陶500件人物莲子缸。

卫生精陶有精陶面盆、精陶浴盆、精陶便盆等。

第五节　机电商品

一、机械商品

(一)刀具、磨具、量具

1. 刀具

刀具是对金属切割刀具的简称，用于金属切割机床上切削加工工件的多余金属部分，以加工出合格的零件。通常按途径和结构不同，分为切刀类、孔加工类、刀类、螺纹加工类、齿轮加工类和拉刀类六大类刀具。

刀具没用统一的型号，通常用产品全称来表示。刀具产品全称由产品名称、规格、形式代号、精度等级和标准代号组成。比如，手用绞刀 10AH7GB 1131—1984 表示直径为 10mm、AH7 级精度的直刃式手用绞刀，使用标准代号为 GB 1131—1984。

2. 磨具

磨具是用于磨削、研磨和抛光的工具，包括砂轮、油石、磨头、砂布、砂纸、砂带、抛光轮和研磨膏等。普通磨具按使用条件、断面形状不同，可分为砂轮、磨头、油石和砂瓦四大类。磨具代号由名称和形状代号、形状尺寸、磨料代号、粒度号、硬度代号，组织号、组合剂代号、最高工作线速度、标准代号九部分组成。

3. 量具

量具是对用于检查、测量物体的尺寸精度、形状、位置精度和表面粗糙度的计量器具的统称。按用途和特征不同，分为标准量具、极限量具、简单量具和仪器量具四大类；按工作原理不同，分为游标式、螺旋式、机械表盘式、光学式、气动式和电动式等。

量具的代号由产品名称、测量范围和读数值，(精度等级)组成。比如，Ⅰ型游标卡尺 0～125mm－0.02，是表示测量范围为 0～125mm、读数值为 0.02mm 的Ⅰ型游标卡尺。

游标式量具中有一般游标卡尺(量内、外径)、带表卡尺、电子数量卡尺和齿厚游标卡尺四种；螺旋式量具中常有外径千分尺、带计数器千分尺、内径千分尺三种；机械表盘式量具中有百分表、千分表、内径百分表等。

(二)泵

在工业生产和人们日常生活中，各种液态物质经常需要从管道的一边输送到另一边，从低处输送到高处或由低压变成高压。为了实现上述目的，就必须提供一定流量情况下克服阻力所需要的压力，也就是使液态物质具有一定动能，这种使液态物质具有一定动能的机器就是泵。

1. 泵的使用

泵的使用范围十分广泛，是国民经济各部门不可缺少的常用商品。在石油化工部门，从原料到成品的各工艺流程中，泵担负着输送各种化学溶液，保证化学反应所需要的动力和流量的重要任务。泵一旦发生故障，往往会造成整个生产系统的停滞。因此，人们常把泵比作化工工艺流程的“心脏”设备。在矿山和冶金工业中，选矿、冶炼、轧制等生产过程都要用泵来供应生产用水。在电力部门，泵是热电厂中热力循环的重要组成部分。现在，液压技术广泛用于机床、起重机械等机械中，而泵是这些机械液压系统的主要动力来源。此外，在纺织造纸、食品加工等工业部门以及国防工业中，都需要各种形式的泵，以完成液体的输送任务。泵还是各种机器上冷却系统、润滑系统的重要部件。

2. 泵的分类

按工作原理进行分类，可分为动力式泵、容积式泵和其他类型泵。

(1)动力式泵。动力式泵又称叶轮式泵，是指依靠叶轮旋转将能量传给液体的一种泵。按结构不同，又分为离心泵、轴流泵、混流泵和旋涡泵。其中，离心泵应用范围最广。

动力式泵在一定转速下产生的扬程有一限定值，扬程随流量而改变；工作稳定，输送连续，流量和压力无脉动；一般无自吸能力，需要将泵先灌满液体或将管路抽成真空后才能开始工作；使用范围广，适宜输送黏度较小的清洁液体，特殊设计的泵可输送泥浆、污水等液体。动力式泵主要是用于给水、排水、灌溉、流程液体输送、电站蓄能、液压传动和船舶喷射推进等。

(2)容积式泵。容积式泵是依靠工作元件在泵缸内做往复或回转运动，使工作容积交替增大和缩小，以实现液体的吸入和排出的泵。按结构不同，又分为往复泵和回转泵。其中，工作元件做往复运动的容积式泵称为往复泵，往复泵吸入和排出过程在同一泵缸内交替进行，并由吸入阀和排出阀加以控制，适用于高压力和小流量、扬程较高的场合；做回转运动的称为回转泵，回转泵是通过齿轮、螺杆、叶形转子或滑片等工作元件的旋转作用，迫使液体从吸入侧转移到排出侧，适用于中小流量和较大压力、更小扬程的场合，多用于输送和加压油液，常是机械设备上的辅助泵。

容积式泵在一定转速或一定往复次数下的流量是稳定的，几乎不随压力而改变；往复泵的流量和压力有较大脉动，需要采取相应的消减脉动措施；回转泵一般无脉动或只有小的脉动，具有自吸能力，泵启动后即能抽出管路中的空气吸入液体。启动泵时必须将排出管路阀门完全打开，往复泵适宜输送清洁的液体或气液混合物。总体来说，容积式泵的效率高于动力式泵。

(3)其他类型泵。其他类型泵是指以另外的方式传输能量的一类泵。例如，喷射泵是依靠高速喷射出的工作流体，将需要输送的流体吸入泵内，并通过两种流体混合传递能量；水锤泵是利用流动中的水突然制动时产生的能量，使其中的一部分水压升到一定高度；电磁泵是使通电的液态金属在电磁力作用下，产生流动而实现输送。

此外，泵按输送液体的性质不同，可分为清水泵、污水泵、油泵、酸泵、液氨泵、液态金属泵等多种；按工作压力不同，可分为低压泵、中压泵、高压泵和超高压泵等：按驱动方法不同，可分为电动泵和水轮泵；按结构不同，可分为单级泵和多级泵；按用途不同，可分为锅炉给水泵和计量泵；按输入液体的性质不同，可分为水泵、油泵和泥浆泵等。

(三)滚动轴承

轴承是支撑各种仪器或支撑仪器旋转轴和可动部位的重要零部件，对机器和仪器正常工作起着重要的保证作用。

按照轴承工作时其相对运动表面的摩擦性质，将轴承划分为滚动轴承和滑动轴承两大类。滚动轴承是指其相对运动表面的摩擦为滚动摩擦，它带有滚动体，滚动体与套圈之间的点或线接处表面是摩擦表面。滑动轴承是指相对运动表面的摩擦为滑动摩擦，它不带滚动体，轴瓦与轴颈的接触面是摩擦表面。

1. 滚动轴承的基本结构

(1)外圈。通常固定在轴承座或机械壳体上，起支撑滚动体的作用。外圈内表面上有供钢球或滚子滚动的沟槽，称为外滚道或外沟道。也有外圈运转、内圈固定起支撑作用，或者内圈、外圈同时运转的情况。

(2)内圈。通常固定在轴颈上，并随轴一起旋转。内圈上也有供钢球或滚子滚动的沟槽，称为内滚道或内沟道。滚道或沟槽一方面限制滚动体的轴向移动，另一方面可降低滚动体与滚道间的接触应力。

(3)滚动体。每套轴承都配有几组滚动体，通常借助保持架均匀地排列在内圈和外圈之间，起滚动和传递力的作用。滚动体是承受负荷的零件，其形状、大小和数量直接影响轴承的负荷能力和实用性能。常见的滚动体有球、圆柱滚子、滚针滚子、圆锥滚子、调心滚子等。

(4)保持架。将滚动体均匀地相互隔开，使每个滚动体在内圈和外圈之间正常地滚动，避免滚动体相互接触引起磨损与发热。此外，还具有引导滚动体旋转、改善轴承内部润滑性能以及防止滚动体脱落等作用。在推力轴承中，与轴紧密配合并一起运动的称为轴圈，与轴承座或机械壳体配合并起支撑作用的称为座圈。

除了以上四个零件，不同结构的轴承还有与其相配的其他零件，如防尘盖、密封圈、止动垫圈、挡圈及紧定套等。

为适应特殊需要，四大零件可以不齐全，但必须有滚动体。如果提高轴承的承载能力，可增加滚动体数量而省略保持架；为减少机械部件设计的空间尺寸，可选用无外圈或无内圈的轴承等。

2. 滚动轴承的材料

滚动轴承工作时，滚动体在内外套的滚道之间滚动，它们之间的接触部分承受着很高的周期负荷。为保证轴承具有很高的精度和较长的寿命，制造轴承的材料必须具有很高的接触疲劳强度、很好的耐磨性、HRC65 以上的硬度、良好的防锈性能以及良好的加工性能等特征，才能满足轴承的工作条件和加工特点的要求。

套圈、滚动体材料所要求的性能为疲劳强度大、硬度高、耐磨性好，目前我国用来制造套圈、滚动体的材料主要为 GCr15 和 GCr15—SiMn 等高碳络合轴承钢。此外，还可采用碳轴承钢、高温轴承钢、不锈轴承钢等。

保持架材料所要求的性能为尺寸稳定性好、机械强度大。此外，还需要加工性能好。根据用途不同，还要求其耐冲击性、耐热性、耐腐蚀性好。目前，我国用来制造保持架的材料主要为低碳钢、不锈钢、铜合金或塑料、聚四氟乙烯等。

(四)阀门

1. 阀门的定义

阀门是用来控制管道或设备中气体、液体等介质流动的，通过改变内部通道截面积来控制管道或设备内介质流动方向、压力和流量的机械产品的总称。它具有导流、截流、调节、节流、防止倒流、分流、溢流卸压等功能。

2. 阀门的分类

(1)按公称压力分类。阀门公称压力低于标准大气压的为真空阀；低于1.6MPa为低压阀；中压阀的公称压力为2.5 MPa、4.0 MPa、6.4 MPa；高压阀的公称压力为10～80 MPa；公称压力≥100 MPa的为超高压阀。

(2)按介质工作温度分类。高温阀的温度大于450℃；中温阀为120～450℃；常温阀为－40～120℃；低温阀为－100～40℃；超低温阀低于－100℃。

(3)按用途分类。截断阀类主要用于截断或接通介质流，包括闸阀、截止阀、隔膜阀、旋塞阀、球阀和蝶阀等；调节阀类主要用于调节介质的流量和压力等，包括调节阀、节流阀、减压阀等；止回阀类用于防止介质倒流的阀门；分流阀类用于分配、分离或混合介质，包括各种结构的分配阀和疏水阀等；安全阀类用于超压安全保护的各类安全阀。

3. 阀门型号的组成

通用阀门型号由阀门类型代号、驱动方式代号、连接形式代号、结构形式代号、阀门密封面或衬里材料代号、公称压力数值(MPa)和间体材料代号七部分组成。

若在类型代号前面加D，表示低温阀；在截止阀前加W，表示波纹管密封式(WJ)，加G表示高压氮肥阀(GJ)；在闸阀前加B，表示加防爆装置(BZ)；类型代号前加S为地下水用竖式安装阀门(SZ)；加W为卧式安装阀门(WZ)；凡按中国阀门协会指定的CVA标准生产的阀门，在类型代号前加C。

(五)机械商品的储存保管

机械产品易腐蚀，因此库房应干燥、通风、防潮、防尘，库内温度保持在15～25℃，相对湿度不超过65%；严禁与酸、碱、盐及有腐蚀性物品共同储存；工、量具应每隔3个月、轴承每隔6个月检查油封情况，轻拿轻放；防止变形；工、量具和轴承、高压小口径铜质阀必须存放在库房内，分类保管，以防串混；成套量具一律不准拆组拆套分散保管，以防规格串混和附件丢失；阀门不涂漆或无防锈层的加工表面、阀门的内腔都必须涂防锈漆；不允许将手轮、手柄或传动机构作为起重机吊钩使用；泵内不允许存有积水，进出水口应用木塞堵住；在进出口的法兰上涂防锈剂，以防腐蚀；储存保管期均不宜过长，一般从出厂日期算起以一年为宜，不得超过一年半。

二、电工商品

(一)电线、电缆

1. 电线、电缆的分类

电线和电缆是用以传输电能、传递信息和实现电磁能转换的一大类电工线材产品。按照产品的不同性能、结构和制造工艺、使用特点，可分为裸电线、电磁线、通信电线电缆、电气装备用电线电缆、电力电缆五大类。

(1)裸电线。裸电线按结构和用途，可分为圆单线、裸绞线、软接线和型线四个系列。裸电线没有绝缘层和保护层，其型号由类别代号(以导体区分)、特征(包括形状、加工、类型、软硬等)、派生代号(具体型号中的不同品种)三部分组成。

(2)电磁线。电磁线按绝缘层的特点和用途，可分为漆包线、绕包线、无机绝缘电磁线、特殊用途电磁线四种。其型号由类别代号(以绝缘层分)、导体代号、特征(绝缘特征、导体特征)代号和派生代号四部分组成。

(3)通信电线电缆。通信电线电缆包括用于市内或局部地区的通信网络的市内电话电缆、用于长距离城市之间通信的长途通信电缆(长途对称通信电缆、同轴通信电缆)、局用电缆和各种通信电缆。

(4)电气装备用电线电缆。按产品使用性，可分为通用电线电缆、电工设备和仪表用电线电缆、交通工具用电线电缆、地质勘探和采掘工业用电线电缆、信号控制电缆、直流高压电缆。

(5)电力电缆。电力电缆一般是指电力系统中用于输配干线用的电缆。通常有油浸纸绝缘、橡皮绝缘、聚氯乙烯绝缘和交联聚乙烯绝缘四种电力电缆。其型号由类别与用途代号、导体代号、绝缘层代号、内护层代号、特征代号、外护层代号、派生代号七部分组成。

2. 电线、电缆的保管

电线、电缆均应储存在干燥、通风、防尘、防潮的库房内，库内温度保持在0～30℃，相对湿度不超过80%；不能与酸、碱或其他腐蚀性物品共储存；电缆不允许平放，要立放，应垫高，使之通风且不受地潮；电线码垛应整齐平稳，垛高为1.5～2m；储存期应定期检查，冬季每月一次，夏季每周一次。每隔三月倒跺一次；以防底层电线久压变形；明确电磁线的储存期限，严格遵守“先进先出”原则，稳搬轻放，以防损坏绝缘层。

(二)电工仪表

1. 电工仪表的概念与结构

(1)电工仪表的概念。测量各种电量和磁量的仪器仪表统称为电工仪器仪表，它具有快速、持续测量的优点。在工农业生产、国防军工、科学研究等方面，尤其在电能的生产、输配、控制和使用过程中，电工仪器仪表得到了广泛的应用。

(2)电工仪表的结构。不同用途的仪器仪表具有不同的结构，但从总体上看大致相同。下面以电工测量指示仪表为例，介绍其基本结构。

电工测量指示仪表又称直读仪表或盒式仪表，各种交直流电流表、电压表、功率表、万用表等都是电工测量指示仪表。这种仪表的特点是先将被测电磁量转化为仪器可动部分的角位移或电信号，然后通过可动部分的指针在标尺上的位置或通过荧光数字直接读出被测量的值。任何指示仪表都由测量线路和测量机构两个部分组成。

测量线路的作用是把被测量的量(如电流、电压、功率等)转换为测量机构可接受的过渡量(例如转换为电流)，然后通过测量机构把过渡量转换为指针的角位移。

测量机构是指示仪表的核心，而测量线路则根据被测量对象的不同而配置。指示仪表的测量机构是由固定部分和可动部分组成，以便将被测量转换为可动部分的偏转角，一般由四部分组成：产生转动力矩的启动装置、产生反作用力矩的控制装置、产生阻尼力矩的阻尼装置、指示装置。

2. 指示式仪表的分类方法

按仪表的工作电流，指示式仪表可分为直流、交流和交直流两用三种仪表；按仪表的测量对象，指示式仪表可分为电压表、电流表、功率表和频率表等；按仪表的工作原理，指示式仪表可分为磁电系、电磁系、电动系、感应系、静电系、电子系和整流系等；按仪表的精确等级，指示式仪表可分为0.1、0.2、0.5、1.0、1.5、2.5、5.0七级；按仪表的使用方式，指示式仪表可分为安装式和可携带式；按仪表的使用条件，指示式仪表可分为A、A1、B、B1、C五组；按仪表外壳的防护性能，指示式仪表可分为普通式、防尘式、防溅式、防水式、水密式、气密式、隔爆式七种；按仪表防御外界磁场或电场的性能，指示仪表可分为Ⅰ类(偏差<±0.5%)、Ⅱ类(偏差≤±1.0%)、Ⅲ类(偏差<±2.5%)、Ⅳ类(偏差<±5.0%)四个等级。

3. 电工仪表的储存保管

电工仪表在入库验收时应检查产品说明书、检验合格证和装箱单；检查刻度盘是否清晰，表面玻璃有无松动、气泡，指针有无弯曲和擦针现象等；仪表的接线柱及旋钮不得残损、松动；仪表的电镀表面应光洁、完整等。

储存仪表的库房必须空气流通、干燥、防潮并无有害气体存在，有防尘设施，堆放不宜过高，一般不超过1.5m。保持库房的温度在10～35℃范围内，相对湿度小于80%，严禁暴晒和温度剧变，防止变形、退磁、元件霉变等。

仪表上的封印、封铅在保管中不得损坏，储存期限为生产厂的有效保证期，不超过一年。

(三)电机

电机是一种将电能转换成机械能或将机械能转换成电能的旋转设备，其工作原理是基于电磁感应定律和电磁力定律。

1. 电机的分类和特点

电机品种繁多，按能量转换的形式不同，可分为发电机和电动机。其中，发电机是把机械能转换为电能的设备；电动机是把电能转换成机械能的设备。按生产或使用电源的性质，分为直流电机和交流电机。

(1)直流电机。直流电机包括直流电动机和直流发电机。

①直流电动机。将直流电能转换为机械能，用以拖动生产机械。它具有良好的启动性能和调速性能，其调速性能是交流电机所不能比拟的。因此，在对电动机的调速性能和启动性能要求高的场合，大都使用直流电机进行拖动。例如，大型可逆式轧钢机、矿山中大型可提升机、龙门刨床、电车等常用直流电机拖动。但直流电机制造工艺复杂，生产成本高，维修困难，可靠性也较差，因此在单机容量的提高和使用推广方面受到一定的限制。

②直流发电机。把机械能转化成电能的设备，主要作为电源供给负荷。它是大型同步发电机的励磁电源及化学工业中的电镀电解等设备的直流电源。

(2)交流电机。一种把交流电能和机械能互相转换的设备，分为异步电机和同步电机。由于异步电机运行性能不好，应用很少。但异步电动机是工农业生产和家用电器不可缺少的动力设备，特别是三相异步电动机，具有结构简单、价格便宜、运行可靠、维修方便的优点，广泛应用在中小型轧钢设备、起重机械设备、鼓风机、水泵、脱粒机、磨粉机等设备中。单相异步电动机则广泛应用于家用电器中，如洗衣机、电冰箱、电风扇、吹风机、吸尘器等。

同步电机可分为同步发电机和同步电动机。同步发电机是发电设备的主体。在现代电力系统中，几乎全部交流电能都是由同步发电机发出。同步发电机除用作大型恒速机械设备的动力设备外，还可以从电网中吸收超前电流，提高电网的功率因数，称为同步补偿机或同步调相机。

2. 电机的型号

电机型号的表示方法如下：产品代号—规格代号—特殊环境代号—补充代号。

(1)产品代号。由电机类型代号、电机特点代号、设计序号和励磁代号等组成。

①类型代号。异步电动机用 Y 表示；同步发电机用 TF 表示；汽轮发电机用 QF 表示；同步电动机用 T 表示；直流电动机用 ZT 表示；直流发电机用 ZJ 表示；等等。

②电机特点代号。表征电机的性能、结构或用途，用汉语拼音表示。对于防爆电机，代表防爆类型的有：增安型用 A 表示；隔爆型用 B 表示；正压型用 ZY 表示。它标于电机类型代号后边。

③设计序号。电机产品设计的顺序，用阿拉伯数字表示，对于第一次设计的产品，不标注设计序号。

④励磁代号。分别用字母“S”“J”“K”表示 3 次谐波励磁、晶闸管励磁和相复励磁。

(2)规格代号。一般用中心高、铁芯、外径、机座号、凸缘代号、机座长度、铁芯长度、功率、转速、级数等来表示。比如，小型异步电动机用“中心高—机座长度(字母代号)—铁芯长度(数字代号)—级数”表示；大中型异步电动机用“中心高—铁芯长度(数字代号)—级数”表示；小型直流电动机用“中心高—机座长度(字母代号)”表示；中型直流电机用“中心高—机座号(字母代号)—铁芯长度(数字代号)—电流等级(数字代号)”表示；大型直流电机用“铁芯外径—铁芯长度(数字代号)”表示；等等。

(3)特殊环境代号。表示特殊环境条件所用的代号，如高原用 G 表示；船(海)用 H 表示；户外用 W 表示；化工防腐用 F 表示；热带用 T 表示；湿热带用 TH 表示；干热带用 TA 表示；等等。

(4)补充符号。仅适用于有此要求的电动机，用汉语拼音或阿拉伯数字表示，其内容应在产品标准中规定。

(四)电工商品的包装和运输

在电工商品流通过程中，可能遇到各种严酷的气候条件、机械条件、生物和化学条件的危害，必须采用相应的包装保护商品，以保证商品不因潮湿而受潮、霉变和腐蚀受损，不因装卸、运输中各种机械或人力的撞击振动等机械力的作用而受到损害。对电工产品的包装和运输有以下要求。

1. 具有合理的强度

一般用木箱包装，并用螺栓把电机固定在木箱底座上，以防机身滑动而损坏。

2. 具有合适的防护

根据电工产品的特性，应用油毡衬垫或放置硅胶类干燥剂进行防雨包装。

3. 包装完单，表面标志清楚

电工产品包装外部应注明型号、规格、净重、毛重、出厂年月日以及“向上”“防潮”“小心”等字样，发货时应注明单位名称、地址。电工产品的合格证、使用说明书等有关技术资料要用塑料袋封装好后放入箱内。

4. 搬运时应小心轻放，防止激烈震动

吊装时应吊在吊环上；搬运时应小心轻放，不得倒置或倾倒；在运输过程中要防止激烈震动，并用雨布盖好。

第六节 汽车商品

汽车是现代社会不可或缺的重要交通工具之一。本节主要介绍汽车的概念和分类，以及汽车的构造、选购和养护等内容。

一、汽车的概念和分类

(一)汽车的概念

1. 广义的汽车概念

汽车的概念与科学技术的发展相联系，在不同的时期和不同国家，其含义也不同。

世界上最早的汽车是蒸汽汽车、电动汽车。以内燃机作动力源，装备齐全、性能较高的汽车的出现至今才100多年，但其所表现出来的优良性能淘汰了蒸汽汽车和电动汽车。因此，通常人们说的汽车一般都是指内燃机汽车。但从广义上讲，汽车应包括蒸汽汽车、电动汽车、内燃机汽车和其他燃料汽车。

美国汽车工程师学会标准SAEJ687C中对汽车的定义：由本身动力驱动，装有驾驶装置，能在固定轨道以外的道路或地域上运送客货或牵引车辆的车辆。日本工业标准JIS K0101中对汽车的定义：自身装有发动机和操纵装置，不依靠固定轨道和架线能在陆上行驶的车辆。

2. 我国的汽车概念

我国国家标准GB/T 3730.1—2001《汽车和挂车类型的术语和定义》中对汽车的定义：由动力驱动，具有四个或四个以上车轮的非轨道承载的车辆，主要用于载运人员和(或)货物、牵引载运人员和(或)货物的车辆、特殊用途。其中还包括与电力线相连的车辆(如无轨电车)、整车装备质量超过400千克的三轮车辆。

根据我国汽车的定义，汽车产品应具有以下特征：①车辆自身带有动力装置并依靠动力装置驱动运行；②具有四个或四个以上车轮，但车轮不得依靠轨道运行；③动力能源不得在运行途中依靠地面轨道，但可以由架线取得；④车辆的主要用途是载送人员或货物，或其他特殊用途，但一般不包括自行式作业机械。

(二)我国汽车的分类

1. 乘用车

乘用车是在其设计和技术特性上主要用于载运乘客及其随身行李或临时物品的汽车，包括驾驶员座位在内最多不超过9个座位。它也可以牵引一辆挂车。乘用车涵盖了轿车、微型客车以及不超过9个座的轻型客车。乘用车可分为普通乘用车、高级乘用车、小型乘用车、多用途乘用车等。

(1)普通乘用车。普通乘用车有封闭式车身，侧窗中柱有或无，有固定式硬车顶，有的顶盖可以开启一部分，至少有2排(4个或4个以上)座位，有2个或4个侧门，或有1个后开启门。

(2)高级乘用车。高级乘用车有封闭式车身，前、后座之间可以设有隔板，有固定式硬车顶，有的顶盖可以开启一部分，至少有2排(4个或4个以上)座位，后排坐椅前可安装折叠坐椅，有 4 个或 6 个侧门，也可有 1 个后开启门，有 6 个或6 个以上的车窗。

(3)小型乘用车。小型乘用车有封闭式车身，通常后部空间较小，有固定式硬车顶，有的顶盖可以开启一部分，至少有 1 排(2 个或 2 个以上)座位，有 2 个侧门，也可有 1 个后开启门，有 2 个或 2 个以上侧窗。

(4)多用途乘用车。多用途乘用车是只有单一车室载运乘客及其行李或物品的乘用车。

2. 商用车

商用车是在其设计和技术特性上用于运送人员和货物的汽车，并且可以牵引挂车，乘用车不包括在内。商用车可分为客车和货车等。

(1)客车。客车是在其设计和技术特性上用于载运乘客及其随身行李的商用车辆，包括驾驶员座位在内座位数超过 9 个，有单层的也有双层的，可牵引一辆挂车。客车可分为小型客车、城市客车、长途客车、旅游客车等。

①小型客车。小型客车是用于载运乘客，除驾驶员座位外，座位数不超过16 个的客车。

②城市客车。城市客车是一种为城市内运输而设计和装备的客车。这种车辆设有坐椅及站立乘客的位置，并有足够的空间供频繁停站时乘客上、下车走动用。

③长途客车。长途客车是一种为远距离运输而设计和装备的客车。这种车辆设有专供乘客站立的位置，但在其通道内可载运短途站立的乘客。

④旅游客车。旅游客车是一种为旅游而设计和装备的客车。这种车辆的布置要确保乘客的舒适性，不载运站立的乘客。

(2)货车。货车是指主要为载运货物而设计和装备的商用车辆。货车可分为普通货车、多用途货车、专用货车、专用作业车等。

①普通货车。普通货车是一种在敞开(平板式)或封闭(厢式)载货空间内载运货物的货车。

②多用途货车。多用途货车是在其设计和结构上主要用于载运货物，但在驾驶员坐椅后带有固定或折叠式坐椅，可运载 3 个以上乘客的货车。

③专用货车。专用货车是在其设计和技术特性上用于运输特殊物品的货车，如罐式车等。

④专用作业车。专用作业车是在其设计和技术特性上用于特殊工作的货车，如消防车、救险车、垃圾车、应急车、街道清洗车、扫雪车、清洁车、电视采访车、电力维修车等。

3. 其他车辆

除上述车型外，还有挂车、汽车列车、新能源汽车等。

4. 我国新能源汽车简介

新能源汽车是指采用非常规的车用燃料作为动力来源(或使用常规的车用燃料，但采用新型车载动力装置)，综合车辆的动力控制和驱动方面的先进技术形成的技术原理先进、具有新技术、新结构的汽车。

新能源汽车的动力电源是电池，包括锂离子电池、镍氢电池、燃料电池、铅酸电池、超级电容。

新能源汽车的类别分九种，即混合动力汽车、纯电动汽车、燃料电池汽车、氢动力汽车、燃气汽车、甲醇汽车、空气动力汽车、飞轮储能汽车、超级电容汽车。

我国新能源汽车产业始于21世纪初。2001年开始研究新能源技术，2008年新能源汽车在国内呈现全面出击之势，2008年成为我国“新能源汽车元年”。该年乘用车和商用车分别销售899台和1536台。2009年，我国新能源汽车驶入快速发展轨道。2010年，我国加大对新能源汽车的扶持力度，并在上海、长春等五个城市，启动私人购买新能源汽车补贴试点工作。2011至2015年进入产业化阶段，在全社会推广新能源城市客车、混合动力轿车、小型电动车。

2020年5月25日，在十三届全国人大三次会议第二次全体会议结束后的“部长通道”活动中，工信部部长苗圩通过网络视频方式接受采访表示，针对新能源汽车发展，下一步将继续从供给侧、需求侧、使用侧三方面发力，为新能源车创造更好的使用环境。

新能源汽车可使我国实现从汽车大国到汽车强国的转变，可继续开辟我国的汽车市场。近几年，国家相继出台了一系列优惠政策和标准，大力扶持新能源汽车的发展，实现我国汽车强国的伟大梦想已经不远了。

二、汽车的构造

(一)汽车的组成

通常，汽车由发动机、底盘、车身、电器设备四大部分组成。

1. 发动机

发动机是使燃料在其内部燃烧而产生动力的部件，是汽车的动力装置。目前，汽车广泛应用往复活塞式汽油和柴油内燃机，一般由曲柄连杆机构、配气机构、供给系、冷却系、润滑系、点火系(仅用于汽油机)和启动系组成。

2. 底盘

底盘是接受发动机的动力，使汽车运动并按驾驶员的操纵行驶的部件。它是汽车的基体，发动机、车身、电器与电子设备及各种附属设备都直接或间接地安装在底盘上。底盘主要由传动系、行驶系、转向系和制动系四部分组成。

(1)传动系。传动系将发动机的动力传给驱动车轮。传动系包括离合器、变速器、传动轴、主减速器及差速器和半轴等部分。

(2)行驶系。行驶系支撑整车的质量，传递和承受路面作用于车轮上的各种力和力矩，缓和冲击，吸收振动，保证汽车在各种条件下都能正常行驶。行驶系包括支撑全车的承载式车身、前悬架、后悬架、前轮、后轮等部分。

(3)转向系。转向系使汽车按驾驶员指定的方向行驶。转向系通常由带转向盘的操纵机构、转向器和转向传动机构组成，有的汽车还装有动力转向装置、碰撞防伤装置、转向减振器等。

(4)制动系。制动系可使汽车减速或停车，并保证汽车可靠地长时间停驻。制动系包括前轮制动器、后轮制动器及控制装置、供能装置和传动装置等。

3. 车身

车身是装载乘客和货物的部件，分为承载式车身和非承载式车身，主要包括发动机罩、车身本体及副车架。货车还包括驾驶室和货箱。

4. 电器设备

电器设备包括电源组(蓄电池和发电机)、发动机点火设备、发动机启动设备、照明和信号装置、仪表、空调、刮水器、音响设备、电控自动变速设备、电子防抱死制动设备(ABS)等。

(二)汽车的总体布置

现代汽车按发动机相对于各总成的位置不同，通常有下列几种布置形式。

1. 发动机前置后轮驱动(FR)

大多数货车、部分轿车和部分客车采用这种形式。

2. 发动机前置前轮驱动(FF)

目前大多数轿车都采用这种形式。

3. 发动机后置后轮驱动(RR)

这是目前大中型客车中采用比较多的布置形式，也有少数轿车采用这种形式。

4. 发动机中置后轮驱动(MR)

方程式赛车和大多数跑车都采用这种形式。

5. 全轮驱动(nWD)

越野汽车一般采用这种形式。

三、新车的选购

(一)汽车主要技术参数与性能指标

汽车的各种技术参数和性能指标，是新车选购的重要参考依据。

1. 汽车的尺寸参数

(1)车长。汽车前后最外端突出部位之间的距离。车长也称汽车的总长，取决于汽车的用途、道路条件、吨位或载客人数。车长是对汽车的用途、功能、使用方便性等影响最大的参数，因此一般以车长来划分车身等级。车身长意味着纵向可利用空间大，这是显而易见的，但过长的车身会给调头、停车造成不便。4m 长与 5m 长的汽车在驾驶感觉上会有很大的差异，一般中小型乘用车车长 4m 左右，接近 5m 长的可算作大型车。

(2)车宽。车辆两侧平面突出部位(除后视镜、侧面标志灯、示位灯、转向指示灯、挠性挡泥板、折叠式踏板、防滑链、轮胎与地面接触部分变形除外)之间的距离。车宽主要影响乘坐空间和灵活性。对于乘用轿车，如果要求横向布置的三个座位都有宽阔的乘坐感(主要是有足够的肩宽)，那么车宽一般都要达到 1.8m。由于近年对汽车安全性要求的提高，车门壁的厚度有所增加，因此车宽也普遍有所增加。日本车对宽度的限制比较严，大部分在 1.8m 以下；欧洲车则倾向于增大车宽，但是车身太宽会降低在市区行走、停泊的方便性，因此对于轿车来说车宽 2m 是一个公认的上限，接近 2m 或超过 2m 的车会很难驾驶。道路用车(大货车、大客车)的车宽一般也不能超过 2.5m。对于车外后视镜不能折叠的车辆，规格表上的宽度一般把外伸后视镜也包括在内，有些欧洲轿车规格表上的宽度一般把外伸后视镜也包括在内，因而有些欧洲轿车规格表上的宽度接近、甚至超过 2m。

(3)车高。车辆在没有装载的情况下，支撑平面与最高突出部位之间的距离。车身高度直接影响重心(操控性)和空间。大部分轿车高度在1.5m以下，与人体的自然坐姿高度相比低很多，主要是出于降低全车重心的考虑，以确保高速转弯时不会翻车。多用途汽车等为了营造宽阔的乘坐空间(头部空间)和载货空间，车身一般比较高(1.6m以上)，但随之使整车重心升高，转弯时车身侧倾角度大，这是高车身车种特有的一个重大缺陷。此外，在日本、中国香港等一些国家和地区，大部分的室内停车场都有高度限制，一般为1.6m，这也是确定车高的重要考虑因素。小型车为了在有限的占地面积内扩大车厢空间，近年有向上发展的趋势。但如果车身都比传统的小型车高出很多，重心升高导致的主动安全性下降是必然的。

(4)轴距。车辆同一侧面相邻两个车轮中心线间的距离。在车长被确定后，轴距是影响乘坐空间最重要的因素，因为占绝大多数的两厢和三厢轿车，乘员的座位都是布置在前后轴之间的。长轴距使乘坐的纵向空间增大，直接得益的是对乘坐舒适性影响很大的脚部空间。在行驶性能方面，长轴距能提高直路巡航的稳固性，但会使转向灵活性下降，回旋半径增大，因此在稳固性和灵活性之间必须作出取舍。

(5)最小转弯半径。转向盘打到极限位置，车辆转向时外侧前轮的轨迹圆半径。最小转弯半径越小，说明汽车的机动性越好。

2. 汽车的动力性指标

(1)最高车速。最高车速是指在无风条件下，在水平、良好的沥青或水泥路面上，汽车所能达到的最大行驶速度。

(2)加速时间(加速能力)。加速时间(加速能力)是指汽车在行驶中迅速增加行驶速度的能力，通常用加速时间和加速距离来表示。加速能力包括两个方面——原地起步加速性和超车加速性。在道路上超车时，一段时间与被超车辆并行，最容易发生事故，加速能力强，就可以缩短这段时间，提高超车的安全性。

(3)爬坡能力。爬坡能力是指汽车在良好的路面上，以1挡行驶所爬行的最大速度。对于越野汽车来说，爬坡能力是一个相当重要的指标，一般要求机械效率为60%或能够爬不小于30°的坡路；轿车一般爬坡的机械效率为20%左右。

3. 汽车的燃油经济性

汽车的燃油经济性是指在一定的条件下，以最小的燃油消耗完成运输工作的能力。影响汽车燃油经济性的因素非常复杂，如发动机的油耗、传动系的影响、汽车外形阻力的影响、汽车重量的影响、轮胎的影响、汽车技术状况的影响、驾驶技术的影响、道路条件的影响、交通环境的影响(行人和车辆的密集程度)、环境状况的影响(气温、海拔高度、气候)等。汽车的最小燃油消耗是在特定的道路上，以等速行驶得出的数据，因此只作参考。

4. 汽车的操作及行驶指标

(1)汽车的制动性。汽车的制动性是指汽车行驶时，能在短距离内停车，且维持行驶方向稳定，以及在下长坡时能维持一定车速的能力。

(2)汽车的操纵稳定性。汽车的操纵稳定性包括操纵性和稳定性两部分。操纵性是指汽车快速、准确地响应驾驶员发出的转向指令的能力；稳定性是指汽车受到外界干扰时，能抵抗干扰而保持稳定行驶的能力。

(3)汽车的行驶平顺性。汽车的行驶平顺性是指汽车在一般使用速度范围内行驶时，能保证乘坐者不会因车身震动而引起不舒适和疲乏感觉，以及保持所运货物完整无损的性能。

(4)汽车的通过性。汽车的通过性是指汽车在一定装载质量下，能以足够高的平均车速通过各种坏路和无路地带(如松软地面、坎坷不平地段)，以及克服各种障碍(陡坡、台阶、壕沟等)的能力。

5. 关于发动机的指标

(1)缸数。汽车发动机常用缸数有 2 缸、3 缸、4 缸、5 缸、6 缸、8 缸、10 缸和 12 缸。

(2)气缸的排列形式。一般 5 缸以下的发动机采用直列方式排列，少数 6 缸发动机也有采用直列方式排列的。这种排列方式下发动机的气缸体一字排开，缸体、缸盖和曲轴结构简单，制造成本低，转矩特性好，燃油消耗少，尺寸紧凑，应用比较广泛，缺点是功率低。6～12 缸发动机一般采用 V 形排列，其中 V10 发动机长度较短、高度较矮，布置起来非常方便，而且一般认为 V 形发动机是比较高级的发动机，也是区别轿车级别的标志之一；V8 发动机的结构非常复杂，制造成本很高，所以使用的较少；V12 发动机过大、过重，只有极个别的高级轿车采用。

(3)气门数。国产发动机大多数采用每缸 2 个气门，即 1 个进气门、1 个排气门；国外轿车发动机普遍采用每缸 4 个气门，即 2 个进气门、2 个排气门，提高了进、排气的效率，同时气门的重量也有所降低，有利于提高发动机转速和功率。国外有的公司采用每缸 5 个气门，即 3 个进气门、2 个排气门，主要作用是加大进气量，使燃烧更加彻底。气门数量并不是越多越好，5 个气门确实可以提高进气效率，但是结构极其复杂，加工困难，较少采用。

(4)气缸工作容积(排量)。气缸工作容积是指活塞从上止点到下止点所扫过的气缸容积的总和，一般用升(L)来表示。

(5)最高输出功率。最高输出功率一般用马力(PS)或千瓦(kW)来表示。发动机的输出功率同转速关系很大，随着转速的增加，发动机的功率也相应提高，但是到了一定的转速以后，功率反而呈下降趋势。一般在汽车使用说明书中最高输出功率标有每分钟转速(r/min)，如 100PS/5000r/min 表示在 5000r/min 时达到最高输出功率 100PS。

(二)美、日、欧三大车系简介

在世界汽车领域，美国、欧洲、日本的汽车最具代表性。现在，这三大汽车流派在我国都有合资企业，尽管其车型都经过本土化改造，但依旧展现出不同的特色。如果能把握不同车系的特点，选购时就能提纲挈领，做到心中有数。

美国、日本和欧洲三大车系，其车型外观、名称虽千变万化，但其本质却是万变不离其宗。总体说来，美国车大方、热情；日本车精致、易获得好感；德国车朴实无华、深藏不露、一丝不苟；法国车浪漫而富有艺术气息。

1. 美国车系

美国车系的特点：功率大、自重大、加速性能好、崇尚安全和安静、车身宽大舒适。

美国国土辽阔，高速公路四通八达，路面条件好，长途驾车已是一件很平常的事。因此，一般美国车具有功率大，加速性能非常好，低转速高转矩，高转速高功率的特点。

崇尚安全和安静是美国车的另一特色。美国的汽车安全标准是全世界最高的；其轿车的钢板较厚，车身重、造型刚劲。安全气囊和 TCS(牵引力控制系统)等大批安全技术就是美国三大汽车公司(通用、福特、克莱斯勒)发明和普及的。在国内，上海通用别克车系是美国车系的典型代表，在安全和舒适性方面，别克除了配备安全气囊、ABS(制动防抱死系统)外，其独到的吸能型保险杠、全金属封闭承载式车身设计配合4门防撞杆，以及事故发生时能够向发动机方向下陷的转向柱，为驾驶者和乘员提供了全面、立体的保护，能够最大限度地避免发生事故时造成的致命人身伤害。

在设计上，美国车对整车的安静非常重视，美国消费者把驾驶当作一种生活，他们对车提出居家般的要求——安静、舒适。在同级别的汽车中，上海通用汽车有限公司生产的别克车系在造型处理中最特别：车身侧面为整体压铸件，配合三重密封隔音车门以及精湛的装嵌工艺，较好地隔绝了车外的噪声；流线型的反光镜和安静的V6发动机。别克车在“降噪工程”上共调用了150多种隔音材料，全车有几百处都进行了隔音处理，这使乘客舱处于相对密封状态，被誉为“完美的静音舱”。

宽敞的车厢是美国车的又一大特色。车厢宽敞空间就大，座位就可以做得宽大一些，乘坐起来没有压抑感，符合人体工程学的座椅设计使驾驶者不易疲劳。

2. 日本车系

日本车系的特点：轻巧美观、造型新颖、油耗低、使用效率高、注重经济性、装饰做工细腻。

日本车灌注了东方人精微细腻的心理特征，在为乘客着想方面做得无微不至。在细节这方面特别能体现日本民族做事一丝不苟的特点，无论是车门缝隙的大小、漆面的光滑平整度，还是车厢的焊接工艺，与同等价格的美国车甚至与欧洲车相比，日本车都要更加出色。

在发动机方面，日本车的特点是注重经济性，相同排量的日本车比欧美车型的功率要小一点。在技术方面，日本车往往开风气之先，尤其是电子系统和发动机研制方面的科技十分先进。日本车型更新换代的平均周期为4年，花样层出不穷，十分新颖时尚。日本生产的汽车在耐用性方面确实赶不上欧洲车，但新车出错率非常小。日本车的悬挂和底盘都是遵循轻巧和舒适的原则，对于路况的反馈并不像美国车那么模糊，在行驶时它还是能通过弹簧的弹跳和车身的状态让人们感觉到各种路面的状况，但在路面坑洼不平的时候软式悬挂对于车身的控制就显得有些不稳，转向盘也会有些颤抖。高速行驶时，日本车的优点就是轻快，行驶时轮胎的抓地性不像欧洲车那么过于紧贴地面，因此感觉对车的控制不吃力。但由于车的路感不强，做急转弯操作转向盘时可能会转向过度，出现紧急情况，采用过猛制动时车辆可能会出现侧滑和甩尾。

总之，日本轿车的特点是轻巧美观、造型新颖、改型快、适应性强，其车身钢板较薄、自重较轻、底盘较低，所以油耗低、使用效率高，并且车厢内各种设备齐全，装饰做工细腻。

3. 欧洲车系

欧洲车系的特点：底盘扎实、悬架系统较好、注重操纵性、追求驾驶乐趣、制造工艺精良。

欧洲是汽车和汽车工业的发源地。由于阿尔卑斯山脉纵穿欧洲大陆，欧洲丘陵多平原少，城镇星罗棋布，因此欧洲轿车的底盘扎实、悬架系统较好，特别注重汽车的操纵性能。德国车的刚劲沉稳、法国车超凡的操控性、意大利车出色的高性能，一直为世人称道。

和美国、日本的汽车相比，欧洲车在车身安全性和机械系统的精良程度上技高一筹：如德国的奔驰、大众等车型。自工业革命以来，欧洲在机械技术方面一直走在世界前沿，体现在汽车工业上更为明显。虽然欧洲的新车总是毛病不断，细节方面也不如日本车周到妥帖，但在耐用性上欧洲车却是独领风骚。总括来说，欧洲车属于讲究内涵和个性的一类。

随着企业的兼并重组，传统意义上的美国、日本和欧洲的车厂已经互相融合，互相渗透，生产的车型也是"你中有我，我中有你"。各个汽车生产厂商在设计过程中，都是用一个平台去打造不同产品，因此它们之间的相似之处就越来越多，差别也越来越小。

(三)购置新车的注意事项

购买汽车时，先应该考虑的是购买汽车来做什么，购买什么样的汽车才能真正满足购车的需要和要求，应按自己的购车需求来选择最合适的车型。

1. 以营运为目的

如果购买汽车是为了营运，就应该让汽车完成更多的运输任务，创造最好的经济效益。

(1)货运服务。如果购买汽车是想搞货物运输，先应考虑运输对象——货物的特点和特性，应按所运输货物的特点来选择合适的车型。运输各种不同的货物，可选择装有普通货箱的通用汽车。当经常运输的货物是单位体积重量较轻的农产品时，可选用货箱面积和容积较大的加长轴距货车，这样可避免因货轻而装不到额定载量。当经常运输的货物的单位体积重量较大时，应选用普通标准货箱的货车。如果货车经常运输某一种或某一类货物，应选择与该类货物相适应的装有特殊货箱的专用汽车。例如，运输液态或粉状、颗粒状货物时，可选用罐式车厢的专用汽车。运输易腐易烂且需要保鲜的货物时，可选用冷藏车身的专用车，这样可使汽车发挥更高的效率。

此外，还应该考虑运输货物的数量和运送的距离。如果所运输的货物批量大，且运输距离较远，可选择装载能力大的大吨位重型货车；如果所运输的货物批量小，且运输距离较短，就应该选择装载能力较小的中、小吨位的中型或轻型货车。应该尽量避免用大吨位的重型车装载少量货物运输。汽车不应超载装货，那样会大大缩短汽车的使用寿命，也可能造成很大的经济损失。

(2)客运服务。如果购买车辆是为了客运，应先调查客运市场的大小。如果从事长途客运，并且客运量较大，可以选购动力性较好的大型客车，创造更大的经济效益；如果客运量较小，应选购座位较少的中、小型客车，否则会因上座率较低而不能达到预期的目的。

(3)出租车。如果购买汽车是为了出租运输，首选的车型发动机的工作容积(排量)应在1.2～2L，如果发动机工作容积低于1L，在很多大中城市可能会因影响城市形象而被限制营运。如果发动机工作容积较大，虽然车较豪华，但可能会因上座率较低，而汽车燃油消耗量较大，导致运行费用支出过大。此外，购买出租车还应注重环保要求，尽量购买装有尾气排放达标的电控喷射式发动机的汽车，避免因尾气排放超标而被罚款或受到限制。

2. 个人使用

如果购买汽车是为了上下班或家庭使用，就应该让汽车为工作、生活带来更大的方便、愉快，要做好汽车销售市场的调查，挑选个人所喜欢的款式、颜色、性能和经济状况能支付得起的汽车。

3. 公务、商务用车

公务用车要根据国家规定采购和使用，商务用车凡有国家规定的按国家规定执行。除此之外，按企业的需求采购和使用。

(四)考察汽车的“血统”

汽车的开发和生产是一个复杂的过程，需要投入极大的人力和物力。因此，许多车辆都是在原有基础上改进而成的。每一款汽车也都有它的“血统”，千万不要小看这个“血统”，它是在购车前必须了解的事项。

1. 发动机

发动机是汽车的“心脏”，它的质量从根本上决定了汽车的质量。汽车发动机创新是最难的，一般都有一个逐步发展、改进的过程。我国的汽车发动机多数是引进外国的产品，即使在欧美和日本，一种发动机也有可能被安装在许多不同款式的汽车上。因此，一种新车的推出，考察它的发动机最重要。

2. 底盘

汽车的底盘是车辆的行走部分，包括悬挂、制动、转向等，它的好坏直接影响着车辆的行驶。人们常常疑惑，为什么不同的车安装相同的发动机，但速度、驾驶性能、油耗却不一样呢？排除车身的因素，恐怕底盘的质量是主要影响因素。

考察底盘的“血统”，有一个很重要的术语——开发平台。由于底盘的开发和创新也不容易，因此，厂家往往在一个统一的开发平台上进行新车的研制，多数时候，甚至在同一个底盘上生产不同的汽车。因此，考察汽车底盘的“血统”，可以为购车决策提供帮助。

3. 车身

车身的“血统”最容易考察，单从外观就可以了解。同时，车身与发动机和底盘相比，作用也是次要的。厂商往往在同一底盘和同一发动机的基础上来回变换车身款式，以吸引消费者，因此，只有在考察完上述发动机和底盘的“血统”后，才应该根据个人爱好去考察车身“血统”。

我国汽车工业的基础薄弱，引进、消化和吸收外国的产品是主要方式，因此，考察国产车的“血统”，对于消费者十分重要，可以根据厂商提供的说明书以及报纸杂志的推荐，在案头勾画出汽车的“血统”。

(五)解读汽车的说明书

厂商提供的说明书是我们了解车辆性能的来源之一，它往往包括了该车的“血统”以及技术含量。但是，怎样才能从一大堆的术语中看出门道呢？我们以某一款汽车为例。

例如，发动机形式：1.6L，直列四缸，多点燃油电控喷射；发动机功率：66kW/5600r/min；发动机转矩：128N·m/2800r/min；最高车速：170/km/h；变速方式：手动挡/自动挡；压缩比：9.4∶1；燃油经济性：90km/h—(5.3～5.7)L/100km；悬挂：前悬架——独立麦克弗逊式悬架，后悬架——半独立悬架；最小转弯直径：10m；最小离地间隙：165mm；外形尺寸：4026mm×1608mm×1420mm；重量(整备质量)：950kg；轴距：2443mm；轮距：1387/1388mm(前/后)。

在一大堆的术语里，考察发动机的性能最重要。从说明书中我们看到，该车发动机为直列式四缸，排气量相对商务车较小，没有注明每个气缸气门的数量或注明每个气缸有两个气门，说明它没有采用先进的多气门技术。一般来说，从该车的气缸数以及排量大小，大致就可以知道这辆车的马力(功率)是否强劲，在其他条件一定的情况下，马力(功率)越大，车速越高；转矩越大，该车的牵引力越大。该车发动机的功率是 66kW/5600r/min，那就是说，当发动机转速达到 5600r/min 时，输出最大功率为 66kW；转矩为 128N·m/2800r/min，就是说当发动机转速达到2800r/min 时，输出最大转矩为 128N·m。

最高车速和加速性能是评价汽车的两项重要指标。该车最高 170km/h 的时速对于家用轿车来说已经足够了。

燃油经济性这项指标是非常重要的，不过也是历来人们争议最多的一个方面。生产商一般在说明书上所给出的数据，是等速行驶时的燃料消耗，如等速(匀速)90km/h 时，油耗 5L/100km 等。等速行驶不能全面反映汽车的实际运行情况，特别是在市区行驶中会频繁出现加速、减速、怠速、停车等行驶工况。欧洲经济委员会 ECE 规定：要测量车速为 90km/h、120km/h 的等速百公里的燃料消耗量和按 ECE-R. 15 循环工况的百公里油耗并各取 1/3 相加，作为混合百公里燃油消耗量来评价汽车的燃油经济性。现在我们得到的只是 90km/h 等速燃油消耗量，该厂方提供的数据只能作部分参考。如果是城市居民，工作地在市中心，居住地在近郊或市里，那么应该希望车在较低负荷或较低车速下的油耗低，至于在满负荷工作情况下的油耗，可以作为次要考虑因素。

总长、总宽、总高这个数据很好理解，但这个数据与轴距、轮距统一考察会更有意义。轴距指的是前轮与后轮的轴间距离。轴距短，车身可能就短，车辆本身就轻些，最小转弯半径也就小，但在颠簸道路上的稳定性会差些，轴距越短，车辆可能越颠。轮距分前轮距和后轮距，分别指的是前轮之间的距离和后轮之间的距离。轮距大些，对增大车厢宽度与提高车身横向稳定性有利。厂家往往会在有限的空间努力增大轴距和轮距。相同外形尺寸的车辆，轴距和轮距越大，稳定性可能越好，车内空间可能越大。

此外，有的厂商还提供了整备质量和汽车总质量这两个数据，前者表示车上带上全部装备包括随车工具、备胎等及加满燃料、水，但没有装货和载人时的质量；而后者则是指装备齐全，并按规定装满客、货时的整车质量。用汽车总质量减去整车整备质量，可以得出该车的载重量。一般来说，质量较重的车对高速行驶时的稳定性有一定帮助，但油耗会高些。

解读车辆的说明书，不能仅仅孤立地解读一种，最好的办法是与相似的车辆进行对比，这样就会发现许多数据的“秘密”。

四、汽车的养护

(一)汽车的常规保养

汽车的常规保养是指为维持汽车技术状况或工作能力而进行的一系列工作。汽车行驶一定里程后，要按要求对汽车的各总成及附属设备进行清洁、检查、调整、润滑等作业，以消除隐患，保持和恢复良好的技术性能。汽车的常规保养属于预防保养，现代汽车制造厂商在车辆使用说明中都对自己生产车辆的常规保养提出了明确的要求，其中包括保养的周期、里程、作业的内容等。

1. 车辆每行驶5000～10000km

(1)更换发动机机油、机油滤清器，清理空气滤清器。

(2)检查蓄电池状况及喇叭灯光系统。

(3)检查防冻液的液面高度及冰点，清理散热器表面。

(4)检查制动系统有无漏油，摩擦片是否在规定厚度之内。

(5)检查发动机皮带磨损情况，必要时调整皮带张紧度。

(6)检查变速器、传动轴、万向节护套有无渗油及损坏。

2. 车辆每行驶10000～15000km或行驶时间超过1年

(1)更换燃油滤清器、空气滤清器。

(2)检查离合器行程、转向下支臂球头间隙、固定程度和防尘罩。

(3)检查轮胎花纹深度、轮胎气压、轮胎磨损情况，必要时做4轮定位。

(4)检查节气门、怠速阀是否过脏，必要时清洗。

(5)检查火花塞状况，必要时更换免拆清洗喷油嘴。

(6)检查转向助力、制动系统和自动变速器的状况。

(7)检测制动力、变速、转向是否正常。

(8)全车相关部位润滑。

(二)汽车短期停驶时的养护

1. 防止金属生锈

汽车停驶时，由于自然条件的影响，会使金属机件锈蚀。金属机件锈蚀后会使机件强度降低，摩擦表面的光洁度遭到破坏，因而影响汽车的使用寿命。金属机件的锈蚀主要是由于空气中含有酸、碱、盐等物质，其与水分结合后形成的电解液附着在金属表面，发生侵蚀作用，空气中的氧气则加速了锈蚀的发展。例如，沿海湿热地区，由于大气和海雾中含有较多的盐类，金属锈蚀的速度比内地快4～6倍；露天停放的汽车，停放时长一般半年左右，外露金属的锈蚀面积可达50%以上。防止金属锈蚀的主要途径是避免机件与大气直接接触和防止机件受潮。为此，金属机件的封存，通常采用涂油、刷漆、密封包扎等方法。

(1)涂油。涂油主要用于防止相配合机件工作表面的锈蚀。例如，发动机气缸壁与活塞、活塞环之间的相配表面要极为光洁，不允许有锈蚀现象，但发动机工作后，由于废气中含有二氧化碳、二氧化硫和水分等，这些成分如在气缸内存留过久，就会引起严重的锈蚀。因此，发动机封存时，必须确实排尽废气，加注50g左右的脱水机油(机油加注时的温度应在50～60℃)，以彻底冲洗缸壁上的旧润滑油，并形成防锈油膜。其他金属机件如变速器、分动器、主减速器、转向器及万向节等，也应按规定加注传动润滑油或润滑脂，以防锈蚀。

(2)刷漆。汽车机件的外露表面喷刷油漆，不仅是为了美观，更主要的是使金属表面形成一层保护漆膜，与空气隔绝，以达到防锈的目的。因此，封存时凡漆膜遭到破坏的地方，都应该重新喷漆或刷漆。刷漆前应将机件表面的锈皮、油垢、灰尘等彻底除净，否则刷漆后将会产生气泡和脱皮现象。

(3)密封包扎。密封是比较简便易行的办法。凡是汽车内部机件与空气相通的管口、孔眼、缝隙，均应用油纸或其他不透气的材料加以堵塞封贴或进行包扎，以阻止空气在机件内部对流，减免空气对金属的锈蚀作用。

2. 防止橡胶制品的老化变质

汽车上的轮胎、传动带以及防尘罩等橡胶制品经常会发生老化、膨胀或变形，以致性能变差，寿命缩短，其老化主要是由于橡胶属于不混合的高分子碳氧化合物，容易吸收空气中的氧而被氧化，同时硫化橡胶还有一定的透气性，氧气易进入内部起氧化作用，特别是阳光直射能促进橡胶迅速老化。为了防止老化，应避免阳光直射或与矿物油接触。

3. 防止棉麻制品霉烂

汽车上的棉麻制品，如坐垫、靠背、地毯等，容易吸收水分，特别是在潮湿的地区，更易受潮霉变。因此，应经常检查，适时晾晒。

4. 防止汽油的抗爆性能降低

汽油的抗爆性能取决于汽油辛烷值的高低。汽车长期停驶，汽油的辛烷值会随着轻质成分的损失和胶质含量的增加而下降，从而使其抗爆性能降低。因此，汽油油箱要严密封存，避免温度过高，汽油储存的时间不要太长。

5. 经常检查发动机的工作状况

每月至少启动发动机一次，怠速运转 4～5min，检查发电机的运转情况，如有异常，须及时调整、维修。

6. 经常检查蓄电池

电解液液面必须高于极板 10～15mm，不足时应及时添加蒸馏水，保持电量充足，必要时应对蓄电池充电。

(三)汽车长期封存时的养护

长期停驶的车除了完成上述汽车短期停驶时的养护外，还应注意以下几个方面的维护。

1. 机油

即使车辆没开或没达到保养里程，每隔一年也要更换机油及滤清器。表面上看，机油的状态是非常稳定的，但实际上，机油一旦开封，就有被氧化的可能，尤其是车子经常处于静止状态，机油氧化的现象就更严重。机油被氧化后，不仅润滑效果大打折扣，一些酸性物质还会对机件造成严重的腐蚀。另外，变质的机油会有许多沉淀物析出，这些沉淀物会堵塞油道或对摩擦表面造成严重磨损。

2. 防冻液

防冻液更换的标准不是行驶里程的多少，而是时间的长短，或者更确切地说是启动的次数。机器从冷到热再到冷这样一个循环就会使防冻液老化一次，积累到一定的次数，防冻液就必须更换了。另外，长期不用的防冻液，尤其是水基的乙二醇防冻液会变质。

3. 制动液

长期封存，变质的制动液会腐蚀总泵、分泵的橡胶元件。如果车辆由于某种原因必须长期停驶，那么所采取的养护措施也不同于短期停放。在封存前，应放尽冷却系统中的全部防冻液，放掉机油，电瓶应在充足电后拔下插头，在停放期间还应定期充电。另外，还应用牢靠的千斤顶把车子架起来，使轮胎和悬架元件不再受力。汽车在长期停放期间最忌两点：一是潮湿，二是鼠害。潮湿不仅会使金属部件锈蚀，还会损坏电气元件，这对于自动化程度较高的汽车的损害是致命的。鼠害很多人也许不太在意，可它的破坏力往往超出人们想象，电线、轮胎、内饰件都会成为老鼠口中的食物。

典型案例

2018年我国促进新能源汽车发展新政

时下，很多人选择购买新能源汽车，既环保又经济，特别是在市区内和城市附近开，选择新能源汽车作为出行方式是最正确的。近年来，国家对新能源汽车发展的扶持力度越来越大，有力地促进了新能源汽车的快速发展。2018年，我国促进新能源汽车发展的政策力度就很大。

一是双积分办法推迟实施。工信部、财政部、商务部、海关总署、(原)质检总局发布了《乘用车企业平均燃料消耗量与新能源汽车积分并行管理办法》(以下简称《管理办法》)，于2018年4月1日起实施。《管理办法》以年产量或进口量3万辆为要求门槛：不足3万辆的传统燃油乘用车企不设定新能源积分比例要求；3万辆以上的从2019年开始实施积分考核。2019年与2020年新能源汽车积分比例分别为10%和12%。

二是印发新能源汽车发展规划。工信部、国家发改委、科技部联合印发《汽车产业中长期发展规划》，并设定短期目标：到2020年，新能源汽车年产销达到200万辆，动力电池单体比能量达到300瓦时/千克以上，系统比能量力争达到260瓦时/千克，成本降至1元/瓦时以下；到2025年，新能源汽车占汽车产销总量20%以上，动力电池系统比能量达到350瓦时/千克。

三是提高新能源汽车贷款发放比例。央行修订《汽车贷款管理办法》，规定自用传统动力汽车贷款最高发放比例80%；商用传统动力汽车贷款最高发放比例70%；自用新能源汽车贷款最高发放比例85%；商用新能源汽车贷款最高发放比例75%，并于2018年起实施。

四是规定公务用车新能源比例。国家能源局、国资委、国管局联合下发《加快单位内部电动汽车充电基础设施建设》的通知，明确到2020年，公共机构新建和既有停车场要规划建设配置充电设施比例不低于10%；中央国家机关及所属在京公共机构比例不低于30%；在京中央企业比例力争不低于30%。

五是从2018年起至2020年年底新能源汽车将免征车辆购置税。财政部、国家税务总局、工信部、科技部联合发布公告称，自2018年1月1日至2020年12月31日，对购置的新能源汽车免征车辆购置税。对免征车辆购置税的新能源汽车，通过发布《免征车辆购置税的新能源汽车车型目录》(以下简称《目录》)实施管理。2017年12月31日之前已列入《目录》的新能源汽车，对其免征车辆购置税政策继续有效。

(资料来源：杨玮琳，太平洋汽车网，2018-10-30)

案例分析：根据案例内容，试分析国家政策对促进我国新能源汽车发展，以及实现我国汽车强国梦的重大作用。

>>> 综合能力训练

一、名词解释

塑料　肥皂　合成洗涤剂　化妆品　玻璃　瓷器　精陶　电机　汽车　新能源汽车

二、选择题

1. 以下哪种塑料属于热塑性塑料？（　　）
   A. 聚乙烯塑料　B. 聚氯乙烯塑料
   C. 电木　D. 电玉
2. 以下哪种塑料可制成食品袋？（　　）
   A. 聚乙烯塑料　B. 聚氯乙烯塑料
   C. 聚丙烯塑料　D. 酚醛塑料
3. 以下哪种塑料具有难燃性？（　　）
   A. 聚苯乙烯塑料　B. 聚氯乙烯塑料
   C. 聚丙烯塑料　D. 酚醛塑料
4. 肥皂的主要成分是（　　）。
   A. 高级脂肪酸钠　B. 脂肪　C. 碱　D. 碳酸钠
5. 合成洗涤剂的助洗剂中哪种物质会造成水质污染？（　　）
   A. 三聚磷酸盐　B. 硅酸钠　C. 碳酸钠　D. 过氧酸盐

三、判断题

1. 热塑性塑料的废旧制品可以回收再利用。（　　）
2. 肥皂的水溶液呈碱性，对蛋白质纤维有损伤。（　　）
3. 30 型洗涤剂的表面活性物含量为 30%。（　　）
4. 粉底霜属于营养类化妆品。（　　）
5. 含氧化铅的玻璃硬度最大。（　　）
6. 精陶热稳定性不好，不耐蒸煮。（　　）

四、填空题

1. 按塑料的用途分类，塑料可分为________、________、________。
2. 按受热特性分类，塑料可分为________、________。
3. 肥皂仓库保管适宜的相对湿度是________，温度在________以上。
4. 按洗涤对象分类，合成洗涤剂可分为________、________。
5. 化妆品的适宜仓库保管温度在________，相对湿度在________。
6. 按化学成分分类，玻璃可分为________、________、________、________、________。
7. 瓷器烧成温度一般在________，精陶烧成温度一般在________。
8. 汽车是由________、________、________、________组成。
9. 新能源汽车的动力电源是________。

五、简答题

1. 塑料的组成成分有哪些？

2. 塑料是如何分类的?
3. 常用塑料的代号与基本特征是什么?
4. 简述肥皂等洗涤用品的去污原理。
5. 试比较肥皂和合成洗涤剂的特性。
6. 制造肥皂的主要原料有哪些?
7. 肥皂有哪些主要种类?
8. 使用肥皂时应注意哪些问题?
9. 洗涤剂的主要成分是什么?
10. 合成洗衣粉有哪些主要品种?
11. 液体洗涤剂有何特点? 主要品种有哪些?
12. 化妆品是如何分类的?
13. 化妆品在人们日常生活中有什么作用?
14. 为什么说化妆品的卫生安全性能至关重要?
15. 国家对化妆品的质量监督有哪些规定?
16. 在选用化妆品时应注意哪些问题?
17. 如何选购和保养汽车?

>>> 实践训练

实训一　塑料制品的种类及质量鉴别

实训目的: 掌握塑料制品的种类、质量鉴别的方法。

原料准备: 准备常用的热塑性塑料制品至少4种(塑料鞋、塑料杯、塑料袋、其他塑料日用品等),常用的热固性塑料制品至少3种(塑料碗、电器开关、纽扣等)。

实训要求: 判断各种塑料制品的种类及质量优劣,并说明判定依据。

操作规程:

1. 塑料种类鉴别:利用感官法分别鉴别热塑性塑料和热固性塑料。
2. 塑料制品质量的鉴别:
(1)外形结构的鉴别(检查制品的颜色、光泽、结构、部件的配合情况等)。
(2)制品表面缺陷的鉴别(检查制品表面是否有翘曲、缺角、砂眼、裂缝、杂质点等)。
(3)其他性能鉴别(检查制品的强度、弹性、透明性,是否老化等)。
3. 写出书面总结报告。

实训二　化妆品质量的鉴别

实训目的: 掌握护肤类、护发类、美容类、芳香类化妆品的鉴别方法。

实训要求: 判定各类化妆品的质量优劣,并说明判定依据并介绍使用常识。

操作规程:

1. 分组鉴别不同种类的化妆品,然后轮换小组。
2. 分别对每一种化妆品的包装、色泽、气味、组织状态等进行感官鉴定。
3. 口述每种化妆品的使用注意事项。
4. 写出书面总结报告。

第十章

纺织品商品

学习目标

1. 掌握纺织纤维的分类及主要特点、纺织品的种类和主要品种、服装的分类及号型标准；

2. 了解纺织纤维的感官鉴别方法、纺织品的质量标准、服装质量的鉴别方法、纺织品的形成、服装的挑选和保养。

纺织纤维是织造纺织品的基本原料，纤维的性质直接影响着纺织品的性能。纺织品又是服装等服饰商品的制作原料，其质量和特性对服装的质量和性能起着重要作用。

第一节　纺织纤维

一、纺织纤维的分类

自然界中存在有很多纤维，但用来纺纱织布的纺织纤维必须具有一定的长度、细度、柔软性、强度、弹性、化学稳定性等。纺织纤维是织造纺织品最基本的原料。

纺织纤维按其来源，可分为天然纤维和化学纤维两大类，如图 10-1 所示。

二、天然纤维

天然纤维是自然界中原有的或经人工培植而获得的纤维。它分为植物纤维、动物纤维和矿物纤维三类。植物纤维的主要成分是纤维素，所以又称纤维素纤维。常用的植物纤维有棉花、麻类和竹子。动物纤维的主要成分是蛋白质，所以又称蛋白质纤维。常用的蛋白质纤维有蚕丝、羊毛。矿物纤维是从纤维结构的矿物岩石中获取的纤维，主要组成物质为各种氧化物，如二氧化硅、氧化铝、氧化镁等，其主要来源是各类石棉，如温石棉、青石棉等。

- 纺织纤维
  - 天然纤维
    - 植物纤维
      - 棉花
      - 麻(亚麻、苎麻)
      - 竹子
    - 动物纤维
      - 羊毛、兔毛、驼毛、牦牛毛 、山羊绒
      - 蚕丝
    - 矿物纤维：石棉等
  - 化学纤维
    - 人造纤维
      - 粘胶纤维、铜氨纤维、醋酸纤维
      - 大豆纤维、酪素纤维
      - 玻璃纤维、金属纤维
    - 合成纤维
      - 聚酯纤维(涤纶)
      - 聚酰胺纤维(锦纶)
      - 聚丙烯腈纤维(腈纶)
      - 聚乙烯醇纤维(维纶)
      - 聚丙烯纤维(丙纶)
      - 聚氯乙烯纤维(氯纶)
      - 聚氨基甲酸酯纤维(氨纶)
      - 新型合成纤维

图 10-1 纺织纤维分类图

(一)棉纤维

1. 棉纤维的种类

(1)细绒棉(陆地棉)。原产中美洲，所以又称美棉。细绒棉适用性广、产量高、纤维较长、品质较好，是棉花中的主要品种。

(2)长绒棉(海岛棉)。原产南美洲。其纤维长、强度高，品质优良，适合于纺制高档棉纱或特种工业用纱。长绒棉主要产于埃及、苏丹地，我国新疆、甘肃一带也有生产。

(3)粗绒棉(亚洲棉)。原产印度。由于产量低、纤维粗短，不适合机器纺织，目前已被淘汰。

2. 棉纤维的形态特征

(1)纵向。具有天然转曲，可见中腔。成熟度不同，使形态和可纺性不同。

(2)截面。棉纤维沿长度方向截面的形状和面积都有很大变化。纤维截面形状随成熟程度不同而不同，正常成熟的棉纤维横截面呈腰圆形，并可见中腔；未成熟的纤维横截面呈扁环状，胞壁薄，中腔长；过成熟的纤维截面呈近圆形，中腔圆而小。总体形态特征如图 10-2 所示。

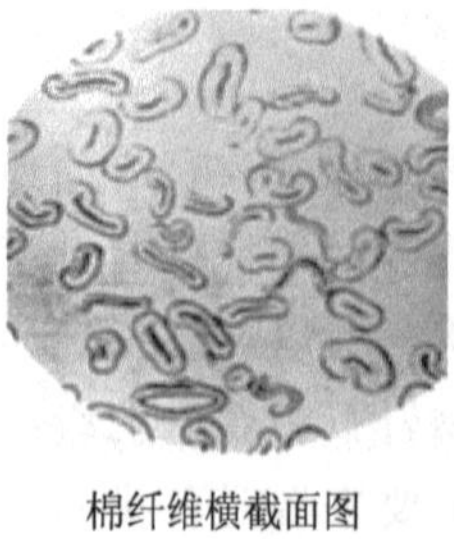

棉纤维横截面图

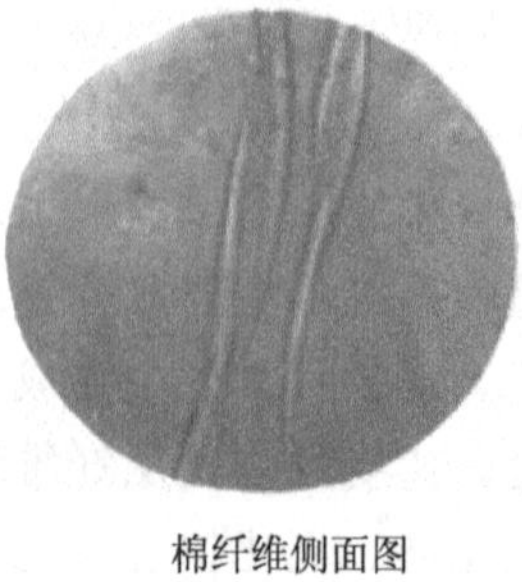

棉纤维侧面图

图 10-2 棉纤维总体形态特征

3. 棉纤维的结构

结构发育成熟的棉纤维，可分为表皮膜、纤维素层和中腔，如图 10-3 所示。

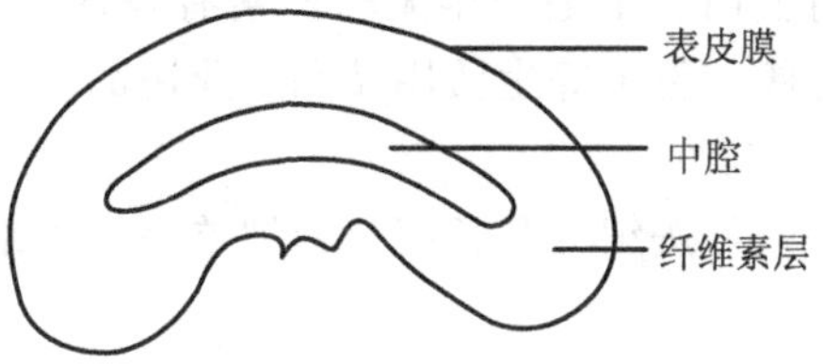

图 10-3 结构发育成熟的棉纤维

4. 棉纤维的主要性质

棉纤维的主要性质如下：①具有的天然捻曲性是其有别于其他纤维的独特性能，天然捻曲越多，其成纱强度就越大，纤维品质越好。②一种内有中腔的多孔性物质，其主要成分纤维素中又含有大量亲水性基因，所以棉纤维的吸湿性很强。棉纤维良好的吸湿性有助于吸收人体汗液，所以棉纺织品穿着舒适。③热的不良导体，所以具有良好的保温性。④耐热性良好，在 110℃以下不会引起纤维损伤。⑤耐酸性差，尤其抵抗无机酸的能力更弱，遇到硫酸、盐酸等强酸纤维会立即被破坏。⑥耐碱性较强，在沸碱水中浸泡，破坏缓慢。在常温下，将棉纤维浸入 18%～25%的苛性钠溶液中会使棉纤维产生膨胀，长度缩短，直径变粗，纤维表面产生强烈光泽，同时强力增大，吸湿性和染色力增强，在纺织工艺上，将这种处理称为丝光。

(二)麻纤维

麻纤维是从麻的茎部、叶子剥取下来的韧皮纤维和叶纤维的总称。纺织用麻主要有苎麻(我国特产)、亚麻两种，经过适当加工处理，可织造成高档衣料。

麻纤维的强度在天然纤维中最大，因而麻纤维织品耐穿、耐磨。

麻纤维吸湿性比棉纤维强，散湿速度快。因此麻织品具有吸汗快、散汗快、散发体热快、穿着凉爽舒适的特点，适合做夏季服装材料。

麻纤维的伸长率在天然纤维中最小，这在一定程度上影响麻纤维的柔韧性、弹性和耐磨性，因此麻织物穿着时有刺痒感。和棉纤维一样，麻纤维主要成分为纤维素，所以耐碱不耐酸。

(三)竹纤维

竹纤维是采用独特的生产工艺从天然竹子中直接分离出来的纯天然纤维，是继棉、麻、丝、毛后新开发的 种纯天然纺织原料，主要成分也是天然纤维素。竹纤维制品吸湿、透气、凉爽，被业内专家誉为“21 世纪最具发展前景的健康面料”，适宜制作夏装等贴体服装。我国的竹资源丰富，纯天然竹纤维的提取、加工技术为我国独创。竹纤维可以纯纺或与其他纤维进行混纺，用于生产夏季针织或机织面料。

(四)毛纤维

毛纤维是从某些动物身上取得的可用于纺织的纤维，其中用量最大的是绵羊毛，简称羊毛，其他的动物毛则统称为特种动物毛。特种动物毛主要有山羊绒(简称羊绒)、马海毛(安哥拉山羊所产的毛)、安哥拉兔毛、牦牛绒、骆驼绒、羊驼绒等。

1. 羊毛的种类

羊毛是人类在纺织上最早利用的天然纤维之一，4000多年前的新石器时代就开始使用了。羊毛的主要成分是角蛋白。羊毛纤维柔软而富有弹性，有天然形成的波浪形卷曲，可用于制造呢绒、绒线、毛毯、毡呢等生活用品和工业用品，其衣料具有手感丰满、保暖性好、穿着舒适等特点。

根据纺织使用价值，羊毛可按细度和长度分为细羊毛、半细毛、长羊毛、杂交种羊毛和粗羊毛五类。

(1)细羊毛。细羊毛是指美利奴羊毛或以美利奴血统为主的羊毛，我国新疆改良细羊毛即属此类。澳大利亚美利奴细羊毛直径在25μm以下，毛丛长度5～12cm，纺纱性能优良。

(2)半细毛。平均直径15～37μm，长5～15cm的同质毛(毛丛中仅含有同一精细类型的毛)，如英国的南丘羊、杜塞特羊。半细毛是我国的薄弱毛种。

(3)长羊毛。长度特长，一般为15～30cm，平均直径大于36μm，光泽明亮，毛丛平直或呈大卷曲，典型的有林肯羊毛、莱斯特羊毛。

(4)杂交种羊毛。美利奴细毛羊与长毛种羊的杂交羊的毛，长度、细度为其亲本的折中。著名的有考力代羊毛、哥伦比亚羊毛。

(5)粗羊毛。毛被中兼有发毛和绒毛的异质毛，世界上大多数土种羊都属此类。其主要用途是制造地毯，也称地毯羊毛。我国未改良的蒙古羊毛、西藏羊毛、哈萨克羊毛(三大类)均属此类。

细羊毛的用途以高级衣料为主，半细毛、长羊毛和杂交种毛用途广泛些。除用于衣料外，也用于制造地毯、床毯、帷幕，较粗长些的可制地毯、浆粕毛毯、长毛绒等。粗羊毛不宜做衣料，主要用于制作地毯、粗毯、衬料等。

2. 羊毛的性质

羊毛伸长度和弹性好，其织物不易产生褶皱，长期穿着仍能保持挺括不变形，羊毛地毯也经得起长时期的踩踏而保持弹性。

羊毛是热的不良导体，保暖性好。但羊毛耐热性差。

羊毛在各种纤维中吸湿性最高，标准状态下回潮率为16%，最高吸湿可达40%以上，但手感不潮湿。

羊毛纤维织品在热液中经反复挤压揉搓，纤维会相互纠缠、粘在一起，并使织品缩短加厚，这就是缩绒性。毛织品经缩绒处理后，织品致密、丰满、保暖，表面产生一层整齐、丰满的绒毛，形成优美的外观和独特的风格，如大衣呢、麦尔登等一般都经缩绒处理。

在100摄氏度的沸水中或蒸汽中羊毛纤维会逐渐膨胀而失去弹性，这时如把羊毛压成各种形状并迅速冷却，其形状会经久不变，这就是羊毛的可塑性。毛纺业常利用这一特性来美化毛织品。

弱酸或低浓度的强酸对羊毛不会构成破坏，短时间在硫酸作用下也不会损坏，但长时间会破坏。碱对羊毛的作用是剧烈的，在煮沸的$NaOH$溶液中(3%以上浓度)羊毛全部溶解，表现出不耐碱性。毛织品在洗涤时要用中性洗涤剂。氧化物对羊毛是有损伤的，当浓度不高时，可用来漂白羊毛。

羊毛耐霉菌，但不耐虫蛀。羊毛纤维耐光性差，织品在日光照射下会发黄，强度、弹性、手感等性能均显著恶化。

毛纤维的其他产品主要有山羊绒、马海毛、兔毛、牦牛绒、驼绒等。常用来与羊毛混纺，以改进织物性能。

(五)蚕丝纤维

1. 蚕丝的种类

蚕丝是熟蚕结茧时分泌丝液凝固而成的连续长纤维，是自然界唯一可供纺织用的天然长丝，也是自然界中最轻最柔最细的天然纤维，被称为“纤维皇后”。蚕丝分为家蚕丝与野蚕丝两类。

家蚕丝即桑蚕丝，纤维细柔平滑，色泽白里带黄，富有弹性，吸湿好。

野蚕丝种类很多，常见的有柞蚕丝、蓖麻蚕丝、樗蚕丝、樟蚕丝、天蚕丝等。其中以柞蚕丝为主要产品，也是最早在我国被利用的蚕丝。它的强伸度比桑蚕丝好，耐腐蚀性、耐光性、吸湿性等方面也比桑蚕丝好，但细度差异大，丝上常有天然色，缫丝比较难，杂质也多，适合制作中厚丝织物，质量好一些的可做薄型织物。

2. 蚕丝的形成

蚕丝是由蚕体内绢丝腺分泌出的丝凝固而成的。蚕吐出的丝结成茧，对于一粒茧来说，可分为茧衣、茧层、蛹衬三个部分。茧衣与蛹衬的丝细度细、强度小，适于绢纺。茧层为茧的主体，丝的质量最好。

3. 蚕丝的形态结构

(1)截面图。近似三角形。

(2)侧面图。茧丝(茧层之丝)纵向有许多异状的颣节，造成外观毛糙。

丝胶包覆在丝质周围，对丝质起保护和黏着作用，通常将缫丝后带有丝胶的丝称为生丝，它比茧丝要光滑、均匀；而脱胶后的丝称为熟丝或精炼丝，其表面光滑，粗细均匀，少数地方有粗细变化，光泽强而柔和。蚕丝的形态结构见图 10-4。

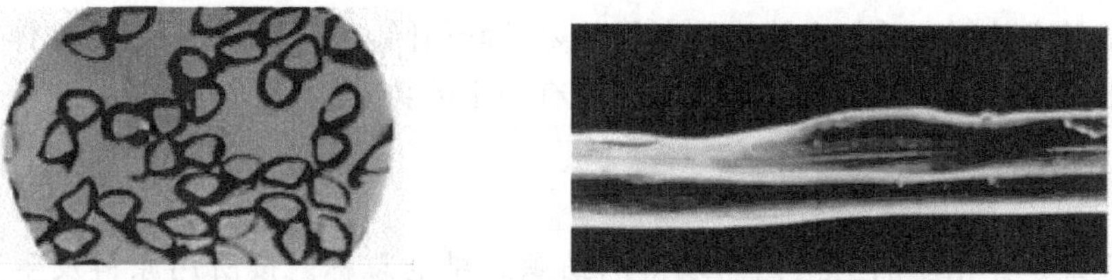

(a) 蚕丝纤维截面图　　(b) 蚕丝纤维侧面图

图 10-4　蚕丝的形态结构

4. 蚕丝的化学组成

蚕丝的化学组成见表 10-1。

表 10-1　蚕丝的化学组成

组成物质	桑蚕丝(%)	柞蚕丝(%)
丝蛋白	70～75	80～85

续表

组成物质	桑蚕丝(%)	柞蚕丝(%)
丝　胶	25～30	12～16
蜡质、脂肪	0.75～1.50	0.50～1.30
灰　分	0.50～0.80	2.50～3.20

5. 蚕丝的物理机械性能

(1)形态尺寸。蚕丝的形态尺寸见表10-2。

表10-2　蚕丝的形态尺寸

品　种	长度(m)	直径(μm)
桑蚕丝	1200～1500	13～18
柞蚕丝	500～600	21～30

(2)强伸度。强力比毛、棉高，但比麻低。

(3)吸湿性。比毛、麻低，但比棉高。

(4)抱合性。生丝的抱合性是指丝胶把若干根茧丝粘在一起的一种性能。其作用是防止在织造加工中丝束脱散，造成生产困难。它与我们通常所说的纤维间的抱合力不同。

(5)色泽。丝的颜色随蚕的品种不同而有差异。

6. 蚕丝的化学性质

蚕丝纤维耐酸性好，尤其是耐有机酸的性能更好，但耐碱性和耐盐性差。因此，蚕丝制品被汗水浸透后，应及时洗涤，否则会出现黄斑。

蚕丝纤维的耐光性是天然纤维中最差的。长时间在日光下暴晒，会导致强度、伸长度降低，弹性变差，色泽泛黄等。所以丝绸衣物在洗后晾晒时，切忌暴晒。

蚕丝纤维具有优良的卫生性能。一方面，蚕丝纤维具有良好的透气性和吸湿性；另一方面，蚕丝纤维还有低静电性，并能吸收和阻挡紫外线，能起保护皮肤和灭菌的作用。另外，由于蚕丝中的蛋白质与人体皮肤所需的氨基酸相同，所以蚕丝纤维与人体接触后，能增加皮肤细胞的活力，从而对皮肤病的防治有一定的功效。

三、化学纤维

化学纤维是经化学加工工艺而取得的纺织纤维的总称。按所用原料及生产工艺的不同，化学纤维可分为人造纤维和合成纤维两大类。按化学纤维的长度，也可分为长、短两大类。我国有关部门规定：人造纤维短纤维称纤，合成纤维短纤维称纶，人造纤维或合成纤维长纤维均称为丝。可在人造纤维或合成纤维名称后加“丝”字。

(一)人造纤维

人造纤维也称再生纤维，是化学纤维中最早生产的品种。它是利用天然高分子化合物的天然物质，如木材、棉短绒、蔗渣、大豆、花生、乳酪等做原料，经过化学处理和机械加工制成。其品种主要有粘胶纤维、富强纤维、铜氨纤维、醋酸纤维、大豆纤维等，其中粘胶纤维在人造纤维中产量最大。此外，还有新型纤维素纤维，如天丝、莫代尔、竹粘纤维等，都是粘胶纤维的换代产品。

粘胶纤维的基本成分是纤维素，因此其性能总体上与棉纤维相似，但也有不同的地方：粘胶纤维强度低，在湿态下，强度显著下降，不能用劲搓洗；粘胶纤维具有良好的吸湿性，织品是优良的夏季布料；由于其吸湿性能好，所以染色性能也好，能染出各种鲜艳的颜色。粘胶纤维弹性差，缩水率大，织品不挺括，易起皱、变形、产生下垂等。粘胶纤维的强度较低，湿强度更低，相当于干态下的40%～60%。粘胶纤维也是纤维素纤维，所以耐碱不耐酸。

粘胶纤维可制长丝和短纤。长丝可用于丝绸类织造，短纤有棉型、毛型和中长型，用于生产棉型、毛型织物。棉型和毛型短纤习惯被称为人造棉、人造毛。

富强纤维是粘胶纤维的改进品种，与粘胶纤维相比，湿态强力好，缩水变形较小。但对原料的要求较高，一般用棉浆或高级木浆。

(二)合成纤维

合成纤维是利用石油、煤、天然气等为原料，先制得低分子化合物，经人工合成为高分子化合物后，再经过机械加工而制得的纤维。合成纤维的品种很多，有聚酯纤维(涤纶)、聚酰胺纤维(锦纶)、聚丙烯腈纤维(腈纶)、聚乙烯醇纤维(维纶)、聚丙烯纤维(丙纶)、聚氯乙烯纤维(氯纶)、聚氨基甲酸酯纤维(氨纶)、新型合成纤维等。

1. 涤纶

涤纶是中国对聚酯纤维的统一商品名称。英国的“特丽纶”、美国的“大可纶”或“达克纶”、日本的“帝特纶”或“提特纶”、德国的“蓝绒”等也是其商品名称。涤纶产量约占世界合成纤维产量的48%，居合成纤维首位，有涤纶长丝、涤纶低弹丝、涤纶短纤维等多种。涤纶短纤维又有高强低伸、高强中弹、低强高伸等类型，以及棉型、毛型纤维。

涤纶弹性好，接近于羊毛。其抗皱性超过所有纤维，所以其织品保形性好。涤纶强度高，耐磨性好，其织品的耐磨性仅次于锦纶。涤纶的热性能优良，在100℃下，加热2天，强度几乎无损失。在170℃下，短时加热所引起的强度损失可以恢复。涤纶在290℃时发生分解，450℃时燃烧。由于涤纶具有很高的耐热性，所以其织品能经高温定型，并长期保持原型。

涤纶的化学稳定性良好，在常温下，受一般浓度的酸和碱的影响都很小，但不耐浓酸和热碱。涤纶是理想的纺织材料，棉型、毛型、中长型涤纶纤维及其长丝均可形成涤纶纯纺织品，也可把棉、羊毛、粘胶纤维、蚕丝混纺或交织，形成大量的混纺及交织品，如“棉涤纶”“毛涤纶”等。

2. 锦纶

锦纶是聚酰胺纤维的统一商品名称，又称“尼龙”，是世界上工业化生产最早、应用范围较广、性能比较优良的合成纤维，我国纺织用锦纶主要有锦纶6和锦纶66。

锦纶的强度和耐磨性是纺织纤维中最高的，有“强力大王”之称，尤其适合于制造对强度和耐磨性要求高的袜子、轮胎、帘子线、绳索等商品。锦纶的弹性大，但易变形，吸湿性差，所以织品在夏季穿着时闷热，不舒服。锦纶的耐热性差，但耐酸碱性较好。另外，锦纶耐光性很差，织品不宜在阳光下长期暴晒。

锦纶以长纤维为主，锦纶长丝大量用来织造仿丝绸织品和用于变形加工制造弹力丝，成为机织和针织(如袜子)等的原材料，还可制作汽车轮胎、帘子线、降落伞、渔网等。锦纶短纤维主要用于与棉、毛以及其他纤维混纺。

3. 腈纶

腈纶是聚丙烯腈纤维的统一商品名称，又称“开司米纶”。由于腈纶纤维弹性好、蓬松、卷曲、性质近似羊毛，因而有“合成羊毛(人造羊毛)”之称。其产量约占合成纤维总产量的20%。

腈纶的强度次于涤纶和锦纶，耐磨性不如其他合成纤维，但高于羊毛和棉花，所以织品比纯羊毛织品结实耐用。腈纶具有良好的保暖性，经膨松处理后，与羊毛相似。腈纶的耐光性与耐气候性很好，最适宜用做室外织物，如窗帘、帐篷等。

腈纶以短纤维为主，可纯纺或与羊毛及其他化纤混纺，用以织制毛型织品。粗纤度腈纶可加工成毛毯、人造毛皮、绒线等。大量的长丝束经牵切后加工成膨体纱，是各种针织品的原材料，其织品手感柔软、蓬松性好，而且起毛起球少于涤纶和锦纶织品。

4. 维纶

维纶是聚乙烯醇纤维的统一商品名称，又称“维尼龙”。由于维纶的特性极似天然棉，素有“合成棉花”之称。维纶的吸湿性好，在合成纤维中其吸湿性最好，织品穿着时舒适不气闷。维纶的强度、耐磨性次于锦纶、涤纶，但高于其他纤维。

维纶主要以棉型短纤维为主，常用于与棉或粘胶纤维混纺织制吸汗性、透气性良好的睡衣、床单布及其混纺织品。维纶也可用于纯纺，织制帆布、包装材料等。

5. 丙纶

丙纶是聚丙烯纤维的统一商品名称。丙纶的比重只有0.91，比水还轻，是目前所有合成纤维中最轻的一种，故织品特别轻盈。

丙纶的耐磨性很好，介于锦纶与涤纶之间，因此被大量地用于制造地毯。丙纶的强度接近于锦纶，织品坚牢结实。

丙纶的吸湿性在合成纤维中最低，基本不吸湿，因此丙纶不适宜做内衣，但在医疗上可用作消毒纱布，有不粘伤口的优点。

丙纶的制造原料便宜，工艺过程简单，是合成纤维中生产成本最低的品种之一。丙纶产品以短纤维为主，可纯纺用于织制工业滤布、无纺布、麻袋、地毯等，也可与棉混纺织造衣用织品，如军装、运动服、强体力劳动工作服等。

6. 氯纶

氯纶是聚氯乙烯纤维的统一商品名称。

氯纶的耐酸性、耐碱性、耐氧化剂性均强，是合成纤维中最耐酸的品种之一，浓硫酸、浓盐酸对其强度几乎无影响。

氯纶的耐磨性较高，耐光性较好，强度与腈纶相仿而不及锦纶、涤纶、丙纶。氯纶纤维燃烧性差，一离开火，就自动熄火，制品防燃性好。

氯纶的回弹性在合成纤维中是较差的，染色性能也较差。吸湿性极差，其回潮率仅为0.03%。耐热性差，在60～70℃就会收缩，在沸水中收缩率高达50%，因此，洗涤水温应在60℃以下，并且不可烘干，这大大限制了其在衣着上的广泛运用。氯纶是生产成本最低的品种之一，常用于制作防燃沙发布、床垫布、窗帘布和其他室内装饰用布，以及耐化学药剂的工作服、过滤布、针织品和棉絮等。

7. 氨纶

氨纶是聚氨基甲酸酯纤维的统一商品名称。

氨纶突出的特点是具有高伸长和高弹性，其伸长度可达450%～800%。在伸长50%时，回弹率为95%～100%，因此又被称为“橡筋丝”。

氨纶比重小、耐老化，还有较好的耐酸性、耐碱性、耐光性和耐磨性。氨纶的吸湿性差，回潮率仅为1%，而且强度低，是合成纤维中强度最低的纤维。

氨纶回弹时的回缩力小于拉伸力，因此穿着舒适，特别适宜织制泳装、健美健身服、运动服等各种紧身服装。用氨纶作为芯丝，在其外包覆纯真丝而成的弹力真丝，既有真丝的特点，又有高弹芯丝的性能，其综合性能优于普通真丝材料，特别适宜织制真丝内衣。在20世纪90年代采用的氨纶与棉花、羊毛、麻等不同纤维材料混合纺织新工艺，使用其织品制作的西装更合身柔软、挺括顺滑，用其编织的毛衣质感柔和、不易变形。

上述几种合成纤维的共同特性有：①强度、弹性、耐磨性普遍好；②化学稳定性好；③不易生霉，不易遭虫蛀；④原料来源广泛，成本低，价格便宜；⑤吸湿性普遍较差；⑥织品易产生静电，易吸灰，不耐脏；⑦易起毛、起球。

8. 新型合成纤维

新型合成纤维包括仿真型差别化纤维、抗静电纤维、高吸湿吸水纤维、保温纤维——陶瓷纤维、抗菌防臭纤维、智能纤维(目前智能纤维材料品种有：光纤传感器、形状记忆纤维、变色纤维、调温纤维、智能抗菌纤维等)。

化学纤维既可制成长丝，又可制成短纤维。长丝用于织造丝织品，短纤维有棉型化纤、毛型化纤、中长纤维等，分别用于织造棉型织品、毛型织品、中长织品。棉型化纤的长度和细度与棉纤维相似，长度一般为30～40mm，细度为1.2～1.5D；毛型化纤的长度和细度与羊毛相似，长度为75mm以上，细度为3～5D；中长纤维的长度与细度介于棉纤维和毛纤维之间。

四、纺织纤维的感官鉴别

纺织纤维的鉴别方法有多种，如感官法、燃烧法、显微镜鉴别法、药品着色鉴别法、溶解鉴别法等。

(一) 感官鉴别法

感官鉴别法，主要是通过手摸、眼看来判别纤维的种类。

1. 棉纤维

纤维有天然捻曲，长度较短，且长短不一，织品手感柔软但不光滑，手握时有皱褶，且表面多有棉结杂质。

2. 麻纤维

纤维长而粗，强度大，缺乏光泽和弹性，织品手感粗硬，有凉爽感，表面有明显的粗细节。

3. 羊毛

纤维较棉纤维长，有卷曲(或称毛波)，光泽柔和，手感丰满、温暖，弹性好，织品紧握后不起皱。

4. 蚕丝

纤维细长，富有光泽，手感柔软凉爽，织品明亮、柔和，色泽鲜艳，手摸有拉手感。

5. 粘胶纤维

织品表面无杂质，光泽强烈，揉搓时多皱褶。粘胶纤维长丝与蚕丝相似，但光泽更强烈，无凉爽感，织品握后易产生皱褶。

粘胶纤维的棉型纤维和毛型纤维与棉、毛近似，但织品表面无杂质，易拉断，浸水后变厚发硬。

6. 合成纤维

合成纤维的强度大，弹性好，手感滑爽，但不柔软。涤纶织品手感爽挺，弹性好，不易起皱，织品在阳光下有闪光。锦纶手感比涤纶滑，但易起皱；腈纶手感蓬松，伸缩性好，受力易伸长变形，类似毛织物，但没有毛织物活络；维纶类似棉，但织品不及棉织物细柔，色泽不鲜艳；氨纶弹性最好，能像橡胶丝一样拉伸。

(二) 燃烧鉴别法

燃烧鉴别法是将纤维在火焰上点燃，观察其在燃烧时的变化状况、气味、灰烬和剩余物的形状及硬度等各种特征，来分析纤维的种类。燃烧法只能鉴别纯纺织品，见表10-3。

表10-3 各种纤维燃烧时的特征

纤维名称	燃烧现象					氯	氮
	靠近火焰	在火焰中	离开火焰	气味	灰		
棉、麻	即燃	燃烧	继续燃烧，燃烧快，有余灰	纸烧臭	软的灰白色	无	无
丝	收缩	先缩后燃	继续燃烧，但速度较慢，稍有闪烁	毛发烧臭	黑球易碎	—	有
羊毛	收缩	先缩后燃	继续燃烧，但速度较慢，卷缩	毛发烧臭	黑球易碎	—	有
粘胶、铜氨	即燃	燃烧	继续燃烧，燃烧快，有余灰	纸烧臭	几乎无灰	—	无
醋酯、三醋酯	熔融	熔融燃烧	边熔边燃	醋味	硬脆	—	—
维纶	缩熔	熔融燃烧	边熔边燃	聚乙烯醇特有臭味	硬、焦茶色不规则块状	—	—
锦纶	熔融	熔融燃烧	不延燃	芹菜味	硬、焦茶色、珠状	—	有
聚偏氯乙烯	收缩	熔融，有烟燃烧，根部呈绿色	不延燃	刺激臭味	脆，不规则	有	无

续表

纤维名称	燃烧现象					氯	氮
	靠近火焰	在火焰中	离开火焰	气味	灰		
氯纶	收缩	熔融，有黑烟燃烧	少延燃	比上弱	脆，不规则	有	—
涤纶	收缩	熔融燃烧	继续燃烧	芳香味	硬，圆黑色	无	—
腈纶	收缩燃烧	熔融燃烧	迅速燃烧	类似烧煤焦油的鱼腥味（辛辣）	硬，黑灰	—	有
聚丙烯腈	收缩	熔融，黑烟燃烧	不延燃	类似烧石蜡的气味	脆，不规则黑块	无	有
聚乙烯	收缩	熔后烟燃慢	慢慢熔融燃烧	烧石蜡味	硬，灰色珠状	无	无
聚丙烯	收缩	熔后烟燃慢	慢慢熔融燃烧	烧石蜡味	硬，灰色珠状	—	—
氨纶	近火熔融	熔融燃烧	不延燃	特殊的刺激性石蜡味	有黏性，呈橡胶状	无	有

（三）显微镜鉴别法

显微镜鉴别法是用显微镜来观察纤维的横截面形状和纵向形态，从而鉴别纤维的种类，见表 10-4。显微镜鉴别法不但能鉴别纯纺产品，而且也能鉴别混纺产品。

表 10-4　各种纤维的横截面形状和纵向形态特征

纤维种类	横向形态特征	纵向形态特征
棉	腰圆有中腔	扁平，有天然转曲
亚麻	多角形，中腔较小	横节，竖纹
苎麻	腰子形，有中腔裂缝	横节，竖纹
羊毛	圆形或椭圆，有时有毛髓	有鳞片
丝	不规则三角形	平直
粘胶纤维	锯齿形	有沟槽
富强纤维	圆形或少数锯齿	平滑
铜铵纤维	圆形	平滑
醋酯	圆形或哑铃形	有 1～2 条沟槽
涤纶、锦纶、丙纶、氨纶	圆或近圆形	平滑
腈纶	圆或哑铃形	平中有 1～2 条沟槽
维纶	腰圆形，有皮芯结构	有 1～2 条沟槽

（四）药品着色鉴别法

药品着色鉴别法是根据各种纤维对某种化学药品的不同着色性能来鉴别纤维种类的方法。鉴别纤维的着色剂分专用着色剂和通用着色剂两种。专用着色剂用以鉴定某类特定纤维。对于不能判定某种纤维的可用通用着色剂，通用着色剂能使各种纤维染成各种不同的颜色，如HI纤维鉴别着色剂、碘一碘化钾溶液等。

除以上几种鉴别方法外，还可用溶解鉴别法、熔点鉴别法、折射鉴别法、密度鉴别法等多种方法。实际鉴别中不能仅用单一方法，须用几种方法结合进行，综合分析鉴别结果，才能得出可靠的结论。一般鉴别时先确定大类，如利用燃烧法确定是纤维素纤维，还是蛋白质纤维或合成纤维，再细分出纤维类别，如用溶解法鉴别属哪种合成纤维。

五、纺织品的形成

纺织品的形成一般要经过纺纱工艺、织造工艺和染整工艺三个阶段。

(一)纺纱工艺

将短纤维加工成纱的过程即为纺纱。根据原料的不同，纺纱分为棉纺、毛纺、麻纺、绢纺等多种。纱线质量的好坏，直接影响着织品的外观和内在质量。衡量纱线质量的指标有细度、匀度、捻度和捻向、强度、外观疵点。

纺纱工艺虽因原料而有不同，但原理基本相同，以棉型生产线为例，大致分为以下五个步骤。

开清工程：将相互纠缠或成块状的纤维进行开松、除杂和混棉。

梳棉工程：将开清后的小纤维束进一步分解成伸直的单纤维，并继续清除杂质，最后形成细而长的生条。

并条工程：将多根棉条合并牵伸，使棉条中的纤维成伸直状，以制成熟条。

粗纱工程：将熟条进一步牵伸，并加以适当的捻度制成粗纱，按一定方式卷绕成形。

细纱工程：对粗纱进一步牵伸、加捻，纺成一定规格要求的棉纱，卷绕在纱管上，以便运输、储存和加工。

(二)织造工艺

织造工艺是指将纱线通过机械作用交织编结成织物的过程。纺织品的织造工艺因织物不同而不同，织物分为机织物和针织物两类。

1. 机织物

机织物是用相互垂直的两个系统的纱线，在织机上按一定的规律交织而成。机织物的织造工艺包括备纱和织造两个阶段。备纱是按照织造要求准备经纱和纬纱。织造是通过织机上各种机构配合运转，将经纬纱按一定的织物组织进行交织。织物组织的种类很多，有三原组织(平纹、斜纹、缎纹，如图10-5所示)、小花纹组织、复杂组织、大花纹组织等。

平纹组织是最简单的织物组织。平纹组织交织点排列紧密，露在织物表面的经纬纱长度较短，所以织物结构紧密，质地坚牢，耐磨性好，无正反面之分，手感较硬，缺乏弹性，光泽较差。棉布中的平布、府绸，呢绒中的凡立丁、派力司，丝绸中的绸等都是采用平纹组织织成的。

斜纹组织是经纬交织点形成明显斜向纹路的织物组织。斜纹组织织物表面光泽和柔软性较平纹好。在经纬纱支数和经纬纱密度相同的情况下，其强度比平纹差。因此，在实际生产中一般用加大经纬密度的方法来增加织物的强度。棉布中的斜纹布、毛织物中的华达呢、丝织物中的绫都是采用斜纹组织织造的。

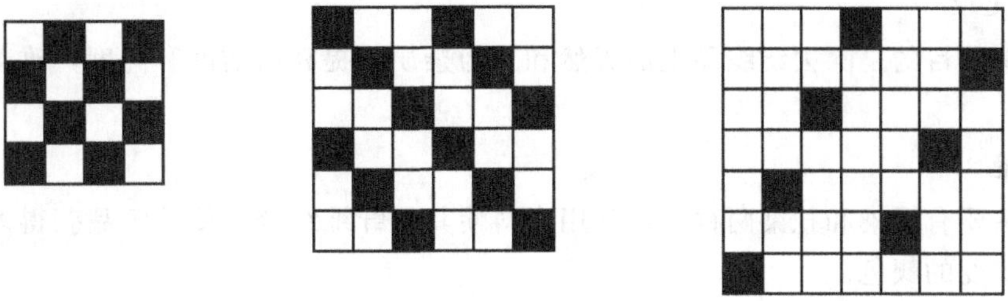

（a）平纹组织　（b）斜纹组织　（c）缎纹组织

图 10-5　三原组织图

缎纹组织是原组织中较复杂的组织，织物表面经纱与纬纱相交织形成互不相连的经交织点或纬交织点，而且交织点均匀散布在织物上。缎纹组织的特点是柔软平滑并具有柔和的光泽，但交织点少而分散，织物表面浮线长，因此质地不坚牢，表面摩擦后易起毛。棉布中的直贡呢、横贡呢，绸缎中的缎织物等都采用缎纹织造。

2. 针织物

针织物是将纱线在针织机上由线圈相互套结而成。针织物组织结构的种类很多，按编织方式的不同，可分为纬编和经编两大类。纬编织物是采用一根或若干根纱线同时沿着织物的横向顺序形成线圈，纵向相互串套连接的织品，如图 10-6 所示。其特点是质地柔软，有较大的延伸性，弹性好，但线圈易脱散。经编织物是一组或几级平行排列的纱线纵向地各自形成线圈，于织物横向相互连接形成的针织品，如图 10-7 所示。其特点是织物表面平坦，不卷边，但弹性差，延伸性小。针织物的主要品种有纬平组织、螺纹组织、双螺纹组织、经平组织、双螺纹经缎组织等。

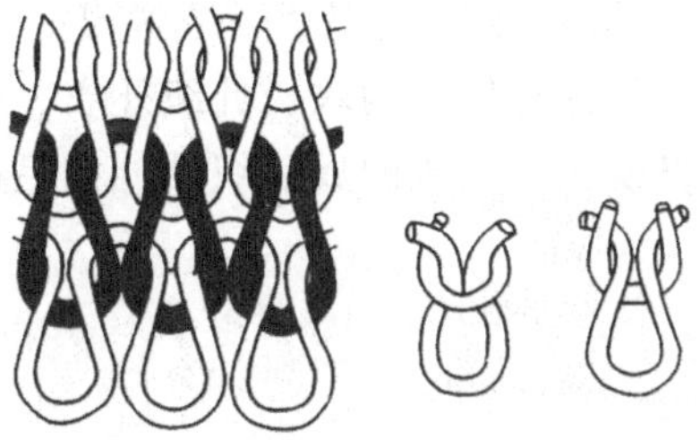

图 10-6　纬编针织物

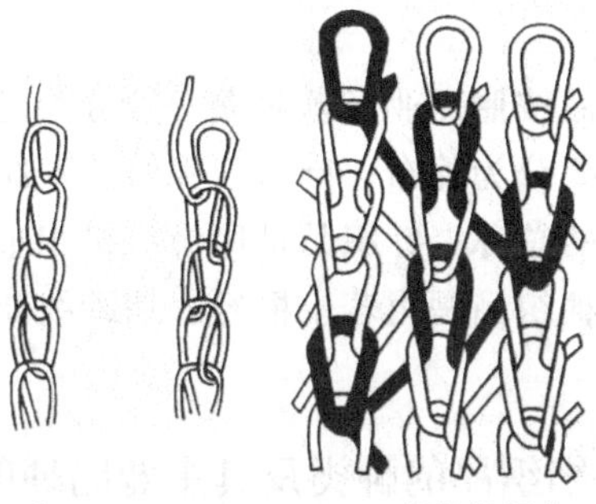

（a）闭口　（b）开口　（c）经编针织物

图 10-7　经编针织物

与机织物相比，针织物具有手感柔软、延伸性好、弹性好、吸湿性及透气性好、抗皱性好等优点，但易脱落，尺寸稳定性差，有卷边性。

（三）染整工艺

纺织品的染整是根据纤维的性质和产品特点，利用各种机械设备对纺织品进行化学和物理处理的过程。其目的是美化织物，提高织物的适应性能。纺织品的染整包括前处理、染色、印花、整理四个工艺过程。

1. 前处理

前处理的目的是除去纺织品上的天然和人为杂质，提高白洁度和纯度，改善纺织品的品质。

2. 染色

染色主要有浸染和扎染两种，是利用染料使其与纤维结合，使纺织品获得均匀、统一并有一定牢度的颜色。

3. 印花

印花是把染料或颜料按预先的设计施加到纺织品上形成花纹图案的加工过程，有直接印花、防染印花、拔染印花三种。

4. 整理

整理是纺织品染整加工的最后工序，其目的是通过物理或化学方法改善纺织品的手感和外观，提高服用性能或赋予某种特殊功能。

棉织物的整理一般要经过上浆、定幅、轧光三个过程，以增加织物的平整度和光泽。另外，还可根据需要对棉织物进行硬挺整理、柔软整理、增白、防缩、防皱整理、免烫整理等。

毛织物的整理一般要经过洗呢、蒸呢、缩呢、起毛、刷毛和剪毛、整呢、压呢、防毡缩整理等。对于粗纺呢绒一般还要进行缩绒整理。

丝织物整理的工艺与棉织物基本相同。除此以外，丝织物的整理还有汽熨整理、机械柔软整理、砂洗、化学防皱整理等。

第二节 纺织品的种类和主要品种

纺织品按照商业经营习惯一般分为纺织品和针棉织品两大类。纺织品是用经纬纱交织而成，主要分为棉布、麻布、呢绒、丝绸及化纤及其混纺织品五大类。针棉织品是针织品和棉织品的总称。针织品是用针织机织造而成，其品种有针织内衣、针织外衣、袜子、羊毛衫等。棉织品是由若干根经、纬纱线相互垂直纵横交叉织成的成品织品，如毛巾、毯子等。

一、纺织品的种类及其主要品种的特点

(一)棉布

棉布是用棉纱纺织成的机织物的统称，其布面细而柔软，吸湿性和透气性好，保温性能优良，穿着舒适，经济实惠。

1. 棉布的分类

按棉布的色相和花型，可分为原色布、染色布、印花布和色织布；按棉布的织物组织，可分为平纹布、斜纹布、缎纹布和其他织物组织棉布；按棉布的经纬纱线结构，可分为纱织品、半线织品、线织品、交织品、混纺织品等。

2. 棉布的主要品种

(1)平布。平布是采用平纹组织，用细度和密度相近或相等的经纬纱交织而成的织物。

平布具有组织简单、结构紧密、布面平整的特点。

平布按其经纬纱的粗细不同，分为粗平布、中平布和细平布。粗平布又称粗布，常用低级棉纺制，布面粗糙，多棉结，质地厚实坚牢，可做单衣、被里等。中平布又称市布，布面平整、光洁，质地坚牢，主要可作为漂白、染色、印花加工的坯布，也可直接上市销售，做衬衫、被里用衬布。细平布又称细布，布身细密，手感柔软光滑，通常用来加工漂白、染色、印花细布。

(2)府绸。府绸是高密度的平纹织物，是棉布中的高档品种，其经纬密度约为2∶1。它具有质地较薄，结构紧密，颗粒清晰，布面光洁，光滑如绸，布面上具有明显匀称的颗粒等特点。府绸的用途很广，可做各种男女衬衫、内衣、童衣、枕套等。

(3)麻纱。麻纱是采用捻度大的纱为经纬，并将经纱用单双纱间隔排列的方式织成。其布面有明显浮起的条纹，轻薄、挺括、布面光洁、穿着凉爽，具有麻布的风格，故得名麻纱，适宜作为夏季衣料。

(4)斜纹布。斜纹布是用两上一下经向斜纹组织织成，其正面斜纹明显，反面不明显，故又称单面斜纹。斜纹布经纬密度一般大于中平布，交织点少于中平布，所以质地较中平布紧密、厚实、手感柔软，具有一定的弹性。斜纹布按纱线的不同，分为纱斜纹布和线斜纹布两种。

(5)哔叽。哔叽分线哔叽和纱线哔叽两种，是两上两下加强斜纹组织，其斜纹倾斜角为 45°。由于哔叽的经纬密度较稀，所以纹路间的距离较宽，适宜做男女服装、童装。

(6)卡其。卡其是一种高密度的斜纹组织，有纱卡其、线卡其、半线卡其三种。卡其质地紧密，手感厚实，挺括、耐穿，适宜做男女外衣、夹克衫、春秋衫及风衣等。

(7)华达呢。华达呢是两上两下斜纹组织，它的斜纹纹路比卡其宽，比哔叽窄，纹路间可以隐约看到纬纱，质地厚实，手感比卡其稍软，布身不及卡其硬挺。华达呢适宜做春秋季各式男女服装。

(8)泡泡纱。泡泡纱因其布面起泡或起皱而得名，属平纹组织织物。布面泡泡凹凸不平，有立体感，布身轻薄不贴身，适合做夏季妇女儿童衣物。

(9)灯芯绒。灯芯绒是纬起毛组织织物，因布面绒毛呈条状排列，如灯芯草而得名。灯芯绒手感厚实，耐磨性好，保暖性好，布面绒条纹路清晰，适宜制作春秋、冬季各式服装。

(10)平绒。平绒采用复杂组织中的双层组织织造。因其经割绒后表面密布平整、短密、均匀耸立的绒毛而得名。平绒绒毛丰满，布身厚实，手感柔软，富有弹性，光泽柔和，耐磨性好，保暖性好，适宜做妇女秋冬罩衣、夹袄、外套以及幕布、装饰用布等。

(二)麻布

麻布是用麻纤维纺织加工而成的织物，其特点是结实、粗犷、凉爽，吸湿性好，不贴身，但抗皱性差，适合做夏季服装面料。

1. *苎麻织物主要品种*

(1)夏布。夏布是指以手工纺织制成的传统苎麻织物。一般以平纹组织织制，也有用螺纹组织织制的。一般以本色、漂白为主，也有染色和印花的，均为土法加工。夏布类织物的布幅较狭窄(40～70mm)，强度高，布面较平整，质地坚牢，吸湿散湿快，易洗快干，透气散热性好，爽滑透凉。主要用作夏令男女衣服等。

(2)苎麻布。苎麻布是机纺机织的纯苎麻织物。一般采用平纹组织织制，也有用纬重平组织织制的。根据坯布后加工的不同，分为漂白苎麻布、浅杂色苎麻布、印花苎麻布等。机纺机织苎麻布的纺纱、织布质量均好于夏布，织物细洁紧密，布面匀净光洁，手感爽挺，质地坚牢，散热散湿，穿着凉爽舒适，且抗虫蛀。主要用作夏令男女服装面料等。

(3)涤麻布。涤麻布又称麻的确良，是涤纶与苎麻纤维以条混或散纤维混合方式纺制的混纺纱再织制成的织物。常用平纹组织织制，织物中经纱密度较大而纬纱密度较小，织物比较稀疏。按织后加工不同，分为漂白、染色、印花等品种，另有色织品种。织物平挺坚牢，手感挺爽，弹性好，透气散热，穿着舒适，易洗快干，抗虫蛀。主要用作男女、儿童夏令服装面料等。

2. 亚麻织物主要品种

(1)亚麻布。亚麻布是以纯亚麻纱为原料，以平纹组织或平纹变化组织织制的织物。织物的经纬密度小。按织后加工不同，分为深白、浅杂色和印花等品种，以漂白为主。织物伸缩小，平挺透凉，吸湿性好，散湿散热，穿着舒适，易洗快干。主要用作夏令衬衫、短裤制服的面料等。

(2)棉麻漂白布。棉麻漂白布是以亚麻纱作经、棉纱作纬的平纹交织织物，经纬密度较小。织物经漂白加工。织物平挺光洁，吸湿散热，爽清透凉，舒适耐用。主要用作夏令衬衫、西裤面料等。

(3)涤麻呢。涤麻呢是涤纶与亚麻纤维的混纺织物。涤纶染色后同亚麻纤维混纺成疙瘩纱，经纬均用双股线，采用平纹组织织制。织物表面粗细不匀，风格粗犷，有毛型感。

(三)呢绒

呢绒是用羊毛、兔毛、牦牛毛等各种动物毛或以羊毛与其他纤维混纺或交织而制成的织品。呢绒弹性好，抗皱性强，吸湿性好，保暖性好，穿着舒适挺括，经久耐穿。

1. 呢绒的分类

呢绒按商业经营习惯，可分为粗纺呢绒、精纺呢绒、长毛绒和驼绒。

(1)粗纺呢绒。粗纺呢绒是采用粗梳毛纱织成，手感丰满，质地柔软，表面覆盖一层丰满的绒毛，保暖性好。粗纺呢绒的品种有麦尔登、海军呢、大众呢、粗花呢、法兰绒、女式呢、大衣呢等。

(2)精纺呢绒。精纺呢绒是采用精梳毛纱织成，呢面洁净、细薄，织纹清晰，手感滑挺，富有弹性，适合做春秋冬季服装。精纺呢绒的主要品种有凡立丁、派力司、哔叽、华达呢、花呢、女衣呢等。

(3)长毛绒。长毛绒俗称人造毛皮，其正面有平整竖立的长毛绒，反面是用棉纱织成的底布。长毛绒可以做大衣面料、大衣领、衣里以及沙发、椅面绒用。

(4)驼绒。驼绒因外观酷似骆驼皮毛而得名，是以粗纺毛纱做绒面纱，棉纱做地纱，用针织机编结而成的织物。驼绒正面耸立着平整丰满的长绒毛，质地较软，富有伸缩性，保暖性强，适宜制作服装、鞋帽、手套、衬里等。

呢绒按原料不同，又可分为全毛呢绒、混纺呢绒、纯化纤呢绒和交织呢绒。

2. 呢绒的主要品种

(1)凡立丁。凡立丁是用平纹组织织成的薄型毛呢。其经纬密度在精纺呢绒中最低，质地细洁轻薄，手感光滑挺爽，透气性好，是呢绒产品中夏季销量最大的一种，适宜制作夏季男女上衣、西裤、裙装等。

(2)派力司。派力司多采用白色毛条和有色毛条合并的混色毛纱织成，属平纹组织。其呢面有非常细的白点和花条，手感滑爽，身骨轻薄，光泽自然，适合做夏季男女西裤、短裙等。

(3)哔叽。哔叽是呢绒织品中销路最广的一种，一般采用两上两下双面斜纹织成，斜纹纹路间隔较宽，向右倾斜50°。哔叽呢面光洁平整，斜纹清晰，光泽自然，手感柔软丰满，适宜做西装、中山装、裙装、西裤等。

(4)华达呢。华达呢是精纺呢绒中的一个重要品种，多采用两上两下斜纹组织织成，斜纹间隔较窄，向右倾斜63°。其质地较为紧密，手感丰满，呢面光洁，纹路清晰，结实耐穿，适合做春秋冬三季男女服装。

(5)花呢。花呢是利用各种精梳色纱、各色花式线织成的花式精纺呢绒的总称。根据织品重量不同，分为薄花呢、中厚花呢和厚花呢三种，可做春秋冬季各式男女服装。

(6)麦尔登。麦尔登是粗纺呢绒中的一个重要品种，用斜纹或平纹组织织成，正反面覆盖一层丰满密集的绒毛，不露底纹，呢面丰满，手感柔软，保暖性好，耐磨耐穿，适宜做秋冬西服、套装大衣等。

(7)制服呢。制服呢是我国广大人民群众喜爱的一个粗纺呢绒品种，多采用两上两下双斜纹组织织成。制服呢呢面平整，质地紧密，稍露底纹，手感稍粗糙，色光也较差，颜色以藏青色、黑色、蓝色和军绿色为主，可用来制作秋冬服装、外套、化工劳保产品等。

(8)大衣呢。大衣呢是粗纺呢绒中的大类品种，其种类繁多，组织变化大。根据其呢面特征有平厚、立绒、顺毛、拷花、花式大衣呢等多种。男式大衣呢质地厚实，外观朴素，颜色较深，以藏青、咖啡等深色居多。女式大衣呢质地较薄、较轻、较松，色泽明快、鲜亮。

(四)丝绸

丝绸是用蚕丝、绢丝及化学长丝作经纬织成的织品。丝绸织品历史悠久，品种繁多，是中国纺织业和中国文明的象征。织品光滑、细洁、光泽悦目，其中的真丝绸类织物吸湿性好，轻盈飘逸，明亮自然，高雅华贵，是高档织物。

1. 丝绸的分类

(1)按组织结构和外观特征，可分为纺类、绸类、绉类、缎类、绡类、绢类、绫类、罗类、绨类、纱类、葛类、呢类、绒类、锦类十四类。

(2)按织品的原料和商业经营习惯，可分为真丝绸(桑丝绸)类、绢丝(用缫丝和织造过程中的丝头和下脚丝制成的丝线)绸类、柞丝绸类、交织绸类、合纤绸类、人丝绸类、被面类七类。

(3)按生产加工的方法，可分为生货绸和熟货绸两类。生货绸是先由生丝织成坯绸，再经练染整理而成，如电力纺、双绉等。熟货绸是在织造之前先将经纬丝线染色或精炼脱胶成熟丝，再织成的织品，如织锦缎、真丝塔夫绸等。

2. 丝绸的主要品种

(1)纺类。纺类也称纺绸，是采用平纹组织织成的素色和印花织物，其经纬丝一般不加捻，是生货绸。纺类织物外观平整细密，质地柔软滑爽，轻薄坚韧。常见的品种有电力纺、洋纺、富春纺、杭纺、绢丝纺等。适合做夏季服装装饰绸、彩旗等。

(2)绸类。绸是丝织物的总称，但这里是指丝织物的一个大类。除纱罗组织、绒组织外，只要没有其他各类丝织品特征的，都属绸类。绸类一般采用平纹织成，经纬丝一般不加捻，绸类织品细密、轻薄，绸面平滑有光，但比纺类织物稍厚重。常见的品种有塔夫绸、双宫绸、绵绸、柞丝绸等。

(3)绉类。绉类丝绸是利用丝加捻或用绉组织，也可用两种不同收缩性能的原料交替排列，从而使织物外观呈现不同的皱纹。绉类光泽柔和，手感柔软而富有弹性。绉类的品种很多，有轻如蝉翼的乔其绉，中薄型的双绉、花绉、碧绉，也有中厚型的缎背绉、留香绉、柞丝绉等。

(4)缎类。缎是地纹全部或大部分采用缎纹组织织造的丝织物，缎类织物绸面光亮柔软，花纹精细，色彩瑰丽，质地紧密。缎的品种主要有素软缎、素绸缎、花软缎、织锦缎、古香缎等。

(5)绡类。绡类是用平纹或透孔组织织造而成，其经纬度密度小，质地轻薄，有孔眼，主要品种有平素绡、条格绡、提花绡、烂花绡等。用来制作晚礼服、头巾、披纱、灯罩面、绢花等。

(6)绢类。绢类是采用平纹组织或平纹变化组织，经纬纱先染色或部分染色后进行色织的丝织物，其质地轻薄，挺括，绸面细密平整。品种有专用于书写、绘画、裱糊、扇面、彩灯的画绢，有专用于筛滤面粉的筛网绢，也有制作服装用的天香绢、挖花绢等。

(7)绫类。绫类织物是以地纹采用各种经面斜纹组织，或以经面斜纹组织为主，混用其他组织织成的花素织物。绫类质地轻薄，表面有清晰的斜纹纹路。主要品种有美丽绸、羽纱、采芝绫等。可做衬衣、连衣裙、睡衣、服装里布等。

(8)罗类。罗类是利用罗组织，使织物表面形成成行或成列的孔眼，有横罗和直罗两类。罗类织物紧密结实，又有孔眼透气，可作为夏季衣料。

(9)绨类。绨类是用人造丝作经，棉纱或蜡线或其他原料作纬，用平纹组织织成的花素织物。绨类手感粗糙，质地厚实、坚牢，适宜做男女春秋、冬季服装。

(10)纱类。纱类是应用纱组织织成的织物。纱类织物表面有均匀分布的孔眼，质地轻薄，透明，宜做夏季服装。品种有乔其纱、东方纱、芦山纱等。

(11)葛类。葛类是采用平纹、经重平急斜纹组织，用细经粗纬织成的花素织物，表面有明显的横棱凸纹。主要品种有文尚葛、新华葛、毛葛等。

(12)呢类。呢类是用较粗的丝线模仿毛织物的组织结构织成的丝织品。因其外观上有毛料的手感，故称呢类。呢类质地厚实，绸身紧密，少光泽，正面一般呈现出不规则的花纹。常见品种有大伟呢、四维呢等。

(13)绒类。绒类是表面具有绒毛绒圈的花、素丝织物。绒类质地柔软，色泽鲜艳光亮，毛绒圈整齐细密，适宜做服装、外套、帷幕等。

(14)锦类。锦类是采用斜纹、缎纹等组织，用三色以上的丝线织成的色织提花丝织物。其质地厚实丰满，外观五彩缤纷、富丽堂皇，花纹精致古朴，质地厚实丰满。中国传统名锦有蜀锦、宋锦、云锦等。

(五)化学纤维织品

1. 化纤织品的命名

(1)纯纺织品。需在产品名称或品种名称前加化学纤维名称。

(2)混纺或交织产品。使用两种以上原料，其比例不同时，按使用比例的多少排序，比例多的在前，比例少的在后；比例相同时，则按天然纤维、合成纤维、人造纤维的顺序排列，如50%羊毛、40%涤纶、10%粘纤混纺薄花呢，称毛涤粘薄花呢。

2. 化纤织品的种类

(1)按纤维种类分类。①粘纤织品，如粘纤平布、人棉色布等；②富纤织品，如富纤白布、富纤花布等；③涤纶织品，如涤丝绸等；④锦纶织品，如锦纶绸、粘锦华达呢等；⑤腈纶织品，如腈纶花呢等；⑥维纶织品，如维纶帆布、维纶白布等；⑦丙纶织品，如丙纶平布、丙纶被面等；⑧氯纶织品，如氯纶棉毛衫布等。

(2)按纱线原料组成分类。①纯化纤织品，如人棉印花布、锦纶绸等；②混纺化纤织品，如涤棉印花布、毛涤花呢等；③交织化纤织品，如人造丝与棉纱交织的线绨、人造丝与人造棉交织的富春纺等。

(3)按纤维形态分类。①棉型化纤织品，用棉型化学纤维织成的织品，如人棉布、涤棉布、维棉布等；②毛型化纤织品，用各种毛型化学纤维织成的织品，如毛涤凡立丁、毛毡哔叽等；③化纤丝织品，用各种化学纤维长丝织成的织品，如涤丝织品、人丝织品、锦丝织品；④中长纤维织品，是利用中长化学纤维纺织成的织品，如涤/粘中长花呢、涤/腈中长女衣呢等。

二、针棉织品的种类及其主要品种的特点

(一)针织内衣

针织内衣是针织坯布经过缝纫加工的制成品，具有弹性好、柔软、松紧自如的特点。

1. 针织内衣的分类

针织内衣包括汗衫背心、棉毛衫裤、绒衫裤三大类。

(1)汗衫背心。大多用纬平针织物汗布制作而成，包括男女、中童、儿童的各种圆领衫、反领衫、背心、短裤等。其共同特点是织物细薄，吸湿性强，透气性好，穿着舒适。

(2)棉毛衫裤。又称春秋衫裤，主要用双螺纹针织物棉毛布制作而成，包括男女、中童、儿童的各种棉毛衫、棉毛裤等。其特点是质地柔软厚实，弹性好，保暖，耐磨。

(3)绒衫裤。大多用起绒织物绒布缝制而成，包括男女、中童、儿童的各种绒衫、绒裤。其共同特点是手感柔软，质地厚实，表面有绒毛，保暖性好，穿着舒适。

2. 针织内衣的规格

针织内衣的规格是以号型来表示的，号是以厘米表示的人体总高度，是设计内衣长短的依据；型是以厘米表示的人体胸围或臀围，是设计内衣肥瘦的依据。针织内衣的号型依据成人(分为成人男子和成人女子)和儿童身体的不同形成不同的号型系列。成人男子以身高170cm、围度95cm，成人女子以身高160cm、围度90cm为中心，两边依次递增或递减组成，号型均以5cm分档组成系列。儿童总身高在160cm及以下，号以50cm为起点，型以45cm为起点，依次递增组成系列。

(二)针织外衣

针织外衣主要由化纤针织布制成。常见面料有低弹涤纶经编布、低弹涤纶纬编提花布、涤棉交织纬编提花布、涤纶经编衬衫布等。针织外衣可大致分为男女上衣、裤子、背心、衬衫和裙子五大类。针织外衣的特点是具有良好的弹性和延伸性，不易变形，质地坚牢，穿着舒适得体等。

(三)袜子

1. 袜子的分类

(1)按原料分类。有棉线袜、羊毛袜、锦纶丝袜、弹力锦纶丝袜、锦/棉混纺袜等。

(2)按袜型结构分类。有平口袜、罗口袜、橡口袜、舞袜等。

(3)按筒长分类。有长筒袜、中筒袜、短筒袜、船袜(超短袜或隐形袜)、裤袜。

(4)按商业习惯分类。有平口袜、棉毛袜、花套袜、童袜、杂袜、锦纶丝袜、弹力锦纶丝袜、羊毛袜、锦棉袜和各种交织袜等。

(5)按消费对象分类。有男袜、女袜、童袜等。

(6)按组织结构分类。有素色袜、横条袜、提花袜、绣花袜、网眼袜、绣花网眼袜、绣花横条袜、提花横条袜等。

2. 袜子的主要品种

(1)平口袜。用平针组织织成，袜口为自摺边，是长度过膝的袜子。具有穿着舒适，透气性好的特点，但弹性差，易下垮。

(2)罗口袜。袜口采用螺纹组织编织的袜子，是袜子中的主要品种。罗口袜弹性好，能使袜子紧固于脚脖上，不下垮。

(3)橡口袜。在袜口部位配装有富有弹性的橡胶丝或乳胶丝、氨纶丝等的袜子。橡口袜弹性好，穿着时不下垮。

(4)锦纶丝袜。用锦纶丝编织成的袜子。其质地轻薄，耐磨性好，透明度高，易洗快干。

(5)弹力锦纶丝袜。用弹力锦纶丝编织而成的袜子。具有一定的毛型感，质地蓬松，弹力差，但保暖性好。

(6)锦/棉混纺袜。用70%的锦纶短纤维和30%棉混纺织成的袜子。由于两种原料相互取长补短，克服了锦纶吸湿性差和棉强度低的缺点。

(四)羊毛衫

羊毛衫是利用羊毛、驼毛、兔毛、马海毛或毛型化学纤维等纺成绒线后，编结而成的纬编针织服装。

1. 羊毛衫的分类

(1)按原料分类。可分为纯毛类、纯化纤类、混纺类羊毛衫。纯毛类羊毛衫是由羊毛、羊绒、兔毛、驼毛、马海毛或几种毛混纺后而编结的织品。纯化纤类羊毛衫是由化纤针织绒线编织的织品，主要以腈纶为主。混纺类羊毛衫是由毛纤维和化纤混纺的针织绒线编结的织品。

(2)按花色分类。一般可分为提花、印花、绣花、缀花羊毛衫等。

2. 羊毛衫的主要品种

(1)羊毛衫。用纯羊毛针织绒编织的织品。由于羊毛衫采用的绒线较细，因而织品的质地较一般绒线衫轻薄，具有花色式样多，色泽鲜艳柔和、弹性好、结实耐穿的特点。

(2)羊绒衫。又称开司米衫，是由山羊绒绒线编织而成。具有轻巧、柔软、滑爽华贵的特点，是高档的穿着用品。由于羊绒纤维细短，易起球，耐穿性不如普通羊毛衫，因此在实际应用上常与少量的锦纶混纺，以提高耐用性能。

(3)兔毛衫。以兔毛纤维为重要原料织成的织品。因兔毛纤维柔软细长，表面圆滑，卷曲度小，所以成纱抱合力差，织成的兔毛衫表面有一层较长的毛绒，且手感滑腻。为克服这一缺点，兔毛衫一般用兔毛与羊毛混纺绒线织成。

(4)驼毛衫。以骆驼身上的绒毛为主要原料织成的织品。由于驼毛柔软强度高，光泽足而柔和，因此驼毛衫耐穿耐用，保暖性强。为弥补驼毛纤维细短、染色性差的特点，驼毛衫一般由驼毛和羊毛混纺织成。

(5)马海毛衫。以马海毛绒线编织而成。马海毛是一种山羊毛，主要产于土耳其的安卡拉一带。其纤维粗长，弯曲少，颜色洁白，有丝般的光泽，但抱合力差，一般生产拉毛织品或与腈纶混纺，以提高织品的强度。马海毛绒毛丰满，颜色鲜艳，光泽充足，保暖性好，耐穿耐用。

(6)腈纶衫。以腈纶纤维为原料织成。具有坚牢耐穿，保暖性强，易洗易晒，质轻价廉的特点。另外织品易产生静电，吸尘易脏、起毛起球。

3. 羊毛衫的规格

羊毛衫的规格是以胸围为规格尺寸，以厘米为计量单位，每5厘米设一档。

(五)毛巾类

毛巾类织物是采用毛圈组织利用经纱在织物表面形成毛圈的织物，其表面具有一层蓬松的毛圈，质地丰厚，手感柔软，保暖性好，吸水，储水性好。

毛巾类织品按用途，可分为毛巾、枕巾、方巾、毛巾被、沙发巾、毛巾布和毛巾杂品七类；按花色，可分为彩条、彩格、全色、全白、提花、织花、印花毛巾等。

1. 毛巾

毛巾又称面巾，主要为洗脸用。毛巾的基本要求是密度不能太紧，毛圈要长，具有良好的柔软性和吸水性。

2. 枕巾

枕巾是为铺饰枕头，保持枕套清洁、美观的毛巾类织品。枕巾的要求是花色鲜艳，质地紧密，耐磨，毛圈不宜太长。

3. 浴巾

浴巾是专为沐浴后擦拭、披遮身体用的毛巾。浴巾要求质地紧密，丰满厚实，有较高的吸水性和储水性。

4. 方巾

方巾因外形为方形而得名，有汗巾和餐巾两个品种。汗巾可当手帕和婴儿面巾用。餐巾的面积比汗巾大，主要用于进餐时铺放于胸前，避免菜汤玷污衣服，同时可用于餐后擦嘴用。方巾的质量要求与毛巾相同。

5. 毛巾

毛巾被是夏秋季节睡觉做防凉用的毛巾类织品。毛巾被的要求是毛圈要长密，质地厚实柔软，保暖性好。

6. 沙发巾

沙发巾是作为沙发靠背垫，借以保持沙发整洁并起到美化作用的毛巾。沙发巾的质地要紧密，毛圈不宜过长，色泽以深色为主。

7. 毛巾布和毛巾类杂品

毛巾布和毛巾类杂品的用途很多，可裁制浴衣、睡衣、汗衫等，又可缝制擦背巾、浴垫等，它们统称毛巾杂品。

(六)毯子

毯子按商业经营习惯，可分为棉毯、绒毯、线毯、毛毯等种类。其中，毛毯又可分为纯毛毛毯、混纺毛毯、人造毛毯、腈纶毯等。毯子一般具有柔软厚实、保温性好等特点。

1. 棉毯

棉毯是一种由棉纱线织成的双面拉绒毯类织品。其绒面较薄，弹性较差，经济实惠。有素色棉毯、雪花棉毯、提花棉毯等品种。

2. 绒毯

绒毯是用棉纱线为经纬制成的双面起绒织物。绒毯的绒毛丰满，质地厚实、柔软。

3. 线毯

线毯是用棉纱线或棉涤混纺纱线织成的松厚织物。它的经向一般用纱，纬向一般用线，是纱线交织品。线毯表面纹路清晰，质地松厚。

4. 纯毛毛毯

纯毛毛毯是以纯羊毛纱、纯驼毛纱、纯羊毛和兔毛混纺纱为纬，以纯羊毛纱或棉线为经织成的，为毛毯类织品的高档品种。

5. 混纺毛毯

混纺毛毯是用化纤与羊毛混纺而成的毛毯。目前有毛毡和毛腈混纺毛毯两个品种。

第三节 纺织品的质量和使用

一、纺织品的质量

纺织品的质量有内在质量和外观质量两方面的要求。不同的纺织品质量指标和要求也不同，但大致有以下几个方面的质量指标和检验项目。

(一)纺织品的主要技术规格

1. 纺织品的原料

纺织品的原料决定着织品的机械性能、服用性能、外观手感、风格以及价值等，因此对鉴定织物的种类、质量及含量具有重要意义。在织物中，有纯纺织物、混纺织物和交织织物。对于混纺织物，都规定一定的混纺比，混纺比不同，纱线的机械物理性能和服用性能也不同。

2. 纺织品的幅宽和匹长

纺织品的幅宽也称门幅，是指纺织品的宽度，以厘米为计量单位。幅宽的规格很多，如 72cm、90cm、114cm、144cm 等。其中，144cm 称为双幅，多用于毛织物。

一匹织物的长度称为匹长，一般以 40m 为一匹。幅宽和匹长主要以用途不同而定。

3. 纺织物的重量

它是纺织物用料的重要指标，也是成本核算的主要依据，反映纺织物的厚度，直接影响纺织品的机械物理性能和服用性能，如强力、保暖性、手感、风格等。影响纺织物重量的因素主要是纱线的细度、经纬纱密度和纺织物组织。纺织物的重量多用每平方米克重表示。

4. 纺织物的厚度

纺织物的厚度是织物厚薄的程度。影响纺织物厚度的因素主要是纱线的粗细、纺织物的组织、经纬纱的密度。采用的纱线越粗，织物越厚；采用的组织越松，厚度越厚；经纬纱的密度加大，纺织物厚度也增加。纺织物的厚度影响着织物的保暖性、耐磨性和柔软性。

5. 纺织物的密度

它是指纺织物单位体积的重量，是根据纺织物的重量和厚度而来的。纺织物的密度与纺织物的毛型感关系很大。纺织物的密度越小，说明纺织物越蓬松，纺织物空气含量大，相应的纺织物的导热系数小，保暖性好。

6. 纺织物的经纬纱密度和纺织物紧度

(1)纺织物的经纬纱密度。纺织物单位距离内经纱和纬纱的根数，直接影响着纺织物外观的稀密、组织的松紧、厚度、强度、重量、弹性等。

(2)纺织物的紧度。纺织物中经纬纱线所覆盖的面积和织物总面积之比。紧度较大的织物，透气性、透湿性较差，手感较硬。

(二)纺织品的机械性能

纺织物在外力作用下呈现的应力与应变之间的关系称为纺织物的机械性能。由于纺织物在使用过程中所承受的外力形式不同，因此织物机械性能也有多种，如断裂强度与断裂伸长率、撕裂强度和抗顶强度、抗皱性与免烫性、耐磨性和耐疲劳性等。影响纺织物机械性能的因素主要有纤维和纱线的机械性能、纺织物的组织结构和加工状况等。

1. 纺织物的断裂强度和断裂伸长率

(1)断裂强度。纺织物拉伸到断裂时所能承受的最大强力。它与纺织物的纤维原料、纱线的粗细、纱线的密度、纺织物的组织有关。

(2)断裂伸长率。表示纺织物受到拉伸至断裂时的伸长百分数。断裂伸长率越大，纺织物越耐用。

2. 撕裂强度和抗顶强度

(1)撕裂强度。纺织物的局部被握持或钩住，以致被撕成两片而破坏所承受的最大拉力。它与纱线的强度成正比。

(2)抗顶强度。纺织品抵抗集中的垂直负荷的能力。它与纺织品的原料、密度、纱线强度关系甚大。

3. 抗皱性和免烫性

(1)抗皱性。纺织物抵抗揉搓和弯曲而引起的皱痕变形的能力。抗皱性差的纺织物做成的衣服，在穿着过程中容易起皱，会严重影响服装的外观。

(2)免烫性。一般是指纺织物经洗涤后，不需要熨烫仍保持原有平挺的性能。

影响抗皱性和免烫性的因素有纤维的性质、纤维几何形态、混纺织物的混纺比、纱线和纺织物组织结构及染整工艺等。羊毛与涤纶的抗皱性和免烫性好。

4. 耐磨性和耐疲劳性

(1)耐磨性。纺织物的耐磨性是指纺织品抵抗磨损力的性能。纤维的伸长率大，弹性恢复率高，纺织品的耐磨性高。

(2)耐疲劳性。纺织物的疲劳是指纺织物在循环载荷和形变或明显小于断裂强度的静载荷长时间作用下，发展断裂或损伤破坏。耐疲劳性指纺织物抵抗疲劳破坏的能力。

(三)纺织品的服用性能

1. 纺织品的起毛、起球性能

纺织品在穿着使用与洗涤过程中不断受到摩擦，使表面的纤维顶端露出，呈现许多毛绒，称为起毛。如果毛绒纠缠在一起，揉成许多球状小粒，称为“起球”。起毛、起球与纤维抱合力，纱线、织物的结构及整理工艺有关，也与耐磨性有关。锦纶、涤纶等耐磨性强，一旦表面形成小球后，不易脱落，起毛、起球就严重。

2. 纺织品的刚挺度和悬垂性

(1)刚挺度。纺织品的刚挺度是指织品抵抗形状变化的能力，直接影响纺织品的手感、风格和挺括性。

(2)悬垂性。纺织品的悬垂性是指将纺织品悬挂垂下，能自然形成平滑而优美的曲面的特性。悬垂性好的纺织品，能自然下垂，产生美丽的线条。

3. 纺织品的透气性和保暖性

(1)透气性。纺织品的透气性是指纺织品具有的透过空气的特性。夏季用纺织品要求有较好的透气性，冬季用纺织品要求有适当小的透气性，既能防止冷空气入侵和热空气散失，又能使人体散发的污气和水汽及时向外排出。

(2)保暖性。纺织品的保暖性是指纺织品的热传递性能，主要取决于纤维本身的传递性能和物品内空气的含量。

4. 吸湿性

吸湿性是指织物吸收和放出水分子的性能。它主要取决于纤维本身的性能。棉、毛、丝、麻、粘胶纤维等亲水性纤维，不仅能将水分子吸附在纤维的表面，而且能进入纤维内部，与纤维的亲水基团相互吸引而存在。而涤纶、丙纶、锦纶等疏水性的合成纤维，水分子只能吸附在纤维的表面，吸湿性较差。

5. 缩水性

纺织品经过水洗后引起的尺寸改变称缩水，缩水的程度用缩水率表示。纺织品缩水后，往往面积减小，厚度加大，使服装尺寸难以掌握，甚至造成成衣变形，影响使用和美观。影响纺织物缩水的因素很多，主要决定于纤维的吸湿性能。纤维吸湿后，会使直径变粗、长度缩短，纱线的直径加粗，最后使纺织物收缩变厚。

(四)纺织品的染色指标

纺织品的染色指标主要有颜色及色光的纯正程度、光泽、色差及颜色与织物结合的牢度。

各种纺织物除应有固定的颜色外，还应具有相应的色光，如红色根据其色光有青光红和荧光红两种。

纺织品的光泽是表示织品对光线的反射性能，除受纤维材料的表面结构特征影响外，纺织物本身的表面平整程度也起重要作用，如缎纹组织织品比平纹组织织品光泽好。

纺织物的色差是指印染织品本身各部位或纺织品匹与匹、织品与样布的差异。印染织物的色差可造成成衣各部位颜色差异，是反映印染织品质量的重要指标。

纺织品的染色牢度是指染料与纺织品结合的牢固程度及染料发色团的化学稳定程度，包括日晒牢度、摩擦牢度、水洗牢度、皂洗牢度、熨烫牢度等。

(五)纺织品的外观疵点

纺织品的外观疵点是指纺织品上存在的各种缺陷。这些缺陷不但影响织品的外观，而且有些疵点同时也严重影响纺织物的坚牢度和使用。根据疵点的分布情况，可分为局部性外观疵点和散布性外观疵点两类。局部性外观疵点是指出现在纺织物部分面积上的疵点，如破损、织疵、斑渍、色条、横档等。散布性疵点是存在于纺织品的很大一块面积内或遍及织物全匹中的疵点，如棉结、杂质、缺经、染色不匀、色差、错花、条花、歪斜、幅宽不符、起毛不匀等。纺织品外观疵点的种类、数量、分布状况是纺织品分等分级的重要依据。

(六)纺织品的安全性能

纺织产品在印染和后整理等过程中要加入各种染料、助剂等整理剂，这些整理剂中或多或少地会含有或产生对人体有害的物质。当有害物质残留在纺织品上并达到一定量时，就会对人们的皮肤、乃至人体健康造成危害。因此，有必要对纺织产品提出安全方面的最基本的技术要求，使纺织产品在生产、流通和消费过程中能够保障人体健康和人身安全。国家强制性标准 GB 18401—2010《国家纺织产品基本安全技术规范》规定，纺织产品的基本安全技术要求分为 A 类、B 类和 C 类，婴幼儿用品应符合 A 类产品技术要求，直接接触的产品应符合 B 类产品技术要求，非直接接触的产品应符合 C 类产品的技术要求，见表 10-5。

表 10-5 纺织产品的基本安全要求

项 目		A 类	B 类	C 类
甲醛含量(mg/kg)≤		20	75	300
pH		4.0～7.5	4.0～8.5	4.0～9.0
色牢度(级)≥	耐水(变色、沾色)	3～4	3	3
	耐酸性汗渍(变色、沾色)	3～4	3	3
	耐碱性汗渍(变色、沾色)	3～4	3	3
	耐干摩擦	4	3	3
	耐唾液(变色、沾色)	4	—	—

续表

项　目	A类	B类	C类
异味	无		
可分解芳香胺染料	禁用		
①后续加工工艺中必须要经过湿处理的产品，pH可放宽至4.0～10.5。 ②对洗涤褪色型产品不要求			

二、纺织品的使用

(一)纺织品的洗涤

纺织品的洗涤应先根据其原料的性质选择适宜的洗涤剂。普通肥皂和碱性洗衣粉主要适合洗涤棉麻类织品；皂片适合洗涤高级细软织品；低泡型洗衣粉适合洗衣机洗涤；加酶洗衣粉去污力强，能去除血、乳等污渍，但不能洗涤丝毛织物。同时，应控制好洗涤液的浓度和温度，一般浓度以0.4%～0.5%为宜，温度应根据织品的原料而有所变化。脱水时除棉麻织品可以拧绞外，其他织品应挤干或离心甩干。

(二)纺织品的熨烫

纺织品熨烫的关键是根据织品纤维特点调控好温度。各种纺织品的适宜洗涤和熨烫温度见表10-6。

表10-6　各类纤维织品洗涤和熨烫温度表

纤维织品	适宜温度(℃)		纤维织品	适宜温度(℃)	
	洗涤	熨烫		洗涤	熨烫
棉	45～60	180～200	涤纶	40～50	140～160
麻	45～60	140～200	锦纶	30～40	120～150
羊毛	40左右	120～160	腈纶	30左右	130～150
真丝	35～40	120～150	丙纶	微温或冷水	90～100
粘纤	微温或冷水	120～160	氯纶	30左右	70～80

(三)纺织品除渍

纺织品除渍应注意以下几点：第一，纺织品沾上污渍后要及时去除，不要放置过长时间。时间一长污渍渗透到纤维内部，与纤维紧密黏合或与纤维发生化学反应，以至不易或不能去除。第二，要正确地识别污渍，否则会导致去渍方法的失效。第三，应根据污渍的种类和衣服的料质选用除渍的药水和去渍的方法。第四，对于难以用一般洗涤方法洗掉的污渍，可采取特殊方法除掉。

不同的污渍可采用不同的洗涤方法；油脂渍，可用汽油、香蕉水、松节油等除去；水果、瓜汁渍和较浅淡的污渍可用肥皂洗去，较深的可先用碱将污渍中和或用柠檬、草酸等溶解，然后用肥皂洗掉；油墨、圆珠笔油、复写纸等污渍，可先用酒精、香蕉水、汽油等擦洗，然后用肥皂洗去；蓝黑墨水，可先用洗衣粉洗掉蓝色，再用2%草酸溶液去掉墨汁；汗渍，可将织物浸入3%盐水中，3小时后用洗涤液可洗掉汗渍；锈斑，新迹先用刷子刷净，再用酒精搓擦，最后用清水洗净，陈迹可在淡氧水内浸泡几分钟，然后用高锰酸钾溶液处理。

(四)纺织品缝纫

纺织品缝纫应注意以下几个问题：第一，织品的缩水性。不同纤维的织品缩水率不同，因此剪裁时一定要考虑缩水率，一般天然纤维和粘胶纤维缩水率较大，合成纤维缩水率小。第二，织品的脱散性。机织物和针织物都会沿着被剪裁的边沿逆编织的方向脱散开来，因此缝纫时应沿着剪裁边沿锁边，防止脱散。第三，正确选用针和线。要根据织品的厚薄选择不同型号的针和线。细薄织品宜细针细线，粗厚织品则用粗针粗线。

第四节 服 装

一、服装的分类

按服装行业习惯，服装可分为上装和下装两大类。每类服装又有许多品种，常见的服装品种见表10-7。

表10-7 服装名称分类

类 别	特 点	部分品种名称
大衣（包括长上衣）	长度从肩缝起至手的中指尖以下的所有服装	长大衣、中大衣、短大衣、风衣、雨衣、裘皮大衣、长毛绒大衣、披风、皮里大衣、长外套、旗袍、连衫裙
上衣（包括背心）	穿在上身的服装，长度在中指尖以上	中山服、单便服、夹克衫、西装、猎装、旅游服、中式和中西式棉袄、两用衫、礼服、背心
罩衫	为防污、防尘罩在棉袄外的上衣	中式、西式和中西式罩衫以及其他各类罩衫
内衣（包括衬衫）	贴身穿的衣服(不包括针织内衣和汗衫)	衬衫(包括长、中、短袖)、晨衣、浴衣、长衬裤
裤子和裙子	穿在腰部以下的服装	旗袍裙、夹克裙、喇叭裙、打褶裙、裙裤、短裤、中裤、马裤、普通裤、直筒裤、灯笼裤

按穿着季节，服装可分为春秋装、夏装、冬装或分为单衣、夹衣、棉衣和皮衣。

按穿着人的年龄，服装可分为婴儿装、童装、少年装、成人服装、老年装等。

按服装样式，可分为西装、中式服装、衬衫、连衣裙、夹克衫、大衣、裙裤、套装等。

按服装布料，可分为纺织服装、皮装、塑料服装、复合材料服装。其中，纺织服装又分为呢绒服装、全棉服装、丝绸服装、化纤服装。

按服装的用途，可分为生活服装、劳保服装、舞台服装、运动服装、统一制式服装等。生活服装是指家居及普通人外出穿用的服装，包括礼服、晚礼服、宴会服、便装等。劳保服装是指人们从事生产劳动时为保护人体安全而穿用的服装，具有防寒、防火、防风、防腐等作用，如钢铁工人和消防人员穿的石棉服，化工厂工人穿的防酸、防腐蚀服装及高寒地区工作人员穿的防寒服等。舞台服装是指在舞台上穿用的服装，如戏剧服装、曲艺服装、舞蹈服装、电影服装等。运动服装是指参加体育运动穿用的服装，如体操服、游泳服等。统一制式服装简称制服，如军服、海关服、警服、邮电服、税务服等。

按服装的档次，可分为高档、中档和低档服装。高档服装一般是以呢绒、真丝等面料制作的，要求面料、辅料精细，工艺精湛，色彩搭配合理。品种有精纺呢绒服装，粗纺呢绒的麦尔登、拷花呢、大衣呢等高级面料制作的服装，以及真丝服装、裘革服装等。中档服装多为混纺织物制作的服装，主要品种有男女套装、风大衣、时装等。低档服装主要是以化纤织品、棉布等缝制的服装，其价格低，做工不甚考究。

另外，服装还可按服装宽松程度，分为紧身服和宽松服；按服装流行的周期长短，分为传统服装和时装等。

二、服装材料

服装材料包括服装面料和服装辅料两类。服装常用的面料有棉布、麻布、呢绒、丝绸、化纤织品及各种混纺织品等。服装辅料主要有服装里料、服装衬料、服装填充料及其他辅料。这里主要介绍服装辅料。

(一)服装里料

服装里料是服装最里层的材料，通常指里子或夹里。一般用于中高档服装，如中山装、大衣、西装、裘皮服装等。服装里料能使服装挺括、坚牢、穿着方便，并能增加服装的厚度、保暖性，也可起到美化服装的作用。服装里料的主要品种有美丽绸、塔夫绸、羽纱、软缎等。

(二)服装衬料

服装衬料简称衬，包括领衬、肩衬、胸衬、腰衬、袖衬等。它为服装造型起骨架和支撑作用，使服装更加挺括、丰满、合体。衬料按其厚薄可分为衬布和衬垫，用在衣领、袖口、裤腰等部位加贴的衬料为衬布，而肩、胸等部位垫加的材料为衬垫。衬料根据其原料分为毛衬、麻衬、布衬及化纤衬四类。

(三)服装填充料

服装的填充料主要是指棉衣、滑雪衫、羽绒服的里料和面料之间的填充物。填充料主要有棉絮、丝棉、羽绒、驼毛、羊绒、泡沫塑料片等，起着隔寒保暖的作用。

(四)其他辅料

1. 线类

线是连接服装各部件及辅助材料的主要材料，主要品种有棉线、丝线、化纤线、混纺线、金属线等。

2. 扣、钩、链

扣、钩、链都是用来连接服装开口处的主要材料。其品种有金属扣、塑料扣、木扣、皮革扣、包扣、玻璃扣、钩、拉链、环等。

3. 缀饰材料

缀饰材料是指服装中装饰用的珠子、光片、钻片、塑料片等。把这些材料串起来镶嵌在衣服上，能在光照下发出耀眼的光，使服装显得富丽堂皇。缀饰材料用于妇女、儿童服装。

三、服装的款式

服装的款式是指服装的结构、式样。服装的常见款式有衬衫、裙子、连衣裙、两件套、中式上衣、旗袍、背心、中山装、西服、春秋装、风衣、童装等，如图10-8所示。

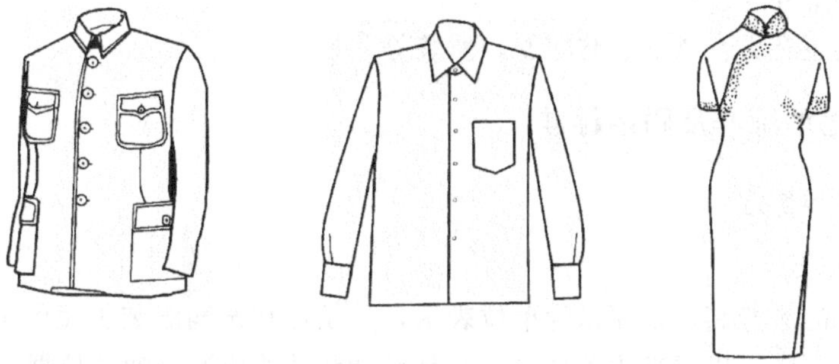

(a) 中山装　(b) 男衬衫　(c) 旗袍

(d) 两件套　(e) 连衣裙　(f) 裙子

图10-8　服装的款式

衬衫包括男衬衫、女衬衫。男衬衫的领型有立领和开领，袖子有长袖和短袖，门襟有平贴边和反贴边。女衬衫有立领衬衫、开领衬衫、无领衬衫、连领衬衫、趴领衬衫、带式衬衫、荷叶边衬衫等。

裙子的造型有A字形、H字形、T字形三类。

连衣裙的款式变化万千，从腰身看有收腰身和宽腰身，从袖子看有无袖、有袖、连肩袖和长袖，从领口看有翻领、无领和立领等变化。

两件套是指上衫和下裙两件一套。

中式上衣一般有三种：对襟、偏襟和大襟。

旗袍是东方传统女装的象征。旗袍紧扣的高领，给人以高雅而庄重的感觉；微紧的腰部体现出腰臀的曲线；两边的开衩又给人以活泼轻快之感。旗袍的款式主要表现在袖子上，有无袖、短袖、中袖和长袖之分。

背心又称马甲，是一种无袖上衣。按袖子可分有领式和无领式。

中山装是具有我国民族特点的简便男上衣，已被视为中国的正式礼服。中山装上面有两个小平贴口袋，下面有两个大口袋，袋盖上有明扣眼，门襟上有五个扣。

西服旧称洋服，原是欧洲人穿的服装，现在在各国都非常流行。男西服的款式很多，有的开背叉，有的不开背叉；有的有挖袋，有的有明贴袋；有的单排扣，有的双排扣；有的圆下摆，有的平下摆。女西服的款式也很多，主要是通过领型、口袋、下摆、曲线、斜线的变化变换式样。

春秋装有男式和女式。男春秋装的款式有两类，一类是夹克，一类是两用衫；女春秋装分为夹克衫和女外衣。

另外，服装还有男女风衣、防寒服、童装等。

四、服装号型标准及质量标准

(一)服装号型标准

1. 号型的定义

号是指人体的净身高，以厘米为单位表示，是设计和选购服装长短的依据。型是指人体的净胸围或净腰围，以厘米为单位表示，是设计和选购服装肥瘦的依据。

为准确反映人体在体型上的变化，该标准依据男女的胸围或腰围的差数将男子、女子体型分为四类，即Y、A、B、C型，见表10-8。Y型主要表示胸围大、腰围细的体型，A型是一般体型，B型表示腰围较粗的微胖人体型，C型表示腰围很粗的肥胖人的体型。

表10-8 体型代号

体型代号	男式胸腰围差(cm)	女式胸腰围差(cm)
Y	17～22	19～24
A	12～16	14～18
B	7～11	9～13
C	2～6	4～8

2. 号型的标志

服装一般都应标明其号型，套装的上下装还要分别标明。号型的表示方法为：在号与型之间用斜线隔开，后接体型分类代号，即“号/型体型代号”，如男装175/88A。

3. 服装号型系列

服装号型系列是以各体型中间体为中心，向两边依次递增或递减而成。身高以5cm分档，组成系列；胸围以4cm或3cm分档，组成系列；腰围以2cm或3cm分档，组成系列。身高与胸围、腰围搭配，分别组成5.4、5.3、5.2号型系列。

根据儿童的生理特点和发育规律，我国儿童服装号型把身高划分成两段，分别组成系列。身高80～130cm的儿童，身高以10cm分档，胸围以4cm、腰围以3cm分档，组成10.4、10.3号型系列；身高135～160cm的儿童，身高以5cm分档，胸围以4cm、腰围以3cm分档，组成5.4、5.3号型系列。

4. 号型的应用

服装上标明的号的数值，表示该服装适合于身高与此相类似的人；服装上标明的型的数值，表示该服装适合于胸围或腰围与此相似的人；同样，服装上标明的体型分类代号，也表示该服装适合于胸围、腰围之差在此范围的人。比如，男上装 170/88A，表示适合身高在 168～172cm，胸围在 86～89cm，胸围、腰围之差在 12～16cm 的人穿用。

男装号型的适用范围：身高 155～190cm，胸围 72～115 cm，胸腰围之差 2～22 cm；女装号型的适用范围：身高 145～180cm，胸围 68～111 cm，胸腰落差 4～24 cm。

(二)服装质量标准

服装质量标准主要包括号型规格要求、辅料规定、技术要求、等级划分、检验规定、包装标志等。

1. 号型规格要求

必须按照服装号型标准的规定设置号型，同时要设计好服装主要部位的规格，使其符合技术标准中允许的公差范围。服装成品规格检验表见表 10-9。

表 10-9 服装成品规格检验表

部 位	测量方法	允许偏差(cm)
衣长	由前身肩缝最高点垂直量至底边	±1
胸围	纽扣扣好，前身摊平	±1.5
领大	领子摊平横量，立领量上口	±0.6
袖长	由袖子最高点量至袖口	±0.7
总肩宽	由肩袖缝交叉摊平横量	±0.7
裤长	由腰上口沿侧缝垂直量至裤脚上	±1
腰围	裤钩扣好沿腰宽中间横量	±1.2
臀围	前后裤片摊平，上档 1/3 处横量	±1.5

2. 辅料规定

要求衬布的缩水率与布料相一致，缝线与面料的颜色、缩水性等相适应，纽扣的色泽、质地与面料相称等。

3. 技术要求

(1)对条对格规定。条格单元在 1cm 以上的，必须对条对格。前身、后背、领尖等主要部位，要求差量不应超过 0.4cm。对袖缝、侧缝差量可稍大一点。

(2)拼接规定。男裤腰拼接在后缝处，女裤腰接缝允许在后腰某处。

(3)色差规定。色差检验可对照“染色牢度褪色样卡”进行，检验结果分 5 个等级，5 级最好，1 级最差。前后身、衣袖、领、袋、袋盖、裤侧缝应在 4～5 级，袖底缝、下裆缝应为 4 级。

(4)外观疵点。服装的每个独立部位只允许有一处疵点，如超过要降级。

(5)缝纫要求。各部位线路顺直，无跳针、抛线；针迹均匀清晰，起止回针牢固，无漏针、脱线，缝份不小于 0.8cm，明线的针距密度为每 3cm 有 14～18 针；眼位不偏斜，扣与眼位相对；领头平服，不翻翘；对称部位基本一致。

(6)整烫外观。各部位要整烫平服，整洁美观，折叠端正。

4. 等级划分

服装划分为一、二、三等品，有规格、缝制、外观、色差、疵点 5 项指标。只要成品不符合其中一项，就要根据情况进行降等。

五、服装质量的鉴别

鉴别服装质量除应鉴别面料质量外，还应鉴别服装的外形质量和内在做工。外形质量又因上下衣而不同。

(一) 上衣类外形质量鉴别的部位及方法

上衣类外形质量鉴别的部位及方法见表10-10。

表10-10　上衣鉴别部位及方法

序号	鉴别部位	方　法
1	领子：领角两侧对称，驳头串口对称，平服，驳口顺直，领翘适宜	目测
2	袖子：两袖圆顺，吃势均匀，前后适宜，袖子不翻不吊	目测
3	胸部：丰满，挺括，位置适宜，省缝直顺，平服，左右对称，长短一致	目测
4	肩：平服，肩缝顺直不后甩	目测
5	前片：门襟平服顺直，不起翘，不搅不豁，不倒吐，各部位止口明线顺直，宽窄一致	目测
6	兜：大小兜方正圆顺、平服、松紧适宜，板袋口直顺、宽窄一致，不吐里	目测
7	后片：后背不吊背，开衩长短一致	目测
8	里面衬松紧适宜、服帖，黏合衬不脱胶、不起皱、不起泡	目测
9	各部位熨烫平服，无亮光、水花、粉印、折痕，无油污、水渍	目测
10	门底襟长短一致，各省尖摆缝袖缝平服、直顺、底边圆顺	对比测量
11	两袖长短一致，袖口大小一致；袖上扣眼两边一致	对比测量

(二)下衣类外形质量鉴别的部位及方法

下衣类外形质量鉴别的部位及方法见表10-11。

表10-11　下衣鉴别部位及方法

序号	鉴别部位	方　法
1	两腿长短、肥瘦一致	对比测量
2	裤侧缝与下裆缝顺直、平服	目测
3	大小裆圆顺、平服	对比测量
4	腰头宽窄一致，里面衬平服	对比测量
5	裤门襟、里襟明线直顺、宽窄一致，封结牢固	对比测量
6	两脚口肥瘦一致，下口不吊，贴边宽窄一致	对比测量
7	大小裤底平服，裤角松紧适宜	目测

(三)内在做工质量鉴别

1. 针迹

车线平整，不起皱、不扭曲。双线部分要求用双针车车缝。底面线均匀、不跳针、不浮线、不断线。

2. 拼接

看表面拼接(裤腰、下裆)、内部拼接(挂面、领里)是否符合规定，对格对条是否符合标准等。

3. 夹里

主要看夹里是否过长、过短、过大、过小、是否平服。

4. 其他

查看是否少扣、少眼，有无烫黄、变质、变色，以及商标和号型标志是否符合标准等。

六、服装安全标准

《国家纺织产品基本安全技术规范》(GB 18401—2010)对纺织品企业在生产和销售等环节都提出了严格的要求。认真贯彻落实该标准将更有效地保护我国消费者健康，引导纺织品生产销售企业注重产品质量，有助于提升我国企业市场竞争力和积极应对国外技术性贸易壁垒。《国家纺织产品基本安全技术规范》(GB 18401 2010)主要涉及了三大类的纺织品，如表 10-12 所示。

表 10-12 《国家纺织产品基本安全技术规范》纺织品分类

类 型	典型示例
A类 (婴幼儿用品)	尿布、尿裤、围嘴、手套、袜子、外衣、帽子、床上用品
B类 (直接接触皮肤的产品)	文胸、腹带、背心、短裤、棉毛衣裤、衬衣、(夏天)裙子、(夏天)裤子、袜子、床单
C类 (非直接接触皮肤的产品)	毛衣、外衣、裙子、裤子、窗帘、床罩、墙布、填充物、衬布

七、服装的挑选

(一)服装号型的挑选

应先根据人的身高、胸围和腰围的净值，选择对应的服装号型。在选择服装号型时，应考虑到人的年龄、体型特征以及喜好。服装号型挑选的原则：儿童宜长不宜短，青年宜小不宜大，老年宜大不宜小，瘦高宜肥不宜瘦，矮胖宜瘦不宜肥。

(二)服装质量的挑选

从服装质量角度挑选服装，主要看服装外形质量、内在质量和面料质量。

1. 看服装外形质量

(1)看上衣外形质量。从前面看：看领头、驳头是否平服，领角大小、高低是否对称，领子是否挺括；看大身胸部是否饱满圆顺，止口丝缕是否顺直，有无搅豁；看口袋的位置和大小是否适当，袋与盖是否平服。从后面看：看后身是否方登；看领圈是否平服；看肩胛骨是否宽舒；看后衩有无搅豁，是否平服。从侧面看：看两衣袖是否对称，是否圆顺；看肩缝、摆缝是否顺直。

(2)看裤子的外形质量。从平面看：将挺缝对齐、摊平，看栋缝是否顺直，不吊裂，看侧缝袋是否平服，袋垫是否外露；看裤脚是否大小一致，既要服帖又不要吊兜；再将裤脚拉起，看下裆和后缝是否对齐、顺直，不能吊裂；看下裆缝和后缝的交叉处是否平直；看裤脚的下裆缝处是否吊起。从上部看：看省缝是否对称；看腰头是否平直；看后袋是否服帖；看串带小襻位置是否准确，是否平服；看门襟、里襟配合是否合适。从立体看：将裤腰拎起，就像穿着的形状那样，看前后栋缝是否圆顺，裤片是否平整，不吊裂。

2. 看服装内在质量

服装的内在质量包括夹里、针迹和拼接三方面。夹里：看夹里是否过长、过短、过大、过小、是否服帖。针迹：看车缉和手工针迹是否过分稀疏。拼接：看挂面、领里或裤腰、下裆拼角等的拼接是否妥当。

3. 看服装面料质量

看衣服各部位(如衣领、袖子、前后片)的颜色是否有色差，还要看面料表面的疵点是否多，倒顺毛以及对格、对花是否妥当，表面有无污渍、变色、烫黄、虫蛀或鼠咬等情况。

(三)服装颜色和款式的挑选

1. 根据体型选择

粗胖体型的人宜用深色、单色、柔和色，花型和款式宜用宽直条的，力求简洁朴实；瘦小体型的人宜用浅色，花型以简朴雅致，款式以简洁、朴素为宜，上下身的颜色应基本一致；瘦长体型的人不宜穿深色服装，花型以横条为主。

2. 根据肤色选择

肤色白的人在色彩的选择上不受什么限制；肤色黑的人不宜选用浅粉、浅绿、浅黄或鲜艳颜色(红、绿、紫)的服装，宜用中间色，如橙色、土黄色等；皮肤过红的人忌穿绿和蓝绿色服装；肤色发黄的人忌穿蓝色、紫色服装等，可选用浅粉或白底小红花格的服装。

3. 根据年龄选择

儿童喜欢活泼、跳跃的色彩和便于活动的款式；青年喜欢乳黄、浅米黄、浅紫、浅绿等较鲜艳、时髦、热烈的色彩，富有朝气、多装饰、能体现身体曲线美的款式；中年人喜欢温和典雅的色彩和协调大方的款式；老年人多喜欢深沉、稳重的色彩和庄重宽松的款式。

4. 根据性格选择

不同性格的人对服装的颜色有不同的选择，因此在某种意义上服装颜色反映了一个人的性格特点。比如，红色表示活力、热情，橙色表示活泼、喜悦，绿色表示朝气，蓝色表示秀丽、清新等。

5. 根据脸型选择

圆脸的领口应低些，领子的线条最好用V字型；长脸型的人不宜穿大V领口的衣服；四方脸的领口可大些，不宜用圆领口；尖脸型的人可用翻领、立领等。

八、服装的保养

（一）棉麻服装的保养

这类服装一定要注意防潮防霉。收藏前要洗净，晾干，分深浅色分类收藏，以免相互染色。不常穿的衣服夏天要防霉，否则衣服寿命会缩短，皮肤舒适感差。

（二）丝绸服装的保养

丝绸服装保养的重点是防潮。洗涤时要避免用力，少挤、不拧。晾晒时切忌在太阳下暴晒。收藏时用布包好放在干爽清洁的箱柜中，不宜挂藏，那样会因为自重而变形。特别注意的是白色和浅色丝绸服装收藏时不宜放樟脑丸，也不宜放在樟木箱中，否则容易泛黄。

（三）呢绒服装的保养

呢绒服装收藏前要洗净，最好是干洗，熨烫，晾干(一定要充分干)以后再收好，放在通风、阴凉、无尘、干燥处。高档呢绒最好悬挂在衣柜中，以免叠放自重压变形。收存时要在衣柜和衣服的口袋里放樟脑丸防虫。

（四）裘皮服装的保养

裘皮服装穿着时要尽量避免玷污和淋雨，否则会使服装脱毛。存放时尽量使用宽衣架挂起来，并在大衣口袋内放上用纸包好的樟脑丸。如果存放在箱中，要将毛朝里平放，并要放在箱子的最上面。

（五）皮革服装的保养

皮革类服装等不宜在雨雪天穿，晾晒时一般要在上午 9～10 点，下午 3～4 点，不可以暴晒，否则皮革会老化。收藏以挂藏为宜，并加上纸包好的樟脑丸。为增加其柔润可在表面轻敷一层甘油，或皮革服的专用制剂，穿前晾晒即可。

（六）羽绒服装的保养

羽绒服装收藏时要保持干燥，并放置用纸包好的樟脑丸等防虫剂。

典型案例

市井老裁缝的服装设计理念

清代钱泳的《履园丛话》中记载了这样一个故事。旧时北京有个裁缝做服装时，对穿衣人的性情、年龄、相貌，以至什么时候中举等都要问个清楚。有人不解，嗔怪之，他回之曰："如少年中举，必定性情骄傲，走起路来挺胸凸肚的，因此衣要缝制得前长后短；如果年老中举，大都意志消沉，走路不免弯腰曲背，衣就得前短后长；性急的，衣宜短；性慢的，衣宜长……"

市井老裁缝的设计理念倒是与国际上公认的 TPO 原则(T 代表时间、时令、日期、时代；P 代表地点、场合；O 代表对象，即个人的体型、肤色、气质、职业)相吻合。

服装其实就是人体之包装物。因此选材与设计皆应因人而异，以人为本。这样的理念自古有之！难道不值得我们沉思？

案例分析：通过此案例，试分析现代服装的设计理念。

>>> 综合能力训练

一、名词解释

天然纤维　合成纤维　化学纤维　丝光工艺　幅宽　匹长　服用性能　机械性能　吸湿性

二、选择题

1. 强度最大的天然纤维是(　　)。
   A. 棉纤维　B. 麻纤维　C. 蚕丝纤维　D. 羊毛
2. 有合成棉花之称的纤维是(　　)。
   A. 维纶　B. 锦纶　C. 丙纶　D. 氯纶
3. 有卷曲，光泽柔和，手感丰满，温暖，弹性好的纤维是(　　)。
   A. 棉纤维　B. 羊毛　C. 蚕丝　D. 粘胶纤维
4. 具防燃性的纤维是(　　)。
   A. 丙纶　B. 氯纶　C. 氨纶　D. 维纶
5. 综合性能最为优良的合成纤维是(　　)。
   A. 锦纶　B. 涤纶　C. 丙纶　D. 氯纶
6. 下列属于针织品的是(　　)。
   A. 袜子　B. 羊毛衫　C. 手套　D. 毛巾
7. 用单双纱间隔排列，布面有明显浮起的条纹，轻薄、挺括的织品是(　　)。
   A. 平布　B. 府绸　C. 麻纱　D. 哔叽
8. 精纺呢绒的品种有(　　)。
   A. 凡立丁　B. 大众呢　C. 法兰绒　D. 大衣呢
9. 60%的羊毛，30%的涤纶，10%的粘胶纤维混纺成的薄花呢称为(　　)薄花呢。
   A. 毛涤粘　B. 涤毛毡　C. 粘毛涤　D. 粘涤毛
10. 织品的服用性能指标有(　　)。
   A. 起毛起球性　B. 刚挺度　C. 透气性　D. 缩水性
11. 175/88A 适合的体型为(　　)体型。
   A. 标准　B. 偏瘦　C. 偏胖　D. 肥胖

三、填空题

1. 天然纤维主要包括________纤维、________纤维和________纤维。
2. 化学纤维包括________纤维和________纤维。
3. 腈纶是________纤维的统一商品名称，有________之称。
4. 纺织品的形成一般要经过________、________和________三个阶段。
5. 纺织品按商业经营习惯，一般分为________和________两大类。
6. 服装材料包括________和________。服装辅料有________、________、________、________等。

四、简答题

1. 纺织纤维是怎样分类的?
2. 天然纤维和合成纤维有何异同?

3. 棉布、麻布、呢绒、丝绸是怎样分类的？各有哪些品种及特点？
4. 纺织品的质量指标有哪些？
5. 服装是如何分类的？如何挑选服装？
6. 如何鉴别服装的质量？
7. 试述服装安全标准。
8. 试述纺织品的安全性能。

>>> 实践训练

1. 用感官鉴别法鉴别服装面料。
2. 鉴别服装的质量。

第十一章

家用电器商品

学习目标

1. 掌握家用电器商品的分类和使用方法；
2. 掌握家用电器商品的基本结构、基本工作原理和质量要求。

随着现代科技的迅猛发展，家用电器商品的新品种不断涌现，技术和功能不断翻新，普及率越来越高，给人们的工作和生活带来了极大的便利。

第一节　家用电器商品的分类及特点

一、家用电器商品的分类

家用电器是家庭和类似家庭使用条件使用的以电为能源的各类器具，常用的分类方法有以下两种。

(一)按家用电器的原理分类

1. 电动器具

电动器具是指将电能转换成机械能，从而驱动其主要部件工作的器具，如洗衣机、电风扇、吸尘器、洗碗机等。

2. 电热器具

电热器具是指通过电热元件将电能转化为热能加以利用的器具，如电饭锅、电水壶、电烤箱等。

3. 制冷器具

制冷器具是利用电能产生低温，获得制冷效果的器具，如电冰箱、空调器等。

4. 声像器具

声像器具是指将电能转换为声音和图像的器具。声像类家用电器主要由电子元器件构成，并起主导作用，如电视机、录音机等。

(二)按家用电器的用途分类

1. 空调器具

空调器具是调节室内空气温度、湿度、流速、洁净度的家用电器，如空调器、排风扇、加湿器等。

2. 冷冻器具

冷冻器具是通过机器运作，产生低温效果，以冷却和保存食品的家用电器，如电冰箱、电冰柜等。

3. 取暖器具

取暖器具是通过电热元件提供热能，供人们取暖的家用电器，如电热毯、空间加热器等。

4. 清洁器具

清洁器具是用于维护室内环境、衣物及个人清洁卫生的家用电器，如洗衣机、洗碗机、吸尘器、电熨斗、淋浴器等。

5. 整容及保健器具

整容及保健器具是用于修饰面容和身体保健的家用电器，如电吹风、电推剪、电动剃须刀、电动按摩器等。

6. 照明器具

照明器具是指各种照明及环境装饰用的灯具，如台灯、吊灯、壁灯等。

7. 家用电子器具

家用电子器具是指家庭和个人用的电子产品。我国有以下几类：音响产品，如收音机等；视频产品，如电视机、录像机等；计时产品，如电子手表等；计算产品，如计算器、家用计算机等；娱乐产品，如电子玩具、电子乐器、电子游戏机等；其他电子产品，如家用通信产品等。

8. 厨房器具

厨房器具是大多在厨房使用，用于食物准备、食具清洁、食物烹调等的家用电器，如电饭锅、榨汁机、洗碗机、电火锅、微波炉等。

二、家用电器商品的特点

家用电器商品的主要特点有：①一般在有电能的条件下才能正常运转使用；②一般都要带电工作和操作，安全性是这类商品的首要指标；③结构比较复杂，要求电器元件可靠性高，要达到质量需要的规定值；④既是家庭用品，又是美化家庭环境的装饰品，要求造型美观、装饰新颖、色调柔和、外形结构合理；⑤要求寿命长、可靠性高；⑥要求耗电少，经济费用低；⑦安装、使用和维护都直接影响着家用电器的质量。

第二节 家用电器的主要品种

一、洗衣机

(一)洗衣机的种类

1. 按自动化程度及基本结构分类

按自动化程度及基本结构不同，洗衣机可以分为普通洗衣机、半自动洗衣机、全自动洗衣机、微型洗衣机、多筒(桶)洗衣机五种。

(1)普通洗衣机。普通洗衣机是指洗衣机的洗涤、漂洗、脱水三个功能都需人工进行转换的洗衣机。这类洗衣机结构简单、价格便宜、使用方便。

(2)半自动洗衣机。半自动洗衣机是指洗涤、漂洗、脱水三个功能中任意两个功能的转换可以自动转换的洗衣机，如大多数双桶洗衣机能在洗涤桶连续自动完成衣物的洗涤和漂洗，但脱水需人工将衣物搬移后才可在脱水桶中完成。

(3)全自动洗衣机。全自动洗衣机是指洗涤、漂洗、脱水三大功能的转换均可依照程序自动进行的洗衣机。这种洗衣机在市场上都为套桶式洗衣机，其程序控制器有机械式和微电脑式两种。

(4)微型洗衣机。微型洗衣机是指定额洗涤容量小于等于1.5kg的洗衣机。

(5)多筒(桶)洗衣机。多筒(桶)洗衣机是指装有两个及两个以上可用于洗涤功能的筒(桶)的洗衣机，其中至少有一个筒(桶)有可以进行棉质物洗涤的常用(标准)洗涤程序。

2. 按洗涤方式分类

按洗涤方式不同，洗衣机主要有波轮式、滚筒式、搅拌式、双驱动洗衣机四种。

(1)波轮式洗衣机。它由日本发明，目前在日本、中国、东南亚等地使用较多。洗衣桶底部有一个表面设有几条凸筋的波轮，通过电动机驱动波轮转动，形成涡流，带动衣物在水中翻搅、冲击、摩擦，产生洗涤作用。它的特点是洗净度高，较省电，但衣物的磨损率也高，去污均匀度不够，结构简单，价格较低。

(2)滚筒式洗衣机(欧洲式洗衣机)。1928年由欧洲人发明，欧洲国家大多使用此类洗衣机。洗衣桶内有一水平放置的滚筒，滚筒在电动机的带动下绕水平轴旋转，洗涤物随着滚筒内的凸筋上升，而后落入水中，不断翻滚、摔打，从而产生洗涤作用。滚筒式洗衣机的特点是结构合理、噪声小、耐用、衣物磨损率低且衣物无缠绕，洗涤容量大，但衣物洗净率不高，较耗时、耗电，适合洗涤羊毛、羊绒以及丝绸、纯毛类织物。

(3)搅拌式洗衣机(美国式洗衣机)。1911年由美国人发明，洗衣桶为立式圆桶，其中心有一垂直立轴，轴上装有搅拌叶片，在电动机驱动下，叶片进行120～180度的正反交替旋转，从而翻动水流和衣物，产生洗涤作用。这种洗衣机洗净度高，衣物磨损率小，洗涤均匀性好，但结构复杂，制造困难，噪声较大。

(4)双驱动洗衣机。双驱动洗衣机是指被洗涤物全部或部分浸没于洗涤水中，在同一系统内通过动力分别使波轮或搅拌叶和桶内按照设定的定转速和定转速比进行运转，洗涤衣物的洗衣机。

(二)洗衣机的结构

以中国市场上最为常见的波轮式双桶洗衣机为例，主要由机械支撑系统、洗涤脱水系统、传动系统、电气控制系统、给排水系统等部分组成。它们是一个整体，任何系统或部件的故障都会影响工作效率，如图 11-1 所示。

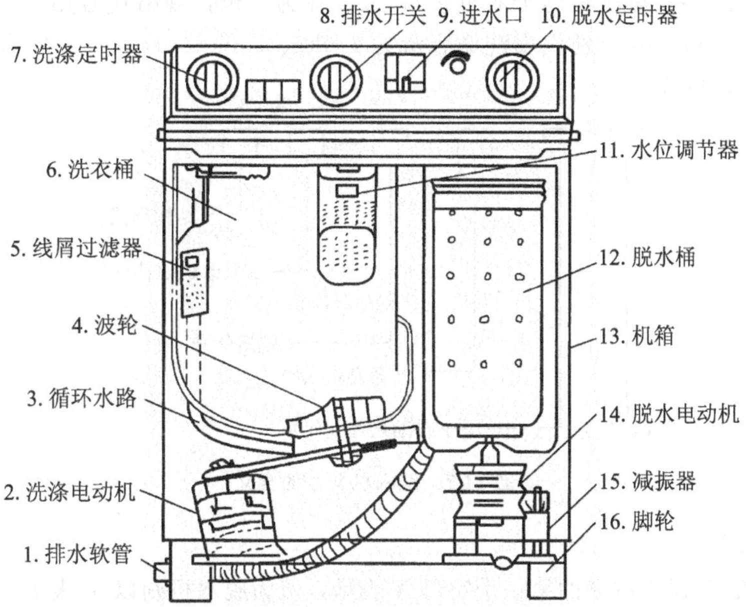

图 11-1 普通型波轮式双桶洗衣机结构示意图

1. 机械支撑系统

洗衣机的机械支撑系统由外箱体、弹性支撑机构、面框等组成。

2. 洗涤脱水系统

洗衣机的洗涤脱水系统由洗衣桶、波轮及脱水桶组成。洗衣桶是盛装洗涤液和衣物的容器，洗衣桶的材料有塑料、搪瓷、钢板、不锈钢、铝合金等多种。波轮一般用工程塑料制成，表面有几条凸筋，在传动系统的驱动下旋转并产生旋涡状的水流运动，带动洗涤液和衣物做相应的运动，从而完成洗涤和漂洗。脱水桶的作用是脱水、甩干，其壁上有很多小孔。洗衣机甩干时，利用高速旋转，产生离心力，使衣物内的水分从小孔排出达到脱水目的。

3. 传动系统

洗衣机的传动系统由电动机、离合器、三角皮带和电容等组成，以电动机为动力，皮带与波轮轴相连进行运转。

4. 电气控制系统

现在微电脑和变频调速技术已广泛应用到洗衣机的控制系统中，使洗衣机可根据洗涤物的种类、质地及脏污程度来选择洗涤水位、洗涤时间及洗涤类型，在节约能源的前提下保证最佳的洗涤效果。

5. 给排水系统

洗衣机的给排水系统由给水电磁阀、排水电磁阀和水位开关等组成。

(三)洗衣机的规格和型号

国产洗衣机的规格是按照国家标准GB 4288—2018执行的。洗衣机的规格是指洗衣机的额定洗涤容量(一次可洗涤的干衣重量)，以千克为单位，规格代号用10倍干衣重量表示。如70、60、50、40分别代表洗涤容量为7.0kg、6.0kg、5.0kg及4.0kg等。洗衣机型号的含义见图11-2。

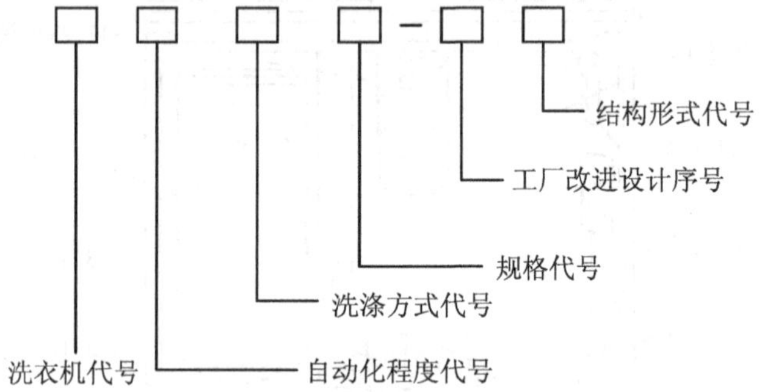

图11-2 洗衣机型号的含义

1. 洗衣机代号

以“洗衣机”的汉语拼音的第一个字母X表示，若为脱水机则以T表示。

2. 自动化程度代号

以自动化程度的第一个汉语拼音字母表示，普通型用P表示，半自动型用B表示，全自动型用Q表示。

3. 洗涤方式代号

波轮式用B表示，滚筒式用G表示，搅拌式用J表示。

4. 规格代号

用洗衣机的额定容量乘10来表示。

5. 工厂设计序号

用阿拉伯数字表示。

6. 结构形式代号

单桶、套桶洗衣机不予表示，双桶洗衣机以S表示。

比如，XQB 60—2表示全自动波轮式洗衣机，其规格为6kg，是厂家第2次设计的产品。

(四)洗衣机的主要质量指标

1. 洗净性能

通常用洗净比表示，洗净比是被测洗衣机的洗净度与标准洗衣机洗净度之比，是反映洗衣机洗净程度的重要指标。比如，波轮式洗衣机的洗净比不应小于0.8，搅拌式洗衣机不应小于0.75。

2. 对织物的磨损率

波轮式洗衣机的磨损率应不大于0.2%，滚筒式洗衣机的磨损率应不大于0.1%。

3. 漂洗性能

洗衣机的漂洗比应大于1。该项指标表示洗衣机在额定状态下，漂清衣物上所含洗涤剂的能力。

4. 脱水效果

在国标中也称含水率，是衡量洗衣机洗涤完毕，脱水结束后，剩余水分占洗涤物干重的百分比。它主要受洗衣机脱水转速高低的影响。我国标准中规定，脱水后衣物的含水率应小于50%。

5. 噪声

关于洗衣机噪声的标准，应不高于65分贝。

(五)洗衣机的选购和使用

1. 洗衣机的选购

选购洗衣机应考虑以下几个方面。

(1)规格选择。根据家庭常住人口数来选择，人口较多可选较大容量洗衣机，如6.0kg、7.0kg等；普通三口之家可选一般的4.0kg、5.0kg的洗衣机。

(2)机型选择。家庭里经常洗厚重衣物的，可选波轮式洗衣机；家中衣物的档次较高，多为呢绒、丝绸的，可选滚筒式洗衣机；洗换衣物较为频繁的，可选择有即时洗衣功能的洗衣机。

(3)外观选择。以波轮式为例，桶形设计应合理，一般说来，带大圆角的长方形洗涤效果最好；桶壁应光滑，无毛刺，箱体表面应平整，颜色均匀，喷漆无起泡；用手转动波轮，转动灵活，波轮盘与波轮槽之间有1mm左右的间隙。

(4)通电检查。通电运转振动小，无杂音；各控制键反应灵敏。

2. 洗衣机的使用

使用洗衣机时应注意以下几个问题。

(1)洗衣机应平稳放置在避晒及通风良好的地方，地面应坚实平整。

(2)洗衣前，应清理衣物口袋内的硬物、杂物，有金属拉链或金属纽扣的衣物，应将拉链拉上或扣上纽扣，并将其翻转，由里朝外，以免损坏洗衣机桶壁或损坏衣物。线类衣物应装在网袋内后再放入桶内洗涤，以防缠绕波轮或互相缠绕。

(3)用水量应适中，水过多可能外溢；水过少则可能影响洗涤效果，加重被洗衣物的磨损。

(4)一次洗衣量不宜过多，否则衣物不易翻滚，磨损率高，洗净度低，甚至可能引起过载而烧坏电机。

(5)需加热洗涤时，水温以30～40℃为宜。温度过高会损坏衣物和洗衣机机件。

(6)洗涤过程中，应根据衣料的性质和脏污程度，掌握好洗涤强度。一般棉布、混纺织品可用中洗；丝绸、呢绒等可用弱洗；脏污严重或特别厚重的洗涤物，可强洗。

二、电冰箱

(一)电冰箱的分类

1. 按制冷方式分类

(1)压缩式电冰箱。按制冷方式不同，电冰箱可以分为压缩式、吸收式、电磁振荡式。

压缩式电冰箱是我国冰箱的主要形式，它是利用电动机提供机械能，通过压缩机对制冷系统做功，达到制冷的目的。该类电冰箱具有寿命长、使用方便、制冷效率高、耗电少、冷冻速度快、制冷量大等特点，世界上91%～95%的电冰箱属于这一类。

(2)吸收式电冰箱。吸收式电冰箱是利用氨作为制冷剂，水作为吸收剂，氢气作为扩散剂，在连续吸收—扩散过程中实现制冷效果的。该类电冰箱具有结构简单、无噪声等优点，其缺点是效率低，降温慢。除利用电能外，这种冰箱也可用煤油、煤气等作为能源，适合在无电地区使用。

(3)电磁振荡式电冰箱。电磁振荡式电冰箱是用电磁振动机作为动力来驱动压缩机的冰箱。其原理、结构与压缩式电冰箱基本相同，具有结构简单，价格便宜，无噪声等优点，但耗电量大。

2. 按冷却方式分类

按冷却方式不同，电冰箱可以分为直冷式冰箱和间冷式冰箱两种。直冷式冰箱如图11-3所示。

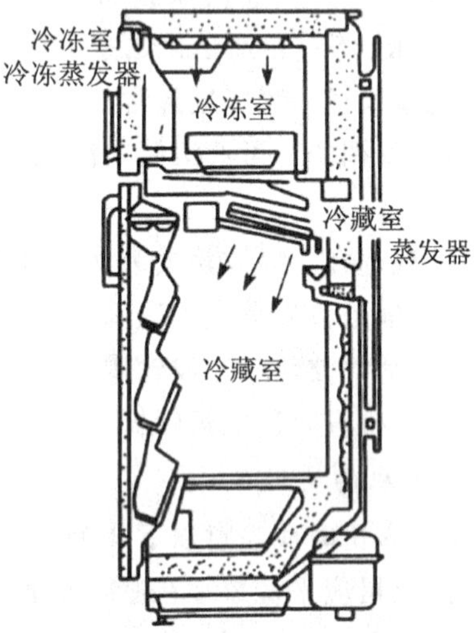

图11-3 直冷式电冰箱冷气传递方式

(1)直冷式冰箱。直冷式冰箱又称冷气自然对流式冰箱或有霜冰箱，该冰箱有两个蒸发器(冷却器)，冷冻室内有一个蒸发器，冷藏室上部再设有一个蒸发器，由蒸发器依靠传导和对流实现冰箱的低温效果。这种冰箱结构简单，价格便宜，耗电量小，但除霜比较麻烦。

(2)间冷式冰箱。间冷式冰箱又称无霜冰箱。该类冰箱有一个蒸发器，位于冷冻室和冷藏室之间的隔层或后背部的夹层里，冰箱内有一个小风扇强制箱内空气流动，使空气通过蒸发器到达冷冻室和冷藏室，因此箱内温度均匀，冷却速度快，使用方便。但因具有除霜系统，耗电量稍大，噪声较大，食物容易风干脱水。

3. 按使用时的气候环境分类

按电冰箱使用时的气候环境不同，可分为亚温带型(SN)(气候环境温度为10～32℃)、温带型(N)(气候环境温度为16～32℃)、亚热带型(ST)(气候环境温度为18～38℃)、热带型(T)(气候环境温度为16～43℃)。

4. 其他分类方式

按箱体外形不同，电冰箱可以分为单门电冰箱、双门电冰箱和多门电冰箱；按制冷控制方式不同，电冰箱可以分为机械温控、电子温控和电脑温控电冰箱；按使用的制冷剂不同，电冰箱可以分为普通电冰箱和无氟电冰箱；按用途不同，可分为冷藏箱、冷藏冷冻箱、冷冻箱。另外，近几年来又出现了数字变频电冰箱。

普通电冰箱一般采用导致大气臭氧层受到破坏的氟利昂作制冷剂、发泡剂，而无氟冰箱采用的是其替代品，使用较多的是碳氢化合物和环烷。目前，我国电冰箱市场向大容量、多开门、风冷、变频等方向升级换代，向着节能型、人性化和智能型方向发展。

电脑温控电冰箱又称智能型电冰箱，它在冷藏室和冷冻室内及电冰箱外部都设有一个感温探头，能够精确感知箱体内部和外部的温度。一旦电冰箱门频繁开合或外界温度变化导致箱体内温度与用户设定有所偏差，就能将偏差值马上传送到微电脑芯片，微电脑芯片能存储多种电冰箱运行程序，随时根据电冰箱内部与外部的温度进行自动调节，使箱体内温度迅速回到原来设定的数值。电冰箱的冷冻室和冷藏室均有独立的温控电路，各自运行，互不影响。这种电冰箱操作简便，保鲜期长，使用寿命长，耗电量低。

普通压缩式电冰箱是通过压缩机的不断开停来使温度维持在一定范围内，但这对压缩机的寿命影响非常大，而且耗电量大。数字变频电冰箱采用了变频压缩机，它可根据电冰箱内外温度的设定来自动调节压缩机的工作频率，使电冰箱运行一直处于最佳状态。当电冰箱温度回升较大时，压缩机以高频工作，提高冷冻效率，加快制冷速度；当电冰箱温度恒定不变时，压缩机以低频工作。这样就避免了开机瞬间电流大对压缩机的影响，延长了电冰箱的使用寿命，减少了电量的消耗。

现在，我国所有电冰箱都已采用无氟环保的制冷剂替换氟利昂。比如，海尔、容声、新飞电冰箱均采用 R600A、R134A 等环保制冷剂。

(二)电冰箱的规格和型号

1. 电冰箱的规格

电冰箱的规格是按箱体内的有效容积的大小来划分的，单位为升，用 L 表示。容积在 12～20L 的称为便携式，多为半导体式冰箱，供旅行及安装在汽车上使用。家庭使用的冰箱容积在 150～270L。

2. 电冰箱的型号

电冰箱型号的组成及含义如图 11-4所示。

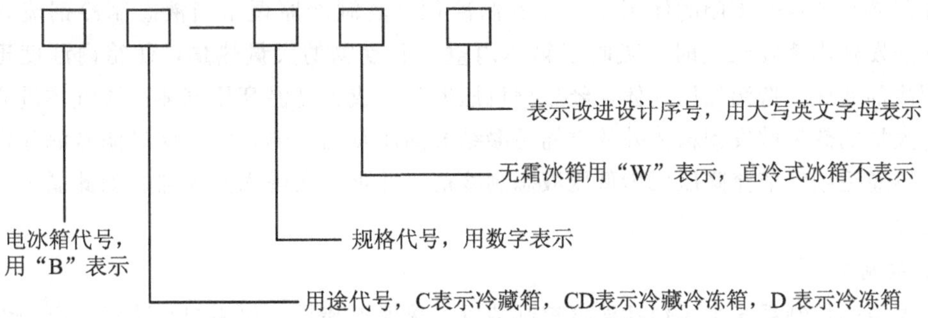

图 11-4　电冰箱型号的组成及其含义

在国家标准中明确规定了电冰箱冷冻室的温度级别(星级)，如表11-1所示。

表11-1　电冰箱星级

星　级	冷冻室温度(℃)	符　号	冷冻食品保存期参考
一星级	≤−6	*	一周
二星级	≤−12	* *	一个月
三星级	≤−18	* * *	三个月
四星级	≤−18	* * * *	六个月

四星级电冰箱在国家标准中，没有要求冷冻室温度达到−24℃，但第一颗大星表示具有速冻能力。星级越高，冷冻室温度越低，储存冷冻食品的时间越长，但耗电量越大。

(三)电冰箱的结构

以压缩式电冰箱为例，电冰箱主要由制冷系统、控制系统、箱体和附件等部分组成。

1. 制冷系统

制冷系统由压缩机、冷凝器、过滤器、毛细管、蒸发器组成，如图11-5所示。

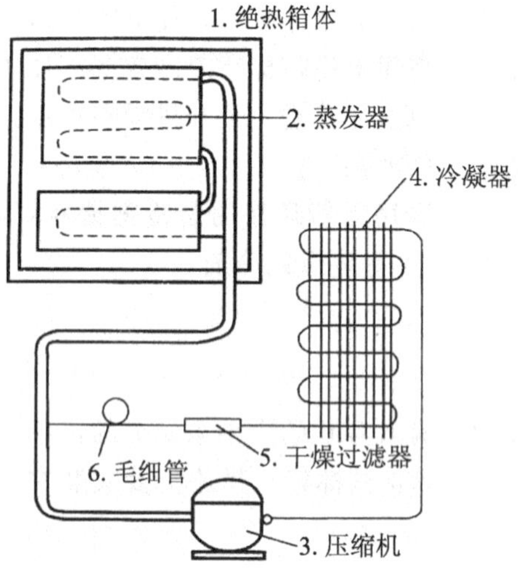

图11-5　压缩式电冰箱制冷循环示意图

在制冷系统这个密闭的体系中，装有制冷剂，其制冷原理是当液态制冷剂流入蒸发器，在蒸发器内蒸发汽化时，吸收了箱体内空气和食物的大量热量，使箱内温度迅速下降，制冷剂变成了低温低压气体，经压缩机压缩后，成为高温高压气体；该气体进入冷凝器，将大量的热量散发到箱体外的空间后凝结成高压常温液体，经干燥过滤器滤除污物和水分，再经毛细管节流降压成为低压液态制冷剂，并再一次进入蒸发器。如此循环，实现连续制冷。

2. 控制系统

电冰箱的控制系统主要包括温度控制装置、热保护装置、化霜控制装置、启动保护装置、过载保护装置等。其中，温度控制装置用来控制制冷系统的启动、停止，维持冰箱保持一定的箱温，化霜控制装置是为了融化蒸发器壁上凝结的冰霜，以保证良好的制冷效果。它们的作用主要是确保电冰箱的正常运转。

3. 箱体

箱体包括冰箱的外壳、门壳、箱内胆、门内胆、隔热层、顶面装饰板、磁性门封、门铰链等。箱体主要起保温的作用，其外壳是经过处理加工(磷化、涂漆或喷塑)的优质薄型钢板；门胆通常采用ABS板或改性聚苯乙烯板，经加热干燥处理，做成凸模或凹模真空形；其隔热层所用的隔热材料，一般用聚氨酯泡沫塑料或超细玻璃棉。为了保证箱体的密封性，门与箱体间的空隙采用磁性门封，它由塑料门封条和磁性胶条两部分组成。

4. 附件

冰箱的附件主要有搁架、果菜盒、接水盘、制冷盒、蛋架、瓶格等。

(四)电冰箱的挑选和使用

1. 电冰箱的挑选

(1)电冰箱类型、规格的选择。根据家庭的实际需要和经济状况来选择，一般三口之家可选180～200L的冰箱。经济条件一般的家庭可选用直冷式冰箱，其成本低、价格优惠、耗电量少，但冷冻室需人工化霜；经济条件较好的家庭可选择间冷式冰箱，其温度控制均匀、全自动化霜，但成本高、结构复杂、耗电量也大。随着人们对食品和蔬菜、水果的卫生、保鲜度及储存食品的营养保存的关注，能够对温度进行精确控制、抗菌保鲜功能好的电脑温控冰箱，以及具有自由设定温区功能的冰箱很受欢迎。另外，出于能源短缺和运行成本方面的考虑，节能冰箱也深受消费者青睐。

(2)外观检查。观察外壳是否完好无损，不应有明显的缺陷，喷涂或电镀部分是否颜色均匀一致、光亮，不得有鼓泡、露底、划伤等；箱门门封磁条密性是否良好，是否转动灵活，磁性门封是否有足够的吸力；是否具有3C认证标志；是否粘贴能效标签(1级能源效率最高，5级能源效率最低)。

(3)内在质量检查。电冰箱的电源接通后能立即启动，运转声轻微，无异常声响；切断电源时，电冰箱正常停机。再次启动时，在1秒内压缩机启动，并正常运行；打开冷藏箱门，箱内灯亮；关闭箱门，灯灭。

温控器置中间挡，启动电冰箱运转10分钟后，压缩机和冷凝器发热，箱内应变冷；电冰箱运转30分钟后，冰箱内壁应结薄霜，用手摸时，应有较冰粘的感觉，冷凝器管有较热的感觉。打开冷藏箱门，箱内灯亮；关闭箱门，灯灭。

将温控器调在“停”的位置，压缩机应立即停转，将温度控制器置最冷挡，关上箱门，开机运转2小时后，冷冻室冰盒内的水应结成实冰，且冷冻室温度应达到各星级规定要求，冷藏室温度应达到5℃左右。

2. 电冰箱的使用

(1)电冰箱应放置在阴凉、干燥、通风良好的地方，箱体四周应留有一定空间，背面离墙距离应大于10cm，便于冷凝器通风散热；放置地面应平整、坚实，垂直放置。

(2)搬运冰箱要抬其底部，垂直搬运，应轻抬轻放，不可搬动门把手、冷凝器、上盖等非受力部位，不能倒置、平抬或过分倾斜(不超过45°)，轻搬轻放。

(3)要配备专用电源插座。

(4)要正确使用温控器，数字越大表示控制的温度越低；数字越小表示控制的温度越高。正常使用时可调到“2”或“3”两挡；需要速冻时，可调至“5”挡；速冻完毕，需调回至“3”挡。

(5)电冰箱内存放的食物不宜过满，防止食物之间串味。热的食物不要放入电冰箱内，生熟要分开存放。

(6)定期清洁、消除异味。要正确除霜，不要用利器铲刮内部的结霜，应把冰箱门打开等待结霜融化，再用干净的抹布把电冰箱擦干净，确保冰箱干燥无水分。

三、家用空调器

(一)家用空调器的分类

1. 按结构分类

按结构不同，空调器可分为窗式(整体式)空调器和分体式空调器两大类。

(1)窗式空调器。窗式空调器按结构不同，又可分为卧式空调器和立式空调器两种。窗式空调器的特点是安装在窗口，利用窗口内外的制冷系统和冷热交换来调节室内的空气。

(2)分体式空调器。分体式空调器是将产生噪声的压缩机、蒸发器、风机、冷凝器风机移至室外，组成室外机组，其余的组成室内机组，中间用管道连接起来。分体式空调器通常分为壁挂式、吊顶式和落地式等多种。

2. 按工作方式分类

按工作方式不同，空调器可分为冷风型、电热型和热泵型三种。

(1)冷风型空调器(单冷式空调器)。只能在夏季天气较热，空气相对湿度较大的地区，用于家庭或公共场所制冷降温、除湿，不能用于冬季制热。

(2)电热型空调器。既可以在夏季用于制冷、除湿，也可在冬季制热。这种空调器制热的方式是利用空调器上安装的电热丝，吹出热风，用于冬季取暖。

(3)热泵型空调器。具备制冷又制热的功能，依靠空调器上安装的电磁换向阀，来控制制冷剂的流向，达到改变空调器工作状态的目的。夏季位于室内的制冷蒸发器用于制冷；到了冬季，在电磁阀控制下则变成了散热的冷凝器，用于制热取暖。

另外，按室内机数量不同，可分为“一拖二”空调器和“一拖三”空调器；按制冷量不同，可分为小型空调器、中型空调器和大型空调器。

3. 其他分类方式

近几年来，一些高科技逐步应用到家用空调器上，新的空调器品种不断涌现，如数字变频空调器、氧吧空调器、环绕立体送风空调器、健康空调器、新型智能空调器、家用中央空调器等。

(1)数字变频空调器。数字变频空调器的压缩机以数字转换电路代替原来的交流转换电路，并能根据环境温度变化精确控制转速，使其始终处于最理想的运行状态。空调器的风机采用数字电机，传感器也采用数字处理。

(2)氧吧空调器。氧吧空调器利用富氧膜技术，解决了空调器在室内的保氧问题，其温度、氧气浓度、湿度都可调节，改善了人们的生活环境。

(3)环绕立体送风空调器。环绕立体送风空调器采用了数字直流电机，具有噪声低、效率高的特点。它还具有智能化的风量调节器，可随时调节吹出的风量，送出的风同自然风基本相同。

(4)健康空调器。健康空调器是针对“空调病”而设计的，具有改善和净化空气质量的作用。目前市场上的健康空调器大致是通过以下四种技术达到健康效果的：采用负氧离子除菌、除尘；采用换气功能；采用冷触媒技术；采用光触媒技术。

(5)家用中央空调器。家用中央空调器是由一台主机通过风道送风或冷热水源带动多个末端的方式来控制不同房间的，以达到调节室内空气的目的。采用风管送风的方式，用一台主机即可控制多个不同的房间，并且可引入新鲜空气，有效改善室内空气品质，预防空调病的发生。采用水系统调节方式，利用室外主机将冷却水通过水管送到不同连接区域的不同形式的末端，以调节室内温度。室内机可选择卧式暗装、明装吸顶、天花式、壁挂式等安装方法。

(二)空调器的规格和型号

1. 空调器的规格

空调器的规格是按制冷量或制热量划分的。制冷量是指空调器在制冷运行时，单位时间内从房间内或某个区域内吸收并转移到其他区域的热量。国家标准规定，计量单位是瓦或千瓦，符号为 W 或 kW。目前，也有很多厂家或消费者采用“匹”来表示空调器规格，1 匹≈2324W。

2. 空调器的型号

根据国家标准的规定，空调器型号的含义如图 11-6 所示。

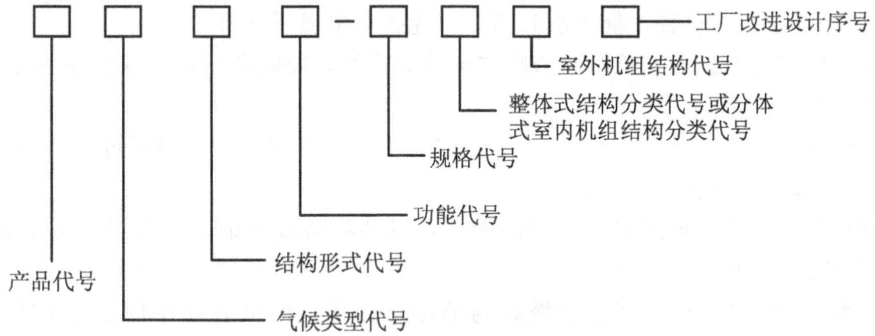

图 11-6　空调器型号的含义

(1)气候类型代号。气候类型代号有三种，即 T1 型、T2 型、T3 型，分别代表所使用的不同环境温度，如为 T1 型时，此代号可以省略。

(2)结构形式代号。结构形式代号用拼音字母表示，整体式代号为 C，分体式代号为 F。

(3)功能代号。功能代号用拼音字母表示，冷风型代号省略，热泵型代号为 R，电热型代号为 D。

(4)规格代号。规格代号用阿拉伯数字表示，其值取制冷量百位数或百位以上的数。

(5)整体式结构和分体式室内机组结构代号。该代号用拼音字母表示。整体式中，穿墙式代号为 C，移动式代号为 Y；分体式中室内机组吊顶式代号为 D，挂壁式代号为 G，落地式代号为 L，天井式代号为 T，嵌入式代号为 Q。

(6)室外机组结构代号。室外机组代号为W。

(7)工厂改进序号和特殊功能代号。用一个拼音字母加三位阿拉伯数字表示。比如，Y代表遥控式，M代表面板控制式，Q代表强电控制，F代表模糊控制，P代表变频控制等；三位阿拉伯数字可表示设计的年号和序号及功能类型。比如，KC-20/Y221，表示冷风型窗式空调器，T1气候类型，额定制冷量2000W；遥控式，2002年设计，序号为21。

(三)空调器的选购和使用

1. 空调器的选购

首先，应确定空调器的制冷量。普通房间冷量负荷的推荐值为每平方米115～145W，可将此值乘房间面积得出需购买的空调器的制冷量。

其次，应根据实际需要，从品牌、经销商、产品的技术水平、空调器性能指标、有关认证以及价格等方面，综合考虑所要购买的空调器。

再次，要进行外观质量检查，面板应平整光洁，角边平直，表面无裂痕、毛刺、变形等。装饰层无脱落、碰刮现象。喷塑件、电镀件、塑料件表面应无明显的气泡、划痕、露底、皱纹等现象，且应平整光滑、色泽均匀。开关、按键、旋钮等应操作自如，进风栅、出风栅应灵活无阻。

最后，要通电试机。通电后，用试电笔测试壳体是否带电。压缩机、风扇电机能迅速进入正常运行状态，振动不能过大，不能有异常的撞击声等。控温性能良好，通电数分钟后，夏季应有冷风出，冬季应有热风出。调节风速选择钮，应有不同的风量吹出。

2. 空调器的使用

(1)不要频繁开关机。不要频繁开关空调器，也不要在各功能模式之间进行频繁、连续的转换，至少要过3分钟才能再次开机，以免损坏电机压缩机。

(2)不要紧闭门窗。不能长时间依赖空调器升降温，要间断通风，保持室内空气流通，引入新鲜空气。

(3)室内外温差不宜过大。温差以不超过7℃为宜。如果室内外温差过大，不仅耗电量大，而且易引起感冒或其他不适。

(4)保持设备清洁。定期清洁进风滤网等，以消除潜藏的细菌、病毒、霉菌等，达到保护人体健康的目的。

(5)注意送风方向。气流调节以微风为最好，夏季室内机应选择接近水平方向送风，冬季应向斜下方送风，以保持房间温度均衡。

(6)注意湿度。相对湿度的控制，夏季50%～60%为宜，春季40%～70%为宜，冬季40%～50%为宜。

四、电视机

电视机(电视接收机)是电视广播系统的终端接收设备，它从天线或有线电视网络的同轴电缆上选择接收高频电视信号，并进行一系列的变换和处理，将其还原成声音、图像及彩色信号，最终通过扬声器的电声转换和显像管的电光转换，让用户听到逼真的声音，看到清晰的图画和色彩。

(一)电视机的种类

目前，我国电视机种类繁多，下面仅从外观和性能上了解电视机的种类。

1. 按电视机的外观分类

(1)平板电视。如等离子电视、液晶电视和一部分超薄壁挂式 DLP 背投。

(2)CRT 显像管电视。如纯平 CRT、超平 CRT、超薄 CRT 等。

(3)曲面电视。该种电视机屏幕有一定弧度，模仿 IMAX 影院的屏幕设计，为观看者营造环式视觉体验。

(4)投影电视。投影电视包括正投和背投，如 CRT 背投、液晶背投、DLP 背投、LCOS 背投等。

2. 按电视机的性能分类

(1)8K 电视。8K 电视是新科技的产物，8K 是指电视的分辨率。

(2)4K 电视。4K 电视是屏幕的物理分辨率达到 3840×2160(QFHD)，且能接收、解码、显示相应分辨率视频信号的电视。

(3)数字电视(数位电视或数码电视)。基于数字技术的数字电视系统。

(4)网络电视(IPTV)。它将电视机、个人电脑及手持设备作为显示终端，通过机顶盒或计算机接入宽带网络，实现数字电视、时移电视、互动电视等服务。网络电视的出现，给人们带来了一种全新的电视观看方法，它改变了以往被动的电视观看方式，实现了电视按需观看，随看随停。

(5)量子点电视。它是应用了量子点技术背光源的电视，是液晶电视的一种。

(6)激光电视。激光电视是采用激光光源作为显示光源并配合前投影显示技术成像，配备专用投影幕，可接收广播电视节目或互联网电视节目的投影显示设备。

(7)智能电视。智能电视简单来说，就是搭载操作系统，具有网络功能，连接网络后还可以下载安装软件使用，既可以当作普通电视看有线电视，联网后还可以看网络电视的电视，如小米电视。

(二)几种电视机简介

1. 超平彩电

超平彩电是相对于传统的球面显像管和平面直角显像管电视机而言的，采用超平面彩色显像管的彩色电视机。传统的彩色显像管由于屏幕显示屏中心隆起，显示的图像会有一定的变形失真。超平电视机的显示屏虽然仍有弧度，但弧度已极小，一般比平面直角显像管要平坦30%以上，具有失真小、色彩更真实、收视效果好等优点。另外，采用新型阴极的超平直角彩色电视机的寿命是平面直角彩色电视机的 1.7 倍。

2. 纯平彩电

纯平彩电采用的是纯平彩管，从外观上看是平面的，在电子枪、荫罩和荧光粉涂层等方面也采用了新技术，从而使其图像失真更小，可视图像更大，色彩更鲜艳，色纯度更好，清晰度更高，寿命更长。

3. 液晶电视机(LCD)

液晶电视机是指用液晶屏作显示器的电视机。液晶电视机屏幕由超过 200 万个红、绿、蓝三色液晶光阀组成，液晶光阀在极低的电压驱动下被激活，此时位于液晶屏后的背光灯发出的光束从液晶屏通过，产生分辨率极高的图像。同时，先进的电子控制技术使液晶光阀产生颜色变化，可还原真实的亮度、色彩度，再现自然纯真的画面。液晶显像从根本上改变了传统彩电以“行”为基础的模拟扫描技术，实现了以“点”为基础的数字显示技术。与传统显像管(CRT)电视机相比，液晶电视机的画面更稳定，避免了因场、行扫描带来的画面闪烁和不稳定现象，图像更逼真，使用的数字点阵显示模式将画面的几何失真率降为零；采用荧光灯透过液晶屏成像，彻底消除了传统显像管电视机轰击荧光粉产生的辐射和静电；机身厚度不超过6cm，外形美观、节省空间；使用寿命长。

4. 等离子电视机

等离子电视机又称壁挂式彩电，是用等离子显示屏(PDP)作为显示器的电视机。等离子显示屏是利用一种可导电的等离子体的气状物质，在电极作用下，激发红、绿、蓝三色荧光体发光而显像的。等离子电视机薄而轻；与显像管电视机一样具有宽视角的特点，优于液晶电视；图像无任何失真；抗电磁干扰性好。

5. 投影电视机

投影电视机根据其投影方式技术的不同有正投影电视机和背投影电视机(简称背投电视)两种。正投影电视机在亮度、画面质量、体积、寿命等方面都优于背投电视，但其价格较高。背投电视图像超级清晰，画面无闪烁；使用寿命长；屏幕大，视角广；规格齐全。

6. 数字化电视机

数字化电视机也称数码电视，是在传统模拟彩色电视机的电路中采用了多种数字化处理技术，如变频加逐行扫描技术、3D/5D数字化图像处理技术、I^2C数字总线技术、数字画中画技术和NICAM数字伴音技术等，从而获得更好的图像、声音质量，增强了电视机的功能。与传统电视机相比，数码电视消除了目前50Hz场频带来的大面积闪烁感，提高了图像垂直清晰度；便于实现画中画、画外画、静止画面等功能。但数字化电视机从本质上讲仍属于模拟电视，接收的仍是模拟电视信号。

7. 数字电视和高清晰度电视

数字电视是一种技术过程而不是一种设备，它是指在节目摄制、编辑、发送、传输、存储、接收和显示等环节全部采用数字处理的全新电视系统。数字电视按其传输视频比特率的大小可分为四个等级，即普及型数字电视(PDTV)、标准清晰度数字电视(SDTV)、增强清晰度数字电视(EDTV)、高清晰度数字电视(HDTV)。数字电视具有娱乐、学习、炒股、音频广播、信息服务、交互、上网、远程教育等功能。数字电视具有高清晰的电视画面、优质的音响效果(伴音更趋逼真)、抗干扰性强(画面稳定)、扩展功能多(如可点播)等优点。数字电视产业发展的趋势是数字化、高清化、网络化、智能化。

(三)电视机质量的挑选和使用

1. 电视机质量挑选

(1)外观检查。外形应美观大方，色泽协调；表面无划伤，荧光屏上无气泡，旋钮、按键安装牢固，操作灵便。其外部控制元件和天线端子通电后都不应带电，机壳通风孔要能够防止外来异物进入内部。

(2)灵敏度检查。灵敏度是电视机接收微弱信号的能力。若在电视信号较弱的地方，能够清晰、稳定地收到所选频道的电视节目则表明其灵敏度高。

(3)选择性和稳定性检查。当收看所选定的电视节目时，邻台不应窜入干扰，上下邻频道也不应有本频道的图像与伴音。当出现干扰信号时，屏幕上只能出现杂波，图像不应出现扭斜和翻滚。调节行频，图像只发生左右移动，不应扭斜；调节帧频，在一定范围内，图像不应翻滚。

(4)伴音质量检查。检查伴音质量时，调节音量，听声音有无明显变化，不应伴有杂音；音量调到最大时，瞬间声音应洪亮悦耳，无失真和交流声，屏幕上的图像不应随伴音大小而产生干扰；音量调到最小时，应该无声。

(5)图像分辨率、亮度、图像失真检查。可通过国家标准电视广播测试图进行。

2. 电视机的使用

使用电视机时应注意以下几个问题。

(1)电视机应放置在通风、干燥、避光的地方。

(2)电视机的色彩、音量、对比度、亮度等要适中。亮度过高，容易导致显像管加速老化。

(3)夏季雷雨前，最好关掉电视机，防止其因受雷击而烧坏。

(4)不宜频繁开关机。这样会缩短电视机的寿命。睡前不宜用遥控器关机，因为遥控器关机并未切断电源，所以还是以关掉电视机上的电源开关为好。

(5)电视机上不要覆盖塑料布、布套等，底部不要垫泡沫塑料，以免影响电视机透气、散热。

(6)彩电最怕磁场干扰，因此，电视机应远离有磁场的物品，如变压器、录音机等，否则，会使电视机的色彩紊乱和图像扭曲。大屏幕彩电应朝南或朝北放置，防止地磁影响色纯度。

(7)电视机外壳有灰尘，可在关机条件下用潮湿软布擦抹；电视机屏幕有灰尘，可用照相机镜头纸擦拭。

五、微波炉

微波炉是一种利用微波加热的新型家用电热炊具。它具有烹饪迅速、加热均匀、效率高、省时节能、营养破坏少、无烟尘污染、操作方便等优点。

(一)微波炉的类型

1. 按结构不同分类

按结构可分为柜式微波炉和轻便式微波炉。柜式微波炉容量大，输出功率1千瓦以上，主要用于工业或大型的宾馆饭店；轻便式微波炉输出功率1千瓦以下，移动方便，主要用于家庭。

2. 按使用功能不同分类

按使用功能可分为单功能型微波炉和复合型微波炉。单功能型微波炉只能用来烹调食品、对食品进行再加热及对冷冻食品进行解冻等；复合型微波炉除具有单功能型微波炉的功能外，还具有烘制、蒸烤和烧烤等功能。

3. 按控制功能不同分类

按控制功能可分为普及式微波炉和电脑控制式微波炉。普及式微波炉设有计时装置，用户按食物种类自行设定烹调时间；电脑控制式微波炉装有具有记忆功能的微处理器，可根据食物品种确定时间，使炉灶按预定程序操作。

(二)微波炉的加热原理

微波炉是根据微波的特性制成的。微波就是一种频率极高的电磁波，家用微波炉使用频率为2450MHz的微波。微波加热的原理很复杂，简单地讲，微波可以使介质(食物)内部分子(食物分子)旋转，从而产生摩擦发热，使食物的温度不断上升。微波炉就是利用微波发生器产生的电能转换为热能，达到加热食物的目的。由于这个能量转换过程是在食物的内部和表面同时进行的，因此，食物内外受热均匀。

(三)微波炉的选购

1. 选型

根据家庭人口和实际需要选择微波炉的输出功率，最好选择有功率调节功能的微波炉。选择品牌时，应考虑经销商的信誉、产品的技术水平、性能指标、有关认证和价格等方面，应选择技术力量雄厚的微波炉专业生产厂家的产品。新型多功能的微波炉应是首选目标。

2. 质量检查

挑选时，应先检查外观是否美观，不应有擦伤、碰伤等。调节定时器、功率分配器等旋钮，感觉应正常。开门、启动按钮时手感要好，关门时门钩弹入声应清脆。门和箱体装配间隙要紧密。要特别注意微波炉的微波泄漏量是否符合标准。

3. 检查输出功率

可用简单的方法检查微波炉输出功率是否正常。将一杯200mL的冷水放入炉内，输出功率为500W的微波炉加热约4分钟水可开；输出功率为600W的微波炉加热约3分钟水可开。

4. 按说明书上的要求检查其他性能

比如，进行通电试验，即将微波炉接通电源，放入水，启动微波炉，注意观察炉内是否有照明。

六、电饭锅

(一)电饭锅的种类与规格

电饭锅是一种将电能转变为热能来烧饭的装置，由于它有温度到达103℃时能自动断开电路的温度自限能力和保温[保持在(65±5)℃]的能力，使用方便、安全，深受广大用户的欢迎。电饭锅的分类见表11-2。

表11-2 电饭锅的分类

分类方式	种类		特点
结构形式	组合式		早期的一种形式，锅体与电热座分开
	整体式	单层	锅体只用单层金属制作
		双层	锅体由外锅和内锅两层组成，是我国目前使用最多的结构
		三层	锅体分内、中、外三层

续表

分类方式	种　类	特　点
控制方式	普通式	既能煮饭，又能保温
	保温式	饭熟后自动保温
	定时启动保温式	可以设定煮饭开始时间，饭熟后还会自动保温
	电脑控制式	由集成电路控制烧饭的各种功能
	模糊控制式	采用模糊控制技术控制电饭锅的各种功能
压力式	低压式	与上述各种电饭锅相同
	高压式	结合高压锅的功能制造的电饭锅

(二)电饭锅的选购

1. 选型

电饭锅的类型和型号可根据产品的功能、性能、家庭经济条件等因素来选择。规格的选择可根据家庭用餐人数和用饭量进行。

2. 外观检查

电饭锅外的漆层应均匀、光亮，花纹色泽应协调美观，无划痕。手柄、开关、插座等胶木件应安装牢固。锅盖应无变形，与锅口接触要严密，不漏气。电热板与内胆表面应光洁平整，它们之间的配合面应接触良好。

3. 通电试验

通电前，要检查电源插头、电源线是否完好。接通电源后，电源指示灯应亮，电热板微热持续几分钟后，开关应能自动跳起，指示灯熄灭。检查电饭锅是否漏电，同时还应检查电饭锅的保温性能。检查各种附件是否齐全、完好。

七、扫地机器人

扫地机器人又称自动打扫机、智能吸尘器、机器人吸尘器等，是智能家用电器的一种，能凭借一定的人工智能，自动在房间内完成地板清理工作。一般采用刷扫和真空方式，将地面杂物吸纳进入自身的垃圾收纳盒，从而实现地面清理的功能。一般来说，能完成清扫、吸尘、擦地工作的机器人，统一归为扫地机器人。

(一)扫地机器人概述

扫地机器人的机身为无线机器，以圆盘形为主，使用充电电池运作，通过遥控器或是机器上的操作面板操作。一般能设定时间预约打扫，可自行充电。机器前端设置有感应器，可侦测障碍物，如碰到墙壁或其他障碍物，会自行转弯，并依不同厂商设定走不同的路线，规划清扫地区。因为扫地机器人操作简单，使用便利，现今已成为上班族或是现代家庭的常用家电用品。

扫地机器人科技现今日趋成熟，故每种品牌都有不同的研发方向，拥有特殊的设计，如双吸尘盖、手持吸尘器、集尘盒可水洗及拖地功能、可放芳香剂，或是光触媒杀菌等功能。

(二)扫地机器人的工作原理

机身为拥有自动化技术设施的可移动装置与有集尘盒的真空吸尘装置，后者配合机身设定控制路径，在室内反复行走，进行沿边清扫、集中清扫、随机清扫、直线清扫等，并辅以边刷、中央主刷旋转、抹布等方式，加强打扫效果，以实现拟人化居家清洁效果。

(三)扫地机器人基本构造

1. 本体

不同的厂商品牌，外形设计会有所不同。

2. 充电电池

一般以镍氢电池为主，部分用锂电池，但用锂电池通常产品单价较高。每家厂商的电池充电时间与使用时间也有差别。

3. 充电座

提供扫地机器人自动充电的地方。

4. 集尘盒

与一般吸尘器的纸袋方式不同，扫地机器人都备有集尘盒，用来收集灰尘。集尘盒大致分为两种：一种是中央集尘盒，另一种是置于后端集尘盒。

5. 遥控器

用于控制扫地机器人吸尘器，也可由机身上的设置控制。

(四)扫地机器人的分类

1. 按清洁系统分类

(1)单吸口式。单吸口式的清洁方式对地面的浮灰有用，但对桌子下面久积的灰及静电吸附的灰尘清洁效果不理想。(设计相对简单，只有一个吸入口)

(2)中刷对夹式。它对大的颗粒物及地毯清洁效果较好，但对地面微尘处理效果稍差，较适于欧洲全地毯的家居环境。对亚洲市场的大理石地板及木地板微尘清理效果较差。(清扫方式主面通过一个胶刷、一个毛刷相对旋转夹起垃圾)

(3)升降V刷清扫系统。以台湾机型为代表，它采用升降V刷浮动清洁，可以更好地将扫刷系统贴合地面环境，相对来说对静电吸附灰尘清洁更加到位。(整个的V刷系统可以自动升降，并在三角区域形成真空负压)

2. 按侦测系统分类

(1)红外线传感。红外线传输距离远，但对使用环境有相当高的要求，当遇上浅色或深色的家居物品时它无法反射回来，会造成机器与家居物品发生碰撞。时间一久，底部的家居物品会被它撞得斑斑点点。

(2)超声波仿生技术。采用超声波仿生技术，类似鲸鱼、蝙蝠采用声波来侦测判断家居物品及空间方位，灵敏度高，技术成本高。

(五)扫地机器人的使用注意事项

随着人们生活水平的提高，扫地机器人越来越多地走入了人们的生活，与家庭、办公联系在了一起，成为小家电中重要的一员，深受欢迎。但是在使用过程中如果操作不慎，也会损坏机器，严重的甚至会引发火灾。

使用扫地机器人时，应注意以下事项：①不要在潮湿的环境中使用，以免电机受潮发生短路起火，如果不是干湿两用的扫地机器人千万不要吸水；②不要把火柴、烟头等易燃物品吸入扫地机器人；③使用时间不宜过长，如果机身过热，应该停用一段时间再使用，防止电机因过热而烧毁；④严禁在易燃易爆的危险场合使用扫地机器人，以免引起火灾或爆炸事故；⑤扫地机器人每次工作完毕会自动回到充电座充电，等待下次定时预约清扫时启动自动清扫，长期不使用扫地机器人时，要将电源线从插座上拔下，将扫地机器人电池取出并整理好，收藏在干燥的地方。

八、洗碗机

洗碗机是能自动清洗碗、筷、盘、碟、刀、叉等餐具的设备。市面上的全自动洗碗机可以分为家用和商用两类。

(一)洗碗机的功能

1. 洗涤

全封闭式洗涤，不用抹布，切断细菌传播途径。

2. 消毒

采用加热及专门的洗涤用品：涤龙浸泡粉、消毒剂、洗洁精，足以杀死大肠杆菌、葡萄球菌、肝炎病毒等病菌、病毒。

3. 烘干

洗刷后直接烘干，避免水渍留下的斑痕，使餐具更光洁。

4. 贮存容量

设计科学，可容纳几套餐具，具有碗柜功能。

5. 软化水

去除自来水中的钙离子、镁离子等主要成分，增加光洁度。

6. 多层保护

内胆是不锈钢的，外壳采用喷粉、电泳、磷化等工艺，不生锈，低磨损。

7. 低噪声

吸音、隔能，使洗碗机工作噪声不超过50分贝。

8. 上下层碗篮

上下层碗篮能更科学、合理地利用有限空间。

9. 三维喷淋

三维密集淋刷餐具，冲洗彻底，节约用水。

10. 节约时间

20分钟速洗，可满足人们随吃随洗的需要。

(二)洗碗机的分类

洗碗机的分类从不同角度有不同命名，常见的有以下几个类别。

1. 按用途分为商用洗碗机和家用洗碗机

(1)商用洗碗机适于商业用途。一般用于宾馆、饭店、餐厅等，其特点是高温消毒，高强度、短时间处理。有传送带式洗碗机、飞引式洗碗机、门式洗碗机(又称掀盖或揭盖式洗碗机)和台式洗碗机。

(2)家用洗碗机只适用于家庭。主要有柜式、台式及水槽一体式三种。台式洗碗机为小型机，一般洗涤容量不超过5套餐具。柜式洗碗机又分为45cm和60cm柜机，洗涤容量分别为8套和12套餐具。水槽洗碗机将水槽及洗碗机功能融为一体，大小与水槽一致，洗涤容量为6套餐具。

2. 按结构分为台式、柜式及水槽一体式洗碗机

(1)台式洗碗机。小巧，占用空间小，容量小，摆放灵活。

(2)柜式洗碗机。具有标准化外形尺寸，容量大，适合与整体厨房配套。

(3)水槽一体式洗碗机。大小与水槽一致，体积小，安装无须改水改电，更适于中国厨房。

3. 按控制方式分为机电式控制、电子式控制洗碗机

(1)机电式控制洗碗机。机电式控制的核心控制器件是机电式程控器，较传统型的控制方式性能稳定、可靠。

(2)电子式控制洗碗机。以单片机为核心控制器件，程序设计更具灵活性，同时有多样的工作状态显示，越来越受到人们的青睐。

4. 按安装方式分为独立式、嵌入式、台式和免安装式洗碗机

(1)独立式洗碗机。一般机型较大，可以独立放置使用。

(2)嵌入式洗碗机。安装后与橱柜浑然一体。

(3)台式洗碗机。相对体型较小，可摆放在桌面上使用，故称为台式。

(4)免安装式洗碗机。即免去安装步骤，免去了安装进水口的要求，搬到哪里就洗到哪里。

5. 按洗涤方式可分为喷淋式、涡流式洗碗机

(1)喷淋式洗碗机。采用高压水上下左右喷淋，以达到清洗效果。

(2)涡流式洗碗机。常见于家用洗碗机以及超声波洗碗机。

6. 按传送方式可分为揭盖式、篮传式、斜插式、网带平放式洗碗机

(1)揭盖式洗碗机。常见于家用洗碗机。由于其洗涤量以及洗涤速度的限制，在商用洗碗机上的应用越来越少。

(2)篮传式洗碗机。常见于商用洗碗机。由于其投资成本相对较低，操作相对较为麻烦，酒楼、食堂、餐厅客户反映不良而渐渐淡出这块市场，仅在餐具消毒配送公司的五件套上有较大的应用。

(3)斜插式洗碗机。常用于商用洗碗机，市场反映好坏不一。对于较大餐具以及餐盘清洗存在死角，而且不能摆放太密。

(4)网带平放式洗碗机。常用于商用洗碗机，又被称为第四代商用洗碗机，市场反映良好。对宽度不超过760cm、高度不超过55cm的餐具都能有很好的清洗效果，并可根据餐具形状、大小不同进行清洗。

(三)洗碗机的特点

1. 省时省力

使用洗碗机洗涤餐具，可大大减轻烦琐的手工劳动。只需将要洗涤的餐具放入洗碗机，打开水龙头，一按电钮，尽可放心地去做其他事情，因为洗涤过程中不用有人守候，洗碗机能自动完成操作。

2. 去污能力强，消毒彻底

通常，用洗碗机洗餐具，在60℃热水里多次清洗，能够使餐具表面的残留、油腻彻底去除干净，并且还能杀死大肠杆菌等常见病菌和病毒，从而有利于人体健康。

3. 操作简便

洗涤自动化程度高，一般有几个程序可选择，如标准洗、强洗、冲洗。只要将餐具放入洗碗机内，选定其中一挡，洗碗机则在设定的时间内，完成洗涤、漂洗、消毒、烘干等选定的功能。

4. 节电节水

洗碗机每次洗碗的耗电量约为0.15kW·h，耗水量仅10L，比流水洗碗还要节省。

5. 一机多用

洗碗机除了可以洗餐具，还可以洗蔬菜、水果等，也可做消毒柜。

(四)洗碗机的部件

1. 控制装置

控制装置安装在洗碗机的门里，就在控制面板的后面。大部分的部件使用的是一个简单的电机系统——定时器，它决定运转过程中每个阶段的持续时间和在恰当的时候启动恰当的功能(如添加洗涤剂、喷水清洗和排水)。比较贵的洗碗机可能含有计算机控制系统。现代洗碗机还有一个门锁，必须锁上，洗碗机才能运转，有些甚至配置了儿童安全锁。

2. 进水阀

这是水从家里的供水系统进入到洗碗机的地方。水并不是靠洗碗机的泵抽入盆里的，而是当进水阀打开时，水压本身使水进入洗碗机。

3. 泵

泵由电机驱动。在压水过程中，泵把水推进到喷管里。在排水过程中，泵把水引到排水管。这个马达泵配件安装在盆的下方，洗碗机的中心位置。

泵主要有可逆型和直接驱动型两种类型。

可逆型泵是通过改变马达的方向来决定是把水压到喷管，还是把水压到排水管。可逆型泵通常是垂直安装的。

直接驱动型泵是其马达只能朝一个方向运转，因此水流方向从喷管到排水管的切换是由一个电磁阀控制的，它可以打开和关闭相应的阀门，或者转换管道通路。

(五)洗碗机的使用

洗碗机的安装应靠近水龙头及下水道的平台，接好进水管和排水管，并远离炉灶等热源。放好后调整脚螺丝的相对高度，使整机符合水平的要求。

放置餐具时，将要洗涤的餐具面上的骨头、菜渣等清理干净后，再将餐具放入碗篮内。排放要正确，不能乱放或重叠，以免影响洗净度。

使用洗碗机，切勿使用高于70℃的热水，以免其塑料、橡胶件变形或损坏。

洗碗机运行期间，切勿堵塞排气口，同时勿强行移动或冲击洗碗机，以免洗碗机发生故障。

洗涤完毕，要及时清洁过滤器内积存的污物，干净后放回原位。

洗碗机内必须保持清洁，防止产生异味。清洁时，其控制开关等勿被水淋湿，保证绝缘性能，以免漏电。

长时间不使用时，应清洁机内污物，擦干水，存放于通风干燥的地方。不要使用普通的洗洁精，其泡沫会溢出洗碗机。

不要在洗碗机内放置过多的碗碟。需要留一些空间给水喷头，让它能够把水喷向碗碟。把碗碟最脏的部分朝向喷头，这个部分通常在中间。不要把钢制器皿和银器混合在一起。把两种不同类型的金属放在同一个潮湿的环境里，最容易使它们锈蚀。

不要把木头、铸铁、烤瓷、水晶或手绘的碗碟放入洗碗机。不要把塑料制品放在底层架子上，特别是当使用烘干功能时，加热装置会使某些塑料熔化。

不要事先清洗碗碟。实际上，洗碗机会依赖黏着在脏碗碟上的食物来维持洗碗机内适当的酸碱平衡，但是大块的脏东西还是应该事先扔进垃圾桶。

(六)洗碗机的保养

洗碗机功率比较大，使用洗碗机时宜单独供电，所配用的插座容量为10A、250V的单相三孔插座，并且要有良好的接地。

洗碗机应水平放置，要远离燃气炉等热源，也不要长期让阳光直射洗碗机，以免其外壳漆层褪色变黄或脱落，影响外表美观。

为了保证进水管、排水管正常进水、排水，摆入水管时应力求顺畅，防止折弯或迂回打结，不要用重物压在胶管上。

使用55℃或65℃挡清洗餐具，刚停机时，勿用手触摸加热器，以免烫伤皮肤，通常停机30分钟，待加热器冷却后再作机内处理。

操作程控器旋钮，只能向顺时针方向转动，切勿旋力倒旋，以免损坏程控器。如果转动旋钮不慎错过程序指示的位置，此时应作顺时针旋转，经“关”(OFF)挡至“开”(ON)挡位置，再重新运行。

使用或清洗洗碗机，其控制机构如程控器、选择开关、门控开关切勿被水淋湿，以免降低其绝缘性能而引起漏电。

地处楼层过高、水压过低时，不宜使用洗碗机，应避开用水高峰期，待水压正常再使用。

机门打开后，不要重压或强行按机门，以免导致事故或损坏。

耐温低于90℃的餐具，如高级漆器餐具、纸制品餐具、泡沫饭盒等不要放入洗碗机内清洗，以免洗涤烘干后变形。

洗碗机内必须保持清洁干净，每月应作一次清洁。

切勿随意拆卸机内各种电器零件，避免人为损坏，若出现故障，要及时修理，修好后才能继续使用。

洗碗机使用一段时间后，要按下列步骤清洗：①先把搁物架取下，再将下喷淋器取下，用低泡沫的清洗剂擦拭机器内壁，再用清水冲净即可；②取下过滤网，用清水冲洗即可；③加入适量的洗碗粉，让洗碗机运行一个标准洗。

典型案例

家电技术发展趋势

2018年3月10日，2018年中国家电及消费电子博览会(AWE2018)同期重要配套活动、2018年AWE艾普兰奖颁奖典礼在上海举行。经过多轮严格筛选，共有8款产品荣获家电与消费电子行业年度最高荣誉——艾普兰金奖。这8款获奖产品分别是海尔直驱洗衣机XQG100—HBDS14886T1、西门子家电智能食材管理对开门冰箱KA92NP49TI、索尼OLED电视A1(KD—6541)、美的空调机KFR—72LW/BP3DN8Y Air100(B1)、A. O. 史密斯零冷水型防一氧化碳中毒的燃气热水器15Q—15系列、卡萨帝天玺空调CAP751VAA(A1) U1套机、松下洁乐泡沫一体机CH2261WSC、方太磁控电磁灶CS34BW。

2018年艾普兰奖的获奖产品，体现了人们对品质和时尚的追求，对健康的渴望，对环保的重视，对智能等新体验的期待，体现了人们对美好生活的向往。这些创新产品不仅反映了家电技术智能化、套系化、定制化的发展趋势，更通过时尚的外观、流行的色彩、应用场景和关联服务的设计，以及前所未有的应用体验，为人们展现一种全新的、更加美好的生活方式。

案例分析：通过此案例，试分析家电新技术对人们生活方式的影响。

>>> 综合能力训练

一、选择题

1. 下列属于家用制冷器具的有(　　)。

A. 空调器　　B. 电冰箱　　C. 电冰柜　　D. 电风扇

2. 洗净度高，磨损率高，结构简单的洗衣机是(　　)洗衣机。

A. 波轮式　　B. 滚筒式　　C. 搅拌式　　D. 喷射式

3. 洗衣机的规格表示的是洗衣机的(　　)。

A. 容积　　B. 重量

C. 衣物洗涤后的重量　　D. 干态洗涤衣物的重量

4. 高四星级电冰箱表示冰箱冷冻室的温度须达到(　　)。

A. －6℃　　B. －12℃　　C. －18℃　　D. －24℃

二、简答题

1. 家用电器是怎样分类的？
2. 洗衣机按洗涤方式是如何分类的？各有哪些特点？
3. 洗衣机按功能是怎样分类的？各有哪些特点？
4. 洗衣机的型号表示什么意思？
5. 如何选购洗衣机？在使用洗衣机时应注意哪些问题？
6. 电冰箱是怎样分类的？各有什么特点？

7. 简述电冰箱的结构。
8. 电冰箱的型号表示什么意思?
9. 在使用电冰箱时应注意哪些问题?
10. 如何选购电冰箱?
11. 空调器是如何分类的?
12. 空调器的规格和型号是如何表示的?
13. 如何挑选和正确使用空调器?
14. 电视机是如何分类的?
15. 如何选购和正确使用电视机?
16. 如何正确使用扫地机器人?
17. 如何正确使用洗碗机?

>>> 实践训练

1. 熟悉洗衣机、电冰箱、空调器、电视机、扫地机器人、洗碗机的使用方法。
2. 向同学们介绍你所熟悉的新型家电产品。

第十二章
医药商品

学习目标

1. 掌握医药商品的常见类别、质量特征以及我国现行的医药商品质量标准；
2. 掌握影响药品质量的因素和药品的保管方法。

医药商品是指与人类健康有关的商品，包括药品、保健食品、医疗器械、保健化妆品等。本章主要介绍医药商品的分类、质量与标准、保管等内容。

第一节 医药商品的分类

一、以剂型为基础的综合分类

(一)片剂

片剂是药物与赋形剂混合压制成片状的固体剂型，是目前使用最广泛和销售量最大的剂型。按制备方法的不同，片剂可以分为以下四类。

1. 单压片(素片)

单压片是指药物与赋形剂混合后一次压制而成的片剂。一般的内服片均为单压片，有扁形与凸形，如维生素C片等。

2. 多层片

多层片是将两种或两种以上的药物与赋形剂混合后经过一次以上的压制而制成的片剂。

3. 包衣片

包衣片是指在压制片外面包上一层物料，起保护片剂、改善片剂某些缺点的作用。

(1)糖衣片。糖衣片的包衣物料主要是甘蔗和食用色素，有掩盖苦、臭等不良气味，以及美化片剂、便于识别的作用，如盐酸雷尼替丁糖衣片。

(2)肠溶衣片。肠溶衣片的包衣物料主要为酸不溶、碱易溶的高分子化合物，能使片剂安全通过胃部，以减少对胃的刺激，并可避免药物在胃液中分解、破坏，如阿司匹林肠溶衣片。

(3)薄膜衣片。薄膜衣片的包衣物料主要为不透水、不透气及具有抗热、遮光能力的有机化合物，有防潮、防霉等作用，如复方胃友胃溶薄膜衣片。

4. 纸型片(薄型片)

纸型片是指将一定剂量的药物均匀地吸附在一定大小的可溶性滤纸上所制成的一种内服剂型。

(二)注射剂

该类药品疗效迅速、剂量准确，适用于一些不宜口服的药品。一般盛装于1mL、2mL、5mL、10mL、20mL的曲径安瓶或有橡胶塞的玻璃瓶中，是使用最广泛的剂型之一，其销量仅次于片剂类。按形态可分为液体注射剂与固体注射剂。输液剂也列入本类。

1. 液体注射剂

液体注射剂适用于制备一些遇热或在水溶液中稳定性较高的药品，如盐酸普鲁卡因注射液等。

2. 固体注射剂(注射用无菌粉末)

固体注射剂适用于制备一些遇热或在水溶液中稳定性较差的药品，临用前用适当溶剂溶解后供注射用，如注射用青霉素钾等。

3. 输液剂

输液剂是指通过静脉滴注方式输入人体的大剂量注射液。在用法与用量、生产工艺、质量要求、包装规格等方面与一般注射剂有所不同。除了传统的电解质、糖类、代血浆输液剂外，还有微球注射剂、脂质体注射剂、包合物注射剂、纳米粒注射剂、聚乙二醇长效注射剂、微乳及亚微乳注射剂等新型注射剂。

(三)丸剂和滴丸剂

丸剂是中药传统制剂，是指一种或一种以上的药物与赋形剂混合制成的圆球形或椭圆形的固体制剂。滴丸剂是在丸剂基础上发展起来的新剂型，是指固体或液体药物与基质加热溶化成溶液或混悬液后滴入不相混溶的冷凝液中，由于界面张力的作用，冷凝收缩而制成球形、扁球形或圆片形的丸剂，可供内服或供局部应用，如氯霉素耳用滴丸、枸橼酸喷托维林滴丸等。

(四)膜剂

膜剂是指药物溶解或均匀地分散在多聚物种制成的薄膜状固体制剂。按给药剂途径，可分为含膜、口腔贴膜、口服膜、眼用膜等。

(五)胶囊剂

胶囊剂是指药物装于空胶囊中制成的制剂。此种剂型不仅外表美观、整洁，还可掩盖药品不适的苦味、异味，生物利用度较高。空腔囊的主要原料为明胶，也有以甲基纤维素、海藻酸钙或钠盐为原料的。根据胶囊的形状与硬度，可分为硬胶囊与软胶囊。

1. 硬胶囊

硬胶囊是将药物粉末或颗粒填充于空心硬胶囊中制成。一般在市场上销售的硬胶囊有八种规格，从大到小的排列是 000 号、00 号、0 号、1 号、2 号、3 号、4 号、5 号。硬胶囊的质地坚硬而富有弹性，如硝苯地平胶囊、诺氟沙星胶囊等。

2. 软胶囊(胶丸)

软胶囊是指将药物(固体或液体)密封于球形或椭圆形的软质囊材中制成，如硝苯地平胶丸、维生素 E 胶丸。

(六)液体制剂

液体制剂一般包括芳香水剂(如薄荷水、杏仁水)、溶液剂(如过氧化氢水溶液、硝酸甘油溶液)、糖浆剂(如硫酸亚铁糖浆)、醋剂(如樟脑醑)、凝胶剂（如氢氧化铝凝胶)、乳剂(如乳白鱼肝油)等。

此外，按给药途径及应用方法，还可分为洗剂、搽剂、滴眼剂、滴耳剂、滴鼻剂、滴牙剂等。

(七)半固体制剂

半固体制剂是将药物加入适宜基质中制成的具有适当稠度的外用制剂，包括乳膏剂(如醋酸氟氢松软膏、氧化锌软膏等)、糊剂(如复方锌糊)。

(八)栓剂

栓剂是指药物和基质均匀混合制成的专供人体不同腔道使用的固体制剂，其形状与大小因用途不同而异。栓剂可分为局部用栓剂(如洗必泰栓)和全身用栓剂(如消炎痛栓)。

(九)气雾剂

气雾剂主要供吸入治疗用(也有皮肤黏膜用及环境消毒用)，如雨酸倍氯米松气雾剂。

(十)粉剂

粉剂类包括粉状原料(如葡萄糖粉、硼酸)、冲剂(如板蓝根冲剂)、散剂等。

1. 分散片

分散片放在水中可迅速崩解，分别形成均匀的混悬液或溶液，服用方便，生物利用度高。分散片制备工艺同普通片，成品可于水中分散后可口服、吞服、咀嚼或含服。

2. 缓释制剂

缓释制剂也称延效制剂，是指能使短作用药品变为长作用药品的制剂。缓释制剂包括口服制剂、注射剂、外用制剂。

3. 微型胶囊

微型胶囊简称微囊，可看作一种将药品包裹于囊膜内而形成的微型无缝胶囊，外观呈粒状或圆球形。微型胶囊可直接制成制剂，如扑热息痛微囊供药用；也可作为原料制成其他剂型，如制成散剂、胶囊剂、软膏剂、栓剂、注射剂、膜剂等；还可选用不同囊材制成的囊膜制成释放速度不同的长效制剂，如复方甲地孕酮微囊注射剂。

4. 脂质体

脂质体也称类小球，是一种类似微型胶囊的新制剂。作为一种药品载体，是将药品包封于类脂质双分子层形成的薄膜中所制成的超微型球状体。可作为原料制成不同的剂型，如口服液、注射液、软膏、霜剂、洗剂、眼用制剂等。

5. 单克隆抗体

单克隆抗体也称肿瘤“生物导弹”。有些单克隆抗体本身就能杀伤肿瘤细胞，但大多数单克隆抗体被用作抗恶性肿瘤药品的载体。

二、按药品的来源分类

(一)动物性药物

利用动物的部分脏器或分泌物制成的药品，如干甲状腺为动物的脏器。一些来源于动物的药现已可人工合成，如肾上腺素。

(二)植物性药物

利用植物制成的药品，如吗啡、黄连素、三尖杉酯碱等。许多源于植物的药现已人工合成，如黄连素等。

(三)矿物性药物

直接利用矿物或矿物经过加工而制成的药品，如硫黄、硼砂等。

(四)生物药物

用微生物及其代谢物、动物毒素、人或动物的血液或组织等经加工制成，作为预防、诊断、治疗疾病的药品。其中最重要的一类是抗生素，其他如牛痘苗、破伤风抗毒素、人血白蛋白等。

(五)人工合成药

人工合成药是指用化学方法合成的药。该类药可分为全人工合成品，如扑热息痛、苯海拉明等；半人工合成品，如氨节西林纳、琥乙红霉素等。

三、按医药商业保管的习惯分类

这种分类方法是在药品剂型分类的基础上，根据医药商品的仓储保管及店堂商品的陈列习惯，将品种繁多的商品简单地分为针、片、水、粉四大类。此种分类方法在医药商业中被普遍采用。

(一)针剂类

针剂类包括注射液、注射用粉针、输液剂。

(二)片剂类

片剂类包括片剂、丸剂及胶囊剂。

(三)水剂类

水剂类包括液体制剂、半固体制剂、栓剂、气雾剂。

(四)粉剂类

粉剂类包括原料药、冲剂、散剂等。

四、按非处方药品与处方药品分类

(一)非处方药

非处方药品是指消费者不经医生处方可以自行判断、购买和使用的药品。一般必须具备几个基本因素：第一，在包装上有“非处方药品”的明显标识，说明书内容详细、通俗易懂，按说明书使用时既安全又有效；第二，有明确的适应症，应用于小毛病的自我治疗时疗效迅速，能缓解小毛病的初始症状或防止其进一步恶化；第三，不良反应发生率极低(如不会诱发抗药性及药物的依赖性)，有助于保持健康或促进健康。

(二)处方药

处方药品是指消费者必须经医生处方才能购买、调配和使用的药品，如青霉素等。

非处方药主要来自处方药。一般情况下，如果处方药经长期(通常6～10年)临床实践被证明是安全有效、使用方便、价格低廉，即使是非医疗专业人员也能使用，经药政部门批准即可转为非处方药。

五、按国家基本药物与非基本药物分类

(一)国家基本药物

国家基本药物是指从我国目前临床应用的各类药品中经过科学评价而遴选出的在同类药品中具有代表性的药品。由于基本药物既要满足人民群众防病治病的基本需求，又要使国家有限的卫生资源得到合理的应用，故以国产药品为主，同时也包括一些进口的新药。

(二)非国家基本药物

非国家基本药物是指未列入“国家基本药物”的品种，但国家仍允许继续发展、继续生产使用，如硫酸卡那霉素等。

六、按药理作用和临床用途分类

这种分类方法的缺点是每类药品剂型复杂，给储存与保管带来不便，医药零售门市部一般不采用这种方法；优点是可以指导医患者使用，使治疗不同疾病的药品名目清晰。

第二节　医药商品质量与标准

一、药品质量

药物商品质量是指能满足规定要求和需要的药物商品的特征总和。药物商品的质量特征包括以下五个方面。

(一)效用

效用是指药物商品在规定的适应症、用法和用量条件下，能达到药品使用功能。药品的有效性是评价药品质量最重要的指标之一。药物商品有效程度的表示方法，在国外采用完全缓解、部分缓解、稳定等来区别，我国国内采用痊愈、显效、有效予以区别。

(二)安全

安全是药物商品在按规定的适应症、用法和用量使用的情况下，对使用者生命安全的影响程度。安全性是评价药品质量最重要的指标之一，也是药物商品的基本特征。

(三)药品稳定

药品稳定是指药物商品在规定的条件下保持其有效性和安全性的能力。规定的条件包括药物商品的有效期限，以及药物商品生产、储存、运输和使用的要求。稳定性也是药物商品的重要特征之一。

(四)药物组分均一

药物商品的每一单位产品(制剂的单位产品，如一片药、一支注射剂等；原料药的单位产品，如一箱药、一袋药等)都符合有效性、安全性的规定要求。均一性也是药物商品的重要特征之一。

(五)药品的利润

药品的利润是在药物商品的生产、流通过程形成的药品的价格水平。若成本价格过高，超过人们的承受能力，则不能作为药品供普通患者使用，而只能供少数人使用。若成本低，可提高企业的经济效益。

二、药品标准

2019年8月26日第十三届全国人大常委会第十二次会议第二次修订的《中华人民共和国药品管理法》规定：药品应当符合国家药品标准。国务院药品监督管理部门颁布的《中华人民共和国药典》和药品标准为国家药品标准。列入国家药品标准的药品名称为药品通用名称。

第三节　医药商品的保管

一、药品保管的基本任务

药品在流通过程中停留在储存阶段的时间比较长，所以药品的保管十分重要。药品保管的基本任务：掌握药品在储存期间的变化规律，质量检验和维护质量的有关理论、方法和技术；积极创造适宜的储存条件，采取有效措施，以保护药品质量，降低药品损耗，最大限度地实现药品的使用价值。

二、影响药品质量的因素

(一)内在因素

1. 药品的物理性质

(1)挥发性。挥发性是指液态药品能变成气态扩散到空气中的性质。具有挥发性的药品如果包装不严或储存时的温度过高，可造成挥发减量，如乙醇、薄荷等在常温下既有强烈的挥发性，还可引起燃烧和爆炸。

(2)吸湿性。吸湿性是指药品在外界空气中不同程度地吸附水蒸气的性质。药品的吸湿性并不限于水溶性药品，某些高分子药品和水不溶性药品同样可以吸湿，但当含有少量的氯化镁等杂质时，则表现出显著的吸湿性。

(3)吸附性。药品能够吸收空气中的有害气体或特殊臭气的性质被称为药品的吸附性。例如，淀粉、药用碳、滑石粉等因表面积大而具有显著的吸附作用，从而使本身具有被吸附气体的气味，即所谓的串味。

(4)冻结性。以水或乙醇作溶剂的一些液体药品遇冷可凝结成固体，这种固体会导致药品的体积膨胀而引起容器破裂。

(5)风化性。有些含结晶水的药品在干燥空气中易失去全部或部分结晶水，变成白色不透明的晶体或粉末，称为风化。风化后的药品的药效虽然未变，但影响使用的准确性，尤其是一些毒性较大的药品可能会因此而毒性超过标准剂量，造成医疗事故。

(6)色、嗅、味。药品色、嗅、味是药品重要的外观性状，也是药品的物理性质之一。当色、嗅、味发生变化时，经常意味着药品性质发生了变化，所以是保管人员实施感官检查的重要根据。阿司匹林片出现针状结晶或浓厚的醋酸味，是由于因吸湿发生水解反应，产生了水杨酸和乙酸；某些药品的异臭、异味可能是微生物所引起的发酵、腐败等。

此外，药品的溶化性、溶解性等均是影响药品质量的内在因素。

2. 药品的化学性质

(1)易水解的药物。当药物的化学结构中含有酯、酚胺、酰脲等时，易发生水解反应。如青霉素的分子中含有β-内酰胺环，在酸性、中性或碱性溶液中易发生分解反应和分子重排反应，其分解产物与分子重排物均无抗菌作用。因此，青霉素只能制成粉末，严封于容器中储藏。

(2)易被氧化的药品。当药品的化学结构中含有酚羟基、硫基、芳香胺、不饱和碳键、醇、醚、醛、吡唑酮、吩噻嗪等基团时，易发生氧化反应。比如，氯丙嗪属于吩噻嗪类化合物，在日光、空气、湿气的作用下易变质失效，应遮光、密封保存。

(二)外在因素

1. 空气

空气是不同气体的混合物，主要成分是氮、氧、二氧化碳以及氩、氖、氪、氙等稀有元素。此外，空气中还含有水蒸气、二氧化碳和尘埃等。在被污染的空气中还混杂有二氧化硫、硫化氢、氨、氯化氢等有害气体。与药品的质量有关的主要是氧、二氧化碳。

(1)氧。许多具有还原性的药品，可被空气中的氧所氧化而分解，或变色、变质，甚至产生毒性。比如，异丙肾上腺素被氧化后，可由白色变为粉红色，此时即不可再供药用。

(2)二氧化碳。空气中的二氧化碳可使某些药品因发生碳酸化而变质。比如，某些氢氧化物和氧化物易吸收二氧化碳而生成碳酸盐；磺胺类钠盐与二氧化碳作用后，可生成难溶于水的游离磺胺而结晶析出。

2. 温度

温度在药品的保管养护中是重要条件之一，它与湿度有密切关系。干燥的固体药品受温度影响的程度远比吸潮或呈液体状态的药品小得多。

(1)温度升高。可加速药品的变质，如生物制品、血液制品在室温下保管容易失效，需要低温冷藏(2～10℃)；可加速药品的挥发与风化，如咖啡因可失去分子中的结晶水；可破坏药品的剂型，如可使栓剂、胶囊剂软化变形，使糖衣片粘连，使软膏剂溶化分层等。

(2)温度过低。可使一些生物制品、含蛋白制剂、乳剂等析出沉淀或变性分层，如甲醛溶液在9℃以下时易聚合成为多聚甲醛而使溶液呈现混浊或析出白色沉淀；可使许多液体制剂析出结晶，其中一些药品因结晶而失效，如葡萄糖酸钙注射液等饱和溶液久置冷处易析出结晶不再溶解，而不能再供药用；可致容器因药液体积增加而破裂等。

3. 湿度

湿度是药品养护的重要条件之一，湿度过高或过低均可引起许多药品性状改变。

(1)潮解。比如，钠盐吸湿性较大，最易发生潮解；一些不溶于水的药品如活性炭及干燥氢氧化铝等也可因物理吸附作用而潮解；胃蛋白酶、胰酶等易于吸湿结成团块。

(2)稀释。一些具有吸水性的液体药品(如甘油、乳酸等)在潮湿环境中易吸收水分而被稀释，从而使浓度降低，影响药效。

(3)水解。有些药品因吸潮而分解变质，如阿司匹林易吸湿而水解，生成乙酸和水杨酸，不但毒性增加，而且对胃肠道的刺激也增加。

4. 光线

紫外线是药品发生分解、氧化、还原、水解等化学反应的催化剂之一。比如，肾上腺素受到光照的影响可发生氧化反应，逐渐变成红色至棕色，使疗效降低或失效。在很多情况下，光线并不是孤立地发生作用，而是经常伴随空气中的氧、水分、温度等因素同时进行。所以，对光敏感的药品，应密闭于凉暗处保存。

5. 微生物与昆虫

微生物(细菌、霉菌、酵母菌等)和昆虫很容易进入包装不严的药品内，它们的生长、繁殖是造成药品腐败、发酵、蛀蚀等变质现象的一个主要原因。尤其是一些含有营养物质(淀粉、糖、蛋白质、脂肪等)的制剂，如糖浆剂、片剂及一些中药草制剂更易发生霉变和虫蛀。

6. 时间

药品储存一定时间以后就会变质。尤其是一些有有效期的药品，即使储存条件适宜，久存也易降低效价，如抗生素、生物制品等；一些暂时没有制定有效期的药品，如乳剂、水剂、栓剂等一些性质不稳定的药品，时间长了也会变质；有的药品储存一段时间后，外观上虽无变化，但因其含量或效价降低而不能药用。

三、药品的保管方法

(一)药品保管的基本要求

1. 遮光

遮光是指用不透光的容器包装，如棕色容器或黑纸包裹的无色透明、半透明容器。

2. 密闭

密闭是指将容器密闭，以防止尘土及异物进入。

3. 密封

密封是指将容器密封以防止风化、吸潮、挥发或异物进入。

4. 严封或熔封

严封或熔封是指将容器熔封或用适当的材料严封，以防止空气与水分的侵入和污染。

5. 阴凉处

阴凉处是指温度不超过 20℃的地方。

6. 凉暗处

凉暗处是指避光且温度不超过 20℃的地方。

7. 冷处

冷处是指温度在 2～10℃的地方。

(二)不同性质药物的保管方法

药物商品常见的变异现象有氧化、还原、分解、潮解、粘连、风化、沉淀、挥发、变色、霉变等。应根据药物商品的不同性质采取不同的储存方法。

1. 光敏性的药品

光敏性的药品应采用棕色玻璃瓶或用黑色纸包裹的遮光容器，并尽量采用小包装；放在阴凉干燥或光线不易直射到的地方；库房门、窗门悬挂黑布帘或黑纸遮光。不常使用的药品，可储存于严密不透光的药箱或药柜内，以防阳光照射。

2. 湿度影响大的药品

对极易吸湿的药品，应根据药物的不同性质采用密封、严封甚至熔封方法储存。对少数易受潮的药品，可采用石灰干燥器储存。

易挥发的药品，应密封置于阴凉干燥处，相对湿度为 50%～70%的地方。

控制药库内的湿度，以保持相对湿度在 50%～70%为宜，否则需采取相应的升湿措施或降湿措施。

3. 温度影响大的药品

(1)常温储藏。一般药品储存在常温下，即 0～30℃为宜，凡《中国药典》未规定储存温度的药品，均可在常温下储存。

(2)低温储藏。指明须于“阴凉处”“凉暗处”或“冷处”储存的药物均应按药典规定的相应温度条件储存。对挥发性大的药品(如浓氨溶液、乙醚等)，在温度高时容器内压力大，不应剧烈振动。开启前应充分降温，以免药液冲出(尤其是氨溶液)，造成伤害事故。

(3)保暖储藏。对易冻裂或经冻结后易变质和失效的药品，必须采取保暖措施储藏。保暖措施可采用保暖箱，有条件者可建立保暖库。另外也可利用地窖、坑道、山洞等处储藏药品，其特点为冬暖夏凉。

4. 麻醉药品、精神药品和放射性药品

麻醉药品、一类精神药品和放射性药品应严格执行专库(柜)存放、双人双锁保管，专人、专账记录制度。放射性药品的储存应具有与放射剂量相适应的防护装置；放射性药品置放的铅容器应避免拖拉或撞击。此类药品在入库、出库时均应执行双人验收或双人复核制度。由于破损、变质、过期失效而不可供药用的药品，应清点登记，列表上报当地药品监督管理部门处理。

5. 医疗用毒性药品

此类药品必须储存在设有必要安全设施的单独仓间内(如窗加铁栅、铁门)或专柜加锁并由专人保管，专账记录。毒性药品的验收、发货，均应由第二人复核并共同在单据上签名盖章，严防收假、发错，严禁与其他药品混杂。对不可供药用的毒性药品，经单位领导审核，报当地有关主管部门批准后，按毒性药品的理化性质，由熟知药品性质和毒性的人员指导销毁，并建立销毁档案。

6. 易燃、易爆等危险性药品

保管危险性药品应熟悉其性质、注意安全，设立专用仓库，分类保管、单独存放，并采取坚固、耐压、耐火、耐腐蚀的严密包装并堆放。

7. 近效期药品

近效期的药品特别是稳定性较差的药品，如大多数抗生素及生物制品等，在储存期间，因受外界因素的影响，当储存一定时间后，可能引起药效降低、毒性增高，甚至不能再供药用。因此，除了要严格按照规定的储存条件尤其是温度、湿度条件储存外，为确保所销售或使用药品的质量，避免造成浪费，应经常注意期限，随时检查。药品出库更应做到"先产先出、先进先出、近期先出、近期先用"。同时，健全近效期药品的催售或使用管理制度。凡过期的药品，不可再销售和使用。

典型案例

使用超过有效期的药品，违法！

2018年6月8日，记者从钢城区食药监局获悉，此前该局执法人在日常监督检查工作中发现某卫生室使用的两种药品超过有效期，依法对该卫生室进行了行政处罚。

2018年5月，钢城区食药监局执法人员在监督检查时发现，9个品种药品超过有效期限，根据《中华人民共和国药品管理法》中的规定，按劣药论处。执法人员经审批后当场予以扣押。据此，钢城区食药监局对某卫生室经营使用超过有效期药品的行为，依据《中华人民共利国药品管理法》《山东省药品使用条例》的有关规定，作出了没收超过有效期的药品及罚款的行政处罚决定。《中华人民共和国药品管理法》规定，禁止生产(包括配制，下同)、销售、使用假药、劣药。有下列情形之一的，为劣药：①药品成份的含量不符合国家药品标准；②被污染的药品；③未标明或者更改有效期的药品；④未注明或者更改产品批号的药品；⑤超过有效期的药品；⑥擅自添加防腐剂、辅料的药品；⑦其他不符合药品标准的药品。该案中某卫生室在药品使用过程中未定期检查库存药品，并及时清理变质或者超过有效期的药品，致使出现使用超过有效期的药品的违法行为，因此受到处罚。钢城区食药监局提醒药品经营使用单位，应定期检查库存药品，做好药品清理工作，避免变质或超过有效期药品进入经营使用环节。同时，广大消费者在购买药品时也要特别留意药品外包装上的生产日期等信息，以免自己的合法权益受到侵害，家中药品也要及时清理，不要将过期药品卖给他人，应立即销毁或者送到指定的药品回收处。

案例分析：通过此案例，试分析药品经营使用单位和消费者在购买、使用药品过程中应注意的事项。

>>> 综合能力训练

一、名词解释

药品吸附性　　膜剂　　包衣片　　处方药品

二、填空题

1. 药品商品质量特征表现在________、________、________、________、________五方面。

2. 易挥发的药品应密封置于____________________的地方。

3. 包衣片有________、________、________三种常见类型。

4. 药品按来源分为________、________、________、________、________。

5. 影响药品质量的外在因素有________、________、________、________、________。

三、简答题

1. 药品是如何分类的?

2. 什么是药品质量?它有哪些质量特征?

3. 影响药品质量的因素有哪些?

4. 简述药品的保管方法。

>>> 实践训练

现有如下几种药品:乙醚、药效不稳定的抗生素类药品、易受潮板蓝根颗粒。请为这几种药品选择合适的保管方法。

第十三章

危险化学品

学习目标

1. 了解危险化学品的概念及危害；
2. 掌握常见的危险化学品的种类及其危险特性；
3. 掌握危险化学品的运输和储存的基本要求。

危险化学品是特殊商品，具有独特的性质，在运输、装卸和储存中，容易造成人身伤亡和财产毁损。常见的危险化学品达3000多种，本章主要介绍危险化学品的概念及危害、危险化学品的种类及其危险特性、危险化学的运输及储存的基本要求。

第一节　危险化学品的概念及危害

一、危险化学品的概念

所谓化学品，是指各种化学元素、由元素组成的化合物(无机化合物、有机化合物)及其混合物，包括天然的化学品和人造的化学品。危险化学品是化学品中具有易燃、易爆、有毒、有腐蚀性等特性，对人(包括生物)、设施、环境会造成伤害或侵害的物品。

危险化学品是一种具有特殊性能的消费商品，在从生产领域向消费领域转移的过程中，都要经过运输和储存过程。危险化学品具有易燃、易爆、易产生静电、易蒸发、易扩散、有毒有害等特点，对其储运管理提出了更高的要求。

二、危险化学品的危害

危险化学品的危害主要包括燃爆危害、健康危害和环境危害。

(一)燃爆危害

燃爆危害是指危险化学品引起燃烧、爆炸的危害。危险化学品中的爆炸品、加压气体、易燃液体、易燃固体、自燃固体、氧化性液体、氧化性固体和有机过氧化物等都属于易燃易爆危险品。如果在储存、经营以及运输时管理不当，失去控制，很容易引起火灾或爆炸事故，造成人员伤亡和财产损失。

1. 燃烧

燃烧是指可燃性物质与助燃剂(如氧等)之间发生的伴有发光、发热的激烈的氧化反应。

2. 燃点

燃点是指可燃物质在有足够助燃物(如充足的空气、氧气)的情况下，接近火源而燃烧的最低温度。物质受热达不到燃点，则不会引起燃烧。不同的可燃物质，有不同的燃点。燃点低的，容易燃烧，危险性大；燃点高的，燃烧困难，危险性小。一些可燃物质的燃点如表 13-1 所示。

表 13-1　一些可燃物质的燃点

物质名称	燃点(℃)	物质名称	燃点(℃)
乙醚	180	石蜡	150～195
石油醚	246	硫磺	255
聚乙烯	400	有机玻璃	260
聚氯乙烯	400	聚丙烯	400

3. 闪点

闪点是指可燃液体的蒸气(包含可升华固体的蒸气)与空气混合后，在接触火源时产生瞬间燃烧的最低温度。一般来说可燃液体的闪点越低，越易燃烧，火灾危害性越大。一些可燃液体的闪点如表 13-2 所示。

表 13-2　一些可燃液体的闪点

液体名称	闪点(℃)	液体名称	闪点(℃)
汽油	−42.8	丙酮	−19
苯	−11	乙醚	−45
甲苯	4.4	乙酸乙酯	−4.4
乙醇	12	乙酸	40
乙醛	−38	氯苯	28

4. 自燃点

自燃点是指可燃物质受热或因缓慢氧化分解等自行发热到一定温度，即使不与明火接触也能自行燃烧的最低温度。一些可燃物质的自燃点如表 13-3 所示。

表 13-3　一些可燃物质的自燃点

物质名称	自燃点(℃)	物质名称	自燃点(℃)
汽油	280	丙烷	466
苯	555	煤油	380～425

续表

物质名称	自燃点(℃)	物质名称	自燃点(℃)
甲苯	535	乙酸甲酯	475
乙醇	422	氯苯	590

5. 爆炸

爆炸是一种在极短时间内完成的化学反应或状态变化，即物质由固体或液体状态，在外界条件的引发下，在极短时间内转变为气体状态，且气体体积急剧膨胀，并在瞬间放出大量能量，同时产生巨大响声的现象。爆炸的特点是对外界产生巨大的破坏作用力。

6. 爆炸极限

爆炸极限是指易燃和可燃气体、可燃液体的蒸气或可燃粉尘与空气组成的混合物达到一定浓度时，遇到火源即能发生爆炸，这个遇到火源就能发生爆炸的浓度范围称为爆炸极限。

易燃和可燃气体、可燃液体的蒸气或可燃粉尘与空气组成的混合物，遇到火源能引起燃烧爆炸的最低浓度称为爆炸下限；同样，易燃和可燃气体、可燃液体的蒸气或可燃粉尘与空气组成的混合物，遇到火源能引起燃烧爆炸的最高浓度称为爆炸上限。当可燃气体或易燃液体的蒸气在空气中的浓度小于爆炸下限时，由于可燃物量不足，并因含有较多的空气，燃烧不会发生也就不会爆炸；当浓度大于爆炸上限时，则因空气量不足，燃烧不能发生，也不会爆炸。只有在上限与下限浓度范围内，遇到火种才会爆炸。因此，凡是爆炸极限范围越大、爆炸下限越低的物质，它的危险性就越大。

气体混合物的爆炸极限一般用该气体或蒸气在混合气体中的体积百分比来表示，粉尘的爆炸极限用 mg/m^3 表示。部分气体和液体的爆炸极限如表 13-4 所示。

表 13-4 部分气体和液体的爆炸极限

物质名称	爆炸极限(%)		物质名称	爆炸极限(%)	
	上限	下限		上限	下限
氢	4.0	75.6	乙醇	3.5	19.0
乙炔	2.7	34.0	甲烷	5.0	15.0
丙酮	2.5	13.0	汽油	1.4	7.6
乙醚	1.7	48.0	煤油	0.7	5.0

(二)健康危害

健康危害是指接触危险化学品后会对人体产生的危害。造成健康危害的危险化学品包括毒害性物品和腐蚀性物品。毒害性物品能在侵入人体内部或接触皮肤时，破坏人体正常的生理机能，造成中毒甚至死亡。腐蚀性物品在接触人体后能发生腐蚀性灼伤。

1. 毒害性物品

毒害性物品是指侵入人体内部或接触皮肤即可破坏人体正常生理机能，造成中毒甚至死亡的一类物品，简称毒品。

毒品毒性一般用半致死量和空气中最大允许浓度表示。半致死量也称致死中量，以符

号 LD_{50} 表示，单位是 mg/kg(体重)。LD_{50} 数值大的，毒性小；LD_{50} 数值小的，毒性大。空气中毒气最大允许浓度是指有毒气体或挥发性毒品的蒸气，在空气中达到影响人体健康时的最低浓度。通常用一百万分空气中毒气所占的比重，以符号 ppm 表示。

2. 腐蚀性物品

腐蚀性物品是指接触人体能发生腐蚀灼伤或接触其他物质能发生破坏，甚至会引起燃烧和爆炸的一类物品。

(三)环境危害

环境危害是指化学品对环境造成的危害。在危险化学品的运输和储存过程中，由于操作失误或突发性事故，致使大量有毒有害物质外泄进入环境中，并通过水、大气、土壤等介质扩大其对环境的危害，最终导致对人类健康的危害。

第二节 危险化学品的分类

依据《化学品分类和危险性公示通则》(GB 13690—2009)及《化学品分类和标签规范》系列国家标准(GB 30000.2—2013～300002.9—2013)，危险化学品按物理、健康和环境危险的性质分为物理危险、健康危险和环境危险三大类。

一、物理危险

(一)爆炸物

1. 术语和定义

(1)爆炸物质(或其混合物)。能通过化学反应在内部产生一定速度、一定温度与压力的气体，且对周围环境具有破坏作用的一种固体或液体物质(或其混合物)。烟火物质或其混合物，无论其是否产生气体都属于爆炸物质。

(2)烟火物质(或其混合物)。能发生非爆轰且自供氧放热化学反应的物质和其混合物，并产生热、光、声、气、烟或几种效果的组合。

(3)爆炸品。一种或多种爆炸物质或其混合物。

(4)烟火制品。一种或多种烟火物质或其混合物。

(5)爆炸物。爆炸物质和其混合物；爆炸品(不包括那些含有一定数量的爆炸物或其混合物的装置。在这些装置内的爆炸物当人们不小心或无意中点燃或引爆它们时产生迸射、着火、冒烟、放热或巨响等效果，但不会在装置外产生任何效应)，以及上面两项均未提及的，而实际上又是以产生爆炸或烟火效果而制造的物质、混合物和物品，如烟火制品。

2. 爆炸物的分类

根据爆炸物所具有的危险特性，分为以下几类。

(1)具有整体爆炸危险的物质、混合物和物品(整体爆炸是瞬间引燃几乎所有内装物的爆炸)。

(2)具有迸射危险但无整体爆炸危险的物质、混合物和物品。

(3)具有燃烧危险和较小的爆轰危险或较小的迸射危险或两者兼有，但没有整体爆炸危险的物质、混合物和物品：一是燃烧产生显著辐射热；二是一个接一个地燃烧，同时产生较小的爆轰或迸射作用或两者兼有。

(4)不存在显著爆炸危险的物质、混合物和物品，即使被点燃或引爆，也只存在较小危险，并且可以最大限度地控制在包装件内，抛出碎片的质量和抛射距离不超过有关规定；外部火烧不会引发包装件内装物发生整体爆炸。

(5)具有整体爆炸危险，但本身又很不敏感的物质或其混合物，虽然具有整体爆炸危险但极不敏感，以至于在正常条件下引爆或由燃烧转至爆轰的可能性非常小。

(6)极不敏感且无整体爆炸危险的物品，这些物品只含极不敏感爆轰物质或其混合物，以及那些被证明意外引发的可能性几乎为零的物品。

(二)易燃气体

1. 易燃气体的定义

(1)易燃气体。一种在20℃和标准压力101.3kPa时与空气混合有一定易燃范围的气体。

(2)化学不稳定气体。一种甚至在无空气和/或无氧气时也能极为迅速发生反应的易燃气体。

2. 易燃气体的分类

(1)类别1。在20℃和标准大气压101.3kPa时，在与空气的混合物中体积分数为13%或更少时可点燃的气体；或不论易燃下限如何，与空气混合，可燃范围至少为12%的气体。

(2)类别2。在20℃和标准大气压101.3kPa时，除类别1中的气体之外，与空气混合时有燃烧范围的气体。(注：在有法律规定时，氨和甲基溴化物可以视为特例；气溶胶不应分类为易燃气体。)

(三)气溶胶

1. 气溶胶的定义

喷雾器(该容器用金属、玻璃或塑料制成)内装压缩、液化或加压溶解的气体(包含或不包含液体、膏剂或粉末)，并配有释放装置，以使内装物质喷射出来，在气体中形成悬浮的固态或液态微粒或形成泡沫、膏剂或粉末，或者以液态或气态形式出现。

2. 气溶胶的分类

气溶胶根据其成分、化学燃烧热，以及根据泡沫试验、点火距离试验和封闭空间试验(用于喷雾气溶胶)的结果分为三类：极易燃气溶胶、易燃气溶胶和受热可能爆裂的气溶胶。

(四)氧化性气体

1. 氧化性气体的定义

氧化性气体一般是指通过提供氧气产生的，比空气更能导致或促使其他物质燃烧的任何气体。

2. 氧化性气体的分类

对氧化性气体进行分类，应根据判定逻辑进行。如果一种对气体物质或气体混合物，比空气更能导致物质燃烧，其为氧化性气体(危险)；如果比空气导致物质燃烧的程度差，其为非氧化性气体。

(五)加压气体

1. 加压气体的定义

加压气体是指在20℃下压力等于或大于200kPa(表压)下装入贮器的气体，或是液化气体或冷冻液化气体。加压气体包括压缩气体、液化气体、溶解气体、冷冻液化气体。

2. 加压气体的分类

(1)压缩气体。在−50℃加压封装时完全是汽态的气体，包括所有临界温度不大于−50℃的气体。

(2)液化气体。在高于−50℃的温度下加压封装时部分是液体的气体。它又分为两部分：一是高压液化气体，即临界温度在−50℃和65℃之间的气体；二是低压液化气体，即临界温度高于65℃的气体。

(3)冷冻液化气体。封装时由于其温度低而部分是液体的气体。

(4)溶解气体。加压封装时溶解于液相溶剂中的气体。(注：临界温度是指高于此温度时，无论压缩程度如何，纯气体都不能被液化的温度。)

(六)易燃液体

1. 易燃液体的定义

易燃液体是指闪点不大于93℃的液体。

2. 易燃液体的分类

(1)类别1。闪点小于23℃且初沸点不大于35℃。

(2)类别2。闪点小于23℃且初沸点大于35℃。

(3)类别3。闪点不小于23℃且不大于60℃。

(4)类别4。闪点大于60℃且不大于93℃。

(注：1. 为了实现某些管理目的，可将闪点范围在55～75℃的燃料油、柴油和民用燃料油视为一个特定组。2. 闪点高于35℃，但不超过60℃的液体，如果在联合国《关于危险货物运输的建议书试验和标准手册》第32节第3部分持续燃烧性试验中得到否定结果，则可以为了实现某些管理目的(如运输)，将其视为非易燃液体。3. 为了实现某些管理目的(如运输)，某些黏性易燃液体，如色漆、磁漆、喷漆、清漆、黏合剂和抛光剂可视为一个特定组，将这些液体归类为非易燃液体。4. 气溶胶不属于易燃液体。)

(七)易燃固体

1. 易燃固体的定义

易燃固体是容易燃烧或通过摩擦可能引燃或助燃的固体。它们是与点火源(如着火的火柴)短暂接触能容易点燃且火焰能迅速蔓延的粉状、颗粒状或糊状物质的固体。

2. 易燃固体的分类

(1)类别1。燃烧速率试验：金属粉末之外的物质或混合物，潮湿部分不能阻燃，而且燃烧时间小于45s或燃烧速燃率大于2.2mm/s；金属粉末，燃烧时间不大于5min。

(2)类别2。燃烧速率实验：金属粉末之外的物质或混合物，潮湿部分可以阻燃至少4min，而且燃烧时间小于45s；金属粉末，燃烧时间大于5min且不大于10min。

(八)自反应物质或混合物

1. 自反应物质或混合物的定义

自反应物质或混合物是即使没有氧(空气)也容易发生激烈放热分解的热不稳定液态或固态物质或者混合物，不包括根据GHS统一分类制度分类为爆炸物、有机过氧化物或氧化性物质和混合物。自反应物质或混合物如果在实验室试验中其组分容易起爆、迅速爆燃或在封闭条件下加热时显示剧烈效应，应视为具有爆炸性质。

2. 自反应物质的分类

根据下列原则，自反应物质和混合物划入7个类别“A型～G型”，为其中之一。

任何自发性物质或混合物，如在包装件中可能起爆或迅速爆燃，将定为A型自反应物质。

具有爆炸性质的任何自反应物质或混合物，如在包装件中不会起爆或迅速爆燃，但在该包装件中可能发生热爆炸，将定为B型自反应物质。

具有爆炸性质的任何自反应物质或混合物，如在包装件中不可能起爆或迅速起爆或发生热爆炸，将定为C型自反应物质。

任何自反应物质或混合物，在实验室试验中，如发生下列情况将定为D型自反应物质：部分起爆，不迅速爆燃，在封闭条件下加热时不呈现任何剧烈效应；根本不起爆，缓慢爆燃，在封闭条件下加热时不呈现任何剧烈效应；根本不起爆和爆燃，在封闭条件下加热时呈现中等效应。

任何自反应物质或混合物，在实验室试验中，根本不起爆，也根本不爆燃，在封闭条件下加热时呈现微弱效应或无效应，将定为E型自反应物质。

任何自发性物质或混合物，在实验室试验中，根本不在空化状态下起爆也根本不爆燃，在封闭条件下加热时只呈现微弱效应或无效应，而且爆炸力弱或无爆炸力，将定为F型自反应物质。

任何自反应物质和混合物，在实验室试验中，既绝不在空化状态下起爆也绝不爆燃，在封闭条件下加热时显示无效应，而且无任何爆炸力，将定为G型自反应物质。

(九)自燃液体

1. 自燃液体的定义

自燃液体是即使数量小也能在与空气接触后5min内着火的液体。

2. 自燃液体的分类

将液体加至惰性载体上并暴露在空气中5min内燃烧，或与空气接触5min内燃着或碳化滤纸则为自燃液体。否则，非此类型物质。

(十)自燃固体

1. 自燃固体的定义

自燃固体是即使数量小也能在与空气接触后5min内着火的固体。

2. 自燃固体的分类

自然固体分类是根据联合国《关于危险货物运输的建议书：试验和标准手册》进行的，当固体与空气接触后5min内发生燃烧，则该固体为自燃固体。否则，非此类物质。

(十一)自热物质和混合物

1. 自热物质的定义

除自燃液体或自燃固体外，与空气反应不需要能量供应就能够自热的固态或液态物质或混合物。此物质或混合物与自燃液体或自燃固体不同之处在于，仅在大量(千克级)并经过长时间(数小时或数天)才会发生自燃。(注：物质或混合物的自热是一个过程，其中物质或混合物与空气中氧气逐渐发生反应，产生热量。如果热产生速度超过热损耗的速度，经过一段时间，可能导致自发点火和燃烧。)

2. 自热物质和混合物的分类

(1)类别 1。用边长 25mm 立方体试样在 140℃下做实验时取得肯定结果(发生危险性自热)为类别 1。

(2)类别 2。一是用边长 100mm 立方体试样在 140℃下做试验时取得肯定结果，用边长 25mm 立方体试样在 140℃下做试验取得否定结果，并且该物质和混合物将装在体积大于 3 平方米的包装件内；二是用边长 100mm 立方体试样在 140℃下做试验时取得肯定结果，用边长 25mm 立方体试样在 140℃下做试验取得否定结果，用边长 100mm 立方体试样在 120℃下做试验取得肯定结果，并且该物质或混合物，将装载在体积大于 450L 的包装件内；三是用边长 100mm 立方体试样在 140℃下做试验取得肯定结果，用边长 25mm 立方体试样在 140℃下做试验取得否定结果，并且用边长 100mm 立方体试样在 100℃下做试验取得肯定结果。

(十二)遇水放出易燃气体的物质和混合物

1. 定义

遇水放出易燃气体的物质和混合物是通过与水作用，容易具有自燃性或放出危险数量的易燃气体的固态或液态物质和混合物。

2. 遇水放出易燃气体的物质和混合物的分类

(1)类别 1。用边长 25mm 立方体试样在 140℃下做实验时取得肯定结果(发生危险性自热)为类别 1。

(2)类别 2。一是用边长 100mm 立方体试样在 140℃下做试验时取得肯定结果，用边长 25mm 立方体试样在 140℃下做试验取得否定结果，并且该物质和混合物将装在体积大于 3 平方米的包装件内；二是用边长 100mm 立方体试样在 140℃下做试验时取得肯定结果，用边长 25mm 立方体试样在 140℃下做试验取得否定结果，用边长 100mm 立方体试样在 120℃下做试验取得肯定结果，并且该物质或混合物，将装载在体积大于 450L 的包装件内；三是用边长 100mm 立方体试样在 140℃下做试验取得肯定结果，用边长 25mm 立方体试样在 140℃下做试验取得否定结果，并且用边长 100mm 立方体试样在 100℃下做试验取得肯定结果。

(十三)氧化性液体

1. 氧化性液体的定义

氧化性液体是本身未必可燃，但通常会放出氧气，可能引起或促使其他物质燃烧的液体。

2. 氧化性液体的分类

氧化性液体根据联合国《关于危险货物运输的建议书：试验和标准手册》进行分类。

(1)类别1。受试物质(或混合物)与纤维素之比按质量1∶1的混合物进行试验时可自燃，或受试物质与纤维素之比按质量1∶1的混合物的平均压力上升时间，小于50%高氯酸与纤维素之比按质量1∶1的混合物的平均压力上升时间的任何物质或混合物。

(2)类别2。受试物质(或混合物)与纤维素之比按质量1∶1的混合物进行试验时，显示的平均压力上升时间小于或等于40%氯酸钠水溶液与纤维素之比按质量1∶1的混合物的平均压力上升时间，并且不属于类别1的标准的任何物质或混合物。

(3)类别3。受试物质(或混合物)与纤维素之比按质量1∶1的混合物进行试验时，显示的平均压力上升时间小于或等于65%的硝酸水溶液与纤维素之比按质量1∶1的混合物的平均压力上升时间，并且不符合类别1和类别2的标准的任何物质或混合物。

(十四)氧化性固体

1. 氧化性固体的定义

氧化性固体是本身未必可燃，但通常会放出氧气，可能引起或促使其他物质燃烧的固体。

2. 氧化性固体的分类

(1)类别1。受试样品(或混合物)与纤维素4∶1或1∶1(质量比)的混合物进行试验时，显示的平均燃烧时间小于溴酸钾与纤维素之比按质量3∶2(质量比)的混合物的平均燃烧时间的任何物质或混合物。

(2)类别2。受试样品(或混合物)与纤维素4∶1或1∶1(质量比)的混合物进行试验时，显示的平均燃烧时间等于或小于溴酸钾与纤维素2∶3(质量比)的混合物的平均燃烧时间，并且未满足类别1的标准的任何物质或混合物。

(3)类别3。受试样品(或混合物)与纤维素4∶1或1∶1(质量比)的混合物进行试验时，显示的平均燃烧时间等于或小于溴酸钾与纤维素3∶7(质量比)的混合物的平均燃烧时间，并且未满足类别1和类别2的标准的任何物质或混合物。

(十五)有机过氧化物

1. 有机过氧化物的定义

有机过氧化物是含有二价“—O—O—”结构和可视为过氧化氢的一个或两个氢原子已被有机基团取代的衍生物的液态或固态有机物。

本定义还包括有机过氧化物配制物(混合物)。有机过氧化物是可发生放热自加速分解，热不稳定的物质或混合物。此外，它们可具有一种或多种下列性质：①易于爆炸分解；②迅速燃烧；③对撞击或摩擦敏感；④与其他物质发生危险反应。如果其配置品在实验室试验中容易爆炸、迅速爆炸或在封闭条件下加热时显示剧烈效应，则认为该有机过氧化物显示有爆炸性质。

2. 有机过氧化物的分类

(1)A型。易于起爆或快速爆燃，或在封闭状态下加热时呈现剧烈效应的有机过氧化物。

(2)B型。只有爆炸性，配置品在包装运输时不起爆，也不会快速爆燃，但在包件内部易产生热爆炸的有机过氧化物。

(3)C型。在包装运输时不起爆、不快速爆燃，也不易受热爆炸，但仍具有潜在爆炸可能的有机过氧化物。

(4)D 型。在封闭条件下进行加热试验时，呈现部分起爆，但不快速爆燃，也不尽现剧烈效应或不爆轰，但可缓爆燃并不呈剧烈效应或不爆轰、不爆燃，但呈现中等效应的有机过氧化物。

(5)E 型。在封闭条件下进行加热试验时，不起爆、不爆燃，只呈现微弱效应的有机过氧化物。

(6)F 型。在封闭条件下进行加热试验时，既不引起空化状态的爆炸，也不爆燃，只呈现微弱爆炸力或没有任何效应，而呈现微弱爆炸力或没有爆炸力的有机过氧化物。

(7)G 型。在封闭条件下进行加热试验时，既不引起空化状态的爆炸，也不爆燃，且不呈现声效应及没有任何爆炸力但其配置是具有热稳定性包件(50kg，自行加速分解温度＞60℃)的有机过氧化物。

(十六)金属腐蚀物

1. 金属腐蚀物的定义

通过化学作用会显著损伤或毁坏金属的物质或混合物。

2. 金属腐蚀物的分类

在试验温度 55℃下，钢和铝表面的腐蚀速率超过每年 6.25mm 的即为金属腐蚀物类别。否则，非此类别。

二、健康危害

(一)急性毒性

1. 急性毒性的定义

急性毒性是指经口或经皮肤给予物质的单剂量或在 24 小时内给予的多次剂量，或者 4 小时的吸入接触发生的急性有害影响。

2. 急性毒性分类

急性毒性包括 5 个类别，即类别 1、类别 2、类别 3、类别 4 和类别 5。其中，类别 1 是最高毒性类别；类别 5 适用于急性毒性相对较低，但在一定环境下对易受害人群有危险倾向的物质。急性毒性接触的途径包括经口、皮肤、气体、蒸气、粉尘和烟雾。

(二)皮肤腐蚀/刺激

1. 术语和定义

(1)皮肤腐蚀。对皮肤造成不可逆损害的结果，即施用试验物质达到 4 小时内，可观察到表皮和真皮坏死。典型的腐蚀反应具有溃疡、出血、血痂的特征，而且在观察期 14 天结束时，皮肤、完全脱发区域和结痂处由于漂白而褪色。应考虑通过组织病理学检查来评估可疑的病变。

(2)皮肤刺激。施用试验物质达到 4 小时后对皮肤造成可逆损害的结果。

2. 皮肤腐蚀/刺激的分类

(1)类别 1。造成皮肤腐蚀的物质或混合物。皮肤腐蚀包括类别 A、类别 B、类别 C 三个子类别，全是“危险”标签，均会造成严重皮肤灼伤和眼损伤。

(2)类别 2。造成皮肤刺激的物质或混合物。标签为“警告”，能造成皮肤刺激。

(3)类别 3。造成皮肤轻微刺激的物质或混合物。标签为“警告”，能造成轻微皮肤刺激。

(三)严重眼损伤/眼刺激

1. 术语和定义

(1)严重眼损伤。将受试物施用于眼睛前部表面进行暴露接触后，引起了眼部组织损伤，或出现严重的视觉衰退，且在暴露后的 21 天内尚不能完全恢复。

(2)眼刺激。将受试物施用于眼睛前部表面进行暴露接触后，眼睛发生的改变，且在暴露后的 21 天内出现的改变可完全消失，恢复正常。

2. 严重眼损伤/眼刺激分类

(1)类别 1。造成严重眼损伤的物质或混合物。

(2)类别 2A。造成严重眼刺激的物质或混合物。

(3)类别 2B。造成眼刺激的物质或混合物。

(四)呼吸道或皮肤致敏

1. 术语和定义

(1)呼吸道致敏物。吸入后会导致呼吸道过敏的物质。

(2)皮肤致敏物。皮肤接触后会导致过敏的物质。

2. 呼吸道或皮肤致敏的分类

(1)呼吸道致敏物质的分类。

第 1A 类。物质显示在人类中有高发生率，或根据动物或其他试验，可能对人有高过敏率。反应的严重程度也可考虑在内。

第 1B 类。物质显示对人有低度到中度的发生率，或根据动物和其他试验，可能对人有低度到中度过敏率。反应的严重程度也可考虑在内。

(2)皮肤致敏物质的分类。

第 1A 类。物质显示在人群中的发生率较高，或在动物身上有较大的可能性，则可以假定该物质有可能在人类身上产生严重过敏作用。反应的严重程度也可考虑在内。

第 1B 类。物质显示对人类有低度到中度的发生率，或对动物有低度到中度的可能性，可以假定有可能造成人的过敏。反应的严重程度也可考虑在内。

(五)生殖细胞致突变性

1. 生殖细胞致突变性的定义

化学品引起人类生殖细胞发生可遗传给后代的突变。在将物质和混合物划归这一危害类别时，还要注意到体外致突变性/遗传毒性试验和哺乳动物体细胞体内致突变性和遗传毒性试验。“突变”定义为细胞中遗传物质的数量或结构发生永久性改变。

2. 生殖细胞突变性的分类

(1)生殖细胞致突变物的分类。

类别 1。已知引起人类生殖细胞发生可遗传突变或被认为可能引起人类生殖细胞可遗传突变的物质。

类别 1A。已知引起人类生殖细胞发生可遗传突变的物质。判断标准是人类流行病学研究的阳性证据。

类别 1B。应被认为可能引起人类生殖细胞可遗传突变的物质。判断标准如下：哺乳动物体内可遗传的生殖细胞突变试验的阳性结果；或哺乳动物体内体细胞致突变性试验的阳性结果，结合一些证据表明该物质具有引起生殖细胞突变的可能；或从人类生殖细胞试验显示出致突变效应的阳性结果，而不需要证明突变是否遗传给后代。

类别 2。由于可能导致人类生殖细胞可遗传性突变而引起人们关注的物质。判断标准如下：哺乳动物试验获得阳性证据，和/或有时从一些体外试验中得到阳性证据。这些证据来自两个方面，一是哺乳动物体内体细胞致突变性试验，二是得到体外致突变性试验的阳性结果支持的其他体内体细胞遗传毒性试验。

(2)生殖细胞致突变混合物的分类。一是有混合物整体数据时的混合物分类。混合物的分类应基于混合物各种组份的现有试验数据，使用划分为生殖细胞致突变组分的临界值/浓度极限值进行。二是无混合物整体数据时的混合物分类，则使用架桥原则。三是拥有混合物的所有组分数据或只有一些组分数据时的混合物分类。当至少一种组分已被分类为类别 1 或类别 2 突变物的相应临界值/浓度极限值时，则该混合物应被分类为致突变物。

(六)致癌性

1. 致癌物的定义

致癌物是指可导致癌症或增加癌症发生率的物质或混合物。在实施良好的动物实验性研究中诱发良性和恶性肿瘤的物质和混合物，也被认为是假定的或可疑的人类致癌物，除非有确凿证据显示该肿瘤形成机制与人类无关。将物质或混合物按具有致癌危害分类，是根据物质本身的性质，并不提供使用该物质或混合物可能产生的人类致癌风险高低的信息。

2. 致癌性分类

(1)致癌物危害分类。

类别 1。已知或假定的人类致癌物。

类别 1A。已知对人类有致癌可能时，对物质的分类主要根据人类证据；假定对人类有致癌可能；对物质的分类主要根据动物证据。

类别 1B。人类接触物质和癌症发展之间存在因果关系(已知的人类致癌物)；动物试验以充分的证据证明了动物致癌性(假定的人类致癌物)；在个案基础上，根据显示有限的致癌迹象和有限的实验动物致癌性迹象的研究，通过判断作出假定的人类致癌物决定。

类别 2。其为可疑的人类致癌物。可根据人类和/或动物研究得到的证据将物质划为类别 2，但前提是这些证据不能令人信服地将物质划分为类别 1。

(2)致癌混合物分类。一是拥有混合物整体数据时的混合物分类，使用混合物个别组分的现有数据分类；二是不拥有混合物整体数据时的混合物分类，则使用架桥原则；三是拥有混合物中所有组分的数据或只有一些组分的数据时的混合物分类。

(七)生殖毒性

1. 生殖毒性的定义

对成年雄性和雌性的性功能和生育能力的有害影响，以及对子代的发育毒性。

2. 生殖毒性的分类

(1)物质的分类。对于生殖毒性分类目的而言，化学物质被分为两个危险类别。此外，对哺乳期的影响被单独分为一个危险类别。一是生殖毒物的分类，共两类：类别1是已知或假定的人类生殖毒物，此可进一步划分为类别1A(已知的人类生殖毒物)和类别1B(推测可能的人类生殖毒物)；类别2是可疑的人类生殖毒物。二是将影响哺乳或通过哺乳产生影响划为单独的类别。

(2)混合物的分类。一是有混合物整体数据时的混合物分类，使用混合物各组分的临界值/浓度极限值进行。二是无混合物整体数据时的混合物分类，使用架桥原则。三是拥有混合物所有组分数据或只有一些组分数据时的混合物分类，当至少一种组分已被划为类别1或类别2生殖毒物，而且其含量大于或等于类别1和类别2的相应临界值/浓度极限值时，则该混合物应被分类为生殖毒物。

(八)特异性靶器官毒性　一次接触

1. 特异性靶器官毒性　一次接触的定义

一次接触物质和混合物引起的特异性、非致死性的靶器官毒性作用，包括所有明显的健康效应，可逆的和不可逆的、即时的和迟发的功能损害。

特异性靶器官毒性可能通过与人类相关的任何途径发生，主要经口、皮肤或吸入发生。

2. 特异性靶器官毒性　一次接触的分类

(1)物质分类标准。共分三个类别：类别1是对人类产生显著毒性的物质，或者根据实验动物研究得到的证据，可假定在一次接触之后可能对人类产生显著毒性的物质。类别2是根据实验动物研究的证据，可假定在一次接触之后可能对人类健康产生危害的物质。类别3是暂时性靶器官效应，包括麻醉效应和呼吸道刺激。

(2)混合物分类标准。一是有混合物整体数据时的混合物分类，通过这些数据的证据权重评估，对混合物进行分类。二是无混合物整体数据时的混合物分类，使用架桥原则。三是拥有混合物的所有组分数据或只有一些组分数据时混合物的分类，该混合物将划为特异性靶器官毒物一次接触、特异性靶器官毒物反复接触，或二者都有。

(九)特异性靶器官系统毒性　反复接触

1. 特异性靶器官系统毒性　反复接触的定义

反复接触物质和混合物引起的特异性、非致死性的靶器官毒性作用，包括所有明显的健康效应，可逆的和不可逆的、即时的和迟发的功能损害。

2. 特异性靶器官系统毒性　反复接触分类

(1)物质分类。反复接触后的特异性靶器官毒性有两个类别。类别1是对人类产生显著毒性的物质，或根据实验动物研究得到的证据，可假定在反复接触后，有可能对人类产生严重毒性的物质。类别2是根据实验动物研究的证据，可假定在反复接触之后，有可能危害人类健康的物质。

(2)混合物分类。一是有混合物整体数据时的混合物分类，即通过证据权重评估对混合物进行分类。二是无混合物整体数据时的混合物分类，使用架桥原则。三是拥有混合物的所有组分数据或只有一些组分数据时的混合物分类，但至少一种组分已经化为类别1或类别 2 特异性靶器官毒物，而且其含量等于或高于类别 1 和类别 2 适当临界值/浓度极限值时，该混合物将划为一次接触特异性靶器官毒物、反复接触特异性靶器官毒物，或二者都有。

(十)吸入危害

1. 吸入的定义

吸入是特指液态或固态化学品通过口腔或鼻腔直接进入或者因呕吐间接进入气管和下呼吸系统。

2. 吸入危害的分类

(1)物质分类。吸入毒性的危险类别有两类：类别 1 是已知引起人类吸入毒性危险的化学品，或者被看作会引起人类吸入毒性危险的化学品。类别 2 是因假定它们会引起人类吸入毒性危险而令人担心的化学品。

(2)混合物分类。一是掌握混合物整体数据时的混合物分类，此混合物根据可靠优质的人类证据划入类别 1。二是不掌握混合物整体数据时的混合物分类，使用架桥原则。三是掌握混合物的所有组分数据或只有一些组分数据时的混合物分类，根据混合物组分含量以及在 40℃时测量的运动粘度来划分类别。

三、环境危害

(一)对水生环境的危害

1. 术语和定义

(1)急性水生毒性。可对在水中短时间接触该物质的生物体造成伤害。

(2)急性(短期)危害。化学品的急毒性对在水中短期暴露的水生生物造成的危害。

(3)可利用性。物质成为可溶解或分解物种的程度。金属利用性则是指金属化合物中的金属离子部分可以从化合物(分子)的其余部分分解出来的程度。

(4)生物利用率。物质被生物吸收并在生物体内一个区域分布的程度。

(5)生物蓄积。物质经由所有接触途径(即空气、水、沉淀物/泥土和食物)被生物体吸收、转化和排出的净结果。

(6)生物富集。物质经由水传播接触被生物体吸收、转化和排出的净结果。

(7)慢性水生毒性。可对在水中接触该物质的生物体造成有害影响，接触时间根据生物体的生命周期确定，是物质本身的性质。

(8)降解。有机分子分解为更小的分子，并最后分解为二氧化碳、水和盐类。

(9)长期危害。化学品的慢毒性对在水中长期暴露的水生生物造成的危害。

2. 对水生环境的危害分类

(1)危害水生环境物质的分类。一是急性(短期)水生危害，包括急性 1 类、急性 2 类和急性 3 类。二是长期水生危害，分为不能快速降解物质且已掌握充分的慢性毒性资料、可快速降解的物质且已掌握充分的慢性毒性资料及没有掌握充分的慢性毒性资料三类。

(2)混合物分类。混合物分类制度覆盖了用于物质的所有分类类别，即急性类别 1～3 类和慢性类别 1～4 类。

(二)对臭氧层的危害

1. 术语和定义

臭氧消耗潜能值是指某种化合物的差量排放相对于同等质量的三氯氟甲烷而言，对整个臭氧层的综合扰动的比值。

2. 分类标准

《关于消耗臭氧层物质的蒙特利尔协议书》附件中列出的任何受管制物质，或任何混合物至少含有一种浓度不小于0.1%的被列入《蒙特利尔协议书》附件A的组分(见表13-5)。

表13-5 《蒙特利尔协议书》附件A

类别	化学式	物质代码	消耗臭氧潜能值(ODP值)
第一类	$CFCl_3$	CFEll	1.0
	CF_2Cl_2	$CFEl_2$	1.0
	$C_2F_3Cl_3$	$CFEll_3$	0.8
	$C_2F_4Cl_2$	$CFEll_4$	1.0
	C_2F_5Cl	$CFEll_5$	0.6
第二类	CF_2BrCl	Halon-1211	3.0
	CF_2Br	Halon-1301	10.0
	$C_2F_4Br_2$	Halon-2402	6.0

这些消耗臭氧潜能值是根据现有知识的估计数，人们将对其进行定期审查和修改。

第三节 危险化学品运输和储存的基本要求

一、运输危险化学品的基本要求

(一)严格办理运输手续

托运危险物品必须出示有关证明。向指定的铁路、交通、航运等部门办理手续。托运物品必须与托运单上所列品名相符，托运未列入国家品名表内的危险物品，须附交上级主管部门审查同意的技术鉴定书。

(二)文明装卸

危险物品的装卸运输人员，应按装运危险物品的性质，佩戴相应的防护用品。装卸时必须轻装轻卸，严谨摔拖、重压和摩擦，不得损毁包装容器，注意标志，堆放稳妥。

(三)清洁卫生

危险物品装卸前，应对车(船)搬运工具进行必要的通风和清扫，不得留有残渣，对装有剧毒物品的车(船)，卸车后一定要刷洗干净。

(四)装运工具要符合要求

装运爆炸、剧毒、放射性、易燃液体、可燃气体等物品，必须使用符合安全要求的运输工具。禁止用电瓶车、翻斗车、铲车、自行车等运输爆炸品。运输氧化剂、爆炸品及用铁桶包装的一级易燃液体时，如果没有采取可靠的安全措施，不得用铁底板车及汽车挂车。禁止用叉车、铲车、翻斗车搬运易燃、易爆液化气体等危险品。温度较高地区装运液化气体和易燃液体等危险品，要有防晒设施。放射性物品应用专用运输搬运车和抬架搬运，装卸机械应按规定负荷降低25%。遇水燃烧物品及有毒物品，禁止用小型机动船、小木船和水泥船承运。

(五)专人押运

运输爆炸、剧毒和放射性物品，应指派专人押运。

(六)文明行车

运输危险物品的车辆，必须保持安全车速，保持车距，严禁超车、超速和强行会车。运输危险物品的行车路线，一定事先经当地交通安全部门批准，按指定的路线和时间运输，不可在繁华街道行驶和停留。蒸汽机车在调车作业中，对装载易燃、易爆物品的车辆，必须挂不少于两节的隔离车，严禁溜放。

(七)悬挂“危险品”标志

运输易燃、易爆物品的机动车，其排气管应装阻火器并悬挂“危险品”标志。

(八)运输中要采取安全措施

运输散装固体危险物品，应根据其性质，采取防火、防爆、防水、放粉尘飞扬和遮阳等措施。

二、储存危险化学品的基市要求

(一)严格办理储存手续

危险化学品必须储存在经省、自治区、直辖市人民政府经济贸易管理部门或者设区的市级人民政府负责危险化学品安全监督管理综合工作的部门审查批准的危险化学品仓库中。未经批准不得随意设置危险化学品储存仓库。

(二)专库储存

危险化学品必须储存在专用仓库、专用场地或者专用储存室(以下统称专用仓库)内，储存方式、方法与储存数量必须符合国家标准。

剧毒化学品以及储存数量构成重大危险源的其他危险化学品必须在专用仓库内单独存放，实行双人收发、双人保管制度。储存单位应将储存剧毒化学品以及储存数量构成重大危险源的其他危险化学品的数量、地点以及管理人员的情况，报当地公安部门和负责危险化学品安全监督管理综合工作的部门备案。

危险化学品专用仓库，应当符合国家标准对安全、消防的要求，设置明显标志。危险化学品专用仓库的储存设备和安全设施应当定期检测。储存的危险化学品应有明显的标志，标志应符合相关规定。同一区域贮存两种或两种以上的不同级别的危险品时，应按最高等级危险物品的性能标志。

储存危险化学品的仓库必须配备有专业知识的技术人员，其仓库及场地应设专人管理，管理人员必须具备可靠的个人安全防护用品。

受日光照射能发生化学反应引起燃烧、爆炸、分解、化合或能产生有毒气体的危险化学品应储存在一级建筑物中，其包装应采取避光措施。

有毒物品应储存在阴凉、通风、干燥的场所，不要露天存放，不要接近酸类物质。腐蚀性物品，包装必须严密，不允许泄漏，严禁与液化气体和其他物品共存。

(三)一般不得露天存放

危险化学品露天堆放，应符合防火、防爆的安全要求，爆炸性物品、一级易燃物品、遇湿燃烧物品、剧毒物品不得露天堆放。

各类危险品不得与禁忌物料混合储存，灭火方法不同的危险化学品不能同库储存。储存危险化学品的建筑物、区域内严禁吸烟和使用明火。

遇火、遇热、遇潮能引起燃烧、爆炸或发生化学反应，产生有毒气体的危险化学品不得露天或在潮湿、积水的建筑物中储存。

(四)限量储存

爆炸性物品不准和其他类物品同储，必须单独隔离、限量储存。

(五)强化安全措施

1. 加强应急管理

危险化学品单位应当制定本单位事故应急救援预案，配备应急救援人员和必要的应急救援器材、设备，并定期组织演练。危险化学品事故应急救援预案应当报设区的市级人民政府负责危险化学品安全监督管理综合工作的部门备案。

2. 制定安全措施

储存的危险化学品必须有化学品安全技术说明书和化学品安全标签。储存企业应根据安全技术说明书的信息实施分类储存、确定养护措施、制定并实施安全防护措施。储存企业应及时索取最新版本的安全技术说明书。

3. 强化消防措施

根据危险品特性和仓库条件，配置相应的消防设备、设施和灭火药剂，并配备经过培训的兼职和专职的消防人员。储存危险化学品建筑物内应根据仓库条件安装自动检测和火灾报警系统。储存危险化学品建筑物内，若条件允许，应安装灭火喷淋系统(遇水燃烧危险化学品，不可用水扑救的火灾除外)。危险化学品储存企业应设有安全保卫组织。危险化学品仓库应有专职或义务消防、警卫队伍。无论专职还是义务消防、警卫队伍，都应制定灭火预案并经常进行消防演练。

>>> 综合能力训练

一、名词解释

危险化学品　燃点　闪点　爆炸极限　自燃点

二、判断题

1. 危险化学品是指具有易燃、易爆、有毒、有害及有腐蚀特性，会对人员、设施、环境造成伤害或损害的化学品。（　　）

2. 燃点越低的物品越安全。（　　）

3. 多数腐蚀品有不同程度的毒性，有的还是剧毒品。（　　）

三、填空题

1. 危险化学品的危害有________、________、________、________。
2. 加压气体分为________、________、________、________四类。
3. 急性毒性是指________。
4. 环境危害分为________、________。
5. 影响爆炸品储存安全的外界因素主要有________、________、________、________、________、________。

四、简答题

1. 什么是皮肤腐蚀？
2. 危险化学品分为哪几类？
3. 危险化学品运输和储存的基本要求有哪些？

>>> 实践训练

1. 调查危险化学品运输企业的安全保护措施。
2. 调查化学品污染对人体的危害。
3. 了解周边企业储存危险废弃物的方法。

第十四章 商品、资源和环境

学习目标

1. 明确商品、资源和环境的关系；
2. 了解商品生产对资源及环境造成的影响；
3. 掌握环境污染、环境保护、绿色商品的含义；
4. 掌握与绿色革命相关的知识；
5. 理解保护资源、保护环境的重要性。

人类社会所从事的经济活动主要表现为从自然环境中提取资源，又利用从自然资源中得来的产品建造人工环境。人类社会、自然资源和自然环境三者之间构成一个相互关联的复杂系统——人地系统。随着当代全球人口的增多与科学技术的不断进步，人们的生产和消费规模超过了任何时代，打破了系统本身的动态平衡，出现了全球性的资源和环境危机，使系统平衡遭到破坏。走可持续发展的道路，促进环境与商品生产、流通、消费的协调发展，已成为实现各国社会经济发展战略目标的必然选择。

第一节 商品与资源

一、资源的概念与分类

(一)自然资源的概念

通常所说的资源主要是指自然资源。所谓自然资源，是指一切能以任何方式为人类提供福利的、未经劳动加工而被人类在自然界所发现的物质及能量，如动物、植物、水、空气、土壤、矿物、能源、自然景观等。

资源是人类赖以生存、社会得以发展所必不可少的客观基础。人类生活所需要的生活资料，生产所需要的生产资料，无不仰仗于资源。资源与商品的根本区别在于，资源只有经过劳动加工才能成为社会财富。尚未开发的资源仅仅具有潜在的使用价值和经济价值，只有通过生产活动将其开发出来并转化为市场需求的商品，资源才能成为有用之物。

(二)自然资源的分类

根据研究的需要或应用目的不同，对资源可进行不同的分类。

1. 按自然资源的存在条件及其特征分类

按存在条件及特征，可把自然资源分为两类：一类是存在于地壳之中的地下资源或地壳资源，主要包括矿物资源和能源等；另一类是存在于生物圈中的地表资源或称生物圈资源，主要包括土地资源、水资源、生物资源、气候资源等。

2. 按自然资源所在的地理位置和地貌类型分类

按所在的地理位置和地貌类型，可把自然资源分为陆地资源(山地、丘陵、平原、水体等)、海洋资源、大气资源等。

3. 按自然资源在经济部门中的地位分类

按在经济部门中的地位，可把自然资源分为农业资源、工业资源、交通资源、旅游资源等。

4. 按自然资源的用途及其利用方式分类

按用途及利用方式，可将自然资源分为两类：一类是作为人们直接生活资料的资源，如植物界中的各种天然食物、森林、草原中的各种动物以及海洋、河湖中的各种水产品；另一类是作为劳动资料来源的资源，如矿物原料、燃料和木材等。

5. 按自然资源产生的渊源及其可利用性分类

(1)非耗竭性资源(无限资源)。这类资源随着地球形成及其运动而存在，基本上是持续稳定产生的，如太阳能、空气、风、降水、气候等。

(2)耗竭性资源(有限资源)。这种自然资源是在地球演化过程中的特定阶段形成的，质与量是有限定的，空间分布是不均匀的。耗竭性资源又可分为可更新资源和不可更新资源。

①可更新资源(再生资源)。这类资源主要是指那些被人类开发利用后，能够依靠生态系统自身的运行力量得到恢复或再生的资源，如动物资源、植物资源、微生物资源、土地资源、水资源等。只要开发强度不超过承载力，这些资源从理论上讲是可以持续利用的。

②不可更新资源(非再生资源)。这类资源一般是指那些被人类开发利用后会逐渐减少以至枯竭，而不能再生的自然资源，如各种金属矿物、非金属矿物、化石、燃料等。这些矿物都是由古代生物或非生物经过漫长的地质年代形成的，储量是固定的，在开发利用中，只能不断地减少，无法持续利用。非再生资源的有限性，要求人类节约使用。以铁矿为例，铁元素聚集成具有工业利用价值的矿床是一个漫长的地质历史过程，它们多形成于距今26亿年～30亿年的太古时代，成矿期均以亿年计算。与此相反，人类开采、消耗矿物却十分快速，一个矿区的开采期仅为百年、数十年，以至几年。因此，从人类历史的角度看，矿产资源是不可再生的。另外，如果不注意保护、任意取用，可再生资源也有可能变成不可再生资源。比如，对某种野生动物来说，一旦它的生存环境被破坏，其物种数量减少到一定程度后，它就不可能再维持自身的繁衍，只能灭绝。因此，不管是不可再生资源，还是可再生资源，我们都应该注意保护和合理利用。

二、自然资源的特性

自然资源分类虽然比较复杂，但各种资源以及资源总体却有着一系列的共同特性。了解这些特性对合理开发和保护自然资源，主动协调人与资源、环境的平衡关系，具有重大的理论指导意义。从不同的角度分析，自然资源表现出不同的特性。

(一)从区域的角度分析

从区域的角度分析，自然资源具有地域性、整体性和综合性。

1. 地域性

自然资源都有一定的地域分布，各种不同自然资源的地带性分布规律有很大差别。因此，在研究和开发自然资源时应贯彻因地制宜原则。

2. 整体性

一个地域的自然资源是一个完整的系统。一种资源与另一种资源之间相互联系、相互制约，形成不同的组合结构和生态系统。一种资源或整个地域资源系统的变化，将对其他资源以及该地域周围的资源环境产生影响。比如，植被被破坏，将造成水土流失，甚至沙漠化，进而使动物和微生物大量减少。

3. 综合性

综合性由地域性和整体性所决定。综合利用是节约资源、进行资源效益管理的重要途径。

(二)从自然资源生成的角度分析

从自然资源生成的角度分析，自然资源具有变动性与稳定性、层次性、共用性。

1. 变动性与稳定性

如果把资源看成一个生态系统，那么这个系统则一直处于运动和变化之中，但在某个时段，系统各成分间又保持相对的稳定性。从资源的管理角度出发，保持资源生态系统的稳定性非常重要。

2. 层次性

从资源的地域性看，自然资源研究的空间范围，具有局部的地带、地区、国家或洲乃至全球的层次范围。同一种资源的地域层次对比研究工作是交流传递横向信息的重要手段。

3. 共用性

大部分资源都具有多种功能和多种用途，不同的部门可以共用一种资源。对多用性的资源，在规划开发时要根据生态效益、经济效益和社会效益相统一的原则，择优利用，最大限度地发挥资源的综合性作用。

(三)从人类开发利用的角度分析

从人类开发利用的角度分析，自然资源具有有限性、国际性、稀缺性、竞争性、选择性和增值性。

1. 有限性

自然资源是有限的，这种有限性会随着人口的不断增加而加剧。

2. 国际性

全人类共同拥有一个地球，受主权条件的制约，除了本国国土上的资源以外，还有诸多国际社会共同享有的资源，如公海、跨国国际河流等。对这类资源的开发和利用必须通过国际合作、多边协调来解决。

3. 稀缺性

资源一旦被消耗，如果不能进行更新、补充，就越用越少，变为稀缺。即使是可再生资源，随着人口的动态增长，也表现出潜在的稀缺特征。这就要求人类必须珍惜任何一种资源。

4. 竞争性

由于资源的稀缺性，因而出现资源利用上的竞争性。人类在开发利用资源的过程中，更应及早识别、重点保护竞争激烈的资源。

5. 选择性

资源的选择性表现在人与资源的相互选择上。随着时间的推移，两者互补和互适的双向选择行为逐步走向“优化”。

6. 增值性

资源的增值只有通过人类的有效投入才得以实现。自然资源的开发本身就意味着其价值的增长。

三、资源问题与资源保护

自然资源为商品生产和消费提供所需物质和能源，是发展生产力，提高人们生活水平的物质基础。随着人口的急剧增多，社会对自然资源的消费量迅猛增长，再加上不合理的开发和利用，造成资源浪费、破坏和耗竭。自然资源的破坏与耗竭可以从森林面积减少、土地沙漠化、水资源危机、生物物种不断灭绝、矿产资源耗竭等几个方面来考察。

(一)森林资源问题

在整个生态系统中，森林起着供给人类生存所需的生活资料和劳动资料的作用，还起着涵养水源、调节气候、保持水土、防风固沙、净化环境的作用。但是，目前整个世界的森林面积在迅速减少。

造成森林面积迅速减少的原因有三个：第一，由环境污染造成的“森林死亡”；第二，由于人口的增加引起了对粮食需求的增长，使大面积的森林被开垦成农田；第三，由于人口的增长导致了对树木、薪柴需求的增长。

保护和扩展我国森林资源的主要对策有：①端正指导思想，充分认识我国的森林资源危机；②改革管理体制，做到政策稳定、价格合理、体制适宜；③做好调查设计，使森林的经营和利用建立在科学的基础之上；④确定发展目标，尽快扭转森林资源下降的趋势；⑤调整结构布局，因地制宜地确定林地利用方式和经营方针；⑥积极造林育林，坚持不懈地积极开展全民植树活动；⑦改善生产经营，实行合理开发；⑧强化森林保护，充分发挥森林法等法律法规在保护森林方面的效力；⑨加速培养林业人才；⑩保证林业建设资金，做到以林养林。

(二)土地资源问题

土地是人类赖以生存繁衍的基础，人类所需食物能量的98%是直接或间接地来源于土地上生长的作物和牧草。工业化和城市化的蓬勃发展，新城镇和各种基础设施、文化娱乐设施的兴建都要占用大量土地，地球上可供开垦的优良土地已为数不多。人类为了生存和发展，长期地毁林开荒，破坏植被，结果非但没有使耕地扩大多少，反而造成了水土流失，加速沙漠化。

合理利用和切实保护土地的具体对策有：①切实保护耕地，严格控制城乡建设用地，对现有耕地实行集约经营；改造中低产田，适当提高复种指数。②防治土地退化、沙漠化和水土流失，一方面应积极治理已经退化的土地，另一方面要防止出现新的退化和破坏。③防治土地污染和破坏，控制和治理工业"三废"的污染；合理使用化学农药；合理使用化肥。④做好土地资源的调研、评价和规划工作。⑤加强土地管理。

(三)水资源问题

随着经济的发展和人口的增长，再加上水资源的不合理利用和严重的水污染等因素，使世界用水量迅速增加，许多国家出现了严重的水资源危机。

保护水资源的有效对策有：①建立一个有效的管水机构；②实行有利于节水的产业结构政策和投资政策；③运用经济手段促进节约用水；④推广合理开发利用水资源的经验和技术；⑤加强水资源的法制建设；⑥加强对水资源的研究和检测；⑦治水治本，大力植树造林和种草；⑧防治水污染，贯彻"谁污染谁治理"的原则，用水户必须支付被其污染的水的处理费用，尽快实现由浓度控制过渡到总量控制，实施工业废水和城市污水集中处理；⑨提高全民的节水意识。

(四)物种资源问题

当前，生物的多样性在全世界范围内持续不断地遭到损害。生物物种多样性丧失的主要原因有：第一，生存环境的丧失和改变，特别是热带雨林的大量砍伐；第二，过度的海洋捕捞和陆地猎获；第三，空气和水的严重污染。

生物多样性的丧失已引起了人们的普遍重视，许多国家都在设法挽救日趋减少的物种。其途径主要有：①把生物多样性的保护和利用作为一个重大的科学问题来进行研究；②加强宣传保护生物多样性的意义，大力培训专门人才；③加强对保护区、植物园、动物园和水族馆的领导，实行多功能的有效管理；④大力建设现代化的保存物种的基因库。⑤加强立法和执法；⑥注意控制野生动物贸易；⑦建立综合农业示范场。

(五)矿产资源问题

1. *矿产资源的现状*

矿产资源是在漫长的地质历史时期形成的，是人类所必需的而又是有限的资源。近年来，由于矿产资源的消耗速度越来越快，世界采矿量的增长速度有增无减，使矿产资源的储量大为减少，有的甚至趋于枯竭。

为了合理开发利用矿产资源，人类采取了一系列的措施。比如，利用科学技术积极开发新的能源；研制面临枯竭的资源的代用品；开展矿产品的回收利用；充分合理地利用现有资源，以缓解资源的枯竭。

2. 资源的回收利用

俗话说："没有无用的垃圾，只有错放的黄金。"在日常生活中，很多人们不屑一顾的"垃圾"在专家看来都有很高的回收利用价值，是名副其实的"再生资源"。

(1)废塑料。塑料来自地球不可再生的资源——石油。这就意味着，回收废塑料就是节约石油。所有的废塑料、废餐盒、食品袋、编织袋、软包装盒等，利用将废塑料还原成汽油、柴油的技术都可以回炼为燃油。从 1000kg 废塑料中能生产出700～750 升无铅汽油或柴油。许多废塑料还可以还原成再生塑料。以废餐盒为例，回收后可制成建筑装修用优质强力胶，三只废餐盒就可以做一把学生用的尺子，20 个废餐盒可以制造出一个漂亮的文具笔筒。从塑料花盆到公园里的长凳，都可以用废餐盒的原料来生产。

(2)废玻璃。废玻璃回收再造，不仅可节约自然资源，还可减少大约 32%的能量消耗，减少 20%的空气污染和 50%的水污染。1000kg 废玻璃回炉再制比利用新原料生产节约成本 20%。回收 1000kg 废玻璃还可以节约石英砂 720kg、纯碱 250kg、长石粉 60kg、煤炭 10t、电 400kW·h。

(3)废易拉铝罐。废易拉铝罐熔解后可 100%地无数次循环再造成新罐，而且还可制成家具，甚至汽车和飞机的零部件。循环再造铝罐可节省 95%新造铝罐所需的能源，减少 95%的空气污染。丢弃一个铝罐就等于浪费半个铝罐的石油。

(4)废电池。废电池中所含的汞、镉是污染性极强的有毒重金属，但回收电池可提取稀有金属锌、铜和二氧化锰。

第二节　商品与环境

一、环境的概念与分类

(一)环境的概念

我国《环境保护法》明确规定："本法所称环境，是指影响人类生存和发展的各种天然的和经过人工改造的自然因素的总体，包括大气、水、海洋、土地、矿藏、森林、草原、野生生物、自然遗迹、人文遗迹、自然保护区、风景名胜区、城市和乡村。"这些因素不仅包括自然因素，还包括社会因素。因此，广义的环境概念包含了自然环境和社会环境的概念。通常所说的环境是指狭义的环境——自然环境。

自然环境一般是指人类以外的地球上其他生命物体和非生命物质的总体。它受人类活动的影响，但总体上讲，仍按自然规律发展。

资源内容	学习笔记
《中华人民共和国环境保护法》 扫描二维码，阅读全文 (资料来源：中国人大网，2014-04-24)	

(二)环境的分类

根据构成环境的要素，可以把环境分为：大气环境、水环境(地表水环境，如河流、湖泊和海洋环境以及地下水环境)、土壤环境、生物环境(如森林、草原、其他野生生物环境)、地质环境等自然环境类型以及文物古迹保护区、风景名胜区、自然保护区、城市环境、乡村环境等人工环境类型。

人类的生存环境是一个各类环境要素相互作用的庞大的系统，是多种环境成分的统一体。

二、商品与环境污染

商品是人类利用自然和改造自然的结果，环境是人类生存与发展的所有外部因素的总和。环境问题实际上是人类的商品生产、消费活动与环境之间的冲突，表现在资源的耗费、生产的规模与速度超过了环境的承载能力，导致严重的环境污染与破坏，造成了人类生存与发展的危机。

环境污染是指由于人为或自然因素，使环境的组成成分、状态发生了变化，扰乱并破坏了生态系统与人们的正常生活条件，对人体健康产生了直接或间接或潜在的影响。自然环境污染是指有害物质对大气、水质、土壤和生物的污染。使环境免受破坏的措施和活动称为环境保护。

(一)商品对自然环境的污染

目前，环境污染和生态破坏已开始危及整个人类的生存与发展。

1. 商品生产性环境污染

商品生产性环境污染是造成环境破坏的主要原因。工业生产中形成的废水、废气和废渣在未经处理或处理不当的情况下排放到环境中，可造成空气、水域、土壤的污染。

2. 商品流通中的环境污染

在商品流通中，由于商品储存、保管不当，运输中发生意外事故等，也可能使易燃、易爆等化学危险品散失到空气、水域和土壤中，造成环境污染。

3. 商品消费性环境污染

商品消费可以产生大量的污染物，如生活垃圾、包装废弃物、生活洗涤污水等都可能对环境产生不良影响，甚至可能引起疾病的传播。我国城市垃圾处理率还不够高，对大气和地下水造成了严重的污染。

(二)商品对生态环境的污染

自然环境有一定的自净能力，当少量商品污染物进入环境时，不至于产生较明显的影响，但当污染物数量超过一定限度，就会导致生态平衡失调，如食物链中断、物种毁灭、气候异常等。

(三)自然环境对食品商品的污染

商品对自然环境的污染主要针对的是非食品商品(工业品商品)，而自然环境对商品的污染主要针对的是食品商品。

食品污染是指食品在生产、加工、运输、储存、销售、烹饪等各个环节中，混入了有害于人体健康的微生物或化学毒物。食品污染按其受污染性质的不同可分为两类：一是生物性污染，二是化学性污染。

三、商品对环境污染的防治

商品系统由商品、过程、分配和管理四个部分构成。每个部分既对商品质量有重要影响，也可能消耗大量的资源和能源，产生大量的污染。

(一)商品对空气的污染及其防治

由于人类商品生产活动，特别是现代工业的迅速发展，向大气中排放的各种物质在某些地域、某些时间范围内已超过了环境所能允许的限度，造成大气污染。大气污染源主要有两大类：一是自然污染源，如火山灰、沙尘等；二是人工污染源，如工业废气、饮食业和取暖设备排气、汽车尾气等。

1. 商品生产过程中的空气污染

从事商品生产的各种工业企业是大气污染的重要来源。从原料进厂到成品出厂都可能排出有害物质和气体，造成空气污染。比如，大气中二氧化碳含量增加引起全球的温室效应，大气中二氧化硫和二氧化氮的增加形成的酸雨和酸雾，各种有毒气体导致人体急性中毒和慢性中毒。

为了控制我国酸雨和二氧化硫含量不断增加的趋势，我国制定了控制措施。其主要内容包括：禁止新建煤层含硫分大于 3% 的矿井，建成的生产煤层含硫分大于 3% 的矿井，逐步实行限产和关停；新建、改造含硫分大于 1.5%的煤矿，应当建设煤炭洗选设施；禁止在大中城市城区及近郊区新建燃煤火电厂；从制订规划、强化监督管理、推行二氧化硫监测网络、开展科学研究、积极进行宣传培训等方面提出具体计划，以实现控制目标。

此外，防止商品工业污染的办法还很多：以合理的工业布局来减少对城市的污染；绿化造林，利用植物吸附有毒物质和净化空气；改善燃料种类，使用无污染的能源；改革生产工艺以取代有害物质；综合利用、变废为宝、化害为利等都是防治空气污染的最积极的有效措施。

2. 机动车的空气污染

近年来，机动车尾气排放已经成为城市大气污染的一个主要来源。

汽车废气中碳氢化合物和氮氧化物经过太阳紫外线照射而形成二次污染物，即光化学烟雾。汽车废气中的含铅化合物，对人体中枢神经系统有显著危害。一氧化碳导致人体缺氧、中毒，甚至死亡。

控制机动车的空气污染，主要通过以下措施进行：完善配套法规的建设；制定更加严格的排放标准；控制新污染源的排放；加强对在用车排气污染监控和治理，落实汽油无铅化工作，推广使用清洁燃料汽车；制定税收政策，引导有利于污染控制的机动车生产和消费；制定有利于防治汽车排气污染的交通管理政策等。

3. 电冰箱的空气污染

电冰箱制冷剂——氟利昂在冰箱损坏时，就会释入大气，破坏臭氧层。臭氧保护伞的破坏使紫外线辐射强度增加，给人类及其他生物带来一系列难以预料的连锁反应。

控制消耗臭氧层物质的生产和使用，保护臭氧层很快成为全球性的行动。在国际社会的共同努力下，1985 年签署了《保护臭氧层维也纳公约》，1987 年又制定了《关于消耗臭氧层物质的蒙特利尔议定书》，并建立了旨在帮助发展中国家履约的多边基金。自此，氟利昂的生产和消费量逐年减少，才避免了臭氧层空洞无限度地扩大。中国制定实施了《中国逐步淘汰消耗臭氧层物质国家方案》，并先后颁布了有关保护臭氧层的政策措施。

4. 商品造成的室内空气污染

商品造成室内空气污染的因素比较多：第一，室内吸烟是室内空气污染的重要来源。第二，厨房内的一些烹饪方法，如油炸、爆炒、熏烤等也会产生氮氧化物、醛类等有害物质。第三，室内所用的绝缘材料、装潢用的油漆涂料与黏合剂，塑料制品中的添加剂，织物中的纤维助剂，合成材料中的有毒单体等都会挥发出有毒成分，造成室内空气污染。清洁剂、除臭剂、杀虫剂等日化商品也是室内空气中有机蒸气的主要来源，这些物质也会造成慢性中毒。

开展戒烟活动和良好的通风是解决室内空气污染最简便和有效的方法。室内和房前屋后多种植一些花草树木，也能起到减轻毒害的作用。

5. 电磁辐射污染

电磁辐射是一种具有较强现代文明特色的新型污染源。随着手机的普及，手机的电磁辐射对人们的影响不容忽视。虽然手机的电磁辐射较弱，但由于手机的电磁辐射距离人体(特别是人的大脑)非常近，故它对人体的伤害应引起人们的重视。电磁辐射污染已引起世界各国的重视，欧美各国对电磁辐射设备的选址和辐射强度的要求都有严格的规定。目前，我国从国家到地方都相应制定了防范电磁辐射污染的标准和法规文件，对确保人民身体健康起到了积极作用。

(二)商品对水体的污染及其防治

我国的水环境当前存在的主要问题有水资源短缺、水污染严重、用水浪费严重。

水体的人为污染主要表现为工业废水、生活污水和农业退水，其污染主要分为化学性污染和生物性污染两大类。

1. 商品生产过程中的水体污染

企业在生产各种商品的过程中排放出的生产废水、污水、废液统称工业废水。工业废水如果不经过特殊处理，一旦排放到河流、地下、海洋里都会造成水体污染。其中，冶金、建材、化工酸碱行业主要排放含有无机物的废水；食品、塑料、石化、毛皮、合成材料等行业主要排放含有有机物的废水。

废水中的有机和无机毒物会引起人体急性或慢性中毒，并能在自然环境中积累，在生物体内不断富集，影响生态环境，对人和生物的危害很大。

防治工业废水污染的方法主要有：改进工艺和技术；综合利用和回收处理废水，无法回收的废水需进行无害化处理；改变商品成分；调整工业布局；等等。

2. 商品消费中的水体污染

生活污水中洗涤剂引起的问题最为突出。合成洗涤剂中的表面活性剂是一种带有亲水基和亲油基并能降低表面张力的物质。早期使用的是支链型的烷基苯磺酸钠(ABC)，发泡力强，在自然环境中生物降解困难，使河道泡沫泛滥，并危害鱼类，影响水稻生长。如使用直链型烷基苯磺酸钠（LBS)，生物降解快，发泡污染易消失，洗涤剂引起的泡沫污染问题基本可以解决。

合成洗涤剂的主要助剂是三聚磷酸钠，它可作为植物和藻类的营养物质，导致水体富营养化，出现“赤潮”。在这种污染下，鱼类丧失了生存空间，会因窒息而死亡。防治这种水体污染最有效的方法是找到三聚磷酸钠的取代物。它必须具有聚磷酸盐的洗涤功能又不会造成江河湖海的富营养化污染，如沸石就是一种较好的代用品。

(三)废弃物的回收与利用

废弃物的回收与利用是现代生产发展和科学技术进步的必然趋势，是节约与合理利用物质资源、减少环境污染的客观要求。

包装作为商品的一部分，在完成了运输商品、保护商品和销售商品等各种功能后大多被遗弃于自然环境之中，由此造成的环境污染问题日趋严重。由于大量使用一次性塑料包装物、农用薄膜，特别是大量使用一次性塑料餐具，垃圾中废塑料制品的比例迅速增加，造成白色污染。通过废弃物的回收和循环利用避免二次污染，是解决现代经济发展中资源危机的重要途径，也是保护环境、改善生态环境的重要途径。

(四)加强立法，依法治理环境

新中国成立以来，全国人大制定了多部环境保护法律和自然资源保护法律。1996 年以来，国家制定或修订了包括水污染防治、海洋环境保护、大气污染防治、环境噪声污染防治、固体废物污染环境防治、环境影响评价、放射性污染防治等环境保护法律，以及水、清洁生产、可再生能源、农业、草原和畜牧等与环境保护关系密切的法律；国务院制定或修订了《建设项目环境保护管理条例》《〈水污染防治法〉实施细则》《危险化学品安全管理条例》《排污费征收使用管理条例》《危险废物经营许可证管理办法》《野生植物保护条例》《农业转基因生物安全管理条例》等一系列行政法规；发布了《关于落实科学发展观加强环境保护的决定》《关于加快发展循环经济的若干意见》《关于做好建设资源节约型社会近期工作的通知》等法规性文件。国务院有关部门、地方人民代表大会和地方人民政府依照职权，为实施国家环境保护法律和行政法规，制定和颁布了众多规章和地方法规。特别是由全国人大颁布的《中华人民共和国环境保护法》(1979 年试行、1989 年第一次修订、2014 年第二次修订)，对保护我国的生活环境与生态环境起到了极大的作用。

资源内容	学习笔记
《中华人民共和国海洋环境保护法》 扫描二维码，阅读全文 (资料来源：中国人大网，2017-11-28)	

第三节　绿色革命

环境污染是在经济发展过程中产生的，因此，也只有在经济发展中才能得到解决。在这样的共识之下，出现了一场席卷全球的绿色浪潮。人们用绿色来证明自己的开发、生产、消费行为对环境无害，把环境意识与绿色产品、绿色技术、绿色营销、绿色包装、绿色贸易、绿色产业、绿色标志、绿色企业等一系列“绿色”相结合，从而形成了绿色市场。

一、企业的绿色战略

企业开发绿色产品是企业自身发展的外在与内在要求的必然结果。因此，企业要将绿色理念充分体现在企业的发展战略中，包括绿色设计、绿色生产、绿色管理和绿色文化等方面。

(一)绿色设计

绿色设计又称生态设计，就是着眼于未来构思、开发和制造产品，以便在产品的使用寿命结束时，有的部件可以翻新或重复使用，有的可以安全地被处理掉。绿色设计的重点在于减少部件，使原材料合理使用和零部件能重新使用。

(二)绿色生产

绿色生产也称清洁生产，主要包括三个方面的内容，即清洁的产品、清洁的生产过程和清洁的能源。对产品，要求减少从原材料的开发到产品最终处置的数量；对生产过程，要求节省原材料和能源，不使用有毒原材料，并在生产过程中排放废物之前减少废物的数量和毒性；对能源，要求尽量使用绿色可再生能源。

(三)绿色管理

绿色管理就是把环境保护的思想观念融于企业的经营管理和生产营销活动之中，即把环保作为企业的决策要素之一，由此确定企业的环境对策和环保措施。

(四)绿色文化

绿色教育是绿色文化的基础。对员工进行绿色教育，使全体员工逐步认识到实施绿色战略，对于个人、企业乃至整个社会的重要性，引导员工从自己做起，不仅“绿化”企业的内部环境，而且用自己的一言一行“绿化”企业的外部形象，使之成为真正的绿色企业。

二、绿色营销

绿色营销是当前全球开展的环保运动的产物。从目前的情况来看，绿色营销包括树立绿色观念、收集绿色信息、制订绿色计划、实施绿色管理、开发绿色产品、争取绿色标志、策划绿色宣传、开展绿色公关、建立企业的绿色形象、开辟绿色销售渠道等内容。其中，最重要的是开发绿色产品，这是整个绿色营销的基础。目前，各厂商主要从产品的安全、卫生，有利于人体健康，使用该产品对环境的影响要尽量小，生产过程中要尽量节约资源和能源，尽量使用代用材料，产品易回收或具有重复使用功能，产品使用中节省能源、噪声小，产品效率高、寿命长等方面着眼，开发绿色产品。

三、绿色商品

(一)绿色商品的概念

绿色商品就是在其生命周期的全程中，符合环境保护要求，对生态环境无害或危害极少，资源利用率高、能源消耗低的产品。绿色商品主要包括：企业在生产过程中选用清洁原料、采用清洁工艺；用户在使用产品时不产生或很少产生环境污染；商品在回收处理过程中很少产生废弃物；商品应尽量减少材料使用量，材料能最大限度地被再利用；商品生产最大限度地节约能源，在其生命周期的各个环节所消耗的能源应达到最少。

绿色商品的第一个环节是设计，要求产品质量优、环境行为优；绿色商品的第二个环节是生产过程，要求实现无废少废、综合利用和采用清洁生产工艺；绿色商品的第三个环节是商品本身的品质，比一般商品更体现以人为本、舒适度、健康保护及环境保护程度更高。绿色商品的第四个环节是废弃物便于处置；绿色商品是环境保护实践的产物，是实现经济可持续发展的重要内容。商品的绿色化已成为21世纪国际市场的准入条件和竞争力指标，成为消费者的主要选择。

(二)绿色商品的特点

1. 使用绿色的商品标志

在商品包装上标明权威机构认证的绿色商品标志便于消费者在购买时加以区别，有利于国家的可持续发展。

2. 优良的质量品质

除主要体现商品所应具有的优良性能，还体现商品具有的低残毒、副作用小、符合人体对自然环境的适应性要求和自然生态良性循环的要求。

3. 不危害人体和环境

绿色商品在生产中避开造成污染环境的工艺环节，采用天然方法或新工艺，保持生产过程中的清洁，不给商品本身和工厂周围带来污染危害。所以说，绿色商品是一种新观念、技术和质量合格，商品满足各种技术与质量标准；符合消费者的主要有用性需求，符合环境保护要求。绿色商品与传统商品的本质区别在于其改善环境和社会生活品质。绿色商品这一新观念的核心就是在保护环境的前提下，发展生产，提高人民生活水平。

(三)绿色商品的分类

可以从不同的角度对绿色商品进行分类，如按与原产品区分的程度分，按对环保作用的大小分，按“绿色”的深浅分。

“绿色”是一个相对的概念，其标准可以由社会习惯形成，也可以由社会团体制定或法律规定。比如，德国的绿色产品共分为7个基本类型，这7个基本类型中的一些重点产品类别为可回收利用型、低毒低害的物质型、低排放型、低噪声型、节水型、节能型和可生物降解型。

(四)几类绿色商品介绍

绿色商品是20世纪80年代末期世界各国为适应全球环保战略，进行产业结构调整的产物。公认的绿色标准包括以下三条：第一，商品在生产过程中少用资源和能源，并且不污染环境；第二，商品在使用过程中能耗低，不会对使用者造成危害，也不会产生环境污染物；第三，商品使用后可以而且易于拆卸、回收、翻新或能够安全废置并长期无虑。

绿色商品按用途，可分为绿色食品、绿色纺织品、绿色家用电器等。

1. 绿色食品

(1)绿色食品概述。绿色食品是无污染的安全、优质、营养类食品的统称。绿色食品上必须有绿色食品标志。中国绿色食品发展中心是组织和指导全国绿色食品开发和管理工作的权威机构，隶属于中华人民共和国农业农村部。其基本宗旨是组织和促进无污染的、安全的和优质的营养类食品的开发，保护和建设农业生态环境，提高农产品及其加工食品质量，推动国民经济和社会可持续发展。《绿色食品标志管理办法》规定，凡申请绿色食品的企业，绿色食品标志使用权有效期为三年。

绿色食品标准由农业农村部发布，属强制性国家行业标准。目前，绿色标准分为两个技术等级，即AA级和A级绿色食品标准。

AA级绿色食品标准要求：生产地的环境质量符合《绿色产品产地环境质量标准》，生产过程中不使用化学合成的农药、肥料、食品添加剂、饲料添加剂、兽药及有害于环境和人体健康的生产资料，而是通过使用有机肥、种植绿肥以及作物轮作、生物或物理方法等技术，培肥土壤，控制病虫草害，保持或提高产品品质，从而保证产品质量符合绿色食品标准要求。

A级绿色食品标准要求：生产地的环境质量符合《绿色食品产地环境质量标准》，生产过程中严格按绿色食品生产资料使用准则和生产操作规程要求，限量使用限定的化学合成生产资料，并积极采用生物学技术和物理方法，保证产品质量符合绿色食品产品标准要求。

绿色食品除指无污染的可食用的绿色植物外，还包括取得国家有关食品监测中心按国家食品卫生标准检验合格的食品。绿色食品的生产是可以使用化肥和农药的，只是限量使用化学合成物质，它从本质上讲不能称为天然食品。

(2)绿色食品的品种。绿色食品主要有以下几类。

①绿色食品。生鲜蔬果，绿色粮油，冲调品，母婴休闲食品，干货，早餐食品，生态粮油，方便食品，饼干蛋糕，厨房调味品，果汁资料。

②生态无公害食品。生态种植，生态养殖。

③绿色进口食品。进口饮料，进口酒水，进口奶粉，进口巧克力，进口咖啡，进口粮油。

④绿色地方特产食品。手工产品，特色产品，农产品，扶持农产品，农家食品，野生产品。

⑤绿色有机食品。粮油，调料，水果，蔬菜，酒水，有机饮料，礼盒，母婴食品，坚果，肉禽水产，茶叶等。

(3)有机食品与绿色食品的区别。有机食品不同于绿色食品，有机食品是指来自有机农业生产体系，根据国际有机农业生产要求和相应的标准生产加工并通过独立的有机食品认证机构认证的一切农副产品，包括粮食、蔬菜、水果、乳制品、禽畜产品、蜂蜜、水产品、调料等。我国有机食品拥有一个专门的质量认证标志，已经在国家工商行政管理局商标局注册。我国有机食品标志见图14-1。标志由两个同心圆、图案以及中英文文字组成。凡符合《有机产品认证标准》的产品均可申请颁证，经国家有机食品发展中心(OFDC)颁证委员会批准后授予该标志使用权。

有机(生态)产品

图14-1 有机食品标志

带有此标志的产品具有以下特点：①该产品除符合国家有关食品生产、加工和卫生标准外，还完全符合IFOAM(国际有机农业运动联合会)基本标准；②该产品的原料不受任何污染，在生产过程中不使用任何农药、化肥、除草剂、生长调节剂等化学物质；③该产品在加工过程中不使用合成的防腐剂、食品添加剂和人工色素，在储藏、运输过程中未受有害化学物质的污染；④该产品还满足《有机产品认证标准》规定的其他要求。

有机食品与绿色食品的区别主要体现在以下几个方面。

第一，有机食品强调的是来自有机农业生产的产品，而绿色食品强调的是出自最佳生态环境的产品。发展有机农业的重要目的是改造由于现代化农业而遭到破坏的农业生产环境，通过转换培育健康、平衡、充满活力的可持续发展的生产系统。因此，两者在出发点上有本质区别，即发展有机食品的目的是改造、保护环境，而绿色食品首先是利用没有污染的生态环境。

第二，有机食品和绿色食品生产、加工标准不同。有机食品的生产过程强调以生态学原理建立多种种养结合、循环再生的完整体系，尽量减少对外部物质的依赖，禁止使用人工合成的农用化学品；而绿色食品标准中却允许使用高效低毒的化学农药，允许使用化学肥料，不拒绝基因工程方法和产品。

第三，管理方法不同。有机食品强调对生产全过程的管理，其理论依据是有好的过程必定有好的结果；而绿色食品非常注重生产环境和产品的检测结果。在认证管理上，两者也有区别，有机食品要求每年都要接受检查认证，绿色食品一次认证可用几年。

2. 绿色纺织品

(1)绿色纺织品的含义。绿色纺织品即生态纺织品，是指经过毒理学测试并且有相应标志的主要由绿色纤维所构成的纺织品，是符合环保和生态指标要求的对人体无任何形式的损害、使用安全、穿着舒适、优质的纺织品的统称。

(2)绿色纤维品的关键原料。绿色纤维品的关键原料有绿色纤维、植物染料、酶制剂等。

①绿色纤维。绿色纤维是以天然彩色棉为代表的绿色商品。彩色棉制品有利于人体健康；彩色棉是一种新型的棉花，从种植到加工成产品，无须经过人工漂染，不形成污染源；减少了环境污染；打破了国际“绿色贸易壁垒”。天然彩色棉色彩自然、古朴典雅、质地柔软、富有弹性、穿着舒适，不仅色度丰满，而且不会褪色。用它织成的布，不仅具有天然的性质，而且手感好、弹性好、柔软性好，真正实现了从纤维生长到纺织成衣全过程的“零污染”。

Lyocell纤维也是一种绿色纤维，它用NMMO溶剂法生产，是一种不经化学反应的新工艺。NMMO在溶解纤维素纤维时，不发生纤维素的分解。聚乳酸(PLA)纤维属于合成高分子一类的材料。甲壳素是一种动物纤维素，甲壳素纤维可以采用湿法纺丝工艺法制成。

②植物染料。植物染料直接取自于大自然，它本身结构的形成完全是自然生长的结果，其间不会涉及任何化学原料，对人体没有化学损害，而且植物染料所采用的植物原料，是经过严格筛选的，不仅无毒无害，而且有的还具有医疗和保健作用。

随着合成染料中的部分品种被禁用，人们重新对天然染料产生了兴趣。主要因为大多数天然染料与环境生态相溶性好，生物可降解，而且毒性较低，加上石油资源的消耗已显示合成染料原料不足，促进了开发天然染料来补充合成染料。

③酶制剂。酶制剂被誉为工业问题的自然界解决方案，用于有机物的退浆也有很长的历史。作为一种生物制剂，它无毒性，污水排放少，有利于生态环保。生物酶可用来解决

天丝纤维的原纤化问题。它可去除原纤茸毛，经干态下转鼓处理，产生次级原纤化，在末端形成微原纤维，微原纤维比较短，而且均匀，不会发生相互缠结。

如今人们在挑选纺织服装时，更加关注安全性，或者选用自然纤维，如彩色羊毛、彩色棉毛、彩色蚕丝、聚乳酸纤维PAL、甲壳素纤维等新型更具生物相溶性、环保型织制品。

(3)纺织品的生态质量。绿色纺织品要求纺织品的生产过程对生态环境的影响应遵守现行的生态环境管理法规，产品上残留的有害物应在产品生态质量标准极限值以下，废弃物应具有再生循环的可能。按产品的生命周期，纺织品的生态质量由下述三部分构成。

①纺织品加工过程中的生态质量。纺织品生产加工过程中的生态质量属纺织品生产生态学范畴。它是有关纺织品生产加工各环节(主要是印染加工)对生态环境影响的评价。它要求纺织品生产过程中尽可能采用省水、消耗能源低、对环境污染小的加工方法，以利于生态环境的平衡以及不损害生产者的健康。

②纺织品的使用过程中的生态质量。使用生态质量涉及人类生态学，是有关纺织品是否含有毒物或加工过程残留的有害人类健康的物质的评价。不含有毒物质、加工中残留的有害物含量符合生态质量标准的纺织品，使用生态质量较高。

③废弃纺织品的生态质量。废弃纺织品生态质量是指纺织品废弃物能否再生和利用及其难易程度的评价。纺织品废弃物对生态环境无害或易回收利用，则生态质量较好。

(4)生态时装。生态时装是绿色浪潮冲击下出现的服装新流派。生态服装从设计、色彩、原料和制造都注重保护环境的原则，提醒人们时刻重视保护环境，同时也使穿着者心情舒畅、有益健康和消除疲劳。

生态服装的主要特点有：第一，面料大多采用天然纤维，很少用化学纤维；第二，色彩以绿色和天蓝为基调，花纹和图案模仿天然花纹，表现了人与自然的和谐；第三，款式轻松活泼，大方简洁，宽松随意，飘逸潇洒，不少女装款式模仿花、鸟、鱼、虫的造型；第四，尽量采用对环境影响小的配件；第五，制作加工布料预先采用机械方法收缩，避免使用一般加工程序所用的树脂和甲醛等化学物质；第六，在漂染方面，不先行漂白，而是直接染色，这样可以节水、节电和减少废水中的有害化学成分。此外，今后生态纺织品还将在防紫外线、保护皮肤等方面有所突破。

3. 绿色家用电器

(1)绿色家用电器概况。绿色家用电器泛指无公害的家用电器。它是目前全球性推行绿色工程的一个组成部分。绿色工程对现代家用电器的要求：节约能源(如高效电源)；降低污染(如电磁辐射和噪声等)；推行无氟氯碳化物(如电冰箱中的制冷液氟利昂就是有氟氯碳化物)的制造工艺等。目前，绿色家用电器的代表产品有绿色电视机、绿色电脑、绿色电冰箱、绿色洗衣机、太阳能、节能电器、清洁节能电器、绿色照明电器等。环保电器产品的主要特点：节能、可回收、低噪声、低辐射、低污染。

(2)绿色家用电器的标识。

①绿色环境标志。各类型家用电器的绿色产品标志，均由国家环境标志认证委员会颁布并发放，其标志为“中国环境保护认证标志”。其他国家的环境标志均可使用。

对有绿色标志的家用电器，国家认证委员会均有相应的严格措施及标准，如74cm以上彩电的X射线辐射量，每小时不能超过0.07毫伦；波轮式洗衣机的噪声要小于50db；滚筒式洗衣机的噪声也应小于60db。对于已认证的电冰箱、电冰柜要求制冷系统必须处于无氟状态等。

②能效标识标志。从2005年3月1日起，国家对电冰箱、空调等高能耗家电产品，按其电器耗能的实际大小，实施能源效率标识制度，其标志为“能效标识认证标志”。

空调类电器产品的能耗比为1～5级制。标志标识中的1级表示电器属于节能型产品，而标识中的5级则表示能效最低，能效低于5级的产品均为不合格产品。冰箱按能耗大小分为A、B、C、D、E五个等级，A级表示最高节能型产品，B级表示一般节能型水平，C表示普通水平，D、E级产品属于国家将要强制性淘汰的产品。

③免检标志。各类家用电器产品的免检标志为“国家免检产品质量认证标志”。

家电免检标志均由国家质检总局颁发。获得免检产品论证资格后，即在产品的包装箱、说明书、产品合格证中标注使用，同时也享有“在一定时间内免于检查”的待遇。

④CCC安全标志。家电CCC安全标志安全性能也是各类家用电器的重要质量标准，其标志为“中国强制性产品认证标志”。

⑤家电抗菌标志。家电抗菌标志的简称为CIAA，凡获得使用抗菌标志的产品，则说明产品在健康卫生方面已达到行业协会《家用电器除菌抑菌标准》要求，均可在产品中标注使用抗菌标志，并属于健康型产品。抗菌产品包括空调、冰箱、洗衣机、电饭锅等，只有达到此标准并取得健康认证的产品，才属于真正的健康型家用电器。

4. 其他绿色商品

如今，在世界各地，大到房屋、汽车，小到纽扣，各式各样的绿色商品绚丽多姿，异彩纷呈，令人目不暇接。除了上面介绍的之外，还有很多新型绿色商品。比如，绿色圆珠笔，由可降解塑料制成；生态铅笔，用再生纸浆取代木浆；生态画，画的表面涂有一种多微孔涂层，可以吸收油烟及烧焦物品、香料、辛辣物等发出的异味，并把这些异味转化成为无害的气体，还可以调节空气的温度；无污染洗衣球，用活性炭陶瓷、聚丙烯发泡体等材料制成，用这种洗衣球能解决大量化学洗涤剂污染水源的问题；绿色电池，即可充电式镍氢电池；绿色家具，木器家具多以原色为主，布沙发多采用纯棉布料制成；绿色涂料，不含甲苯、甲醛等有毒物质，铅、汞、铬等重金属含量也低于同类产品的新型涂料。此外，还有绿色美容用品、绿色洗涤剂、绿色塑料等。

四、绿色标志

(一) 绿色标志的出现和发展

最早使用“绿色标志”的国家是德国。1978年，德国实施的“蓝色天使”计划，就是一种“绿色标志”。在这一计划的实施过程中，他们给3600种产品发放了环境标签。1988年，加拿大、日本、美国等国家开始实施。加拿大称为“环境的选择”，日本称为“生态标志”。随后，法国、瑞士、芬兰、澳大利亚等国于1991年开始实施环境标志。我国于1989年开始实行绿色食品标志制度，1993年5月开始实行绿色标志认证制度，现有中国环境标志、有机食品标志、绿色食品标志。国际标准化组织(ISO)环境战略咨询组于1991年成立了环境标志分组，其目的是统一环境标志方面的有关定义、标准及其测试方法，以避免导致国际贸易上的障碍，促进社会、经济与环境的协调发展。

绿色标志是指在商品上印制特定的图形，以标明该商品的生产、使用及处理全过程符合环保要求，不危害环境或危害程度极小，有利于资源的再生或回收利用。

1993年8月，原国家环境保护局正式公布了中国的环境标志，见图14-2。中国环境标志的图案由青山、绿水、太阳及10个环所组成。青山、绿水和太阳表示人类赖以生存的环境，外围的10个环，环环相连，表示公众参与，共同保护。同时，10个环的“环”字，与环境的“环”字相同，其寓意为“全民联合起来，共同保护人类赖以生存的环境”。这个标志是一种证明性标志，代表国家对环境标志产品实施认证的唯一机构是中国环境标志产品委员会（CCEL）。自2000年起，原国家环保总局成立了国家环境保护总局环境认证中心，接替了中国环境标志产品委员会(CCEL)的认证职能，其为国家授权的唯一授予中国环境标志的机构。

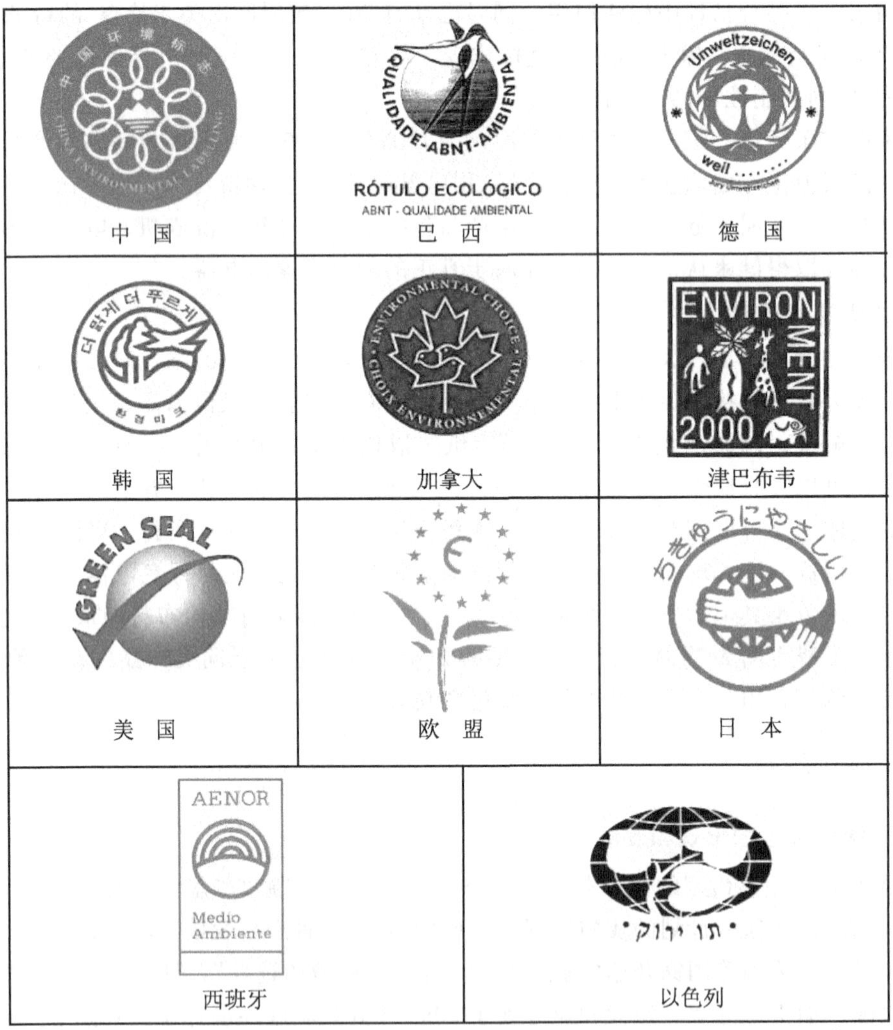

图 14-2 部分国家和地区的环境标志

(二)绿色标志产品的范围与制订产品环境行为评价标准的原则

在人们的生产和消费活动中，涉及的商品种类和数量多，难以统计。中国环境标志授予那些功能相同的同类产品中对环境危害较轻的产品。

1. 绿色标志产品的范围

绿色标志产品主要包括：节能节水低耗型产品，可回收、可再生产品，清洁工艺产品，低污染、低毒产品，可降解产品。应该指出的是，以上各类绿色商品并不包括所有的产品，而只是经过筛选，容易鉴别的部分产品，而且首先考虑的是那些对环境危害较大，但通过改进可以减少这种危害的产品。随着环境标志制度的深入发展，将有更多的产品被纳入环境标志的发放范围。

2. 制定产品环境行为评价标准的原则

不同的产品需要制定不同的环境行为评价标准，同时又要保证不同评价标准之间具有可比性。因此，制定产品环境行为评价标准，必须考虑以下原则。

(1)产品环境行为全过程的原则。对每类绿色标志产品的评价都要包括从原材料的开发利用、加工制造、流通、消费直到处理的生命周期全过程的环境行为。

(2)各国一致原则。绿色标志基本上是从各国国情实际出发，相互间差别较大，要求互不一致。为避免影响国际贸易的发展，必须实行各国一致原则。

(3)产品质量保证原则。绿色标志产品必须同时满足使用质量要求，符合有关产品质量标准。

(4)突出重点原则。对不同类别的绿色标志产品突出其环境行为的特点。

(5)经济合理原则。绿色商品的生产要考虑环保，这就使其常常偏离成本最低的原则。为了促进绿色标志产品在市场竞争中取代对环境危害较大的产品，应制定既简单又实用可行的产品环境标准，这有利于形成经济合理的绿色标志产品价格。

尽管绿色标志在中国的普遍实施还要走一段很长的路，但绿色标志会为追求卓越的企业带来全新的商机，也有助于社会公众环境意识的提高和消费观念的更新。

五、绿色消费

随着人们的自我保护意识以及环保观念在不断加强，消费水平和消费质量在不断提高。消费者对商品的无害性有了新的追求，喝洁净的水，吃无污染、少添加剂的食品，使用无污染和无公害的生活用品，已成为广大消费者的强烈要求和愿望。绿色消费在国内外的消费品市场正在成为一种趋势。

绿色服务是指符合可持续发展思想和环境保护的服务业，目前有绿色饭店、绿色旅游、绿色音乐、绿色商店、绿色信息、绿色公厕等，但现阶段绿色服务在全社会还远未普及，仅在欧美发达国家和我国几个大型现代化都市兴起，推广绿色服务必须依仗全体公民的环保、道德等素质的提高，以及法律制度的健全和配套设施的改进。

绿色消费要求绿色商品和绿色服务具有安全化、天然化、清洁化和高档化。安全化就是要求商品安全可靠，对人体没有直接或间接的危害，残留毒素小，无毒副作用。天然化就是要求商品的成分多采用自然界的天然原料，尽量少采用或者不采用人工合成的原料。清洁化就是要求商品不仅本身无毒无害，洁净无瑕，而且在从生产到消费以至废弃的全过程中保持对人体和环境的清洁状态，不留任何隐患。高档化就是要求商品在达到上述三种基本要求外，还要采取先进的技术工艺保证商品的优良品质和原有风格不被破坏，满足人们不断变化的消费需求，使商品尽量达到尽善尽美的地步。

绿色象征着自然，象征着生机，象征着安全、舒适与健康，象征着前进与发展。发达国家中相当多的消费者更喜欢买带环境标志的“绿色商品”，而不是“传统产品”。开发绿色商品代表了世界商品发展的新潮流，也是我国商品生产厂家正在追求的目标。

六、绿色包装

绿色包装的详细内容，见本书第六章第六节。

资源内容	学习笔记
《中华人民共和国节约能源法》 扫描二维码，阅读全文 （资料来源：中国人大网，2018-11-05）	

典型案例

瑞士传奇集团研发绿色包装的故事

瑞士是一个在绿色包装领域一直走在世界前列的国家，该国的传奇集团靠“绿色美丽运动”起家，其员工和科研人员大部分都是环保人士，他们推崇一种被称为“大环保”的理念，认为生态环境是人与其他生灵生存与发展的家园，要像爱家一样爱生态环境。因此，他们从生产工艺、产品原料到包装都遵循“生态优先”的原则。在这种信念的指导下，据说又借鉴了瑞士建筑师的建筑设计理念，他们设计出了企业绿色包装。

该绿色包装的所有外包装均采用环保纸板，其用于造纸的原料，没有砍伐一棵树，大部分来源于生产有机护肤品剩余的天然花草植物纤维，材料耗费少，大约是传统包装方式的三分之一，包装材料在自然界可分解，不污染环境，不但符合了循环利用的环保理念，还象征着源于自然、走向自然的人生意境；所有外包装没有用一滴胶和任何黏合剂，全靠纸和纸的相互作用力支撑成型，不但不污染环境，还象征了齐心协力、团结互撑共同保护地球的寓意，也象征了创造和锐意进取；外包装纸上不使用化工油墨，简约大方，象征着瑞士学术界一贯的低调、严谨作风。此外，包装附加成本小，如人工、运输、排碳等方面。为了表彰该企业在包装设计上的良苦用心和在环保事业上一如既往的努力，Global Green USA 授予他们可持续发展设计奖。

案例分析：在大力发展绿色包装方面，我们还应向发达国家学习哪些方面的内容？

>>> 综合能力训练

一、名词解释

自然资源　环境　绿色商品　绿色食品　绿色标志　绿色纺织品　绿色家用电器

二、选择题

1. 下列资源属于可再生资源的是(　　)。

A. 植物　B. 石油　C. 铁矿　D. 天然气

2. 以下商品可回收利用的是(　　)。

A. 废食品袋　B. 废电池　C. 废易拉铝罐　D. 废玻璃

3. 我国环境标志的图案外围有(　　)个环。

A. 10　B. 5　C. 8　D. 12

三、判断题

1. 耗竭性资源是不可更新的。(　　)

2. 造成酸雨的原因主要是大气中含有的二氧化碳太多。(　　)

四、填空题

1. 人地系统由________、________、________构成。

2. 按资源的耗竭能力可分为________、________资源。

3. 从区域的角度分析，自然资源具有________、________、________。

4. 从人类开发利用的角度分析，自然资源具有________、________、________、________、________、________。

5. 狭义的环境是指________________________________。

五、简答题

1. 什么是环境污染和环境保护?

2. 在商品生产、消费中造成环境污染的主要原因是什么? 如何防治?

3. 为什么要提倡使用无磷洗涤剂?

4. 绿色家电与普通家电有何不同?

5. 说明我国绿色标志图案的含义。

6. 试述绿色商品的特点。

>>> 实践训练

1. 调查居住区环境的污染源及所采取的防治措施。

2. 收集带有绿色标志的商品及其包装。

3. 调查人们对绿色食品的了解、认识和接受情况。

参考文献

[1] 张智清. 商品知识[M]. 2版. 北京：高等教育出版社，2009.
[2] 万融. 商品学概论[M]. 6版. 北京：中国人民大学出版社，2016.
[3] 谢瑞玲. 商品学基础[M]. 2版. 北京：高等教育出版社，2013.
[4] 宗蕴璋，顾荣. 质量管理[M]. 西安：西安电子科技大学出版社，2016.
[5] 窦志铭. 商品学基础[M]. 4版. 北京：高等教育出版社，2016.
[6] 刘北林，白世贞. 商品学[M]. 2版. 北京：中国物资出版社，2010.
[7] 何永军. 质量法学[M]. 2版. 北京：北京师范大学出版社，2017.
[8] 汪永太，李萍. 商品学[M]. 6版. 大连：东北财经大学出版社，2018.
[9] 徐东云. 商品学[M]. 2版. 北京：清华大学出版社，2017.
[10] 汪永太. 商品学[M]. 3版. 大连：东北财经大学出版社，2015.
[11] 袁长明，易汉雄，王珂. 现代货物学[M]. 北京：北京理工大学出版社，2012.
[12] 胡东帆，卞志刚. 商品学概论[M]. 4版. 大连：东北财经大学出版社，2017.
[13] 编写组. 烟草行业员工读本[M]. 北京：北京出版社，2011.
[14] 尚丽娟. 发酵食品生产技术[M]. 北京：中国轻工业出版社，2012.
[15] 王淑欣. 发酵食品生产技术[M]. 北京：中国轻工业出版社，2009.
[16] 秦英，包红霞. 仓储配送管理[M]. 2版. 北京：北京师范大学出版社，2017.
[17] 袁长明. 商品学[M]. 北京：化学工业出版社，2006.